改訂版

区分所有法

編／丸山英氣

大成出版社

改訂版へのはしがき

本書は、一九八四年（昭和五九年）に刊行された。一九八三年に区分所有法が改正されてから、その一年後であり、類書もなく、この領域の最も新しく、かつ詳細な体系書であった。

その後、新しい判例も出現し、区分所有法が改正され、また同法に密接に関連するいくつかの特別法が立法された。

このような諸状況の変化に対応して、改訂版をつくることにした。

幸い、執筆者の先生方に快諾をいただき、良いものをつくることができた。

この間、第六章を担当していただいた青山学院大学の小沼進一先生は二〇〇三年に亡くなられた。また、第八章を担当していただいた立命館大学の荒川重勝先生は後進に道をゆずられた。

両先生の担当分のフォローは、小沼先生の担当分に関しては、同先生の同僚であった西澤宗英先生に、荒川先生の担当分に関しては、この領域の新進の研究者である竹田先生にお願いをして快諾を得た。小沼先生、荒川先生の仕事をベースにして新しい観点から補充、書き下ろしをしていただいた。

初版の刊行後の二〇余年の区分所有法をめぐる動きはドラスティックである。

一九九五年阪神・淡路大震災、二〇〇五年の構造計算書の偽装事件の二つを挙げただけで、激動の二〇年を現している。そして何より、区分所有法の対象となる建物の激増があり、その数は五〇〇万戸に達している。

立法も盛り沢山現れている。平成七年の被災区分所有法を始めとして、平成一二年の適正化法、平成一四年の建替え円滑化法、同年の区分所有法改正である。この間、標準管理規約、標準管理委託契約書にも変化があった。

区分所有制度は都市での所有建物の中核的な仕組みとしてすっかり定着し、さらに増加している。居住用区分所有建物は、適正化法、建替え円滑化法ではマンションとよばれるようになり、実定法上の概念として認知された。この仕組みは、超高層、高齢者住宅、リゾート、そして業務用建物などとして多様な発展を続けている。

初版では、第三編に区分所有法と実務と題した部分が設けられ、行政、管理業者、分譲会社、区分所有者が昭和五八年区分所有法とどう対応するかが論ぜられた。改訂版では、本書を法律論に特化することとしたためこの部分は削除した。著者の先生方の御海容をお願いしたい。

本書の刊行につき、株式会社大成出版社の坂本長二郎氏、岩田康史氏、清水芳樹氏に尽力いただいた。御礼を申し上げる。

二〇〇七年一月

編　者

はしがき

区分所有法の対象となる建物、区分所有建物は、わが国ではすでに一三〇万戸をこえ、都市建築物としてすっかり定着した。区分所有建物はいろいろな批判にもかかわらず、さらに発展していくことが予想される。わが国のように、国土の可住面積が狭隘で高地価のところでは建物を高層化し、集合する以外にいわゆる都市問題を解決する方法がないからである。

居住用区分所有建物（マンション）の領域では、最近、コープ住宅とかスケルトン賃貸住宅など競争者の出現をみているが、前者は、基本的に区分所有住宅の亜種であり、後者は、法律的しくみの解決にまだ若干の時間を要するであろう。

また、戦後の住宅政策とのからみで、賃貸住宅の重視の声も強まっているが、現在の財政の状況からいってただちにその方向への全面的な転換は無理であろう。

そうだとすれば、好むと好まざるとにかかわらず、今後も、この法形式の建物とつきあっていかなくてはならない。そのためには、この法形式の建物、とりわけ住居用建物の管理、使用につき工夫、改善をしていかなくてはならないのであろう。

区分所有制度は、世界的に眺めても、第二次世界大戦後に盛んになった比較的新しい法制度である（法制度としてはそれ以前に立法されているところはあるが現実に動きはじめたのはもっと後のことである）。したがって、各国とも問題が山積して現実が先行し、立法が後追いするという状況が続いている。まだまだ、この制度をめぐる理論的成果の沈澱が十分でないことを卒直に認めざるをえない。

昭和三七年に制定された区分所有法（法律六九号）を、二〇余年経て昭和五八年（法律五一号）になされた法律改正も、この見地からとらえることが可能であろう。

昭和三七年法は、ドイツ、フランスなどの先輩格の法律を参考として立法された。これに対して、昭和五八年法は、その側面の存在も否定できないわけではないが、むしろ、わが国の居住用区分所有建物が、現在、直面している問題解決のために立法された側面が多い（建物と敷地との関係、建替え、団地など）。ここでも先進国を模範としてすすむ方式に改めざるをえないであろう。日本の区分所有法学の確立が要請されるゆえんである。

ところで、昭和三七年法と昭和五八年法との間の大きな変化は、「個別的区分所有権から団体的区分所有権」へと位置づけることができよう（第一編参照）。他の区分所有権との関係からくる制限、管理制度からくる制限などをできるだけ小さくして、所有権法を確保することが昭和三七年法の特色だとすれば、逆に、これらをより強め、団体的拘束を大きくしたのが昭和五八年法の特色だといえよう。

区分所有権建物の管理や使用に個別性と団体性の双方が必要なことは否定できない。

問題は、いかなる社会においても同じような割合で必要かである。個人の自律性の高い社会、自治の確立した社会とそうでない社会では自ずと力点のおきかたは異なってくるであろう。

わが国における人間関係は、比較的集団的志向の強い社会といわれてきた。そこで過度の団体性の強調はのぞましくない結果を生むことになるであろう。

現に、集団の力で個々の権制を抑制する傾向が現われてきているようにみえる。

現行法である昭和五八年法では、この二つの視点の調整を軸にした理論的展開が不可欠のようにおもわれる。

いずれにせよ、わが国に適合した区分所有法理論が早急に開拓されなくてはならない。

このこととともに、所有権の一般理論における区分所有権の適切な位置づけも要請される（区分所有権の一般理論）。

今後、広い意味での都市の再開発が盛んになることが予想されるが、そこでは鑑定理論とともに都市での土地、建物空間への所有権の再構築が必要とされよう。そのことはまた、共同所有権論の再検討へ導くことになろう。

本書は、第一編、第二編では、区分所有法の学説、判例をフォロウし、前記の要請を若干でも満足させる、そして第三編では、行政、実務、住民の立場から区分所有建物の管理と使用についての現状と問題点を摘示する、それと同時にそれらをわかりやすく書くという大変欲張った企画として計画された。

執筆をお願いしたのは、この領域に関心を持つ気鋭の学者と豊かな経験をもつ実務家である。

この狙いは、おおむね達成されたと確信している。本書が、学者、裁判官、弁護士のみならず行政担当者、不動産の販売、管理関係者、建築家、さらに管理組合の役員、一般居住者などの区分所有法についての基礎的文献として活用されることを期待している。読者は、まず第三編で実務での問題点を把握し、第一編、第二編にすすめば理解が容易となるであろう。

本書の刊行につき、大成出版社の柴誠一郎氏の御尽力をいただいた。厚く御礼申しあげる。

一九八四年九月

編　者

執筆者紹介と執筆担当一覧

丸山　英氣	中央大学法科大学院教授	第一編・第二編第一章第二以降
倉田　繁	近畿大学法学部助教授	第二編第一章第一・第二章
月岡　利男	関西大学名誉教授	第二編第三章
三上　威彦	慶應義塾大学大学院法務研究科教授	第二編第四章
原田　純孝	東京大学社会科学研究所教授	第二編第五章
西澤　宗英	青山学院大学法学部教授	第二編第六章
山口　忍	大森公証役場公証人（元福岡高等裁判所判事）	第二編第七章
竹田　智志	明海大学不動産学部非常勤講師	第二編第八章 第三編第一章・第三章
片桐　善衛	名城大学法学部教授	第二編第九章
舟橋　哲	杏林大学社会科学部・総合政策学部助教授	第三編第二章

凡　例

本書で使用した法律名の略称については、つぎの略称例によった。

法	・建物の区分所有等に関する法律
適正化法	・マンションの管理の適正化の推進に関する法律
建替え円滑化法	・マンションの建替えの円滑化等に関する法律
被災区分所有法	・被災区分所有建物の再建等に関する特別措置法
規約	・マンション標準管理規約（単棟型）
宅建業法	・宅地建物取引業法
不登法	・不動産登記法
民訴	・民事訴訟法
民訴規	・民事訴訟規則
民施	・民法施行法
刑施	・刑法施行法
債権回収	・債権管理回収業に関する特別措置法
非訟	・非訟事件手続法
収用法	・土地収用法
建基法	・建築基準法

目　次

第一編　区分所有法序論

第二編　区分所有法概説

目　　次

目　　次

第六章　管理組合法人

第三編　特　別　法

第三章　マンション建替え円滑化法……447

資料編

第一編　区分所有法序論

区分所有法序論

一　制度としての区分所有

1　区分所有権・区分所有法

区分所有権とは、一棟の建物に構造上区分された数個の部分で、独立して住居などの建物の用途に供することができるものがあるときに、この部分に成立する所有権である（狭義の区分所有権—法一条）。区分所有権は、したがって、建物の部分に成立する所有権である。区分所有権が成立する建物の部分を専有部分という（法二条三項）。専有部分以外の建物の部分が、建物の共用部分である（法四条一項参照）。すなわち共用部分には、専有部分以外の建物の部分、専有部分に属しない建物の附属物および四条二項の規定により共用部分とされた附属の建物が含まれる（法二条四項）。建物の部分への所有権であろうとも建物が存立するためには、敷地への権利を必要とする（敷地利用権　法二条六項）。それゆえ、区分所有という概念自体に土地への権利を含まざるをえない。建物と土地とは別の不動産とされているわが民法のもとで、どう位置付けるのかが問題となる。それが**2**で述べる広義の区分所有権、あるいは制度としての区分所有である。

このような制度としての区分所有では、特別の管理制度を有し、相互に密接して存立するので共同で建物や敷地を組織管理しなくてはならず、法理の上でも個人法と団体法の複雑な交錯がある。

2 制度としての区分所有

制度としての区分所有を考える場合、いくつかの要素に分解して考えなくてはならない（拙著『叢書民法総合判例研究㊽Ⅲ　区分所有法』(3)）。

まず、(イ)　専有部分への権利がある（法一条）。これは所有権である（民法二〇六条）。

つぎに、(ロ)　共用部分への権利がある（法四条）。この部分の法律関係は、原則として、区分所有者全員の共有である（法一一条一項）。ただし、一部の区分所有者の共有という形態もある（同条同項但書）。

そして、(ハ)　敷地への権利がある（法一〇条参照）。ここへの権利には、所有権、地上権、賃借権、使用借権がある。これらの法律関係は、共有（所有権の場合）準共有（その他の場合）となろう。それ以外にも、敷地への利用権には分有がある。また、個別的な権利（敷地への権利を安直的に切断して当該空間をその区分所有権に対応する権利を構成する。）も考えられないわけではない。

昭和三七年区分所有法は、(イ)と(ロ)を一体化していた（旧法一一条）。そして昭和五八年区分所有法は、(イ)と(ハ)も新たに一体化した（法二二条一項）。

そこで、制度としての区分所有を(イ)、(ロ)、(ハ)の合成物と考え、その基礎には共有があり、そこから区分所有権相互の抑制の原理がでてくると考える説が出る。

しかし、この説では、規約、管理者、集会などの管理制度を制限としての区分所有制度にとりこむことは困難である。昭和三七年区分所有法のもとでは規約の設定、変更、廃止は区分所有者の全員の同意のもとにあったし（旧法二四条）、管理者の代理権も学説判例は訴訟代理を認めていなかったので（旧法一八条二項）、これらの管理制度を所有の論理のもとに包摂することも全く不可能ではなかったが、理論的には無理が伴うことは否定できなかった。

昭和五八年区分所有法のもとでは、理論的にこのような弥縫策をとることは不可能となった。区分所有者は団体の構成員であることが正面から規定され（法三条）、団体法的な権利義務がはいってきたからである。とりわけ、特別多数決によって所有法理が変更ないし事実上否定されてしまうことも否定できない。所有権の内容が、自由に使用、収益、処分するということであるなら（民法二〇六条）、共用部分や敷地を特別多数決で変更したり（法一七条一項、二一条）、一定の要件の下とはいえ、区分所有者の意に反して奪うことを正当づけることは困難である（法五九条）。また、管理の核である規約の設定、変更を特別多数決で可能とすることは所有の論理に反するであろう（法三一条一項）。建替えについても同じことがいえるであろう（法六二条）。

このことは、区分所有法の中に所有権法理と別の法理が内在していることを正面から認めていくことが必要である。すでに昭和三七年区分所有法時にこの要素、つまり団体の構成員であることから生ずる権利義務を抽出しておいたが（構成員権　拙著『区分所有建物の法律問題』三頁）、昭和五八年区分所有法のもとでこの構成員権のウェイトは著しく大きくなったと評価できるであろう。

制度としての区分所有は、したがって、専有部分への所有権、共用部分の共有、敷地への共有ないし準共有（もっとも個別的権利も存在することはすでに述べたとおりである。）、そして構成員権の四つの要素の複合的権利であるといえよう。共用部分への共有と敷地利用権についての共有、準共有を、それぞれ共有法理に従っているところからひとつの要素にまとめることもできるであろう。そのように考えれば、制度としての区分所有は三つの構成要素からなるといえるであろう。

そこで支配している法理は、前二者は、所有法理が支配するのに対し、後者は団体法理が支配している。昭和五八年区分所有法では、立法者は第三の要素としての構成員権に優位を与える立法をしたといえるであろう（拙著『区分所有法の理論と動態』四七頁）。その結果、「所有権の軟化」と批判される現象を生むことになるかもしれない。また、区分所有権といっても、実際上、法理上で真正の所有権ではないとの説も出されることになろう（前掲法律問題一七頁参照）。いずれにせよ区分所有権の所有権性をめぐって百家騒鳴を生むことになろう。

ところで平成一四年区分所有法は、昭和五八年区分所有法で創設された建替え決議での、費用の過分性、建物目的の同一性、敷地の同一性の要件を満たす場合のみ、特別多数決でできるとする制約をすべて取りはらってしまい、建替え決議は、ただ集会での区分所有者および議決権の各五分の四以上の特別多数決のみでできることとした（法六二条一項）。団地における一括建替えの決議では、集会での特別多数決自体も緩和されている（法七〇条、拙稿「一括建替え制度の創設」マンション学一五号五頁）。専有部分への権利が所有権だとするならば、昭和五八年区分所有法での制約のもとでは、かろうじてその所有権性を保持していたといえるが、平成一四年区分所有法では、もはや所有権といえないのではないか、との強い疑念が生ずる。

これを理解するに、二つの考え方がある（拙稿「区分所有権の所有権性」日本不動産学会誌一六巻四号六三頁）。第一は、区分所有権は共用部分上（共有関係にある）でのある種の専用使用権にすぎないとするものである。第二は、区分所有権も所有権だが、この所有権は空間的に限定されているだけでなく、時間的にも存続期間が限定（不定）されているとするものである。詳論は避けるが、第二の考え方の方が、借地借家法などでの定期借地権、定期借家権などと共通する思想があり、妥当ではないかと考えている。

いずれにせよ、第三の要素の構成員権が強くなり、団体法的思考のウェイトがあまりに大きくなることは避けなくてはならない。区分所有法の解釈の基本も三つのバランスを考えることが重要である。

二　区分所有法の歴史

1　区分所有法前史

(1)　旧民法

区分所有制度は古今東西にわたって長い歴史をもっている。ここでは、わが国での沿革につき簡単にふれておこう（拙著『物権法入門』二四六頁）。

区分所有制度に関する規定は、すでに旧民法財産編（明治二三年法二八号）に現れている。その四〇条で、「①数人ニテ一家屋ヲ区分シ各一部分ヲ所有スルトキハ相互ノ権利及ヒ義務ハ左ノ如ク之ヲ規定ス、②各所有者ハ離隔セル所有物ノ如ク二自己ノ持分ヲ処分スルコトヲ得、③諸般ノ租税及ヒ建物並ニ其附属物ノ共用ノ部分ニ係ル大小修繕ハ各自ノ持分ノ価格ニ応シテ之ヲ負担ス、④各自ハ己レニ属スル部分ニ係ル費用ヲ一人ニテ負担ス」と規定していた。この規定は、ナポレオンによってつくられたフランス民法六六四条に母法を求めることができるであろう。

(2)　民法典

民法（明治二九年法八九号）は、旧民法の規定を引き継いだ。同法二〇八条は、「①数人ニテ一棟ノ建物ヲ区分シ各其一部ヲ所有スルトキハ建物及ヒ其附属物ノ共用部分ハ其共有ニ属スルモノト推定ス、②共用部分ノ修繕費其他ノ負担ハ各自ノ所有部分ノ価格ニ応シテ之ヲ分ツ」と規定していた。

民法典の立法者は、同法二〇八条を日本造り家屋の長屋で各戸を個別所有する場合のみでなく、西洋造り家屋で階層別に個別所有する場合にも適用されることを予定していた（梅謙次郎・民法要義巻之二物権編一〇九頁）。

しかし、同法二〇八条は、日本造り家屋においてほんのわずか適用をみたほかは、西洋造り家屋にいたっては皆無といってよい状態であった。区分所有制度は、いわば、半世紀以上「死せる制度」だったといってよいであろう。

わずかに注目されるべきは、大正一二年の関東大震災の後に耐火構造の共同建築推進のために区分所有制度の改革が提唱されたことである（玉田弘毅「区分所有権理論とその背景」明治大学法制研究所紀要創刊号三頁）。しかし、この提案は実現しなかった。

(3)　昭和三〇年代の動き

区分所有制度が注目されるようになったのは、第二次大戦後、十数年経た昭和三〇年代の中期以降である。この時期が、敗戦直後ではなく、いわゆる経済成長の初期にあたっていることから、区分所有法の目的が、西ドイツにおけるように都市再興、住宅再建立法でなかったとする理解が出てくる理由がある（玉田弘毅「建物区分所有法の基本問題」法律時報三八巻五号三六頁、「建物区分所有法の現代的課題」所収）。

区分所有法の立法が具体化した昭和三〇年代に、必ずしも「西洋造り建築物」が多くつくられたわけではない。とりわけ、居住用中高層建築物についてそのことがいえよう。むしろ、政策的に非居住用建築物を積極的につくる機運を盛りあげようとするところにあったといえるかもしれない。土地区画整理法（昭和二九年法一一九号）、市街地改造法（昭和三六年法一〇九号）、防災建築街区造成法（昭和三六年法一一〇号）などは、いずれも土地収用法の特別法としてこの意思をもっていたとみることが可能であろう。

区分所有法の立法がとりあげられた直接の契機は、昭和三〇年代の初期の借地借家法の改正をめぐってであった（ジュリスト一一七号）。この点からみると、住宅立法としての側面をもっていることは否定できない。ここで考えられていたのは、(イ)　部屋の単独所有権と上下前後左右の相隣者と接している部分の共有、建物全体の支柱、敷地利用権についての全員の共有などをどのように関係づけるか、(ロ)　建物、敷地などの管理をどうするかの二点であった。

借地借家法の改正は種々の理由で頓挫し、区分所有法は単独の特別法として立法されることになり、昭和三七年に「建物の区分所有等に関する法律」が成立した（昭和三七年法六九号）。

区分所有法提案理由説明では、「最近、土地の高度利用の必要から、都市における中高層建物の増加は著しいものがありますが、これに伴いまして、共同建築やアパートの分譲の場合にみられますように、これらの建物を区分して所有する事例が次第に増加する傾向にあり、この傾向は、都市の再開発に関する各種の施策、なかんずく市街地改造法や防災建築街区造成法の実施によって、今後ますます推進される機運にあるのであります。」と述べる。

しかし、実際には、区分所有の対象となる建物はそれほど多くなく、「増加する傾向」にそなえたものといえよう。

したがって、立法資料に関しては、区分所有関係をめぐって現実に生起する具体的な問題を収集して立法を行うというより、外国の立法例を収集して考えるという方法で行われたものと推測される。外国法として参考にされたものとして、ドイツ、オーストリア、フランス、イタリア、アルゼンチン、メキシコがあげられている。

2　昭和三七年区分所有法

昭和三七年の区分所有法（以下、昭和三七年区分所有法）は、三七条からなる。まず、旧法一条は、区分所有権の目的物の要件を規定する。旧法二条は、区分所有権、区分所有者、専有部分、共用部分などの定義を行う。旧法三、四条は、共用部分の要件、法律関係を規定する。旧法五条は、区分所有者の権利義務を、旧法六条は、先取特権を、旧法七条は、区分所有権などの売渡請求権を規定する。そして、旧法八条から一五条までは、共用部分の共有につき民法の例外としての特別規定をおく。また、旧法一六条は、共用部分を特定の区分所有者に所有させるという管理所有につき規定している。旧法一七条から二二条までは管理者、旧法二三条から二六条までは規約、旧法二七条から三四条までは集会について規定している。いずれも区分所有建物特有の管理制度である。旧法三五条は、建物の一部が滅失した場合につき規定をおく。最後に、旧法三六条は、団地への準用規定をおく。団地単位の管理にそなえたものである。旧法三七条は過料についての規定である。

昭和三七年区分所有法は、民法二〇八条の問題点に一定の手当をする。(イ) 建物の専有部分、共用部分、敷地の三者相互の権利関係については、前二者を一体化し、共用部分には登記を不要とした(旧法一一条、四条三項)。しかし、敷地については、土地と建物とは別の不動産だとする従来の原則に手をつけることなく、ただ、敷地への権利を有しない区分所有者に対して、収去請求権者が区分所有権などの売渡請求権を有することとした(旧法七条)。(ロ) また、管理制度も新たにいくつかの制度をつくった。すなわち、共用部分の共有につき民法の共有を一定の修正をするとともに(旧法八〜一五条)、共用部分の管理所有(旧法一六条)、管理者(旧法一七〜二二条)、規約(旧法二三〜二六条)、集会(旧法二七〜三四条)など新たな管理制度をつくった。

以上の二点が新たにつくられたものだが、それ以外にも、(ハ) 区分所有権の目的物についての規定をおいたことも注目されよう(旧法一条)。これは、従来の判例学説の明文化と捉えることもできないわけではないが、共用部分の要件づけ(旧法三条)と合せて積極的な意義をもつものといえよう。

それでは昭和三七年区分所有法はどのように位置づけられるであろうか。

昭和三七年区分所有法では、民法など従来からの制度との対立をできるだけ避けて制度を位置づけることが試みられた。たとえば、土地と建物の関係は別の不動産だとする関係に手を触れずに立法されており、土地に関する規定は、わずか一条にとどまっている。また、共用部分についても、修正された共有法理を管理の基礎とし、新しくつくられた管理制度は、任意的なものとして位置づけられているなどである。

このことは、立法が実態からつくられたのでないとの生いたちとあいまって後に問題を生む素地となる。ところで昭和三七年区分所有法は、区分所有権の「所有権性」をどのように捉えていたのであろうか。

一言でいえば、可能なかぎり自由な、制限のない所有権として捉えていこうとしていたようにみえる（民法二〇六条参照）。専有部分の権利は所有権とし、共用部分は修正された共有、敷地は共有ないし賃借権・地上権の準共有とし、規約などの管理制度は、「外在的」なわくとして働くというわけである。ここでいう外在的なという意味は、制度自体が区分所有者の任意の選択によって可能となるにすぎないという意味と、制度の中心となる規約にみられるように選択しても「全員の書面による合意」によってのみ設定が可能だという意味の二つが含まれている。したがって、区分所有権の基礎に共有があり、専有部分への権利はいわゆる専用使用権にすぎないとの考え方は、区分所有権を個別的に捉えているかぎりにおいて妥当だったともいえよう。昭和三七年区分所有法は、区分所有制度を既存の法制度と調和させつつ確立することに眼目があったからである。

しかし、この結果は、個々の区分所有権が併存していく場合の調整あるいは団体としての意思形成、団体としての行為について問題を残すことになったといえよう。

3　昭和五八年区分所有法の課題と内容

(1)　課題

昭和五八年区分所有法の課題は、どこでも説かれているように二つあった（課題の詳細は、加藤一郎編の『区分所有建物の管理と法律』一頁以下。拙著『区分所有法の理論と動態』三頁）。

第一は、敷地の登記をめぐってであった。建物の専有部分と共用部分は昭和三七年区分所有法において一体化されていたが（旧法一一条）、建物と敷地は別の不動産であり、登記簿も別々という原則が生き続けていた。これは昭和三七年区分所有法が、既存の法制度を破壊することなしに区分所有制度をつくることが必要だったからである。新しい法制度をつくる場合、法政策として必要以上に旧制度と敵対しないことが要請されるからであろう。しかし、区分所有制度自体の論理（Natur der Sache）からするといかにも不自然であることを免れない。昭和三七年区分所有法では建物と敷地とが関連づけられていないから、ある建物の敷地を登記簿のうえで探すことが大変である。一つの区分所有建物の敷地持分権者は多数にのぼる。のみならず、敷地は一筆でないことが多く、区分所有建物が大型になり、さらに団地になると数十筆数百筆を超えることもあろう。そしてその一筆ごとに所有権、その他の利用権、さらにそれぞれに抵当権がいくつかならぶのである。区分所有建物をめぐって登記制度は破綻に頻していたといってよいであろう。

第二は、管理をめぐってである。すでに述べたように、昭和三七年区分所有法は法制度として管理面への対応は時代的制約により必ずしも十分でなかった。さらに、これに輪をかけたのが区分所有者の現実の対応である。問題は、主として居住用集合分譲住宅（マンション）で出てきた。

区分所有者は、マンションを「他人とかかわり合いなく生活できる場所」と考え、他の区分所有者とのかかわり合い、区分所有者全体とのかかわり合いを拒絶している。区分所有者のこのような生活態度は、昭和三七年区分所有法に適合的であるといえないわけではない。

しかし、区分所有建物では建物の性格上他の区分所有者と必然的に接触をもたざるをえない。区分所有者の管理への無関心のもとでは管理制度をより内在化していかなくてはならないことが要請される。管理制度を、任意から必須へ、自由から強制へ、全員一致から多数決へと変えていかなくてはならない。

(2) 内容

昭和五八年区分所有法は、これらの課題に答えるために昭和三七年区分所有法に大幅な手を加えた（評価につき、前掲区分所有法の理論と動態四七頁）。

第一の課題には、専有部分と敷地利用権の原則的な一体化によって答えている。区分所有建物をめぐる登記制度の方策はいくつか考えられた。ⓐ土地登記簿の編成方式を改め、共有持分ごとに甲区、乙区を設けるもの、ⓑ敷地利用権は、専有部分に従うものとし、敷地利用権については登記を要しないとするもの、ⓒ専有部分は、敷地利用権の処分に従うものとし、専有部分は、登記を要しないものとするもの、ⓓ専有部分および敷地利用権をもって財団的な一個の権利の客体とするものとし、これについて特別の登記簿を設けるものの四つが当初考えられた（拙稿「区分所有と登記」『現代契約法大系第4』四一八頁）。

昭和五八年五月に改正され、翌五九年一月から施行された区分所有法は、ⓑ方策を採用した。

敷地利用権が数人で有する所有権その他の権利である場合には、区分所有者は規約で別段の定めがあるときを除いて、その有する専有部分とその専有部分とに係る敷地利用権を分離して処分することができない（法二二条一項なお、同条三項）。

この場合、区分所有者が数個の専有部分を所有するときは各専有部分の割合は、原則として、専有部分の床面積の割合による（同条二項、法一四条）。敷地権の表示の登記（旧不登法九一条二項四号）、敷地権たる登記をした後は（旧不登法九三条ノ四第一項、九三条ノ一五第一項、九六条ノ二第三項）、専有部分または敷地利用権の処分は無効である（法二三条）。それ以前は、その無効を善意の第三者に対抗できない。つまり、専有部分と敷地利用権の一体性は実体法的に確立されたことになる。ここでいう敷地は、まず、(イ)　建物の所在する土地である（法二条五項）。のみならず、(ロ)　区分所有者が建物および建物が所在する土地と一体として管理または使用する庭、通路その他の土地も、規約によって敷地とすることができる（法五条）。この規約は、最初に建物の専有部分の全部を所有する者が、公正証書で設定することができる（法三二条）。

第二の課題にも昭和三七年区分所有法はいくつかの点で答えている。

① 共用部分の変更が、区分所有者および議決権の各四分の三以上の特別多数決でできることになった（法一七条一項）。

② 管理者の訴訟追行権が認められるようになった（法二五条四・五項）。

③ 規約の設定、変更などが、区分所有者および議決権の各四分の三以上の特別多数決でできることとなった（法三一条一項）。

④ 集会の招集、議事につき、少数区分所有者の保護と議事をスムースに進める合理化規定がいれられた（前者につき法三四条三項、三五条一項。後者につき三五条二・三・四項、三六条、三七条二項、四〇条、四六条一項など）。

⑤ 団体は必ず存在するものとし、区分所有者は当然その構成員である（法三条）、そして一定の要件をそなえて登記をすれば、この団体は法人格を取得できるものとした（法四七〜五六条）。

⑥ 義務違反者に対する措置（差止、使用停止、競売、賃借権の解除・明渡し）が明文をもっていれられた（法五七〜五九条、六〇条）。

⑦ 建替えが一定の要件のもとに区分所有者および議決権の各五分の四の特別多数決でできるようになった（法六二条、六三条、六四条）。

⑧ 賃借人など占有者への権利義務が新たに規定された（法六条三項、四四条、四六条二項）。

⑨ 区分所有者、管理者そして管理組合法人の債権が確保される法的手段が拡大するとともに（法七条、八条）、第三者の債権につき各区分所有者の責任が一定範囲で明定された（法二九条、五三条）。

4 平成一四年区分所有法

(1) 昭和五八年区分所有法以降の課題

第一は、区分所有者の建替え決議による共同建替えの仕組みの実効性である（拙著『マンションの建替えと法』一〇三頁以下。「マンション建替法改正構想」㈶住宅総合研究年報二八号二一頁）。

昭和五八年区分所有法は、区分所有者相互の間で団体を構成するものとし、個々の区分所有者は当然にその構成員とした（法三条）。そして一定の条件のもとに法人格を取得できるものとした（法四七条）。区分所有者の権利義務の発生・制限・消滅は集会での決議によって決せられることとなった。ここでの集会の決議には区分所有者議決権の単純多数決から特別多数決までさまざまの形態がつくられた。この団体主義と多数決主義が昭和五八年区分所有法以降の区分所有法の基本原則になっていく。このことは、昭和三七年区分所有法の母法となっているドイツ法、フランス法の個別所有権を尊重する個別主義、全員一致主義と大いに異なるところである（ヴェルナー・メルレ、杉下俊郎、丸山英気、藤井俊二『マンションは生き残れるか―ドイツと日本のマンション法』二五頁）。この団体主義と多数決主義は建物、敷地の利用や管理で現れてくるわけだが、「究極の管理」といわれる建替えにおいて鋭く現れてくる（法六二条）。建替え決議では、専有部分の取り壊し、再築における新たな専有部分の附与に所有権の不可侵と他の多数所有権者とが衝突する。

昭和五八年区分所有法は極めて限定された要件のもとで区分所有者および議決権の各五分の四の特別多数決で建物を取り壊して、新たに建物を建築する旨の決議ができることとなった。「老朽化など」、「費用の過分性」（建物の価格…と比較して効用の維持…回復するのに過分費用がかかる）、「使用目的の同一性」、「敷地の同一性」などが客観的要件として求められていた。いわば所有権へのギリギリの配慮がこの客観的要件に込められていたといえよう。平成八年に起った阪神・淡路大震災は多数のマンションを被災せしめ、建替えが復旧とともに現実の問題となった。まず問題となったのは、昭和五八年区分所有法での建替え規定は、老朽化を念頭に起草されたものので、建物の存在を前提としており、全壊（全部滅失）して敷地への権利だけが残っている状態は考慮外であり、何らかの手が打たれなくてはならなかった。ついで建替えが具体化していくと、区分所有法の共同建替えは客観的要件がきつすぎ、この仕組みはほとんど利用できないことがわかってきた（等価交換方式＝全員一致方式）。とりわけ、建物の取り壊しに抵当権者の同意を求めることが難しいことがわかってきた。また建替え決議後の事業の推進の仕組みが、区分所有法ではまったく手当てがなされていないことにも批判が起った。建替えがスムースにできないマンションという住居システムへの根本的な疑問が生じた。さらに、団地を構成する建物のひとつが建替えするときの手続についても疑問が出されていた。

最初に述べた多数決主義に戻れば、復旧と修繕、大修繕と通常修繕でどのような決議を必要とするか、についても疑問が出されていた。また、駐車場の専用使用権の問題が地方に波及して、その有効性、設定対価の帰属、使用料有償化、増額そしてその廃止などが訴訟で争われた。いうまでもなく専用使用権は共有土地上に特定の区分所有者のみが駐車できるもので、マンション売買時に買主が売買契約、規約によって認めるものである。問題の根源は、分譲会社がつくる原始規約である。等価交換方式によるマンション建築では専用使用権のほか、さまざまな問題が生じている。この原始規約を是正する方策（再《さい》特別多数決するなど）も、引き続き求められていた。

第二は、管理のあり方をめぐる問題である（拙著『都市の法律学』五二頁）。

昭和五八年区分所有法は、区分所有者が管理組合をつくって自らが管理を行うという仕組みを推進した。区分所有建物の管理制度（たとえば規約）が、特別多数決により決定されることは管理組合による自治に適合的であったからである。しかし昭和三七年区分所有法は、このような仕組みを前提に立法されたわけではなく、母法国において行われているように専門家による管理が予定されていたようにみえる。少なくとも、管理者に管理組合の理事長が就任するという発想はなかった。それが農村（部落）での自治、会社での自治に慣れ親しんできた都市住民に管理組合による管理という手法が受けいれられたといえよう。

しかしこの管理組合による管理は、区分所有者に多大のエネルギーと知識を要求する。区分所有者は毎年、理事を選出しなくてはならず、また理事となった者は無償で実際の管理業務を担わなくてはならない。現実の業務の一部は管理会社が担ってくれるとしても、決定は、素人である理事会、理事長がしなくてはならない。この業務は、専門性があり、かなり高度である。しかも、理事や理事長は、注意義務や損害賠償につき重い負担を負う。また、管理組合から受託して管理業務の全部または一部を行う管理会社の仕事振りにも不満が少なくなかった。業務を十分してくれない、委託費が高過ぎるなど、である。しかもマンションは、居住用だけでなく、リゾート、高齢者へのケアつきのものも増大し、形態も商業用、居住用の複合建物、超高層マンションなどますます複雑になりつつある。

第三は、最近現れた、建築確認制度をめぐる問題である。

区分所有建物の建築には、建築基準法の要請を満たしているとの建築確認が必要である。このことは、区分所有建物のみに必要なのではなく建築一般に必要であることはいうまでもない。しかし一棟に多数の居住を予定するマンションでは、安全が求められ、建物の性能を規制している建築基準法での集団規制の遵守が要請される。ところが平成一七年秋に、一部の建築士らによる構造計算書の偽造が発覚し、それを建確事務を担当する自治体、それに代わる確認検査機関が見抜けないという衝撃的な事件が発生した。このため建築されたマンション（ホテルもある）は、普通程度の地震にも耐えられないことが判明した。構造計算書の偽造者は一人でなく、他にも存在するのではと疑われるようになっている。建物の安全性を担保する仕組みの根本的崩壊である。このことは一見すると、建築公法の問題であり本書の担当外のようにみえる。しかしそうではない。マンション取引に影響が出るからである。マンション譲受人である被害を受けた区分所有者は、売主へ瑕疵担保に基づく補修請求、損害賠償請求、施工者（元請、下請）・設計事務所（意匠・構造）・確認検査機関・特定行政庁などへ不法行為に基づいて損害賠償請求することになるが、これらの者が、今回の例でもそうだったが、倒産、資力不足で支払能力がなく、買主の救済が事実上はかれないのである。そこで最終的には、地方公共団体（特定行政庁）、国などが国家賠償法において損害賠償の相手方とならざるをえないのである。しかし、一部の建築関係者の不始末が、地域住民一般、国民一般の負担で解決するという仕組みはいかにもおかしい（モラル・ハザード）今回の一連の事件は、建築基準法などで規制している建物の最低限の安全性を担保する建築確認制度がほとんど機能していないこと、従来からしばしば生じていたことではあるが、瑕疵ある建物の補修、それに代わる損害賠償が関係者の倒産、資力不足の場合に買主や注文者が救済されないことがはっきりした。建物の安全性の担保の仕組み、不幸にしてこのような被害を受けた者をどう救済するか、の仕組みがつくられなくてはならない。具体的に制度をどうつくりかえるか、の議論が始まったばかりである。

このような状況でいくつかの立法がなされた。まず、平成七年に「被災区分所有建物の再建等に関する特別措置法」（被災区分所有法）が成立した。同法は全壊マンションも区分所有法の建替え決議を可能にすることが主な目的であった。ついで、平成一二年に「マンションの管理の適正化の推進に関する法律」（適正化法）が成立した。第二の課題に対応した立法といえる。同法は、管理組合を助力するものとしてマンション管理士という制度をつくるとともに、管理会社の登録・マンション管理主任者の設置を義務づけた。そして平成一四年に第一の課題に対応するものとして「マンションの建替えの円滑化等に関する法律」（建替え円滑化法）が成立した。同法は、建替え決議後、建替え事業を権利交換という手続で円滑に推進しようとする。これらの立法を受けて、平成一四年に主として第一の課題に対応するものとして建替え決議の簡易化を中心とした区分所有法の改正が実現する。この区分所有法の改正と、被災区分所有法、適正化法、建替え円滑化法とは一体ととらえるべきである。第三の課題に対応する立法はまだ十分とはいえない（座談会「住宅の安全性確保のために」住宅土地経済六三号二頁）。

(2)　被災区分所有法

マンションが全部滅失したときでも、敷地共有者などは集会での特別多数決で建替え決議ができるとするとともに、敷地の共有につき、共有物分割に関する民法二五六条一項の適用を排除して、一定期間の分割請求を禁止して建替え決議ができるようにした。区分所有法六二条の建替え決議では建物が存在していることが前提だという理解からの立法である。

(3)　適正化法

適正化法は、マンション管理の核となっている管理組合を支援するため、マンション管理士という制度を創設し、資格、試験、登録、義務などを規定したものである。また同法は、管理組合が業務を委託しているマンション管理業についても規制を加えた。管理業者は登録を義務づけられ、業務のあり方に規制、監督を受けるとともに、管理業務主任者の設置を義務づけられた。そして管理業者の団体についても規定を置いている。

問題は、管理組合による管理という方式のみで、多様になってきているマンションを管理できるかである。マンション管理士の活用の方策の考慮が必要であろう。管理組合は積極的にマンション管理士に相談をもちかける必要があるし、場合によっては相談を越えて管理者への就任も考慮すべきであろう。このことから総合管理業でない分別発注の基点としてのマンション管理士が誕生することも予想される。このためには、マンション管理士は実務と理論の収得に努力する必要があろう。

(4)　建替え円滑化法

建替え円滑化法は、区分所有法六二条の建替え決議が成立した後の、事業法とでもいう性格をもった法律で、事業主体、事業方法を定めている。建替え決議成立後、建替えに合意した区分所有者（参加組合員を含む）は、都道府県知事の認可を受けて、法人格を有するマンション建替え組合を設立する。その際組合は、非参加区分所有者に対して、区分所有権等の時価で売渡請求をすることができる。区分所有権等、抵当権、借家権などの権利は、都道府県知事の認可を受けた、権利変換計画に従い、再建マンションに移行する。この際も組合は、権利変換計画について決議に賛成しなかった組合員に、区分所有権等の売渡請求ができ、また賛成しなかった組合員も組合に、区分所有権等の買取請求を、いずれも時価でできる。

以上が建替え円滑化法の骨子であるが、このほかに、保安上危険または衛生上有害な状況にあるマンションにつき、市町村長が、建替えを行うことができるとする制度も創設された。

(5)　平成一四年区分所有法

平成一四年区分所有法で最も重要な点は、

①　一棟単位での(i)建替え決議要件の見直し（費用の過分性、建物目的の同一性、敷地の同一性要件の撤廃）、(ii)建替え決議の際の手続の整備（説明会の開催、招集通知の変更。法六二条四～六項）、

②　団地内の特定建物の建替え手続の明確化、

③　団地内建物の一括建替え制度の導入、の三つである。

①は、老朽化、費用の過分性、敷地の同一性、建物目的の同一性など、従来、建替え決議をするために必要な客観的要件をすべて削除し、建替え決議は、ただ区分所有者および議決権の各五分の四以上での特別多数決のみでできる（法六二条一項）。②団地で特定の建物の建替え決議をするには、当該建物で①の決議を必要とするほか（法六二条一項）、団地団体で議決権の四分の三以上の承認決議が必要である（法六九条一項）。この場合、特定建物以外の建替えに特別の影響があるときは、その建物の議決権の四分の三以上の賛成が必要である（同条五項）。③団地において一括建替えをするときは、団地団体の区分所有者および議決権の各五分の四以上の特別決議と、それぞれの棟の区分所有者および議決権の各三分の二以上の特別多数決でできる（法七〇条一項）。

以上は建替え法の概要であるが、管理法の改正は次のとおりである（拙稿「区分所有法改正とマンション管理」法律のひろば二〇〇三年五月号一五頁）。

④　大規模修繕での決議要件の緩和（法一七条一項）

⑤　管理者および管理組合法人の代理権および当事者適格の拡大（法二六条二項、四七条六項）

⑥　規約の適正化（原始規約の修正の可能性　法三〇条三項）

⑦　管理組合法人化の要件の緩和（法四七条一項）

⑧　規約、議事録等および集会、決議の電子化の推進（法三〇条五項、三三条二項、三九条三項、四二条四項、四五条、四七条一二項、六六条）

⑨　復旧における買受人制度の導入と買取行使期間の法定（法六一条一〇、一一項）

なお、区分所有法の改正にともない、標準管理規約も改正された（拙稿「標準管理規約改正の意義」ジュリスト一二七八号六頁）。

（丸山　英氣）

第二編　区分所有法概説

第一章　総　　則

第一　区分所有の目的——専有部分

一　専有部分の意義

一棟の建物が数個の部分に区分され、その各部分がそれぞれ独立して、一個の物として所有される状態にあるとき、この建物には、個別の所有権の目的となる建物部分とならない建物部分とが存在する。この個別の所有権（これを区分所有権という）の目的となる建物部分を専有部分という（法二条三項）。

この専有部分とは、ⓐ一棟の建物の構造上区分された数個の部分で、かつ、独立して住居、店舗、事務所または倉庫その他建物としての用途に供することができる部分をいう。ただし、規約によって共用部分とされるものは除かれる（法一条、二条一項）。そして、ⓑ専有部分に属する建物の附属物、が含まれる（法二条四項）。すなわち、ⓐ・ⓑが現に区分所有権の目的となり、そのうえに区分所有権が成立している場合に、ⓐ・ⓑを、専有部分という。したがって、区分所有権の目的となるに適するⓐ・ⓑであっても、現に区分所有権が成立していないかぎり、専有部分ではない。

専有部分については、主としてⓐの専有部分に関してであるが、その定義づけの文言から、一棟の建物のある部分を専有部分となしうるための成立要件として、従来、いわゆる「構造上の独立性」と「利用上の独立性」という二つの要件が必要であるといわれている。[1] 構造上の独立性とは、その建物の部分が、所有権の内容たる物的支配に適する構造を備えるように区分されていることであり、そのためには、建物の構成部分である隔壁（仕切り壁）・扉・階層（天井および床）などによって、他の部分と完全に遮断されていなければならないが、しかし、出入口以外のところがシャッターによって仕切られているような場合には、その建物の部分を全体的に観察し、それが構造上独立した部分といえるかどうかを判断すべきというものである。[2] そして、利用上の独立性とは、独立して建物としての用途に供しうる部分であって、他の専有部分を経由しないで外部と往来できる出入口があり、建物としての利用に適した専用の内部設備がなければならないというものである。[3]

しかし、最近、構造上の独立性と利用上の独立性という二つの要件を、別々の独立した要件として扱うのは適当でないという批判が強くなってきている。すなわち、従来の捉え方は、構造上の独立性とは境界壁・床スラブなどによる完全遮断性のことであるとするが、その遮断性の有無・程度は、その建物部分またはこれを含めた全体建物の用途ないし利用目的との関連において決定されるべきことがらで、そのことを抜きにして完全遮断性を要求し絶対視することは無意味なことであるとする。また、利用上の独立性にしても、従来いわれている外部との直接性ある出入口の有無・位置、専用の内部設備の有無・程度も、いずれも、その建物部分の構造にかかわり合いのあることがらである。つまり、利用上の独立性は構造上の独立性と切り離して語ることができないし、構造上の独立性は、その建物部分またはこれを含めた全体建物の用途ないし利用目的との関連を考慮の外において論ずることはできず、両者は要件的に不可分的な一体の関係にあるものとするものである。[4]

そして、専用部分となる建物部分かどうかについての判断基準として、⑴区分（境界）の明確性があること、⑵遮断性があること、⑶外部との通行の直接性があること、⑷専用設備が設けられていること、⑸共用設備が設けられていないことをあげる。[5] そこで、ここでもそれぞれの基準について、若干の検討をしてみたい。

1　区分（境界）の明確性

その建物部分が、その他の建物部分と明確に区分されていることを要する。この基準は、通常の住居や事務所等の用に供される建物の区分所有では、隔壁・扉・天井・床等によって明確にされるので、あまり問題にはならない。問題となるのは、一つの階層に多種多様の専門店（衣料関係が多いように見受けられるが）が入居する最近流行のいわゆるファッションビルのような場合である。この場合、各専門店は、その使用目的あるいは用途から、店ごとに（建物部分ごとに）壁等で区分するということをしないものが大部分である。このような現実に壁等がない建物部分が、専有部分となりうるかどうかが争われている（いわゆる無隔壁区分所有の問題）。[6] これについては、その建物部分は、区分あるいは境界が客観的に明確化されていれば専有部分となりうるし、その明確化の方法としては、床に恒久性ある適当な境界標識を埋込むとか打込むことなどでよいとする考えにしたがいたい。

2　遮断性

その建物部分が、その他の建物部分と境界壁・扉・天井・床等によって遮断されていることを要する（その程度につき、最判昭和五六年六月一八日民集三五巻四号七九八頁）。1で述べた、無隔壁区分所有が認められる場合以外は、その建物部分についての遮断は現実になされていなければならないとするのが従来の捉え方である。問題があると思われるのはその遮断性の程度である。境界壁・天井・床等によって完全に遮断されている場合には、その建物部分が専有部分となるということに問題はない。しかし、その遮断物が、障子・ベニヤ板、板壁等の場合には、取りはずしが容易に可能であり、いちがいに完全に遮断された状態になっているとはいい難い状況なので問題があるように思われる。判例には、建物部分が互いに壁・ベニヤ板で遮断され、屋内での両部分間の交通は全く不能であるという場合に、それぞれの部分に区分所有権の成立を認めた、すなわち、各々の部分を専有部分と認めたものがある（神戸地判昭和三六年二月一六日下民集一二巻二号二九三頁、仙台地判昭和三八年一二月三日高民集一七巻七号五八七頁）。しかし、これらの判例から、板壁やベニヤ板での仕切りが、常にこの遮断性という基準を満たすと判断することは早計にすぎる。取りはずしが容易でなく、固定されており、その設置の態様から建物部分の構成部分になっていると考えられるときには遮断性があるといってさしつかえないという程度ではなかろうか。よって、障子や襖は、ほとんどの場合遮断性はなく、板壁やベニヤ板による仕切りは、その建物部分の構造との関係、設置の仕方などによって判断するということになろう。また、仕切りとして設置されているものが、シャッター、木製ドアの場合には、建物の構造上その構成部分となっていると考えられるときは、遮断性があると認める登記先例がある（昭和四〇年三月一日民事三発第三〇七号民事局第三課長回答、昭和四一年一二月七日民事甲第三三一七号民事局長回答）。

3　通行の直接性

その建物部分がその他の建物部分を経由しないで直接に外部に通じることができるように、独立の出入口をもっていることを要する。この独立の出入口は、外部に通じている共用部分（たとえば共同の廊下・階段室など）に通じている場合でもよい。この基準を考える場合、(a)平面的な横の関係における通行の直接性が問題となる場合と、(b)立体的な上下の関係における通行の直接性が問題となる場合の二つに分けて捉え、(a)についてはかなり厳格な態度をとり、(b)については原則を緩和し、具体的な利用状況等から妥当な処理を図ろうとしているのが判例の態度であるといわれる。そして、この理由は、立体的な上下の関係においては、平面的な横の関係における場合と異なり、通行の直接性をたやすく確保することができないことがあるからなのではなかろうかとされ、判例の態度を妥当なものとされる。[7] この考え方にしたがいたいが、ただ、(b)の場合に通行の直接性を緩和するということになれば、上階の区分所有者が自分の所有に属しない下階部分の通行を認めるということになるわけであり、その場合の通行権限をどのように捉えるかについては、法にも明確な基準は用意されておらず、なお問題が残るといわねばならないであろう。

4　専用設備の存在

その建物部分には、使用目的あるいは用途にふさわしい専用設備が設置されていることを要する。どの程度のものをここにいう専用設備に該当するものといいうるかというのは、いちがいに判断できるものではなく、その建物部分の使用目的・利用形態、他の設備との関連等を考慮して総合的に判断する以外ないといわざるをえない。

5　共用設備の不存在

その建物部分には、区分所有者全員あるいは一部の区分所有者のための設備、すなわち共用設備が存在していてはならない（なお、前掲最判昭和五六年六月一八日）。

また、ⓑの専有部分に属する建物の附属物とは、建物に附属し、効用上その建物と一体の関係にあるもので、専有部分に附属していると認められるものをいう。これ以外は、構造上・性質上の共用部分となる（後述共用部分の種類参照）。これは、たとえば、一棟の建物にある各専有部分へ電気を供給するための電線の支線部分、ガス・水道を供給するための管の支管部分などをいう。

注（1）川島一郎「注釈民法(7)」三六〇頁
（2）川島一郎・前掲三六〇頁
（3）玉田弘毅「注解建物区分所有法(1)」五四頁
（4）玉田弘毅・前掲五四・五五頁

（5）玉田弘毅・前掲五五頁
（6）玉田弘毅「無隔壁区分所有の問題」不動産研究八巻四号一四頁以下に詳しい。
（7）玉田弘毅「注解建物区分所有法(1)」七八頁

二　専有部分の範囲

この問題については、従来から、専有部分相互間あるいは、専有部分・共用部分間、専有部分・外部間の境界部分はどこまでが専有部分に含まれるかということを中心に論じられている。そして、四つの見解が主張されている。第一説は、柱・壁・床スラブ・天井等の境界部分はすべて共用部分で、専有部分には含まれないとするもの、第二説は、境界部分はその厚さの中心線（壁心）まで専有部分に含まれるとし、第三説は、いわゆる上塗り部分のような表面部分は専有部分であるがそれ以外は共用部分とするもの、第四説は、区分所有者相互間における建物の維持・管理の関係では第三説を、外部の第三者に対する関係（保険・税金等）では第二説を主張する見解である。どの説をとるかは難しい問題である。取引実務上は、第二説で考えるものが多いようである。思うに、その境界部分が専有部分に含まれるということになれば、その含まれた部分については、区分所有権者が、他の専有部分や全体建物の維持・保存・管理・利用等に支障をきたさず、他の区分所有権者の利益に反しない以上、自由に使用・収益・処分できるということになろう。そうだとすれば、実際の区分所有権者の意識等も勘案すれば、第三説が比較的妥当なのではないかと考える（なお、法一四条三項の問題については後述、「共用部分の所有関係」の項参照）。

また、いわゆる建物の基本的構造部分（建物全体の安全や外観を維持するために必要な支柱・耐力壁・屋根・屋上・外壁・基礎工作物等）が、専有部分内に存在している場合にさきほど述べた境界部分の場合と同様の問題が生じる。つまり、この建物の基本的構造部分とは、専有部分内にあっても、構造上・性質上の共用部分であると考えられるので、専有部分・共用部分間の境界部分をどう考えるかという問題がおこるのである。この問題についても、さきほどと同様に考えれば足りると思うので、基本的構造部分の上塗り部分のような表面部分は専有部分に含まれる、と考える。なお、専有部分内に存在するが、建物の基本的構造部分にあたらない柱や壁等は、専有部分に含まれる。

三　専有部分か共用部分かで問題とされるもの

区分所有建物におけるさまざまな建物部分について、それが専有部分に該当するのか共用部分に該当するのかで問題とされるものがあるので若干の検討をしてみたい。

1　機械室・電気室

これらは、旧法制定当初は、規約共用部分とされていたが、最近では構造上・性質上の共用部分とされている。実務上も、機械室についてであるが、構造上の共用部分であると考えられるとしている（昭和三八年一〇月二二日民事甲第二九三三号民事局長回答並びに通達）。電気室・機械室は、全体建物の利用・維持管理上必要不可欠な区分所有者全員のための設備が恒常的に設置されているものであり、構造上・性質上の共用部分と考えて差し支えなかろう。ただ、つぎのような場合には、専有部分ないしはその一部というように考えられるであろう。次図のような一〇階建のビルにおいて、ア・イという断面で左右二つの建物部分に区分するというような場合には、B室は専有部分である甲部分内にある電気室、機械室であるから、専有部分の甲の一部である。D室についても同様に専有部分乙の一部である。

立　面　図

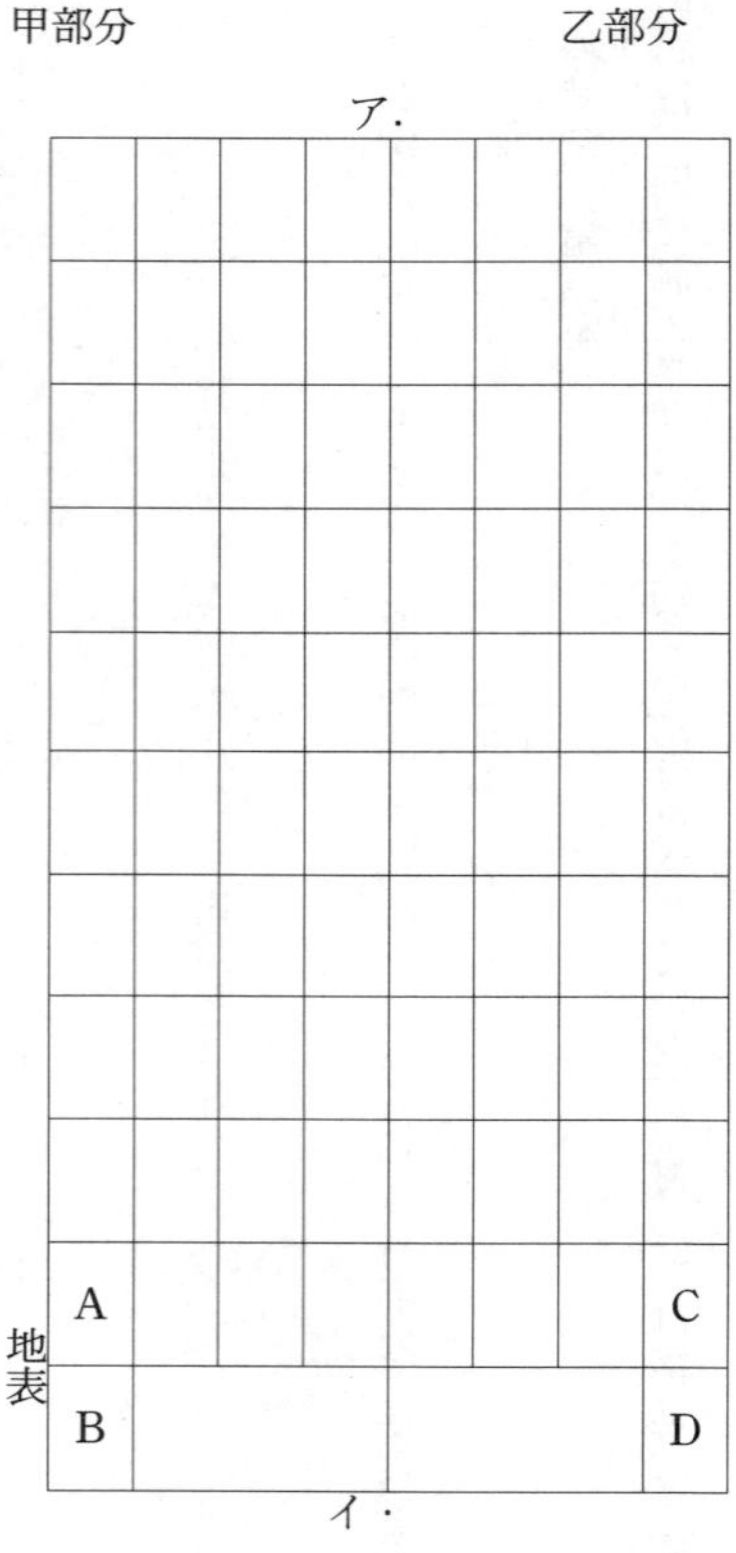

注）1．上記ビルの左半分を甲部分、右半分を乙部分とする。
2．A室は甲部分のための管理事務室、C室は乙部分のための管理事務室である。
3．B室は甲部分のための電気室、機械室、D室は乙部分のための電気室、機械である。

2　管理室、管理人室、管理事務室（以下管理人室という）

管理人室は、それぞれの区分所有建物によっていろいろな形態で存在する。しかし、そのほとんどは構造上の独立性をもち専有部分の対象にもなりうるものといっても決して過言ではないであろう。ただ、その位置が全体建物の出入口近辺にあり、来訪者の受付・配達物などの処理ができる受付者が常駐できる構造になっており、また内部にも各専有部分を集中管理する消防警備設備などが備えられているものを、普通ここにいう管理人室とよぶので、その性格づけをいささか困難にする。判例（東京高判昭和四六年四月二八日下民集二二巻三・四号四八七頁）

は、ある建物部分が管理人室として他の部分とは別に使用されているが、その建物部分には、全体建物の区分所有者全員のために使用されるべき重要な機械、装置が固定的に設置されており、その操作にもこの建物部分の使用が不可欠であるという事案について、また、神戸地判昭和四四年五月二六日（判例時報五九一号八五頁）の、事務室に全体建物の保安・管理のために必要不可欠の設備が設置されているという事案について、これらは、構造上・性質上の共用部分であるとする。妥当な結論と思われる。しかし、先に述べたようにその態様はさまざまである。つぎのような場合には、管理人室は専有部分の一部となろう。すなわち、前図のような一〇階建のビルにおいて、ア・イという断面で左右二つの建物部分に区分するような場合には、A室は専有部分である甲部分内にある管理人室であるから、専有部分の一部である。同様にC室も乙部分という専有部分の一部である。また、ある建物部分が、管理人が居宅として使用し、併わせて管理事務を行っており、管理受付室のような構造をとらず共用設備もないというような場合も考えられ、これに対し、昭和五〇年一月一三日民三第一四七号法務省民事局長通達は、構造上・性質上の共用部分といえないとする。区分所有者の管理事務を行っているところであり、専有部分と考えているとは思われず、そうすると、規約共用部分であるとするのがこの通達の意味するところであろう。しかし、これは疑問である。何故なら、この場合、規約が設定されることなく、この建物部分が、特定の区分所有者の専有部分として分譲されると、他の区分所有者にとって不都合な事態におちいると思われるからである。最近よくいわれる、「隣人への無関心」等も考えあわせれば、より一層管理人の職務は重要性を増し、またそのための建物部分も、すべからくすべての区分所有者のために供されてしかるべきものではなかろうか。それ故、大部分の場合、管理人室は、構造上・性質上の共用部分と考えるべきものと思う（最判平成五年二月一二日民集四七巻二号三九三頁。管理人室を専有部分に当たらないとする）。

3　地階・一階の駐車場・車庫

屋上に設けられる場合もあるが、屋上は、構造上・性質上の共用部分と考えられる（東京地判昭和四二年一二月二六日判例タイムズ二一六号二二七頁）ので駐車場・車庫もそのように考えて差支えないであろう。この駐車場・車庫にもさまざまの形態・構造のものがあるので、いちがいにその部分の性格づけをすることはできない。判例には、地階にある車庫について、本件建物の全区分所有者の共用に供すべき建物部分であるとして、共用部分とするもの（神戸地判昭和四四年五月二六日判例時報五九一号八五頁）、また、地下駐車場について、その部分を一応建物の構造上独立して建物としての用に供することができるものと認めながら（すなわち専有部分と認めながら）、

(a)人専用の出入口は事務所ないし階段室を通って全専有部分に通ずるものである、

(b)車庫の収容台数は区分所有者数の二割強にあたり、近時における激増した自動車の保有、利用状況、駐停車状況に照らすと、マンション居住者にとって車庫は必須のものであり、本件車庫も区分所有者の需要に応じるために設置されたものである、

(c)車庫の天井には、本件建物全体の用に供する配線、配管類、地下には全体の用に供するし尿浄化槽と受水槽が設置されており、床にはこれに通ずるマンホール三個があり、また排水ポンプ故障の際の予備の手動ポンプが設置されている、

(d)浄化槽などの点検、清掃、故障修理のため随時専門業者が車庫内に立入ることが予定されている、というものについて共用部分と判断したものがある（大阪高判昭和五五年二月二九日判例タイムズ四二一号九〇頁）。この他は、一階の車庫について、一棟の建物の中で構造上区分された部分であることは明らかであるとし、それが共用部分であるか否かの検討で、車庫内にある装置の重要性の程度、機能、その占めている位置・面積という点から、構造上の共用部分の性質を備えるものではないとするもの（東京地判昭和五一年一〇月一日下民集二七巻九〜一二号六九九頁）、一階の車庫について、構造上区分された部分に該当すると認定し、車庫から直接建物の外部に出ることが

可能であることやほとんどの区分所有者がこの車庫を利用できないことから、独立して建物としての用途に供することができるものであるとして、専有部分とするもの（東京地判昭和五一年一〇月一二日判例時報八五一巻二〇二頁）、一階の車庫について、前の判例（東京地判昭和五一年一〇月一日）、と同様の観点から専有部分と認めたもの（東京高判昭和五三年八月一六日判例タイムズ三七一巻七七頁）、一階の車庫について、建物の共用設備として、壁の内側付近二カ所に臭気抜きの排気管が取りつけられ、出入口付近の床の三カ所に排水用のマンホールが設置されていても、これらが車庫のうちのきわめて僅かな部分を占めるにすぎず、かつ、これらがあるために建物の管理人が日常車庫に出入する必要が生ずるわけでもないなどの場合に、専有部分にあたるとしたもの（最判昭和五六年六月一八日判例時報一〇〇九号五八頁）、一階の車庫について、共用部分にあたらないとしたもの（東京地判昭和五二年一二月二一日判例時報八九五号八九頁）、一階のピロティー形式の屋内駐車場に構造上・利用上の独立性を認め専有部分とするもの（東京地判昭和五三年一二月七日判例時報九二四号七七頁）、一階および二階駐車場を専有部分と認めたもの（東京地判昭和五四年四月二三日判例タイムズ三八九号一〇八頁）など、専有部分と認めたものが多くみられる。車庫・駐車場については、たしかに、共用性・専用性両面もち合わせており、判断には困難を伴う。

しかし、ここではつぎの意見にしたがっておきたい。すなわち、近時における自動車の保有状況、利用状況、駐停車状況などを考えるとマンションなどのような建物にあっては、車庫は単に区分所有者にとり有用なものであるにとどまらず、むしろ、必須不可欠の共用設備というも過言でなく、したがって、その建物部分（車庫）の構造、すなわち、自動車の収容台数とか右台数と専有部分数ないし区分所有者数との割合などというような規模・面積などからみて、特段の事情がないかぎり社会観念上当然に共用性ありとしておかしくはないとするものである。(1) つまり車庫・駐車場は、共用部分のなかでも、現在の車社会のあり方等から、大部分は構造上・性質上の共用部分と判断すべきものではなかろうか。

4 ピロティー

ピロティーとは、基礎杭とか地固め用の大杭の列というのが本来の意味であるが、現在では、基礎杭を地上に出して地平階（一階）を柱・壁だけで自由に通り抜けられる空間（吹抜き）となし、二階以上を住戸などにした建物における地平階の吹抜き部分のことを意味する。[2]よって、ピロティーとは、二階以上を支える柱ないし壁、二階部分の床、地表（コンクリートをうってあるのが普通）によって囲まれた空間のことである。

判例には、ピロティーは、その構造上区分所有者全員の共用に供されるべき建物部分、すなわち法定共用部分にあたると認めるべきものとするもの（東京地判昭和五一年五月一三日下民集二七巻五～八号二七八頁）と、利用上・構造上の独立性を認められ、専有部分と判断するもの（東京地判昭和五四年一〇月三〇日判例タイムズ四〇三号一二七頁）がある。思うに、ピロティーとよばれる以上、完成された建築空間であり、その空間として、その建物全体の設計の調和、機能性の増加、快適な居住性の賦与等の効果をもつものであり、また、具体的にはホール、集会所、避難路としても十分にその役目を果たすものと考えるべきではなかろうか。そうだとすれば、これは、構造上・性質上の共用部分と判断すべきではないかと思われる。

5 テラス・バルコニー・ベランダ

これらは、それぞれ、それほど厳格に区別して使われているわけではない。それだけに、これに属するものは、まさに千差万別、種々いろいろなものがあるといって差支えないであろう。ただ、テラスは、主として、建築基準法上の斜線制限によって生ずる下層階部分の屋上部分をいうとされる。そして屋上と同様に考え、構造・性質上の共用部分とされている。しかし、普通、テラスはある専有部分に接続しており、テラスの利用者は、その専有部分の区分所有者だけであることが多い。そこで、問題は、その区分所有者に専用使用権が考えられているかどうかであろう。

バルコニー・ベランダについては、前にも述べたように確かにさまざまなものがあるが、少なくとも、全体建物の外部に突出または張出して築造された外縁であって全体建物の一部をなすものである。そして、その構造からして、特定の専有部分のみに接続し、その区分所有者の専用に供されるべきものと、同一階にある数個の専有部分に平行に接続するものという二種類に分けることができよう。後者は、各専有部分毎に間仕切りがあっても、共用部分と考えるべきではないかと思う。間仕切りがあれば実際に使用できるのは、たしかにその専有部分の区分所有者だけかもしれないが、緊急避難路としての役目もあると考えられ、その区分所有者に専用使用権を認めたとしても、バルコニー・ベランダそのものは構造・性質上の共用部分というべきであろう。前者の場合、実際の売買契約書などをみると、最近ではこのような形態のものは、最初からその専有部分の面積に加えられており、専有部分と考えて差支えないのではないかと思われる。

判例には、共用部分とする、いわゆるバルコニー温室事件（最判昭和五〇年四月一〇日判例タイムズ三二三号一四八頁）と、不動産登記法上の建物の床面積に、バルコニー、ベランダ等の床面積は、含まれないとの判断を下し、専有部分には該当しないと考えているように思われるもの（広島地判昭和五四年三月二三日判例タイムズ三九二号一六三頁）がある。いずれも妥当で、一般には、共用部分と考えて差支えないのではないかと思う。

6　倉庫

倉庫に、共用設備としての電気、水道のパイプが設置されていても、この共用設備の利用、管理によってこの倉庫の排他的使用に格別の制限ないし障害が生じない場合は、専有部分に当たるとして、共用部分だとする原審を破棄した（最判昭和五六年六月一八日判時一〇〇九号六三頁）。差戻上告審でも、この結論が維持された（最判昭和六一年四月二五日判時一一九九号六七頁）。

注

（1）玉田弘毅「注解建物区分所有法(1)」一六二頁

（2）玉田・前掲一四六頁

（倉田　繁）

第二　区分所有者および占有者の権利義務

一　区分所有者の権利義務の位置づけ

区分所有者は、専有部分について所有権をもっている（法一条、二条一・二項）。また、共用部分についても共有持分権をもっている（法一一条）。さらに、敷地についても、一般に、利用権をもっている（敷地利用権　法二条六項）。敷地利用権は、所有権（個々の区分所有者の権利は、一般には、共有、分有だが、さらに全くの個別的所有も考えることができる。）、地上権、賃借権（個々の区分所有者の権利はそれぞれの準共有だが、全くの個別的権利も考えることができる。）、使用貸借などであろう。そして、それぞれの部分につき、権利と義務を考えることができる。

それでは、区分所有者の権利義務はそれぞれの権利関係からのみ発生するとみるべきであろうか。専有部分への権利義務は所有権者としての権利義務から、共用部分への権利義務は共有権者としての権利義務から、敷地へは敷地へのそれぞれの法律関係から発生する、というわけである。

三つの部分から発生する権利義務が、制度としての区分所有の権利義務を構成することは疑いのないことであろう。

問題は、三つの相互の関係がどうか、それ以外から権利義務が発生する余地がないかの二点が検討されなければばならないであろう（区分所有法序論一2参照）。

第一の点からみよう。

専有部分への権利は、単独所有権であり自由に使用、収益、処分できる（法一条、民法二〇六条）。だが、共用部分への権利は、共有権だからこれを「各共有者は、各一個の所有権を有し、各所有権が一定の割合において制限し合って、その内容の総和が一個の所有権の内容と均しくなっている状態」とみるか、「一個の所有権が分量的に分割されて数人に属する」かはさておき（川井健『注釈民法(7)』三〇六頁）、何らかの形で制限を受けざるをえないことが認められよう。

また、敷地についてもその法律関係が共有ないし準共有だから共用部分と同じことがいえよう（ここでは個別権とみる考え方についてはふれない(注)）。

そうすると、制度としての区分所有権は、典型的には、単独所有権と共有（地上権、賃借権などの準共有）との併存ということになろう。考えてみるべきことは、同等な併存とすべきか、それともいずれかの要素が優位にあるとみるべきである。論理的にはいずれも考えられるが、わが国では共有優位説が強いようである。つまり、共有を制度としての区分所有の基礎におくわけである。（なお、この問題のドイツでの現状につき、拙稿「ドイツの住居所有権」『集合住宅と区分所有法・固定資産税違憲訴訟　土地問題双書19』、八頁）。

そこで、第二の問題と関連する。単独所有権と共有（地上権、賃借権などの準共有）の併存だとすれば、単独所有権への制限が必要とならざるをえない。なぜなら、区分所有権は、一棟の中に他の区分所有権に前後左右上下囲まれて存在するから、それぞれの区分所有権相互で使用が衝突せざるをえない。そこでこの調整として区分所有法六条（旧法五条）が存在すると考えるのである。したがって、この考え方によれば同法六条は専有部分の使用方法の調整として現れることになる。なぜなら、共用部分、敷地への利用方法の調整は共有法理で行うことになるからである。

この考え方からすると規約、集会での決議の位置づけが問題となる。昭和三七年区分所有法の基本構造からすれば、規約・集会での決議はこのような考え方の延長線上に位置づけられることになり、この考え方はより適合的であったといえよう。というのは、昭和三七年区分所有法では、規約、集会などの管理制度は、任意制度であり、より外在的なものであった。これらの制度は、制度としての区分所有に必須的なものとはいえなかったのである。規約によって使用方法や管理につき別段の定めをすることができることになっていたが（旧法二三条）、それが可能なのは区分所有者全員の書面による同意があるときにのみ可能であったにすぎない（旧法二四条一項）。つまり、設定自体も困難であったのである。

昭和五八年区分所有法（現行区分所有法）は、これらの管理制度を、より内在的なものとした。団体（管理組合）が当然存在することにより（法三条）、集会の決議による使用、管理の規制を必然化した。また、設定、変更も特別多数決によって容易となることにより（法三一条一項）、規約は、制度としての区分所有のより内在的制度となったのである。

また、昭和三七年区分所有法のもとでは、必ずしも明らかでなかった共有法理と団体法理との関係も明らかになってきた。区分所有者は、共用部分をその用法に従って使用することができることに象徴されているように（法一三条）、共用部分は、共有法理に従っていない（民法二四九条は「その持分に応じた使用」ができることになっている。）。そこで、一般的に共用部分の使用方法、管理は、共有法理とは異なるのではないかと考えられる。

本来、規約、集会などの法理と共有法理と異なるかどうかは一概にはいえない。しかし、区分所有法は管理組合を正面から管理の核とし、管理組合の構成法理に規約、集会が組み込まれた結果、所有権と別の団体法的要素が明瞭に抽出することができるようになった。これをここでは構成員権とよぶことにしよう。構成員権は、団体への参加権である。参加権は議決権が中心である。議決権は持分を基礎とする（法三八条）。持分は、原則として、専有部分の床面積に応じている（法一四条。もっとも、持分は規約で別段の定めが許されているので、すべての場合をカバーできないが一般には所有権の大きさできめられている。）。

しかし、参加権は議決権だけにつきるものではない。集会の決議、規約の設定・変更、義務違反者に対する決議など、議決権とともに区分所有者の数を基礎として行う（法三九条一項、三一条一項、五七条二項、五八条二項など）。したがって、構成員権は議決権と区分所有者の頭数の双方を含んでいる複雑な構造となっている。これは一種の団体法の構成要素であろう。そしてこの構成員権のウェイトが区分所有法ではますます大きくなってきているといえよう。

平成一四年区分所有法では、建替え決議が特別多数決の決議にのみによってできることになったことにより、この構成員権が専有部分に対する権利や共有部分（敷地）に対する権利に優越することになった。この立法は、三者のバランスを崩したものと評価することができよう。

このように考えてくると、共用部分、敷地の使用方法や管理方法を定めているのは、構成員権を基礎とした規約、集会の決議だということになる。

したがって、区分所有法六条の機能も昭和三七年区分所有法とは大幅に変ってこざるをえない。

区分所有法では、この規定自体が専有部分、共用部分、敷地の使用方法、管理方法に関し、そのままの形で適用されるより（その機能も否定できないが）、むしろ規約、集会の決議の内容をチェックする基準として働くことになろう。

共用部分、敷地への権利と構成員権とが交錯する困難な問題に、いわゆる駐車場専用使用権をめぐる争いがある（五参照）。

さらに、区分所有法では賃借人などの占有者の権利義務につき明文がはいったが（法六条四項）、これらの者がどのような形で参加権が確保されるかは今後の大きな課題となろう（六参照）。

なお、区分所有者、占有者の義務違反への措置は、構成員権による専有部分への権利、共用部分（敷地）への権利の制限となるものだが（法五七～六〇条）、ここでは取り扱わない。

二　専有部分への権利義務

1　相隣法的制約

区分所有権の目的である専有部分は、区分所有者の単独所有権のもとにあるからといって自由に使用できるわけではない（民法二〇六条）。区分所有法の対象である一棟の建物にはいくつかの区分所有権が密接して存在するからである。そこには密接した立体的な相隣関係が存在する。民法の相隣法だけでは不十分で特別法が必要となったゆえんである。もっとも、区分所有法は相隣法的要素を含まれているがそれだけではないことに注意する必要があろう。相隣法には、共用部分という要素が存在しないだけでなく、いわゆる区分所有法の生みだした管理制度（したがって構成員権的な要素）が存在しないからである。

2　区分所有者の共同の利益

専有部分相互間において、区分所有者は、建物の保存に有害な行為その他建物の管理または使用に関し区分所有者の共同の利益に反する行為をしてはならない（法六条一項）。区分所有者の共同の利益に反する行為をした場合、管理組合は、不法行為に基づく損害賠償請求（民法七〇九条）、義務違反者に対する措置を求めることができる（法五七～六〇条）。また、個々の区分所有者も、契約解除、不法行為に基づく損害賠償請求をすることができる。

まず、区分所有者の共同の利益から検討しよう。

ここでいう「区分所有者の共同の利益」に反する行為が何かは、「当該行為の必要性の程度、これによって他の区分所有者の被る不利益の態様、程度の諸事情を比較考量して決すべき」である（東京高判昭和五三年二月二七日金融法務事情八七五号三一頁）。各区分所有者の存在とは別な抽象的な共同の利益があるかは検討を要するところである。

それではいかなる態様がそれにあたるかが検討されねばならないであろう。

まず建物の利用をめぐるものがある。

第一は、増改築をめぐるものである。専有部分といえども建物の主要構造となっている部分の増改築は、規約、集会の決議の有無に無関係に禁止されるであろう。管理組合は、区分所有法六条、五七条に基づいて差止めの請求ができる。規約の中には専有部分の増改築をしようとする場合、管理組合ないし理事会の承認をうることが必要だとするものがあるが、増改築せんとしている部位が専有部分に属するかどうか、建物の存立、統一美に影響を及ぼさないかなどを判断し（場合によっては専門家の意見をきき）、承認の可否を決定することになる。紛争を事前に予防しようとするものできわめて妥当な処理であろう（三参照）。この場合も、管理組合は区分所有法六条、五七条、あるいは規約に基づいて差止め請求ができる。

第二は、使用目的との関連である。区分所有者は専有部分をいかなる使用目的にも利用しうるか。

問題となるのは、飲食営業、風俗営業、各種の教室（料理教室、ダンス教室、着付教室など）、最近では宗教活動である。

規約、集会の決議で建物の使用目的が定まっているときは、それに拘束されるだろうか。そもそも、規約で使用目的を制限できるだろうか。とくに複合建物（一、二階が店舗・事務所、三階以上が住居など）で問題となる。原始規約で利用目的が制限されていた場合、それに従って取得・入居したといえるから、入居者は拘束されるであろう。途中から利用目的を制限するときはどうか。建物の構造があらかじめきまっていた場合（一、二階に店舗など）、規約を設定・変更して、住居に変更するとか、店舗に変更するとかの決議は、利害関係者がいないとか、異議を述べないかぎり、自由であろう。すでに目的に従った利用者がいる場合には、規約変更を有効ならしめるためには、一部の区分所有者の権利に特別の影響を及ぼすものであり、一般には、その区分所有者の承諾が必要であろう（法三一条一項）。もっとも使用目的の制限はできないとしても、使用方法の制限、管理費の差異を設けることはできるであろう（東京高判平成一五年一二月四日　判時一八六〇号六六頁。複合建物の店舗の営業時間は、集会の決議で定めることができるとされ、マンションの一階部分での居酒屋の深夜までの営業の禁止、ダクトなどの撤去を求めた管理組合の請求が区分所有法六条、五七条に基づいて認められた。神戸地尼崎支判平成一三年六月一九日判時一七八一号一三一頁）。

規約でなく、集会の決議で使用目的の制限、使用方法の制限ができるか。規約の設定・変更の方が集会の決議より厳格であることをどう考えるかである。規約で営業時間は集会の決議で定めるとしていた場合は、集会の決議でこの決議をすることは認められるであろう。問題は、規約でそのような文言がない場合である。規約で定めるべきことが法律上で要求されているときは、それに従うほかなかろう。しかし、それがないときはいずれでもいけるべきである。

規約、集会の決議に違反した場合、管理組合は、区分所有法六条、五七条に基づいて差止め請求をすることができる。管理組合が、民法七〇九条に基づいて損害賠償請求をすることを否定する理由もない。

それでは、区分所有者個人が差止め請求、損害賠償請求することができるか。管理組合が、このような請求をしない場合は、積極に解すべきことになろう。

また、居住用以外の使用を規約で禁止されている分譲マンションで、病院の看護婦などのための育児のための保育室として使用することが区分所有者の共同の利益に反するとして使用禁止請求が認められている（横浜地判平成六年九月九日判タ八五九号一九九頁）。所有者の経営する病院の看護婦のための保育室としての利用で、利用者が限定されているとはいえ、人数などによってはやむえない結論であろう。利用目的が公益的なものであっても、不特定多数の利用は管理組合からの使用禁止が認められるであろう。

マンションの一室で特定の宗教活動をすることが区分所有者の共同の利益に反するか。オウム信者が賃借して、不特定多数の信者が出入りし、修業のためのテープが流されるような建物について、管理組合からの賃貸借契約の解除が認められたものがある（法六〇条。横浜地判平成一二年九月六日判時一七三七号九〇頁）。信教の自由との関係で悩ましい問題であるが、多数の者が時間を限定せず出入りし、教団への居住者の不安、恐怖感が強く、教団にこれを取り除く姿勢がみられないなどではやむえないであろう。

第三に、動物の飼育をめぐっても問題が多い。多くの規約の中に小鳥などを除いて動物の飼育が禁止されているようである。にもかかわらず、公然と、あるいは秘かに小動物、中動物が飼育されている。

判例は、規約を厳格に解して飼育禁止条項を有効としている（東京高判平成六年八月四日判時一五〇九号七一頁）。規約を改正して、犬の飼育を禁止しても、従来から飼育している者の承諾も必要ではない（東京高判平成六年八月四日判時一五〇九号七一頁。もっとも、盲導犬のように、動物の存在が飼主の日常生活の生存に不可欠な意味を有する特段の事情が認められるときは別であるという）。また、管理組合から区分所有者の使用借人が専有部分で野鳩への餌付け行為が区分所有者の共同利益に反するとして、使用貸借契約の解除、不法行為に基づく損害賠償請求が認められた（東京地判平成七年一一月二一日判時一五七一号八八頁）。

本来、動物の飼育にそれほど「めくじら」をたてる必要がないともいえるが、区分所有建物においては動物の好きな者とそうでない者がおり、毎日の生活と関連しているので、法律問題とならざるをえない。ここでも動物飼育禁止の特約があるときその効力いかんの問題とならざるをえないであろう。その場合、法律の規定に違反しているとか、著しく不当であるなどの場合を除き、規約の効力は有効と認めていく以外にないであろう。

高齢者の増加で、この種の紛争が今後も増加しそうである。管理組合の側では、条件付きで飼育を認める必要がでるかもしれない。

飼育者の側も、数を制限するとか、動物のしつけをするとか、損害賠償基金をつくるなどの措置が必要であろう。

第四は、管理費などの不払である。区分所有者は、管理費や修繕積立金などさまざまの費用の支払義務を課せられている。これらを滞納することが区分所有者の共同の利益に反する行為であり、義務違反者に対する措置の請求（使用禁止、競売）を団体（管理組合）や管理者できるかである。前者に該当することは、問題ないであろう。すすんで後者の措置がとれるか、とれるとしたらいずれの措置かである。判例は固まっているとはいえない。専有部分の使用禁止措置を認めるものと認めないものとがある。区分所有法五八条の使用禁止も弁済に対する心理的圧力となり、第三者への譲渡、賃貸も可能であるので収益からの弁済、債務承継による回収も期待できるとして積極に解するものがある（大阪地判平成一三年九月五日判時一七八五号五九頁）。区分所有者の共同の利益に反することは認めつつ、専有部分の使用を禁止しても、滞納区分所有者が管理費を支払うようになるというわけでもなく、また他の区分所有者に何らかの利益をもたらすものでないとして消極に解するものがある（大阪高判平成一四年五月一六日判タ一一〇九号二五三頁（前掲大阪地判平成一三年九月五日の控訴審判決））。いずれに解するかは困難だが、区分所有者全員の総意で、専有部分の禁止措置をとりたいと願うなら、効果がどれだけあるかは別として、で決議するのをちゅうちょするのではなかろうか。

それでは、義務違反としての競売から管理組合は優先弁済を受けられるか。管理組合は、不払区分所有者に債務不履行を理由に債務名義をとり、強制執行できることは当然である。ここでの目的は、不払管理費などの弁済で、強制執行に基づく競売は手段にすぎない。これに対して義務違反に対する措置としての競売は区分所有者の排除である。排除したからといって、管理組合は未払いの管理費などを当然に収受できるわけではない。

管理費などの不払いが不法行為を構成するかも争われる。管理組合が管理費などを請求していく場合、一般には債務不履行でいくことになる。もっとも、不法行為構成でいくことが否定される理由はない。それでは、管理費などの不払いを、区分所有者の一人が不法行為に基づいて損害賠償請求できるか。管理費などの請求権者は区分所有者全体である。このようなことが問題となるのは、管理組合が分裂している場合である。いわゆる地上げに加担した何人かの区分所有者が建物を取り壊して再開発するのだから管理費などを支払わなかったので（その他に管理組合運営の不信の醸成、臨時総会などの違法な招集など）、区分所有者の一人が不法行為に基づいて損害賠償をしたが、裁判所がそれを否定したものがある（東京地判平成三年一〇月七日判時一四三二号八六頁）。ここでの原告は、間接被害者にすぎず被告らに損害賠償請求するためには、管理組合と原告とが一体関係になければならないとしている。

管理組合が一部区分所有者の支配のもとにあって管理費などの不払が増大しても、機能が停止しているような状態のとき管理費支払を求めるなど、管理組合をどう活性化させるかは困難な問題である。

第五に、ニューサンスについて述べておこう。ニューサンスは区分所有建物特有の問題ではない。しかし、建物の構造上もっとも深刻になりやすいことも事実である。

一階店舗の賃借人が軽食スナックを経営し、店内にカラオケ装置を設置して連夜午前二時、三時まで営業し二、三階住民は睡眠不足、精神変調をきたし、一部住民は転居するまでにいたったという事案につき、裁判所は、これらの住民から請求された夜一〇時から朝八時まで同装置の全面使用禁止の仮処分を、被害状況、地域性、当事者の話合い経緯をしんしゃくして認めている（横浜地決昭和五六年二月一八日判例タイムズ四三五号八四頁）。ここで注意すべきは、このカラオケ騒音は、公害防止条例を下回っていることである。裁判所は建物の構造に配慮しているようにみえる。それとともに、仮処分の相手方が賃借人であることであることも注意を要しよう。

この場合、このような差止めは、義務違反に対する措置として、管理組合自体が一定の手続を経て賃借人に対しても請求ができることに注意すべきであろう（法五七条四項、六〇条）。前述の横浜地裁の決定は、昭和三七年区分所有法のもとでの決定であり、この措置が法律上で存在しなかった。現行区分所有法のもとで、マンション一階部分での居酒屋の深夜までの営業の禁止だけでなく、ダクトなどの撤去を求めた管理組合の請求が認められた（神戸地尼崎支判平成一三年六月一九日判時一七八一号一三二頁）。差止めでなく、損害賠償請求でもよいことはいうまでもない。賃借人が警報機を鳴らしたり、バットで玄関を叩くなどしたので、管理組合は、賃貸人たる区分所有者に損害賠償請求をして認容された（東京地判平成一一年一月一三日判時一六七八号七五頁）。

なお現行区分所有法のもとにおいても、各区分所有者もまた差止請求できる権限は失っていない。

三　共用部分への権利義務

共用部分の法律関係は共有であるから、専有部分以上に区分所有者の共同の利益に反する行為をしてはならない（法六条一項）。共用部分の使用、管理は、まず、規約、集会の決議によって決められるが、その基礎に用法に従って使用することが要請されている（法一三条）。現行区分所有法でも、規約のない場合の使用、管理に関する原則的規定があることを忘れてはならない（法一四条、一七〜一九条）。昭和三七年区分所有法においては、自由な所有権の発想が強く、共用部分の使用、管理については共有法理の優位があった（旧法一二〜一三条）。

しかし、昭和五八年区分所有法（現行区分所有法）は著しく団体法的性格を強めた。共用部分への権利義務は、共有権から発生する権利義務（それ自体も団体法的に修正されている。）と構成員権から発生する義務とが併存しているが、後者の比重が高まったといえよう。

共用部分の権利義務の争いは規約、集会の決議をめぐる、いわば構成員権的権利をめぐるものが多い。規約、集会の決議がなくても現行区分所有法六条に基づいて共用部分の使用方法、生活態度につき差止請求できることはいうまでもない（法五七条）。

昭和三七年区分所有法の下での判例に、一〇階建の区分所有者の一人が外壁に一〇ないし一五センチメートルの円筒形の開口部をつくったので、同建物の他の区分所有者が昭和三七年区分所有法五条一項に基づいて原状回復の請求訴訟をおこしたものがある。裁判所は、当該行為の必要性の程度、それによって他の区分所有者の被る不利益の態様、程度などの諸事情を比較して原状回復を認めたものがある（東京高判昭和五三年二月二七日金融法務事情八七五号三一頁）。

現行区分所有法においては、明文で区分所有者全員または管理組合法人からの差止請求が認められている（法五七条）。

現行区分所有法のもとでも、また、各区分所有者に共用部分不適切使用の原状回復請求権があることは否定できないであろう。そう解さなくては他の区分所有者の合意をとれないことの理由により、一部区分所有者の不利益が是認されることになるからである（東京地判昭和五六年九月三〇日判時一〇三八号三二一頁。外壁面の工作物の撤去、鉄柵の撤去は区分所有者全員の必要的共同訴訟でないとする。）法理的にいえば、保存行為といってよいであろう（法一八条一項但書）。

ところで注意すべきは、昭和三七年区分所有法時の判例では、旧法五条に基づくものであれ、共有持分権に基づくものであれ、区分所有者単独で訴えを提起した場合、管理組合に対して支出した費用を当然には不当利得として返還請求できないとされていることである（東京地判昭和五五年七月七日判例時報九九〇号二五一頁）。他の区分所有者は分担義務を負っているが、管理費から管理組合が費用を負担するには集会の決議または規約の定めが必要だというのである。

昭和三七年区分所有法時において共用部分をめぐる権利義務につき規約の効力が争われた事案がある。区分所有法がようやく一人歩きを始めた頃に出された判例であり、区分所有法らしい争いとして最高裁での最初の判例である。この判例は、現在も生きており、裁判所の共用部分や規約についての基本的な発想であるので詳しく述べよう。

事案は、住宅公団分譲の団地のある建物の二階二〇六号室を譲り受けた区分所有者が、住宅部分に接続するバルコニーにアルミサッシュ製ガラス窓、ベニヤ板、発ぽうスチロールなどを使って温室をつくった。そこで、同人も属する管理組合が規約違反を理由に温室の撤去を求めたものである。

第一審では管理組合の請求を棄却したが、第二審、最高裁では逆に管理組合の請求を認めている。

ここでは共用部分の権利義務に関連して、規約の基本的考え方につき検討しておきたい。

第一審の基本的考え方は、「のみならず、バルコニーの改造が右協定の禁止する改築にあたるかどうかを判断するにあたっては、当該バルコニーを含む住宅の区分所有者が所有権に基づいてその内部において有すべき自由をも考慮し、しかもバルコニーの改築ということの性質にかんがみ、共同の利益のためにこれを制限する範囲は必要最小限度にとどめるべきである」（東京地判昭和四五年九月二四日判例時報六〇六号一六頁）。

第一審では、規約の位置は「外から」所有権の自由を制限するものとみて、その範囲は必要最小限にとどめるべきであるという。

第一審における制度としての区分所有権の考え方は、昭和三七年区分所有法の立場に忠実だったといえるであろう。そして、第一審では規約としての効力がある建築協定が増改築を禁止しているのは、美観、重量加重、避難路の三点が根拠であるとし、バルコニーを改造してもこの三点を侵すことにならなければ建築協定で禁止している改築には該当しないといい、結局この事案では規約違反とはいえないと結論づける。

これに対して第二審は、「これを要するに、本件の如き集合住宅からなる団地においては、その自己の所有に属する住宅自体についても団地住民全体のためその完全な所有権行為は幾多の点において制約せられているのであり（旧法五条、建築協定一〇条等参照）、いわんや共有、共用部分については個人の自由は著しく制限せられているのであって、かかる必要と現実の上に規定せられたのが本件規約であり、協定であるということができ、かかる自治規則の支配する部分的地域社会に自ら身を投じた以上は当然その拘束を受けるものであって、この拘束を受けないでかかる団地に生活することは許されないのである」とする（東京高判昭和四七年五月三〇日下民集二三巻五～八号二八八頁）。

第二審は、規約を「自治規則」として重視する。その結果、規約によって所有権がいわば「内から」変化していくことを認めていこうとする。規約により共用部分の改築が管理組合の業務となったことを是認している。そして区分所有者によるバルコニー改造は許されず、原状回復をしなくてはならないと結論する。

第一審と第二審の考え方の差は、規約に対する認識が深まったことにもよろうが、区分所有建物をめぐる社会の実態が変化したことにも求められるであろう。

第一審が増改築禁止の実質的根拠にあげた三点についても、第二審では現実に行われた温室設置によってみたされなくなったとして、第一審とは異なった事実認定、価値判断をしている。

第二審の区分所有権像は、現行区分所有法に適合したものといえよう。

最高裁でも管理組合の請求が認められている（最判昭和五〇年四月一〇日判例時報七七九号六二頁）。最高裁では、規約の効力が公共の福祉（憲法一三条）、財産権の保障（憲法二九条）に反する、公序良俗（民法九〇条）に反するとの上告理由を、憲法は私人間の関係に直接適用されないし、公序良俗に反するとはいえないと一蹴している。

この種の判例は、その後も続いている。北側外壁に開口部を造った区分所有者が、建物の保存に有害な行為とされ、復旧を命じられた（東京高判昭和五三年二月二七日金融法務八七五号三一頁）。壁柱に孔をあけ、ガス湯沸かし器バランス型を設置した区分所有者が管理者から原状回復が求められ、認容された（東京地判平成三年一二月八日判時一四〇二号五五頁）。

四　敷地への権利義務

敷地は、区分所有者全員の共有、地上権、賃借権の準共有であることが多い（その他に分有とか個別的権利であることもあろう。）。したがって、敷地への権利義務は、基本的に、共用部分へのそれと同一に考えておけばよいであろう。

団地方式の住宅供給において、次期分譲住宅の専有部分の面積が従来の住宅のそれより広くなっていた。そこですでに分譲を受けた区分所有者によってつくられている管理組合が、共有持分の侵害を理由として工事続行禁止の仮処分を求めた事案がある（神戸地決昭和五四年一一月九日判例時報九七四号一一二頁）。

問題となったのは、分譲者の法的地位である。

裁判所は、敷地が債権者（団地住宅購入者）と債務者（住宅供給公社）の共有であり、問題となっている工事が共有敷地の管理にあたる処分であることを認める。

しかし諸種の事情を考慮すれば「本件団地の共用部分の利用関係にほとんど影響を及ぼさない範囲において、住宅規模、構造を右事業計画遂行のために決定、変更し、それに必要な本件敷地の利用権限を債務者に留保することが、債権者らを含む住宅購入者と債務者間の分譲契約において合意（暗黙）されていたものと認めるのが相当である」とする。

つまり共有地における分譲者の優位を暗黙の合意というテクニックをもって認めている。この結果として契約関係が物権関係に優位することになる。

本判決はこのような法理がでるのは、団地分譲が公益事業だとか、住宅に対する需要の変動に合せる必要があるとか、契約書に同一タイプと記載されていないとか、住宅購入者が敷地に関心がないなどから導いている。

しかし、いずれも理由づけは疑問といわざるをえない。

そもそも暗黙の合意という論理で契約法が物権法に優先するのは無理がある。区分所有関係が成立すれば、区分所有法、共有法など所有権の論理によって規律されるべきである。また、すでに住宅購入している区分所有者が転売すればこの転得者にはこのような暗黙の合意が認められるのであろうか。この結論は疑問とせざるをえない。

五　専用使用権

各区分所有者は、共用部分、敷地などをその用法に従って使用することができる（法一三条、二一条）。ところが、この共用部分、敷地などの全部または一部を特定の区分所有者あるいは第三者が排他的に使用することがある。敷地の一部を駐車場、庭にするとか、共用部分である屋上をビアガーデンにするとか、広告塔をのせるなどが具体例である。このような権限を専用使用権とよんでいる。

いわゆる専用使用権をめぐっては、昭和五〇年以降紛争が多発している（拙著『叢書民法総合判例研究㊅Ⅲ区分所有法(3)』一頁以下。『区分所有建物の法律問題』一五三頁）。区分所有者の規制要望にもかかわらず、昭和五八年区分所有法は種々の理由からこれに対する規定を新たにおかなかった（その理由につき、濱崎、『改正区分所有法の概要』五五頁）。最高裁は、平成一〇年に四つの重要な判決を出した（最判平成一〇年一〇月二二日、民集五二巻七号一五五五頁、最判平成一〇年一〇月三〇日民集五二巻七号一六〇四頁、最判平成一〇年一〇月三〇日判時一六六三号九〇頁、最判平成一〇年一一月二〇日判時一六六三号一〇二頁）。また、平成一三年区分所有法は、専有部分もしくは共用部分または敷地・附属施設について、これらの形状、面積、位置関係、使用目的および利用状況ならびに支払った対価など総合的に考慮して区分所有者の衡平がはかられるように規約を定めなければならないとし、原始規約で専用使用権の設定にブレーキをかけた（法三〇条三項）。この規定の出現でも既にある専用使用権をめぐる問題は全面的に解決されるわけではない（専用使用権の現在の問題状況につき、拙稿「駐車場専用使用権論」内田ほか『現代の都市と土地私法』二二四頁）。

1　対　象

いわゆる専用使用権の設定される場所には、まず敷地がある。敷地の一部を駐車場にする場合がもっとも典型的である。一階の区分所有者がその接する直下の敷地も専用庭とする場合も多い。専用庭は、一階区分所有者の防音（出入口でオシャベリが多い。）、防犯の機能をいくぶんかもっているようである。

建物の共用部分では、屋上部分の専用使用権がある。その目的は、商業空間として使用すること、屋上広告塔設置のために使用することなどがあろう。また共用部分である外壁部分に広告を付設するために専用使用権を設定する場合もあろう。

さらにバルコニーの法的性格には争いがあるが、共用部分とするとバルコニーに接する区分所有者に専用使用権が設定されているとみるべき場合が多いであろう（規約には、接する区分所有者に専用使用権を認めると規定されているケースが多い。）。バルコニーは、他の部位の専用使用権と異って、火災などの緊急避難路として利用されるほかは（もっとも構造上他の区分所有者が全く利用できないものもある。）、他の区分所有者は事実上利用できず、専用使用権を認めても他の区分所有者に格別の不利益はないようにみえる。

これに対して他の部位は、他の区分所有者は使用したいと思えば使用できるところに問題がある。

2　有効性

最高裁判例は、マンション購入者と分譲者との間の駐車場専用使用権設定の約定は公序良俗に違反しないとする（最判昭和五六年一月三〇日判例時報九九六号五六頁）。上告理由は、設定契約が、そもそも附合契約であり、使用権限を失っているのに固定資産税を免れない不利益があり、専用権者以外の者が他に駐車場を求める場合とのアンバランスが大きいなどをあげ、企業等の不当な利潤活動の結果生ずる社会的不正義を民法九〇条によって救済するべきだと主張した。しかし、最高裁は全員一致でこれを却けたものである。

しかし、この判決によって専用使用権をめぐる問題が解決したわけではない。

そもそも、専用使用権は認められるだろうか。マンション分譲の際、買主は、売主から売買契約の一つの条項として、原始規約の内容として提示され、それを飲むか飲まないかの自由のないままに契約する（これらの条項や内容を認めないとするとマンション分譲は事実上受けられない）。そこで専用使用権設定契約を無効とすることも考えられる。

「本件マンションの分譲に際し、購入者は、専用使用権の性質、効力等、契約の基本的な部分について十分に理解した上で規約を締結したとはいえないから、売主と購入者全員との間において、売主が専用使用権を分譲し、その対価を得ることについて、有効な合意が成立したと解することはできない。売主による専用使用権の分譲は、その効力を否定すべきである。」（福岡高判平成八年四月二五日判時一五八二号四四頁）。

しかし最高裁はこれを否定し、売主・買主（区分所有者）相互間でも設定の合意があり、かつその内容を理解していたゆえに有効だとする。

「前記一の売買契約書、重要事項説明書、管理規約案の記載に照らすと、本件駐車場の専用使用権は、本件マンションの分譲に伴い、上告人（売主）が特定の区分所有者に分譲したものであるところ、右専用使用権を取得した特定の区分所有者は右駐車場を専用使用し得ることを、右専用使用権を取得しなかった区分所有者は右専用使用を承認すべきことをそれぞれ認識し理解していたことが明らかであり、分譲業者である上告人が、購入者の無思慮に乗じて専用使用権分譲代金の名の下に暴利を得たなど、専用使用権の分譲契約が公序良俗に反すると認めるべき事情も存しない。」（最判平成一〇年一〇月二二日民集五二巻七号一五五五頁）。

3　設定当事者・設定対価の帰属

専用使用権の設定当事者は誰なのか、そしてその契約内容はいかなるものか。というのは、売主はマンションの分譲契約が完了すれば建物や敷地の権利者でなくなる。このような状況にある者が、後の所有者の建物や敷地の利用関係に重大な影響のある権利（法律関係）を設定し、しかもその設定対価（権利金）を自らが受領することはできないのではないかということである。ここから売主は、後の区分所有者から設定を委任されており、区分所有者の団体（管理組合）が、建物や敷地の管理組合に移行した際、売主は管理組合に設定対価を返還すべきだということになる。

「一方、委任契約に基づく委任事務を処理するにつき、受任者が、外形的に委任の範囲に属する行為を自己のためにする意思の下に行い、これにより金員を収受したときは、委任者は、受任者に対し、右金員を委任事務処理を行うにつき収受したものとして、受取物引渡請求権を行使することができると解される。

本件の場合、売主は、購入者から本件敷地の管理に関する業務を行うことの委任を受けていたものであり、本件敷地の一部につき特定の区分所有者のために駐車場として専用使用することを許諾した行為は、外形的に右委任業務の範囲に含まれるということができるから、購入者は、売主が専用使用権分譲の対価として収受した金員の引渡しを求めることができる。」（前掲福岡高判平成八年四月二五日）。

しかし最高裁は、この考え方を否定し、当事者の合意を基礎に、設定対価も売主に帰属するという（前掲最判平成一〇年一〇月二二日）。

「そして、右売買契約書の記載によれば、分譲業者である売主は、営利の目的に基づき、自己の利益のために専用使用権を分譲し、その対価を受領したものであって、専用使用権の分譲を受けた区分所有者もこれと同様の認識を有していたと解されるから、右対価は、売買契約書に基づく専用使用権分譲契約における合意の内容に従って売主に帰属するものというべきである。この点に関し、売主が、区分所有者全員の委任に基づき、その受任者として専用使用権の分譲を行ったと解することは、右専用使用権分譲契約における当事者の意思に反するものであり、前記管理委託契約書の記載も右判断を左右しない。また、具体的な当事者の意思や契約書の文言に関係なく、およそマンションの分譲契約においては分譲業者が専用使用権の分譲を含めて包括的に管理組合ないし区分所有者全員の受任者的地位に立つと解することも、その根拠を欠くものといわれなければならない。したがって、委任契約における受任者に対する委任事務処理上の金員引渡請求権に基づき右対価の引渡しを求める管理組合の予備的請求は、理由がない。」

4 設定の法形式

専用使用権の設定は、マンション購入契約、規約などの法形式（一般には双方）をもって行われる。この場合、管理組合が敷地使用料が無償であったものを有償化する、値上げする、そして専用使用権の消滅ができるかが問題となる。専用使用権の設定がマンション購入契約によってなされていた場合、売主・買主（区分所有者）間の契約であり、専用使用権の存続とその使用料につき合意している以上、専用使用権者の不利益となる契約の改訂は専用使用権者の承諾なしにはできないのではないか、また規約で設定している場合、一部区分所有権者の権利に特別の影響を与えるものであり、その者の承諾が必要ではないか（法三一条一項）、などの疑問が生ずる。

規約で専用使用権の設定が行われており、管理組合が規約を変更して、その廃止、有償化を決議したが、専用使用権者の承諾がないことを理由にこれらの決議を否定したものがある（東京高判平成八年二月二〇日判タ九〇九号一七六頁）。

最高裁は、この判決の上告審で規約の変更の有効性などは、その必要性、合理性によって判断されるとし、有償化の際の基準をつぎのように判断する（最判平成一〇年一一月二〇日判時一六六三号一〇二頁）。

「法三一条一項後段の『規約の設定、変更又は廃止が一部の区分所有者の権利に特別の影響を及ぼすべきとき』とは、規約の設定、変更等の必要性及び合理性とこれによって一部の区分所有者が受ける不利益とを比較考量し、当該区分所有関係の実態に照らして、その不利益が区分所有者の受忍すべき限度を超えると認められる場合をいうものと解される。そして、直接に規約の設定、変更等による場合だけでなく、規約の定めに基づき、集会決議をもって専用使用権を消滅させ、又はこれを有償化した場合においても、法三一条一項後段の規定を類推適用して区分所有者間の利害の調整を図るのが相当である（最高裁平成八年(オ)第二五八号同一〇年一〇月三〇日第二小法廷判決）。」

「次に、有償化決議については、従来無償とされてきた専用使用権を有償化し、専用使用権者に使用料を支払わせることは、一般的に専用使用権者に不利益を及ぼすものであるが、有償化の必要性及び合理性が認められ、かつ、設定された使用料が当該区分所有関係において社会通念上相当な額であると認められる場合には、専用使用権者は専用使用権の有償化を受忍すべきであり、そのような有償化決議は専用使用権者の権利に『特別の影響』を及ぼすものではないというべきである。また、設定された使用料がそのままでは社会通念上相当な額とは認められない場合であっても、その範囲内の一定額をもって社会通念上相当な額と認めることができるときは、特段の事情がない限り、その限度で、有償化決議は、専用使用権者の権利に『特別の影響』を及ぼすものではなく、専用使用権者の承諾を得ていなくとも有効なものであると解するのが相当である（前掲平成一〇年一〇月三〇日）。」

5　法的性格

専用使用権の法的性格については、共有の制限説、賃借権説、地上権説、地役権説などが提唱されている（拙著前掲法律問題一五三頁）。

専用使用権の設定は有償、無償、契約による設定、団体的意思形成の法的措置による設定など方法、意思、状況など当事者によって種々であり、したがってその法的性格は一様ではない。

専用使用権の性格を定める場合に、二つの相異なる要請がある。一つは、受益者の側では権利が安定しており、意に反して消滅させられないことである。他の一つは受益者以外の共有者の側では、必要以上に権利が強くならず、他の区分所有者の利益とのバランスがくずれず公平であることである。

判例では、専用使用権の設定は、共有物の変更に該当せず、共有物の管理に関する事項だと判断しているものがある（大阪高判昭和五二年九月一二日判例タイムズ三六一号二五九頁）。その場合に、特別の影響を及ぼされる区分所有者の同意が必要であるとする。

これは、いわば共有法理によって設定しているケースである。

しかし、専用使用権は売買契約、規約によって購入者全員の同意をえて個別的に設定されることが一般である。昭和三七年区分所有法のもとでは、団体的処理と個別的処理の区分けがはっきり認識されているとはいえなかった。現行区分所有法では、この両者がはっきり分化されるとともに後者の比重が高くなってきている。マンションの購入契約においてなされる購入者の専用使用権設定の合意は、売買契約の内容として設定されるものであれ、規約の内容として設定されているものであれ、一般には、個別的処理として行われているものであろう。

共有目的物の使用方法を決定するのは、決議や規約である。現行区分所有法では、決議や規約は集会でなされることになっている（法三一条、三九条）。

ところで先に述べた最高裁判例は、個別的合意によって売買契約、規約によって設定された駐車場の専用使用権の設定・廃止、使用料の有償化、増額は、規約の変更を伴うものであるが、管理組合の自治を認めつつ、最終的には裁判所の後見的立場を強化した。規約変更の必要性、合理性の判断、使用料の適正額の判断は最終的に裁判所の判断によるというのである。従来の発想が、管理組合の自治にウェイトを置いていたものといえよう。

最高裁は専用使用権の法的性格につき、明示していないが、債権的性格が強くなったといえよう。

6　設定と宅地建物取引業法

宅地建物取引業法は、昭和五五年の改正で共用部分や敷地に関する権利および管理または使用に関する事項について、書面を交付して説明しなくてはならないとした（宅建業法三五条一項五号の二）。このいわゆる重要事項の中に専用使用権も含まれていると解することができることはいうまでもないであろう。

それでは、重要事項説明がなされれば当然に専用使用権が有効に設定されたとみることが可能であろうか。宅地建物取引業法は、取締法であってこの規定を遵守したことがただちに私法上の有効をひきだすことにはならないというべきであろう（逆に、これらの規定に違反すると私法的効力に影響を及ぼすことがあると考えられよう。）。

7　公　示

物権的性格をもった専用使用権はどのように公示されるのか。これらは集会の決議あるいは規約によって設定されるので、公示もまたこれらの公示方法によってなされる。集会の決議の議事録、規約は、管理者が保管する。管理者がないときは、建物を使用している区分所有者またはその代理人で規約または集会の決議に定めた者が保管者である（法三三条一項、四二条）。そして利害関係人の請求があったときは正当な理由がある場合を除いて閲覧させなければならない（法三三条二項）。なお、議事録、規約の保管場所は、建物の見やすい場所に掲示しなければならない（法三三条三項）。

8　設定目的外の使用

専用使用権は設定目的に拘束される。

マンションの共有敷地の一部を庭として利用する目的で売買契約、規約で専用使用権が認められている場合、同地の駐車場への改変に原状回復が認められた事例がある（東京地判昭和五三年二月一日判時九一一号一三四頁、東京

高判昭和五五年三月二六日判時九六三号四四頁)。

区分所有建物の一階所有者にいろいろの理由から、建物に接している敷地の一部に専用使用権が設定されていることがある。この庭部分をブロック塀をこわし、車の出入りを容易にするため門扉を拡幅して設置したものである。

専用使用権は、一定の目的を限定して設定されるものである。この目的は、売買契約、規約において明らかにされている。明示されていなくても解釈によって当然に規定されるであろう。

したがって、この目的から逸脱行為は原状回復が認められるべきであろう。

それでは誰によってどのような根拠で行われるであろうか。前掲東京高判昭和五五年三月二六日では敷地共有者による共有権に基づく原状回復として捉えている。

「そうだとすると、控訴人らは、他の共有者の承認がないかぎりは共用部分の原状を変更してはならないという他の共有者に対する規約上の不作為義務に違反して」設置したのであるから、「右不作為義務から派生する違反結果除去義務に基づき右各共有者に対し本件門扉を除去する義務があり、その義務は前記のように控訴人らが本件区分所有権等の一切を他に譲渡したことによって影響を受けるものではない。よって、右共有者にして不可分債権者たる被控訴人らの本件門扉の撤去を求める本訴請求は理由がある」という。

つまり、共有持分権に基づいて個々の区分所有者が原状回復請求している。個々の区分所有者の請求根拠が、保存行為ではなく、不可分債権としているのは注目されよう。

ところで、東京高判昭和五三年三月二六日では、売買契約上の義務、規約上の義務、共有者として義務の相互関係が必ずしも整序されているとはいいがたい。これは昭和三七年区分所有法のもとでの相互関係が十分展開していなかったことにも原因があるであろう。

現行区分所有法のもとでは、共同の利益に反する行為（法六条一項）の停止、結果除去などの必要措置の請求が、区分所有者全員または管理組合法人が一定の手続を経て請求できることになっている（法五七条）。この団体的請求がなされない場合、他の共有者からの原状回復請求も否定されるべきではない。

六　占有者の権利義務

賃借人などの占有者は、一般には、区分所有者などの本権者との契約を通して占有すべき権原を有している。それゆえに、契約の相手方に対しては契約上の権利義務を負うが、その他の区分所有者に対して、直接、権利義務を負うわけではない。戸建建物などの一般の建物ではそれで足りよう。

ところが、区分所有建物では建物の構造上密接して居住しているので問題を解決するのにはそれだけでは不十分である。専有部分の使用方法とか共用部分の使用方法についてはそれを現実に使っている者が、所有者であるかそうでないかは区別する必要がなく、一定のルールに従ってやってくれとの要請がでてくるわけである。

昭和三七年区分所有法では、賃借人など占有者に関して何の規定もおかなかったので、規約、集会の効力が及ぶのか、及ぶとすればどこまで及ぶかが問題となった。議論がなされたが定説といえるものがなかった（拙著前掲法律問題二九〇頁）。

昭和五八年区分所有法では、新たに規定をおいた。

区分所有権の賃借人など、区分所有者以外の専有部分の占有者も建物の保存に有害な行為その他建物の管理または使用に関し区分所有者の共同の利益に反する行為をしてはならない（法六条三項）。

専有部分の占有者は、区分所有者と同じように区分所有者の共同の利益に反してはならないとの義務を直接に他の区分所有者に負うことが明らかにされたわけである。専有部分の占有者には、賃借人、使用貸借人などの契約によって専有部分を占有すべき権原をもつ者が含まれることはいうまでもないが、これらの契約が無効であったり、解除されたなどの場合でまだ占有している者も含まれる。これらの債権契約の有効無効と区分所有建物での居住していることから発生する権利義務とは結合させる必要がないからである。

占有者に禁じられるのは、建物の保存に有害な行為その他建物の管理または使用に関して区分所有者の共同の利益に反する行為である。このような行為を契約を介して貸主の区分所有者にのみ請求できるとするのは回り道であり、他の区分所有者全員または管理組合法人は、直接、これらの行為の差止請求をすることができる（法五七条四項）。のみならず、差止だけでは、区分所有者の共同生活上の障害が著しく、他の方法によってはその障害を除去して共用部分の利用の確保その他の区分所有者の共同生活の維持を図ることが困難なときは、一定の手続により、専有部分の使用または収益を目的とする契約の解除およびその専有部分の引渡しを請求することができるのである（法六〇条一項）。

ところで、すでに述べたように、区分所有者の共同の利益に反する行為は、規約や集会の決議をもって具体化されていることが多い。そこで、規約や集会の決議は占有者を拘束するかが問題となる。

昭和五八年区分所有法は、占有者は、建物またはその敷地もしくは附属施設の使用方法につき、区分所有者が規約または集会の決議に基づいて負う義務と同一の義務を負うとする（法四六条二項）。規約や集会の決議で合意されたすべての事項ではなく、建物、敷地などの「使用方法」について義務を負うとされていることに注意されたい。したがって、ここでの使用方法の範囲が解釈のうえで大きな問題となろう（解釈上の今後の課題である）。

それではなぜ占有者は、規約や集会の決議の拘束を受けるのであろうか。

集会の決議につき、昭和五八年区分所有法は一定範囲での占有者の意見陳述権が認められた。すなわち、会議の目的たる事項につき利害関係を有する場合に集会に出席して意見を述べることができる（法四四条一項）。いうまでもないことであるが、ここでは集会に出席して意見を述べることができるだけであって、その意見に区分所有者が拘束されるわけではない。まして、規約については、占有者は全く関与していない。そのようにして設定された規約や集会の決議に――使用方法に限定されるとはいえ――なぜ占有者は拘束されるのであろうか。

たしかに、規約や集会の決議に拘束された方が便利であるにはちがいないが、そこから関与していない者への拘束の根拠をひきだすことは無理がある。

拘束の根拠は、規約や集会の決議の性格づけからひきだすほかない。規約や集会の決議は、団体（管理組合）の中の決議であり、単なる債権的合意ではなく特定承継人まで拘束する（法四六条一項）。団体法では、団体での決議は合意参加者のみでなく団体全体、さらに承継人まで拘束される。集会の決議は特定承継人まで拘束されるとはいえるが、これをもって占有者まで拘束されるとはいえない。

規約や集会の決議は、区分所有権の内容をつくっていくことを正面から認めないとこの答えはでない。少なくとも、区分所有権に関しては、規約や集会の決議によってローマ法的な所有権の一義性が変化した。区分所有法はその意味で物権法定主義にひとつの特異な物権を付与したといえるであろう（民法一七七条）。したがって、区分所有権は規約や集会の決議によってその内容がかわっているのであり、そのような所有権を契約によって承継している者に拘束されざるをえない。また、契約を通していない占有者は、物権的請求権の内容として受容せざるをえないのである。

現行区分所有法によっても占有者の地位は安定していない。なぜなら、いぜんとして規約や集会の決議の公正さの担保がないからである。規約や集会の決議により、ある占有者だけが特別の影響を及ぼすべきときはその占有者の承諾をえなくてはならないとの規定の準用が考えられないわけではない（法三一条一項）。

しかし、占有者、とりわけ契約を通して占有している者（たとえば賃借人）は、その契約が終了すればそのような規約、集会の決議を変更するにつき利益がなくなるわけで、そこまで占有者に権限を与えるのはややちゅうちょを感ずる。

七　専有部分への立入

区分所有者は、その専有部分または共用部分を保存し、または改良するために必要な範囲内において、他の区分所有者の専有部分または自己の所有に属しない共用部分の使用を請求することができる（法六条二項）。これは民法二〇九条の隣地使用権と同じで所有権相互の調整を図ったものである。

この請求は、専有部分、共用部分を現実に使用している者あるいはその借主にすべきである。相手方が応じないときには、訴えを提起し、承諾に変わる判決（民法四一四条二項但書）をえたうえで使用すべきである（川島㈠「注釈民法(7)」三七三項）。

この使用はできるだけ相手に迷惑をかけない時期、方法を選ぶべきである。相手方に損害を与えたときはその償金を支払わなくてはならない（法六条二項）。

注　区分所有建物の敷地利用権を共有ないし準共有として構成するだけでなく、個別権的構成も与えられるであろう。土地所有権の効力は、地表だけでなく、上空および地下まで及ぶ（民法二〇七条）敷地利用権も当該専有部分に対応する個別的権利として構成することは、理論上も実際上も十分可能である。すでに区分地上権につき「地下又は空間は、工作物を所有するため、上下の範囲を定めて地上権の目的とすることができる。」のである（民法二六九条の二）。公示もまた可能である（不登法一一一条二項）。この法理は、賃借権についてだけでなく、所有権についても考えられないわけではない。賃借権については建物保護法上の対抗力は個々の区分所有建物についても可能であろう。所有権についてはは区分地上権の登記で代行することでいけよう(詳しくは、拙著前掲法律問題一三〇頁以下)。

現行区分所有法のもとで専有部分と敷地利用権とが一体化したことでこのような空間権的構成をすることがむしろ容易になったといえるであろう。区分所有者相互の関係の基礎を共有法理から出すより、むしろ構成員権的権利の調整と構成する方が妥当性が高いであろう。

第三　先取特権

1　区分所有関係の存在するところでは、区分所有者相互間、管理組合と区分所有者の間で各種の債権債務関係が生ずる。この場合、区分所有関係から発生する金銭債権の支払いが確保されなければ適切な管理は困難または不可能となるであろう。そこでこれらの債権につき先取特権を認め区分所有権などを強制換価し、優先的に弁済を受けられるようにしたものである。

昭和三七年区分所有法でも、先取特権によって区分所有関係から発生する債権の担保が一定範囲で確保されていた(旧法六条)。そこでの被担保債権の範囲は、区分所有者が共用部分または建物の敷地につき他の区分所有者に対して有する債権であった。そしてここに含まれる債権として、管理費用や公租公課の立替えによって区分所有者相互間に生ずる債権、共用部分または建物の敷地に関する他の区分所有者の不法行為による損害賠償債権などがあげられていた(川島㈠『注釈民法(7)』三七四頁)。

しかしながらつぎのような問題があった。第一に、昭和三七年区分所有法の被担保債権では共用部分または敷地につき有する債権とされているが、区分所有関係から発生し共同管理のための経費はこの範囲よりもっと広範であることに注意されなくてはならない。附属施設のみならず、専有部分につき生ずる債権も被担保債権に含まれなければ合理的といえない。第二は、現実に既に発生した債権がここでの被担保債権に含まれることは疑いがないが、規約または区分所有者の集会で決議され、あらかじめ納めるものとされた管理費、組合費、修繕積立金がこの範囲に含まれるかどうかが問題となる（以上につき、濱崎『改正区分所有法の概要』一二三頁）。特に修繕積立金は、修繕義務がまだ発生していないので、区分所有者相互間で債務が存在するとはいえず、区分所有者が現実に債務が生じたときに支払うとの抗弁を避けるのが困難であったといえるであろう。

2　現行区分所有法は、管理の核を管理組合におき、そこでの決議に強い効力を認めるなどきわめて団体法的性格を強めるにいたっている（拙著前掲理論と動態四七頁）。したがって、専有部分などにつき生ずる債権、規約や集会の決議によってあらかじめ納められるべき債務についても被担保債権にいれることが要請されていた。

現行区分所有法では、区分所有者が、(イ)　昭和三七年区分所有法の共用部分、建物の敷地につき有する債権のみでなく、(ロ)　共用部分以外の建物の附属施設につき他の区分所有者に対して有する債権、(ハ)　また、規約もしくは集会の決議に基づき他の区分所有者に対する債権、さらに、(ニ)　管理者または管理組合法人がその職務または業務を行うにつき区分所有者に対して有する債権の三つが新たに先取特権の被担保債権として附加された。

注意すべきは、これらの請求権には二つの類型があることである（濱崎・前掲書一三三頁）。第一類型は、区分所有者が他の区分所有者に何らかの費用を立替えた場合のように区分所有者相互の債権である。(イ)(ロ)が一般的にこの類型に含まれよう。第二類型は、管理組合と各区分所有者との間の債権である。(ニ)がこの類型の債権の典型である。管理組合が法人格を有しているときは、管理組合法人が各区分所有者に対して有する債権と端的にいうことができよう。管理組合が法人格を有していないときは、実質的には管理組合の各区分所有者への債権だが、「区分所有者の全員が共同して（合有的又は総有的に）有する債権」（濱崎・前掲書一三頁）と構成せざるをえないであろう。前者は、「管理組合法人がその職務又は業務を行うにつき」他の区分所有者に対して有する債権といえるであろう。管理組合法人の職務または業務が何であるかは、規約または集会の決議で明らかにされるであろう。規約は、一面では、管理組合法人の組織法の役割を担っている。後者は、法人格がないので管理組合自体が主体となりえない。区分所有法では、この場合、管理者たる制度を用意している。管理者は、共用部分、敷地などの保存、集会の決議、規約事項を実施する権利義務を負っている（法二六条一項）。そして管理者はその職務に関し、代理権（訴訟追行権を含む）をもっている（同条二・四項）。管理者と区分所有者（ないしは管理組合）との関係は、民法の委任規定によるので（法二八条）、その職務または業務を行うにつき受任者の費用前払請求権（民法六四九条）、費用償還請求権（民法六五〇条）などを保護する必要性が管理組合法人の区分所有者に対する債権と同じように高い。これらの費用は、一方では管理者が委任契約上区分所有者に有する債権であるが、他方では、区分所有者の団体が区分所有者に対して有する債権であるとの側面をもっている。管理者がその職務または業務を行うにつき区分所有者に有する債権が先取特権によって保護されるのは、もっぱら後者の側面から出てきたものといえよう。したがって、その職務または業務を行うについての債権には、管理者が個人的に貸付けた金銭などを含むのは困難ではなかろうか。

3　先取特権の目的物は、債務者の区分所有権および建物に備え付けた動産である（法七条一項）。ここでいう区分所有権とは、専有部分への権利のみならず、共用部分に関する権利および敷地利用権も含む、総体としての区分所有権（制度としての区分所有）である。この意味でここでの先取特権は、一般の先取特権でなく、特別の先取特権だということであり、しかも、不動産の先取特権と動産の先取特権の二種あるということである（川島

㈠・前掲書三七四頁)。

不動産の先取特権は、昭和三七年区分所有法では敷地と建物とが別々であったので両者が一体として競売に付され、その対価も優先弁済の目的となることを明らかにするうえで大きな意味をもっていたといえる。現行区分所有法では、原則として、両者が一体化しているので確認的意味をもつにとどまるであろう。

建物に備えつけられた動産は、債務者の所有物であることが多いであろうが、他人の所有物である動産も即時取得の要件を備えていれば(民法一九二条)、先取特権の目的物となる(法七条三項)。また、建物に備えつけてあるかぎり、債務者の専有部分にあるもののみならず共用部分である廊下、屋上などに備えつけられたものであってもよい(川島㈠・前掲書三七五頁)。

4　形式的にみればこの先取特権は、性格的には特別の先取特権であるが、優先権の順位と効力については一般の先取特権である共益費用の先取特権(民法三〇七条)とみなされている(法七条二項)。共益費用の先取特権は、一般の先取特権でも第一順位に置かれている(民法三〇六条一号、三二九条一項)。その効力は、(イ)他に特別の先取特権があれば、ここでの共益費用の先取特権は優先順位に後れるが(民法三二九条二項)、共益費用の先取特権は、その利益を受けた総債権者に優先するので(民法三二九条二項但書)、特別の先取特権に優先することがあり、比較的強力だといえる。(ロ)ここでの先取特権の実行は、まず動産の先取特権から実行され、不足ある場合についてのみ不動産の先取特権でいくべきである(民法三三五条一項)など民法三三五条、民事執行法によってなされ、優先弁済を受ける。(ハ)なお、ここでの一般の先取特権は、不動産につき登記しなくても一般債権者に対抗することができる。しかし、登記をしないと登記をした第三者(その区分所有権が譲渡された場合とか、その区分所有権を目的に抵当権が設定された場合など)に対抗できない(民法三三六条)。

ところで、ここでの先取特権につき、関係者からつぎの二点の要望が出されていたようである(玉田『建物区分所有法の現代的課題』一二頁）。① 先取特権の優先順位をくりあげ、登記ある抵当権その他の担保権、租税債権に劣後しないようにする。② 実行方法として不動産、動産のいずれに対しても自由に競売できるようにする。①は(ハ)に関連する。分譲マンションの取得者は一般にローンを使っており、管理費など不払を理由に先取特権を行使しようとするときは、これに加えて租税をも滞納していることが多く、結果的には、先取特権の実行による売得金のほとんどがこれらに優先弁済されてしまうというのである。②は(ロ)と関連する。

現行区分所有法は、①②につき特別の配慮をしなかった。それゆえ、管理費不払いについては事実上、同法八条の特定承継人に対して債権を行使するなどの方法でカバーする以外にない。

第四　特定承継人の責任

1　先取特権によって担保される被担保債権は、債務者である特定承継人に対しても行うことができる（法八条）。これらの債権はなぜ特定承継人に対しても請求することができるのか。これらの債権の被担保債権の典型例は、管理費、修繕積立金などである。管理費は、広い意味で建物敷地の現状を維持したり、修繕などによって現状より目的物をさらによくしているなど、これらの費用は区分所有権の価値の中にくりこまれてしまっている。これに対して、修繕積立金はまだ費消することもなく区分所有者の共同財産として残っている。つまり、先取特権によって担保される被担保債権は、「区分所有権の価値に化体」しているか、「団体的に帰属する財産を構成」している（濱崎・前掲書一四頁）。それゆえ、区分所有者の特定承継人に対しての請求が妥当視される。このことは、管理組合などの団体と区分所有者との間の債権だけに妥当するだけでなく、区分所有者と他の区分所有者の間にも妥当する。区分所有者が他の区分所有者の管理費を立替えた場合でも、管理費は区分所有権の価値に化体されている。立法者は現行区分所有法七条の債権につき、特定承継人にまで責任を課すことを妥当とするほど重要な債権だと価値判断したことになろう。特定承継人に弁済義務があるからといって債務者の債務が消滅するものではないことは当然である（併存的債務引受玉田弘毅編『コンメンタール区分所有法』一二七頁）〔玉田弘毅、大林麻美〕。債権者は債務者に対しても請求できる。

2　現行区分所有法八条のもっとも典型的事例は、区分所有者が管理費を滞納したままでマンションを売却してしまう場合である。譲渡人である中古マンションの買主は、売主が滞納している管理費を管理組合に支払わなくてはならない。管理費滞納の事実を売主が説明したかどうか、買主がその事実を知っていたか否かを問わない。ここでいう特定承継人とは、相続、会社合併などによって権利を承継する一般承継人と対比されるべき承継をいい、他人の権利を個々的に取得することである。売買はもとより、贈与、さらには強制競売や担保権の実行による競売によって権利を取得した競落人も特定承継人である（東京地判平成九年六月二六日　判時一六三四号九四頁）。

昭和三七年区分所有法一五条は、共用者が共用部分につき他の共有者に対して有する債権は、その特定承継人に対しても行うことができるとしていた。しかし、対象が共用部分につき有する債権と限定されていたことが致命的欠陥であった。さらに、民法二五四条は、共有者の一人が共有物につき他の共有者に対して有する債権は特定承継人に対しても行うことができるとしているので（なお、民法二六四条）、敷地からの債権をカバーすることも解釈上可能であった。もっとも、共有物についてこの民法上の規定は、公示を伴わないのでその範囲につき従来から批判が強かったことも周知のことであった（村上「判批」法学協会雑誌七八巻一号一二九頁）。

3　現行区分所有法は、特定承継人も責任を負う債権として、(イ)　共用部分、建物の敷地もしくは共用部分以外の建物の附属施設につき、区分所有者が他の区分所有者に対して有する債権、(ロ)　規約もしくは集会の決議に基づく区分所有者が、他の区分所有者に対して有する債権、(ハ)　管理者または管理組合法人がその職務または業務を行うにつき区分所有者に対して有する債権の三つがある。(イ)は、昭和三七年区分所有法においても解釈上認められていたといえようが、(ロ)は専有部分についての債権は、昭和三七年区分所有法一五条、民法二五四条（なお同法二六四条）を基礎に特定承継人まで及ばせるのは解釈上やや無理があったといえよう。また、(ハ)の規定も全く新しい部分であることは否定できない。特に、管理者の区分所有者に対する債権が特定承継人にまで責任を追及できるとされたことは、この種の債権が強化されたことを意味しよう。

旧法のもとで管理費・光熱費が未納のまま専有部分がAからBに譲渡され、さらにBも未納のまま、さらにCに譲渡され、管理会社（管理者）から、BCに特定承継人としての支払を請求され、Cのみに管理費に限って認容し、Bへの両者の支払、Cへの光熱費の支払を否認したものがある（大阪地判昭和六二年六月二三日　判タ六五八号二一八項）。光熱費は(ロ)にあたり、管理費などの公平を欠くので限定的に解すべきであり、現区分所有者のみが特定承継人にあたるというのである。しかし、1で述べた八条の立法趣旨からすると、中間取得者を特定承継人から除く理由は乏しい。

特定承継人が同法八条に基づく債務を弁済しない場合、区分所有者、管理組合法人、管理者は、さらに先取特権を行うことができるか。立法関係者は、文理上から消極に解している（高柳『改正区分所有法の解説』四一頁）。

現行区分所有法は、さらに特定承継人は、管理者がその職務の範囲内で第三者との間にした行為についても、原則として専有部分の床面積比で責任を負わなくてはならいとしている（法二九条二項）。

中古マンションの売買につき買主自身の注意が必要であるとともに（「買主よ注意せよ」）、仲介者の責任も重くなったといえよう（民法六四四条）。仲介業者は、重要事項で説明されることが要請されている事項として（あるいはこれに準じて）説明が要請されよう（宅建業法三五条一項五号の二、六号参照）。

第五　建物の設置または保存の瑕疵に関する推定

1　区分所有建物も土地の工作物である。民法七一七条は、土地の工作物の設置または保存に瑕疵があることによって他人に損害を生じたときは、まずその工作物の占有者は被害者に損害賠償をしなくてはならないとする。そして占有者が損害の発生を防止するに必要なる注意をなしたときは、その損害は所有者が賠償しなくてはならないと規定する。

区分所有建物においてもこの理は異ならない。区分所有法九条は、民法七一七条の特則を定めたものである。その損害が専有部分の瑕疵から生じたのか、共用部分の瑕疵から生じたのかはっきりしないときは共用部分の瑕疵から生じたものとし、その共有者に損害賠償の請求ができるとするものである。

区分所有建物においては、すべて専有部分と共用部分とに分けられており第三の部分はない。そして専有部分は区分所有権の目的となり、各区分所有者が所有する（法一条）。これに対して、共用部分は、区分所有権の目的とならず（法四条一項）、区分所有者全員の共有か、一部の区分所有者の共有である（法一一条一項）。したがって、土地の工作物から発生する損害賠償の負担者も、区分所有建物のいずれの部分から生じたかによって異なることにならざるをえない。専有部分から損害が生じたときは、その所有者に、共用部分から損害が生じたときは、共有者に、被害者は損害賠償の請求をすることになる。このことは、民法七一七条の損害賠償の最終負担者である所有者だけでなく、第一次負担者である占有者の場合であれ、第二次的負担者（最終的負担者）である所有者の場合であれ同じことがいえよう。一般の戸建建物においては、建物のすべてが専有部分であるので、このようなことは生じない。

ところで、区分所有建物において、ある部分が専有部分に属するのか、共用部分に属するのかの判断は容易ではない。

のみならず、建物の設置または保存の瑕疵から損害が生じていることがわかっていても建物のいずれの部分から損害を生じているかが明らかでないこともあろう。たとえば、上階からの水漏れで下階の区分所有者に損害が生じたか、その原因が建物のどの部分から生じているか特定できないことがある。このような場合、被害者である原告が欠陥がいずれにあるか主張、立証しなくてはならず、原因個所を特定できないと被告も特定できないことになってしまう。そうなれば被害者は、結局、損害賠償を請求できないことになる。

2　そこで区分所有法はこの不都合を避けるため、区分所有建物の設置または保存に瑕疵があることにより他人に損害を生じたときは、その瑕疵は、共用部分の設置または保存にあるものと推定するとした（法九条）。区分所有法では、瑕疵の存在部分を推定したわけである。民法七一七条の特則である。その意味は、つぎのようである。被害者は、少なくとも、損害が区分所有建物の設置または保存に瑕疵があることから発生していることを立証しなくてはならない。漏水の場合、配管の亀裂《きれつ》から発生して入ることを主張立証しなくてはならない、つぎに漏水が配管の亀裂から発生していることははっきりしているが、どの部分から発生しているか特定できないということがあろう。その場合には、配管の亀裂が原因であることが立証されれば、損害賠償の請求ができる。また、発生個所が専有部分に属するか共用部分に属するかの特定ができなくても、損害賠償請求ができる。のみならず、実際上は、漏水がどこから生じているかがわからないということもあろう。この場合にも、この規定の趣旨から、共用部分から生じていると推定することができるのである（稲本・鎌野『コンメンタールマンション区分所有法』六七頁）。この規定は、訴訟法上は、瑕疵の存在について立証責任の転換がなされたと評価されている（高柳・前掲書四四頁）。被告は、瑕疵が建物の設置または保存の瑕疵でないことを証明するか、瑕疵が特定の専有部分から発生しているかを証明しないかぎり責任を免れないことになる。

したがって一般には、損害賠償は管理組合の預金などから支払うことになろう。管理組合の預金で支払えないとか、一部しか支払えない場合は、個々の区分所有者がその持分に応じて支払わなくてはならない（法二九条、五三条）。ここにも個人法と団体法との相克がみられる。

3 損害賠償請求権者は、被害者である他人である。他人の中に区分所有者自身も含まれるか。換言すれば、被害者が区分所有者の一人である場合も、損害賠償の請求できるかである。一見すると、自分が自分に請求するようにみえるが、肯定すべきである。マンションの一階の区分所有者は漏水の被害者として共有者に損害賠償の請求ができる。実質的には、区分所有者は共有者団体に請求しているのであって、他人の中に区分所有者自身も含まれると解すべきであろう。

4 損害義務を負担するのは、共有者であり、一般には区分所有者全員である。共用部分には、全員の共有だけでなく、一部の共有者の共有（一部共用部分）もある（法一一条一項）。一部共用部分であることがはっきりしているときは、これらの共有者が損害賠償の相手方である。しかし、一部共用部分であるか全部共用部分かを被害者が特定することは困難であるから全部共有部分の共有者がここでの損害賠償義務負担者というべきであろう。

そして、これらの債務は団体（管理組合）の債務と解すべきである（稲本・鎌野前掲『コンメンタールマンション区分所有法』六九頁、法第三条）。

（丸山　英氣）

第二章　共用部分等

一　共用部分の種類

一棟の建物が数個の部分に区分され、その各部分がそれぞれ独立して、一個の物として所有される状態にあるとき、この建物には、個別の所有権の目的となる建物部分とならない建物部分とが存在する。この個別の所有権（これを「区分所有権」という。）の目的となる建物部分を専有部分、個別の所有権（区分所有権）の目的とならない建物部分を共用部分という。共用部分は、建物が前記のような状態（区分所有されている状態）にあるかぎり、必要不可欠な存在である。そして、このような建物においては、専有部分あるいは共用部分のいずれかの建物部分しかありえず、どちらでもない他の何らか別の建物部分というのは認められない。また、ある建物部分が、専有部分であると同時に共用部分であるということも認められない。

この共用部分とは、一棟の建物において、ⓐ専有部分以外の建物の部分、ⓑ専有部分に属しない建物の附属物、ⓒ規約によって共用部分とされた附属の建物をいう（法二条四項）。そして、ⓓ専有部分になりうる建物の部分および附属の建物で、規約によって共用部分とされたもの（法四条二項）も含まれる。

ⓐには、法四条一項で明らかなように、数個の専有部分に通ずる廊下、階段室があたる。もちろん、この二つに限られるわけではなく、数個の専有部分に通ずるエレベーター室、共用の玄関ホール、屋上、基礎部分（土台）、

外壁、床スラブ等もこれらにあたる。(1) このような建物の部分は、構造上・性質上の共用部分とよばれ、(2) その位置、構造、利用上からの観点で共用部分となるもので、(3) 専有部分の所有権者（区分所有者）の意思によってなるものではない。

ⓑは、建物に附属し、効用上その建物と一体の関係にあるものをいう。たとえば、一棟の建物にある各専有部分へ電気を供給するための電線の幹線部分、ガス・水道を供給するための管の本管部分などである。(4) このⓑは、壁、床などのⓐの共用部分内にあるのが普通であるが、専有部分内にあることもある（特定の専有部分から汚水の流れる排水管の枝管が、専有部分に属しない建物の附属物であり、共用部分とされたものがある。最判平成一二年三月二一日判時一七一五号二〇頁）。また、一棟の建物内にあるとは限らず、一棟の建物外にあることもないわけではない。別棟に設置された集合テレビアンテナ設備や、屋外に設置された塵埃焼却炉などがこれにあたる。(5) なお、この共用部分も、構造上・性質上の共用部分である。

ⓒは、区分所有されている建物に対して、従物的な関係にある個別の建物をいい、別棟の管理事務所、倉庫、車庫などがこれにあたる。(6) これは、法四条二項の規定によって、すなわち、規約によってはじめて共用部分となるものであり、ⓐ・ⓑのような共用部分とは区別しておかねばならない。そこで、このような共用部分を、ⓐ・ⓑのような共用部分と対比して、規約共用部分とよんでいる。(7)

ⓓは、元来、専有部分とするのに適当なものであるが、特に規約によって共用部分としたものである。集会室、応接室などがこれにあたる。(8) もちろん、規約共用部分である。

規約共用部分であるⓒ・ⓓについては、規約により共用部分となった旨を登記しなければ、共用部分であることを第三者に対抗することができない（法四条二項後段）。ここに、対抗とは、附属の建物または当該建物部分が、規約共用部分であり、これには、民法一七七条の規定は適用されないということを、第三者に主張することを意味する。この登記をしなければ、附属の建物または当該建物部分は、区分所有者の共有（民法上の共有―民法二四九条以下）となる、特に、当該建物部分については、専有部分の共有という状態が生ずることとなる。したがって、たとえ規約においては、附属の建物または当該建物部分を共用部分と定めたとしても、その旨の登記がなければ、各区分所有者が、その附属の建物または当該建物部分についての共有持分を、自由に処分しうる権利をもつこととなり、区分所有建物における共用部分にふさわしい共用関係には、好ましくない状態が生ずる恐れがある。ⓐ・ⓑについては、法四条二項の反対解釈として、共用部分である旨の登記なくして、共用部分であることを第三者に対抗することができる。不動産登記法上も、構造上・性質上の共用部分については、その旨の登記のための規定がおかれていない（改正不登法二七条[9]、四四条、五八条）。

ⓐⓑⓒⓓそれぞれの共用部分には、区分所有者全員の共用に供されるべき部分（全体共用部分）と、区分所有者の一部の者のみの共用に供されるべき部分（一部共用部分）との区別がある（法四条一項）。なお、この区別の基準としては、区分所有者の数を基準として分ける場合だけでなく、一棟の建物における区分所有者が一人という場合を考慮して、明文の規定がおかれているわけではないが、専有部分の数を基準に分ける場合をも考えなければならない[10]。

注（1）（4）（5）（6）（8）それぞれの共用部分について、その具体的なものとして例示したものは、一般的にいわれているものであり、問題はないと思われる。昭和三七年法を改正する場合には、何を共用部分とするか、法文上例示的に列挙して規定するほかないとの意見もみられた（玉田弘毅「建物区分所有法の現代的課題」八頁以下）。しかし、昭和五八年法の共用部分についての規定は、昭和三七年法と何ら変わるところのない規定となった。昭和五八年法は、昭和三七年法と同じく法の適用対象となる、建物の区分所有の形態を限定せず、広く、区分所有されて

いる状態にある建物全般に適用される。現在、このような建物は、いわゆる分譲マンションから下駄ばきアパート、雑居ビル、タウンハウス、棟割長屋等多種多様である。このような建物の多様性に応じて予想される種々のさまざまな共用部分の態様を、一つの法律で網羅し尽すというのは、ほとんど不可能である。また、一律に規制をするということも難しいことであろう。したがってこの昭和五八年法の態度は、妥当なものというべきではないだろうか。ところで、このため、昭和三七年法のもとで、専有部分か共有部分かについて論議された部分や、構造上・性質上の共用部分か規約共用部分か、全体共用部分か一部共用部分かについて問題となった部分について、立法上明快な解決がされたわけではないので、問題状況は、昭和五八年法施行後において何らかわるところがない。すなわち、機械室・電気室、事務室・管理人室、ピロティ、テラス・バルコニー・ベランダ等については、これからも、それぞれの区分所有建物における区分の仕方や、位置、共用設備の有無、利用形態等を考慮して、その部分の種類を決定するほかないということになるであろう。

（2）法律上当然の共用部分とか、法定共用部分とよばれることもあるが、適当な呼び方とは思えない。なぜなら、前に述べたように、法律上、具体的にどのような物がこの共用部分にあたるのかについて、明確にされているわけでもないし、また、それぞれの区分所有建物において異なり、一定しているものではないからである。

（3）丸山英気「区分所有建物の法律問題」八四頁。

（7）これらを規約共用部分としなかった場合については、従物の関係にあることから、明示的な場合を除いて、推定共用部分と考えるべきではないかとされる（丸山英気「建物区分所有権法」（玉田ほか編）八三頁）。

（9）結局、登記をしたくともできないということであるが、これは、ⓐ・ⓑのような共用部分であることが、その建物部分の外観上明らかであるか、または、その一棟の建物の区分の仕方との関係で容易に知ることができるかのどちらかの理由から（玉田弘毅「注解建物区分所有法(1)」一九〇頁）、登記がなくてもそれだけで独立して取引の目的になることはないと考えているからと思われる。しかし、たとえⓐ・ⓑのような共用部分といえども、その種類はさまざまである。外観上明らかでない場合も、また、容易に知ることができない場合もあるであろう。不動産登記法上、一考を要するのではないかと思われる。後者の如く、その建物部分が、ⓐ・ⓑの共用部分であることがわかりにくい場合には、善意無過失の第三者に対抗することができないが、悪意または善意有過失の第三者に対しては、登記がなくても対応できると解すべきであろう。

(10) 玉田弘毅・前掲一七七頁以下。

二　共用部分の所有関係

共用部分の所有者となりうる者は、その一棟の建物の区分所有者と、例外的に、第三者たる管理者（法一一条二項但書）であって、右以外の者は、共用部分の所有者となることができない。よって、そのような者を、規約で共用部分の所有者と定めても無効である。

共用部分は、区分所有者全員の共有に属する。ただし、区分所有者の一部の者のみの共用に供されるべき部分（一部共用部分）は、その一部の者のみの共有に属する（法一一条一項）。これらの共用部分の所有者の人数は、規約で増減することができる（法一一条二項）。すなわち、共用部分（全体共用部分）については、規約で、所有者を、区分所有者のうちの特定の者（一人でも数人でも差支えない）、あるいは、管理者（これも一人でも数人でも差支えない）にすることができる。一方、一部共用部分についても、規約で所有者を、一部の区分所有者のうちの特定の者（一人あるいは数人）、あるいは、管理者（一人あるいは数人）にすることができる。このような形態の所有を管理所有（法二〇条―後述三）という。一部共用部分については、規約で、逆に、所有者を増やし、区分所有者全員を所有者とすることもできる。

各共有者は、共用部分をその持分に応じて使用するのではなく、その用法に従って使用することができる（法一三条）。用法とは、その共用部分の種類、位置、構造や、規約によって定まる共用部分の目的とか用途という意味である。一部共用部分は、その部分の共有者のみによって、その用法に従って使用される（前述法一一条二項の規約による別段の定めは、所有者の変更であり、使用者数の変更を意味するものではない）。用法に従わない使用をする共有者がいる場合は、他の共有者はその者に対し、用法違反の使用を差止めることができ、また、そのような使用によって損害をこうむったような共有者は、その者に対し、損害賠償の請求をすることができる。しかし、他の共用部分の使用を禁止することはできない。各共有者が、それぞれ共有部分を使用することは、共有者固有の権利であって、規約や集会の決議によっても奪うことはできない。

各共有者の共用部分に対する共有持分割合は、各共有者の有する専有部分の床面積の割合によって決定される（法一四条一項）。また、附属の建物以外で床面積を有する一部共用部分があるときは、その床面積を、一部共用部分の共有者である区分所有者の専有部分の床面積の割合により配分して、その区分所有者の専有部分の床面積に加算した上で、全区分所有者の専有部分の床面積の割合によって全員の共有持分割合を決定する（法一四条二項）。

この共有持分割合を決定する基礎となる専有部分の床面積計算の方法には、いわゆる壁心計算法と内法計算法の二つがあるとされ、どちらによるべきか、従来もっぱら解釈によって決定されていた。しかし、昭和五八年法は、内法計算法の採用を明文で規定した（法一四条三項）。これは、専有部分と敷地利用権の一体性の原則を採用し（法二二条一項）、その場合に、一人の区分所有者が数個の専有部分を所有するときは、各専有部分と分離して処分することのできない敷地利用権の割合は、専有部分の床面積の割合による（法二二条二項）こととしたため、床面積の計算方法についての統一された基準が必要となったためである。ただ注意しておかなければならないのは、この規定により、専有部分の物理的範囲が、当該部分を囲周する壁その他の区画の内側線で囲まれた部分に、一義的に法定されたというわけではなく、あくまでもこの規定は、共用部分に対する各共有者の持分割合を定める際の、法定の計算方法にすぎないということである。

専有部分についての昭和五八年法における規定は、共用部分についてと同じく、昭和三七年法下における規定と何ら変わるところがない。したがって、専有部分の物理的範囲如何についても、各区分所有建物における解釈に委ねられているという問題状況に変わるところはない（これは、共用部分について述べたのと同じ理由で、妥当な態度というべきであろう。）。共用部分に対する各共有者の持分割合の決定方法や、専有部分の床面積の計算方法については、規約で別段の定めをすることができる（法一四条四項）。

共用部分に対する各共有者の共有持分の性質は、所有権である。したがって、各共有者は、その所有する共有持分について、処分の自由を有するはずであるが、昭和五八年法は、原則として、専有部分についての所有権と分離して処分することができないと規定し（法一五条二項）、各共有者の共有持分についての処分の自由を制限している。これは、区分所有される一棟の建物において、共用部分は、専有部分の存在・利用を可能にするための必要不可欠の存在なので、共用部分に対する共有持分は、それを有する各共有者の専有部分と、一体的・不可分的に取り扱うのがふさわしいという理由による。また、当然に、共用部分に対する共有持分は、専有部分の処分に従う（法一五条一項）。

このことは、専有部分の権利変動あるところには、必ず、共用部分についての権利変動があるということを意味する。したがって、専有部分の権利変動についての公示方法としての登記が備わっていれば、その登記で、専有部分の権利変動のみならず、共用部分の権利変動についても、第三者に対抗できるとしても第三者に何らの不測の損害を与えるものでもないので、共用部分の権利変動については、特別他の公示方法を備える必要がない。これが、共用部分についても、民法一七七条を適用しない理由である（法一一条三項）。そして、この民法一七七条が適用されないということは、共用部分については、所有権その他の権利の対抗要件の登記は認められないということである。

例外的に専有部分の権利変動がないのにもかかわらず、共用部分の権利変動のみが行われることがある。たとえば、前述の共用部分の所有者の変更や所有形態の変更（区分所有者の共有から管理所有へ）の場合である（法一一条二項、二〇条）。これらは、専有部分と分離して共有部分に関する権利を処分する場合にあたり、共有者はその持分を専有部分と分離して処分することができないという原則（法一五条二項）に対する例外にあたるものである。そしてこれが、法一五条二項にいう「この法律に別段の定めがある場合」である。なお、この場合にも、民法一七七条の適用はない。しかし、これは、民法一七七条の要求する公示方法としての登記は不要という意味にとどまるのであって、共用部分のみの権利変動ということから、やはり、何らか他の公示方法は必要ではないかと思われる。例示したものについては、規約による定めが公示方法と考えられる。この例外的な場合以外は、共用部分についてのみの権利変動は無効である。共用部分の共有持分の処分とは、たとえば、共有持分の譲渡・放棄、担保権の設定、共有持分の売買・賃貸借等のことである。同様に、専有部分の処分とは、区分所有権の放棄、専有部分の譲渡、担保権の設定等のことである。なお、処分には、強制的処分も含まれると考えられるので、それぞれ競売・公売という場合もあろう。

さて、規約共用部分たるⓒ・ⓓについては、規約により共用部分となった旨の登記がなされていないかぎり、その権利変動に関し、法一一条三項の適用がない。したがって、規約共用部分たるⓒ・ⓓについての権利変動が、専有部分の権利変動と一体的・不可分的に行われても、専有部分の権利変動についての公示方法としての登記で、規約共用部分たるⓒ・ⓓの権利変動を第三者に対抗することができず、別に公示方法としての登記が必要ということになる。(1)

注（1）玉田弘毅「注解建物区分所有法(1)」二一〇頁。

三　共用部分の管理所有

区分所有者は、共用部分の所有者を、規約で、特定の区分所有者（一人もしくは数人）または、第三者たる管理者（一人もしくは数人）にすることができる。一部共用部分についても同様に、規約で、一部の区分所有者のうち特定の者（一人もしくは数人）または、第三者たる管理者（一人もしくは数人）を、その所有者とすることができる。このような所有形態を管理所有、その所有者を管理所有者という（法一一条二項、二〇条一項、二七条）。そして、管理所有者は、本来の共有者である区分所有者のために、その共有部分を管理する義務を、法律上当然に負わされる。

このような制度が設けられたのは、管理の受託者が共有部分を管理するにあたっては、その共用部分につき第三者との間に契約（賃貸借契約・各種損害保険契約など）を締結し、あるいは、共用部分たる電気設備、防火設備、駐車設備などにつき所管の行政庁に所要の届出をなし、またはその検査を受けるような場合もありうるので、それらの行為を受託者自身の責任においてなしうるように配慮したものである、(1)といわれている。このように管理所有という制度は、共用部分の管理の必要または便宜上認められたものである。したがって、管理所有者のもつ所有権は、特別の所有権というよりは、共用部分の管理のために、区分所有者たちの共用部分に対する所有権（共有持分権の総和）が、特定の区分所有者または管理者に信託された、一種の信託的所有権とみるべきものである。[3] この場合、信託目的が管理のためにということであるので、管理所有者は、この所有権を、管理目的以外で行使することができない。管理目的以外で行使しても無効であり、当然、所有権を譲渡することもできない。すなわち、管理所有者の権限は、共用部分の保存行為および共用部分の性質を変えない範囲内における利用を目的とする行為、または改良を目的とし、かつ、著しく多額の費用を要しない行為に限られる。法一七条一項に規定される共用部分の変更をすることはできない。すなわち、共用部分が管理所有されている状態であっても、当該共用部分の変更については、その共用部分の共有者による集会の決議によるということになる。ただ、管理所有自体を定める規約において、管理所有者の権限の範囲を、限定することはできると解しても差支えないであろう。

なお、共用部分について、管理所有が行われていても、各区分所有者（共有者）の共用部分に対する共有持分は、その専有部分についての所有権と一体的・不可分的なものとして、各区分所有者に帰属しているという状態にいささかの変化もなく、共有持分に基づく諸権限が制限されるということは一切ない。また、管理所有者は、共用部分の本来の共有者である区分所有者に対し、相当な管理費用を請求する権利を有し（法二〇条一項）、管理所有権を有する共用部分に、権限を行使するために必要な範囲内において、他の区分所有者の専有部分または自己の所有に属しない共用部分の使用を請求することができる。後者の場合に、他の区分所有者が損害を受けたときは、管理所有者は、その償金を支払わなければならない（法二七条二項による法六条二項の準用—管理者のみならず、特定の区分所有者にも、償金支払の義務があると解せられる）。

注（1）川島一郎「注釈民法(7)」三七〇頁。
（2）川島一郎「建物の区分所有等に関する法律の解説（下）」法曹時報一四巻八号三八頁。
（3）玉田弘毅「建物区分所有法の現代的課題」二三九頁。

四　共用部分の管理

めることとしている。

共用部分の広義の管理行為について、法は、変更行為、狭義の管理行為、保存行為の三つに分けて規定している。そして変更行為のうち『その形状又は効用の著しい変更を伴わないもの』については、狭義の管理行為に含めることとしている。

共用部分の変更行為とは、共用部分の形状（その外観や構造等）又は効用（その機能や用途等）の著しい変更を伴うものである。たとえば、階段室をエレベータ室に改造するようなことである。この変更行為については、区分所有者および議決権（規約による別段の定めがない場合には、専有部分の床面積の比による）の各四分の三以上の多数による集会の決議が必要である（法一七条一項本文）。区分所有者の四分の三以上の多数というのは、全区分所有者の頭数で四分の三以上の多数という意味である。集会に出席した区分所有者の数という意味ではない。この要件についてのみ、規約で、頭数を過半数まで減ずることができるとされている（法一七条一項但書）。これは、少数の区分所有者が、多数の専有部分を所有する、すなわち、多数の議決権を有するような区分所有建物を考慮に入れて、そのような場合にまで、頭数の四分の三以上の多数を要求するということになると、頭数と議決権という二つの要件のバランスからして、必ずしも適当でないということであろう。これ以外の規約による別段の定めは、一切認められない。この変更行為を集会の決議で決する場合に、この行為が、ある専有部分の使用に特別の影響を及ぼすべきときは、集会の決議のほかに、その専有部分の所有者の承諾を得なければならない（法一七条二項）。変更行為によって、ある専有部分への出入りが不自由になるような場合である。この場合には、特別の影響を受ける専有部分の所有者の承諾を得ることが、変更行為をすることについての有効要件となる。

共用部分の狭義の管理行為には、利用行為、改良行為、その形状又は効用の著しい変更を伴わない変更行為がある。利用行為とは、物をその性質に従って利用し、利益をあげる行為である。たとえば、共用部分である車庫を賃貸して賃料を得るようなことである。改良行為とは、物の性質を変えない範囲内でその使用価値を高める行為である。たとえば、階段に手すりをつけるようなことである。その形状又は効用の著しい変更を伴わない変更行為とは、区分所有建物の維持・保全の観点から定期的に実施される大規模修繕工事などが該当するであろう。なお、共用部分の損害保険契約については、この狭義の管理行為とみなされる（法一八条四項）。狭義の管理行為については、集会の決議で、区分所有者および議決権の過半数によってなされる（法一八条一項、三九条一項）。ただし、規約で別段の定めをすることができる（法一八条二項）。また、変更行為についての場合と同様に、この狭義の管理行為が、ある専有部分の使用に特別の影響を及ぼすべきときは、集会の決議のほかに、その専有部分の所有者の承諾を得なければならない（法一八条三項による一七条二項の準用）。共用部分について行われるある行為が、前述の変更行為にあたるのか、それともこの狭義の変更行為にあたるのかについては、必ずしも明確ではない。個々具体的な場合について、区分所有者の立場に立って、どのような決議があれば、適正な管理がはかれるかという観点から判断するしかないであろう。

共用部分の保存行為とは、物の価値を現状において維持するための行為である。たとえば、廊下の清掃や蛍光灯を交換したりするようなことや、持分権に基づく妨害排除請求権や、共有物の返還請求権などがこれに含まれるとされている。この保存行為は、集会の決議を要することなく、管理者および各共有者が単独で行うことができる（法一八条一項但書、二六条一項）。保存行為は、他の区分所有者のためにも利益になるものだからである。ただし、規約で別段の定めをすることができる（法一八条二項）。

共有部分のうち一部の区分所有者のみの共用に供されるべきことが明らかなもの、一部共用部分については、それを共用する一部の区分所有者だけで構成される管理のための団体が管理する（法三条後段）。しかし、一部共用部分であっても、区分所有者全員の利害に関係するものについては、規約による定めを必要とせず、当然に区分所有者全員で管理を行う。また、区分所有者全員の利害に関係しない場合でも、区分所有者全員の規約で、その管理に関する事項を定めることができ、そのときは、区分所有者全員で管理を行う（法一六条、三〇条二項）。この区分所有者全員の規約は、設定のために、集会における区分所有者および議決権の各四分の三以上の多数による決議が必要であるが、そのとき、当該一部の区分所有者または議決権のいずれかにおいて四分の一を超える反対があるときには定めることができない（法三一条一・二項）。なお、ここでいう管理とは広義の管理行為を意味する。したがって、一部共用部分の管理を、区分所有者の一部に者のみによって行う場合の、一部共用部分の広義の管理行為に関する事項を決議するということになる。また、法一七条一項、一八条一項の集会は、当該一部の区分所有者のみで構成される集会ということになる。なお、一部共用部分を、区分所有者全員の管理所有とすることができる（法一一条二項、二〇条）。

各共有者は、自己の持分に従って、共用部分の負担を分担し、共用部分から生ずる利益を収取する（法一九条）。共用部分の負担とは、共用部分の管理費用、変更費用、公租公課等をいい、共用部分から生ずる利益とは、共用部分の使用料や賃貸料のことをいう。この持分に従った費用負担の分担や、利益収取については、規約で別段の定めをすることができる。

五　建物の敷地等の変更・管理

建物の敷地や共用部分とされていない建物の附属施設は、区分所有者の共有に属しているのが一般的である。つまり、これらは共用部分ではないので、その管理については、民法の共有の規定（民法二五一、二五二条）によって定められるということになる。しかし、区分所有建物について、その管理についての取扱いを、共用部分と異にすることは、かなり問題があるといわねばならない。そこで法は、建物の敷地又は共用部分以外の附属施設（これらに関する権利を含む）が区分所有者の共有に属する場合には、法一七条から一九条までの規定（共用部分の管理に関する規定）を、その敷地又は附属施設に準用することとした（法二一条）。

（倉田　繁）

第三章　敷地利用権

一　はじめに

1　昭和五八年法改正前の状況

区分所有建物の敷地利用権は、その建物使用のために不可欠の権利であり、区分所有建物の存在する限り、各専有部分の所有権と離れて独立の意義を有するものではない。したがって、実際の取引においても、専有部分と敷地利用権は一体として処分されるのが通例であり、その意味では敷地利用権は専有部分の従たる権利とみることができる。しかし、一方では、土地と建物はそれぞれ別個独立の不動産とされているため、そこに成立する専有部分の所有権と敷地利用権は、分離して処分することも法律上は可能であり、また、専有部分と敷地利用権が一体的に処分された場合でも、建物登記簿と土地登記簿のそれぞれに登記しなければ、その処分をもって第三者に対抗することができない。

同様に区分所有者が複数の専有部分を所有するときは、そのため敷地に対して有する共有部分または準共有部分の割合は、専有部分の個数、床面積、価格等によっては法律上当然に定まっている訳ではないから、専有部分の処分があったときは敷地利用権についても同じ処分があったものと解するのが当事者の通常の意思に合致するとしても、処分された専有部分に付随して処分された敷地利用権の割合は必ずしも明らかにはならない。(1)

専有部分と敷地利用権との間に認められる以上の関係は、特に敷地の登記簿の上では、その一覧性の欠如として現れる。区分所有建物の登記簿においては、一棟の建物全体の表題部とは別に各専有部分ごとに表題部、甲区・乙区欄が設けられているため（旧不登法一五条但書、一六条ノ二）、各専有部分の権利関係は登記簿の記載から容易に検索しうるが、区分所有建物の敷地の登記簿においては、特別の編成方式が採用されていないため、区分所有者は各敷地利用権（敷地についての共有持分または地上権・賃借権の準共有持分）を土地登記簿の甲区または乙区に記載することになる。したがって、区分所有者が数十人もしくは数百人にのぼるときは、その共有持分は甲区欄にそのまま列挙され、これに移転登記や更生・変更および差押・仮処分の登記がなされるときはこれも連綿と記入される。

また乙区欄の記載も、準共有持分の登記のほか、その持分の移転登記および持分上に設定された抵当権登記やその抹消登記が附記登記でなされるため、順位番号欄の記載が複雑になり、一覧性の欠如が著しく、必要に応じて関係登記事項を索出することが容易ではない。その上、各区分所有者に対して配分される敷地の共有部分が、専有部分の床面積または価格に応じて決定される場合には、割合を表示する分数の桁数が五桁ないし六桁にもなって登記簿上の表示を一層複雑にしている。

2　昭和五八年の法改正の要点

昭和五八年に改正された建物の区分所有等に関する法律および旧不動産登記法（昭和五九年一月一日施行）は、区分所有建物と敷地利用権との間に存在する前述の不都合の解消へ向けて、専有部分と敷地利用権の一体性の原則（法二二条）を採用すると同時に、この実体法上の原則を実現するため、不動産登記法にも改訂を加え、第一に、分離処分を禁止された敷地利用権（いわゆる「敷地権」）を専有部分の表題部に記入してこれと一体的に公示し（旧不登法九一条二項四号、不登法四四条一項九号）、第二に、右の敷地権を専有部分の表題部に登記したときは、その敷地の登記簿にも職権で「敷地権たる旨の登記」をすることによって、敷地利用権が分離処分を禁止された権利であることを公示することとし（旧不登法九三条ノ四第一項、不登法四六条）、第三に、敷地権の表示を登記した後にその建物についてなされた登記が、敷地権についても同一の登記原因による相当の登記として効力を有するものとし（旧不登法一一〇条ノ一五第一項、一四〇条ノ三第二項、不登法七三条一項）、第四に、敷地権の表示を登記した建物の登記用紙および敷地権たる旨の登記がされた土地の登記用紙のいずれにも、原則として専有部分と敷地利用権とを分離してする処分の登記をすることはできないとするもの（旧不登法一一〇条ノ一三、一四〇条の二、不登法七三条二項）である。

本稿は、専有部分と敷地利用権の一体性（分離処分の禁止）の原則とそれを採用するための手続、その前提としての区分建物（専有部分および法四条二項の規約共用部分を含む）と敷地利用権の関係、および不動産登記法の改正点について論及するものである。

注（1）一人が複数の専有部分を所有する場合でも、その者が有する敷地利用権は複数存在する訳ではないことは、青山正明「区分所有建物の登記に関する諸問題と区分所有法の改正について（上）」金融法務事情九〇二号一一頁参照。

〔注記〕

区分所有法（昭和三七年法律第六九五号）は昭和五八年の一部改正（昭和五八年法律第五一号）の後、平成一四年にも一部改正（平成一四年法律第一四〇号）が行われている。他方、不動産登記法（明治三二年法律第二四号）は、昭和五八年の一部改正（昭和五八年法律第五一号）の後にも、幾度かの部分改正を経て、平成一六年に全面的に改正されている（平成一六年法律第一二三号）。その改正は、コンピューター登記簿を前提とする制度へ向かうための制度上の改変を目的として、それに適合する概念ないし用語をもって不動産登記法全体に変更を加えているのが特徴である。

したがって、本稿でも、平成一六年改正法にならって概念ないし用語および法文の引用箇所の修正を行うこととし、明治三二年不動産登記法は旧不登法、平成一六年不動産登記法は不登法と略記する。

二　区分建物の所有と敷地上の権利

1　敷地利用権の種類と態様

(1)　建物の所有形態との関係　建物を所有するには、その敷地上に所有権、地上権、賃借権、使用借権等の土地利用権限を有していなければならない。建物が戸建建物であろうが、一棟の建物を区分した区分所有建物であろうが、その点に差異はない。しかし、戸建建物の場合には、建物所有権と敷地利用権の間には事実上の一体性が認められるのが普通であり、一方だけの処分によって建物所有権が敷地利用権から分離して、その収去を迫られるのは、建物が単独所有で敷地が建物所有者と第三者の共有である場合とか、敷地の賃借権が民法六一二条によって解除される場合、あるいは敷地利用権が譲渡性の認められない使用借権である場合等に例外的に生じるにすぎないし、またそれによって生ずる問題の処理は当事者の手当てに委ねて差支えない。それに対し、区分所有建物の場合には、一棟二戸建のもっとも単純な縦割りの区分所有の形態にみられるように、境界壁（仕切壁）を境に専有部分の直下部分の敷地（底地）が各区分所有者に分有されているときはともかく、中高層ビルの横割りの区分所有や分譲マンションに典型的にみられる縦横に区分する区分所有においては、区分所有権と共用部分の共有持分との処分における一体性は認められているものの（法一五条）、区分所有権と敷地利用権の共有持分または準共有持分との間には、両者が別個の不動産を目的とする別個の権利であるが故に処分における一体性は当然に認められず、しかもその結果の不都合は無視しえない。そのため敷地利用権がいかなる態様において区分所有者に帰属すると解するかの法律構成が必要になってくる。また、不可分性を認めるには、あらかじめ区分建物（専有部分）と一体化する敷地の範囲(2)が明らかにされていなければならない。

もっとも、右の事情は昭和五八年の区分所有法改正の前後においてその意義を異にしている。すなわち、改正前においては、一体性の存否はすべて法解釈に委ねられていたため、一体性を公示する立法上の措置も講じられることなく、土地と建物を別個の不動産とする法制度との矛盾は取引の安全を害する結果となって現れざるをえなかった。改正法はその制度上の欠陥を埋めるため、一体性の原則を採用する途を開くとともに（法二二条一項本文）、区分建物と敷地利用権との関係からみてこの原則を必ずしも必要としない場合に「規約」をもって例外を設けることを可能にし（法二二条一項但書）、また、分離処分の禁止される敷地の範囲を明らかにするとともに（法二条五項、五条）、それを各区分建物の登記簿に公示する手続規定を設けて（不登法四四条一項九号、四六条、令三条一一号へ）、「区分所有の流動化」(3)の要請に備えている。したがって、区分建物と敷地利用権の一体性に関して従来試みられてきた法律構成は、一体性の原則が採用されている限り、必ずしも第一義的な意義を有するものではなく、一体性の原則が採用されず、かつ敷地が区分所有者に分有されていない場合においてなお意義が認められるべきかが問題とされることになろう。

(2)　敷地利用権の法律構成　　建物の区分所有者の有する敷地利用権は、大方土地所有権および地上権・賃借権であるが、問題は、その敷地利用権が区分所有者に帰属する態様である。

学説の多数(4)は、区分所有者全員が「敷地」を共有し、または借地権を準共有するものと解するのに対し、有力説は、専有部分と共有部分に分けられる建物の区分および権利の態様に対応させて、敷地ついても、①専有部分の存する土地、②共用部分の存する土地、③共同の出入口から公路にいたる道路の存する土地、④建物の存しない周辺地（空地）の四種類に大別し、②③④の土地が区分所有者に共有または準共有として帰属するとしつつ、

①については、上位階層部分の所有者は各専有部分の位置（階層）に対する空間（立体的に区分された土地部分）を一個の土地として個別＝単独所有し、または単独の借地権を有し、敷地地盤に直接接する下位階層部分の所有者はその敷地地盤について所有権または借地権を有するものと解する。(5)

前説は、区分所有の属する一棟の建物の存する敷地上にその区分建物の所有を目的とする一体としての敷地利用権が存在して、各区分所有者に帰属し、各区分所有者は共有もしくは準共有する敷地利用権の使用方法として、それぞれの専有部分を敷地上の該当区間に所有し、かつ相互に専有部分の存在する建物部分を利用しあっていると法律構成するから、敷地上にそれぞれ独立に敷地利用権がいわば「重畳的に成立」し、単にその内容が相互に制限されているとは解さず、(6)また、民法二六九条の空中部分についての区分地上権は区分所有建物のように各下層部分を媒介として敷地地盤に支えられている場合には設定されえないと解するのに対し、(7)後説は、建物の区分所有においては、土地も建物の階層（専有部分）に対応して立体的に区分され、しかも、その「各空間（区分された土地）が実質的には専有部分と一体化ないし不可分の関係にあり、建物の区分所有者の土地についての所有権は空間所有権とみる方が実態に即している」(8)と法律構成する。そこに両説の基本的な対立点がある。

もちろん後説では、一筆の土地を立体的に区分した空間を権利の対象にすることが物権法定主義（民法一七五条）に抵触しないか、(9)がまず問われることになるが、それはともかく、問題は、各階層部分の区分所有者が敷地地盤そのものについていかなる権利を有するかである。

前説によれば、各区分所有者は単一の敷地利用権を共有もしくは準共有する訳であるが、ある区分所有者が敷地利用権を失った場合に他の区分所有者の敷地利用権がどうなるかは必ずしも自明ではない。(10)そこで、前説の中にも借地権の準共有持分について、それが「建物と切離してそれだけで独立の存在意識をもつものではなく、それぞれに対応する区分所有権とワンセットになって、はじめて機能を発揮しうるもの」(11)であることに注目して、区分所有者が建物存置という共通目的のために「組合的結合」をつくり、借地権はこれに合有的[12]に帰属していると解することによって、区分建物の所有と敷地利用権の態様の間に横たわる矛盾の克服を試みるものが現れた。すなわち、区分所有者間における敷地利用権の分割請求（民法二六四条、二五六条）を否定し、区分所有権と分離して共有持分ないし準共有持分のみを第三者に処分することを禁じ（処分しても無効）、かつ、地代債務を「一種の合有債務」と解して区分所有権と敷地利用権の一体性の維持を図ろうとする。したがって、その限りでは、区分所有権と敷地利用権の一体化をめざす後説とその目的の間に差異はないが、法律構成の上では、前説において合有関係が果たして認められてよいか、後説において敷地利用権の立体的構成を採りうるかが問題となる。特に借地権の準共有における地代・賃料債務の性質について、前説は右の合有関係から合有債務説を導くのに対し、後説は、多数の区分所有者が各賃料全額の債務を負担し、その不履行によって借地契約が全部解除されることのあることを不都合として可分債務説[13]によりつつ、「区分所有者相互の関係が一種の強いられた共同関係」にあることを理由とし、区分所有者相互の間に「合有」とみられるべき関係のある場合を除いて[14]、解除の前提たる催告は、地代を滞納している区分所有者に対してのみなしうるものとする[15]。もちろん、こうして失われた区分所有権と敷地利用権の一体性は、土地所有者に認められる区分所有権売渡請求権（旧法七条、法一〇条）の行使によって回復されることになる[16]。

しかし、この点については、すでに前説からも指摘のあるように建物収去請求をつねに権利濫用として、もっぱら売渡請求権の行使のみを強要する結果になることが果たして法一〇条（旧法七条）の文理に反しないか疑問である[17]。

これに対して、前説は、一人の準共有者の債務不履行によって借地権全体の消滅することを認めるには、その前提として他の準共有者にも相互に地代支払い義務があり、かつこれへの催告を要するとしなければならないとし、また、債務不履行に陥っている準共有者の持分のみの消滅だけを認めるとしても、消滅した持分がだれに帰属すると解すべきかが明らかとはいえないとして、合有債務説によってある持分だけが消滅する結果を避け、また、準共有者相互の間に各負担部分以上の地代についても支払債務を肯定することによって、地代不払による契約解除をもっぱら借地権の全体についてのみ認め、また、区分所有権と敷地利用権の一体性の回復を準共有者間の求償関係と民法二五三条二項および区分所有権の売渡請求権の行使に委ねている[18]。

これら両説の最も大きな対立点は、区分所有者相互の間に「一種の強いられた共同関係」を認め、あるいは、区分所有に特有の合有的関係を認めるとしても、なお一般的に全賃料の支払義務が各区分所有者に肯定されねばならないほどの共同関係を認めるか否かにある。たしかに、区分所有者は敷地および附属建物の管理のために当然に団体を構成するものと解されてはいるものの（法三条）[19]、反面、権利の帰属と管理との関係は必ずしも一体的な問題とはされず（法五条、二一条参照）[20]、しかも、新たに採用された分離処分禁止の原則は共有もしくは準共有形態にある敷地利用権にしか適用されず（法二二条）、また、取引の安全に対する配慮から、分離処分無効の主張はいわゆる敷地権の登記（不登法四四条）がなされるまでの間とはいえ、善意の第三者に対しては制限されるものであるから（法二三条）、ここに合有関係を認めてその分離処分を制限することはいささか法律の規定と調和しがたいのでなかろうか。

同様に、区分所有者の敷地利用権を「立体的に区分された土地」に対する所有権・借地権とする後説の構成についても、単に一体性の原則からの要請であるとすれば必ずしも必要とされないだけではなく、技術的にみても、建物の滅失した極限状態を想定するとき、各下位階層部分を欠く限り現実性をもたず、かつ適当な公示方法を欠いていることを考慮すれば、取引の安全を甚だしく害するだけでなく、新法による区分建物と敷地利用権の一体性原則の導入の意義が「土地はその上の建物と一体となってはじめて完全な商品となるという土地制御の思想が慣行を経由してはじめて承認されたこと」[21]にあるとすれば、後説のかかる構成は土地所有権を観念的に肥大化してこれに逆行することになりはしないであろうか。いずれにしても、問題の解明はまだ残されたままである。

2　敷地の範囲

土地および建物をそれぞれ独立の不動産とする制度のもとでは、法律上は建物所有者にとって土地はその建物所有を適法化する根拠（敷地利用権）としての意義を有するにすぎず、その範囲も、管理もしくは権利移転の外延として個別的に問題とされるにすぎない。したがって、昭和五八年改正前の区分所有法のもとでは、建物の区分所有者がそれを適法化する敷地利用権を有しない場合に認められる区分所有権売渡請求権を規定するにあたり、敷地利用権の対象として「専有部分を所有するための建物の敷地」（旧法七条）と表示し、また、区分所有者相互間に存在する債権を担保するために認められる先取特権の客体を規定するにあたり、「専有部分を所有するための建物の敷地」（旧法六条）に関する権利と表示しているにすぎない。

これに対して、専有部分と敷地利用権との一体性の原則を採用した昭和五八年改正法のもとでは、一体性の原則の適用対象を明確にするため、その敷地利用権（法二条六項）ないし敷地権（登記され、かつ、分離処分が禁止された敷地利用権―不登法四四条一項）の対象、つまり建物の敷地をまず確定することが必要になる。建物の敷地についての一定の権利は専有部分と一体化し（法二二条）、これを専有部分と分離して処分しても無効とされる訳であるから（法二三条）、建物の敷地を明確にしなければ取引の安全を害するからである。

区分所有法上「建物の敷地」（法二条六項参照）とは、「建物が所在する土地」および「第五条第一項の規定により建物の敷地とされた土地」である（法二条五項）。前者が法定敷地、後者が規約敷地である。

(1)　法定敷地　　建物が所在する土地とは、専有部分が属する一棟の建物の所在する土地、つまり建物の底地であり、法律上当然に「建物の敷地」とされる。この法定敷地の範囲は、一筆の土地の単位によって決定されるから、一筆の土地の一部にしか建物が存在しない場合でも、分筆しない限り、その一筆の土地全部が法定敷地となみなされる。また、建物が数筆の土地にまたがって存在するときは、その数筆の土地の全部が法定敷地になる。一筆の土地の一部にしか建物が存在しない場合に、残余の敷地部分が既存の建物と一体化することを避けたいときは、法二二条一項但書の定める規約にその旨を定めることによって目的を実現することができる[22]（法三二条参照）。

(2) 規約敷地　庭、通路、広場、駐車場、テニスコート、附属施設の敷地等、建物および法定敷地と一体として管理または使用される土地は、規約をもってその旨を定めることによって建物の敷地とすることができる（法五条）。第一に、「一体として管理または使用をする」土地は、法定敷地と必ずしも隣接していなくても（基本通達第一の一の2）[23]、それと一体として管理・使用することが「不可能であると認めるべき特段の事情がない限り」規約敷地としての適格性が認められてよいが（基本通達第一の一の3）、「専有部分を所有するための建物の敷地」（法二条六項）であることを要するため、一体的管理使用の有無は客観的な利用状況だけではなく、その位置関係をも考慮して判断されねばならない[24]。

第二に、規約敷地として取扱うには、右の客観的要件に加えて、区分所有者が規約をもって敷地とする旨の定めをしたことが必要である。客観的要件だけでは限界的な事例の判断が必ずしも容易ではないからである[25]。一般に、規約は、区分所有者および議決権の各四分の三の多数による総会の決議によって設定されるが（法三一条）[26]、この場合には、分譲業者のように最初に建物の専有部分の全部を所有する者は、公正証書によって法定敷地以外の土地を建物の敷地とする旨の規約を定めることができる（法三二条）。かかる特例が認められたのは、敷地権の表示が区分建物の表示の登記事項とされただけでなく（不登法四四条一項九号）、区分建物については、その建物を新築した所有者またはその一般承継人のみに建物の表示の登記の申請義務が課され（不登法四七条）、また、その申請は一棟の建物に属する他の区分建物の表示の登記と一括申請すべきものとされたことなどから（不登法四八条一項）、最初に建物の専有部分の全部を所有する者が建物の表示の登記をする際に敷地権の対象となる土地の範囲を確定しうるとするのが簡易かつ合理的と考えられたからである。(27)

なお、一棟の建物が数筆の土地にまたがっているため、その数筆の土地がすべて法定敷地とされている場合に、建物の一部が滅失することによって、建物の所在しなくなった土地が法定敷地でなくなり、ひいては一体性の原則が当然に適用されないとすることは取引を混乱させることになるし、登記手続上も対応が困難である。建物の所在する一筆の土地の一部が分割（分筆）によって建物が所在しない土地になった場合にも、同じ問題が生じる。そこで、これらの場合には、建物が所在しなくなった土地についても規約で建物の敷地と定められたものとみなして（法五条二項）、不都合を避けることにしている。この土地をみなし規約敷地といい、建物の敷地として一体性の原則の適用を受けることになる。したがって、法定敷地の一部を分筆して他に処分しようとするときには、分筆してもその土地はみなし規約敷地となるから、みなされた規約を廃止する手続が必要になる（法三一条）。

3　区分所有権売渡請求権

(1)　意　義　区分所有者が敷地上の所有権ないしその共有持分を失い、または借地権が消滅した場合には、敷地利用権を失った区分所有者はその専有部分の収去を免れない。しかし、専有部分が一棟の建物の一部であるためその部分の収去が物理的に不可能であったり、不可能とまではいかなくても経済的不利益の大きい場合に収去を是認することは、「国民経済上の立場からみても得策ではない」(28)。区分所有権売渡請求権（法一〇条）は、右の収去を請求する権利を有する者に対し、その専有部分の収去請求に代えてその区分所有権を時価で売渡すべきことを請求する権利を認め、右の不都合を避けようとする趣旨である。この売渡請求権の性質は形成権であるから、売渡請求権者の一方的な意思表示によって売買が成立する。

区分所有権売渡請求権は、収去請求権者の権利として規定されているものの、縦割り型区分所有建物についてはともかく、横割り型ないし縦横割り型の区分所有建物においては、その収去請求はほとんど不可能であるから、これらの場合には売渡請求権は事実上一種の義務として機能することになろう。また、敷地利用権と一体化の実現している区分所有権については（法二二条一項）、敷地利用権（借地権の準共有持分）自体の消滅によって一体性の原則の適用をはずれる場合は別として、本条の適用は当然ありえないことになろう。(29)

(2) 売渡請求権者　専有部分の収去が比較的容易である縦割り型の区分所有建物についても、規定上は本条の適用は除外されていないから、敷地利用権が共有ないし準共有で専有部分と一体化している場合はともかく、その収去請求権者に区分所有権売渡請求権が肯定されてよい。収去請求を認めても他の区分所有者に影響するところが少ないとはいえ、収去請求権者がこれを望む場合に否定する理由はなく、また、売渡請求権を認めた趣旨にも適うと思われるからである。

問題は横割り（ないし縦横割り）の区分所有の場合であるが、敷地利用権が分有（単独所有）か、共有（準共有）かによって適用に差異が生じる。たとえば、二筆の土地を各所有するA・Bが、その土地にまたがる一棟の建物の各階層を横断的に区分所有している場合に、Aが自分の所有する土地をCに譲渡してその敷地利用権を失ったとき、CはAに対して右土地上にあるAの専有部分の売渡を請求することができる。また、右の例でA・Bが各地上権または賃借権を分有する場合においても、Aが地代・賃料の不払によってその敷地利用権を失ったときは、土地所有者Cに、Aがその地上権または賃借権を第三者Dに譲渡して敷地利用権を失えば、Dに売渡請求権が認められ、Aが賃借権を譲渡したため借地契約を解除されたときは、土地所有者Cに売渡請求権が認められる。

それに対して、敷地利用権が共有ないし準共有の状態にある場合には、(イ)区分所有者がその持分を譲渡・放棄・

相続によって失ったときと、(ロ)地代・賃料の不払によって準共有持分を失ったときでは異なる取扱いが必要になる。

(イ)において、敷地利用権が専有部分と一体性の原則に服するときは、専有部分と分離してする持分処分には効力が認められず（法二三条）、また、持分を放棄したときまたは相続人なくして区分所有者が死亡したときも、その持分は他の共有者に帰属することなく（法二四条）、一体性は失われない。したがって、売渡請求の問題が生じるのは、一体性の原則の適用されない例外的な場合である。

第一に、持分の譲渡によって区分所有者が敷地利用権を失ったときは、持分の譲受人に、賃借権の準共有持分の無断譲渡を理由に契約が解除されたときは、[30]土地賃貸人に区分所有権売渡請求権が認められる。

第二に、持分が放棄されたときは、放棄された共有持分はその他の共有者全員に帰属するから（民法二五五条）、区分所有権売渡請求権はその他の共有者に認められる。放棄された準共有持分については、その他の準共有者に帰属すると解するか（民法二五五、二六四条）、土地所有者に帰属するとみるか、[31]議論の分かれるところであるが、区分建物所有のための準共有にあっては、民法二六四条による同二五五条の準用にもかかわらず、後説が妥当である。区分所有者間に合有関係があって各区分所有者が地代全額につき債務を有するときは、共有持分の放棄におけると同様、前説によって他の区分所有者に専有部分の売渡請求権を認め、その間の地代相当分を不当利得として清算させて差支えないが、かかる関係のない一般の場合には、敷地利用権を失った者の専有部分のために各地代負担分が当然に増額されると解することには理由があると思われない。準共有持分を回復した土地所有者は自ら売渡請求権を行使するか、第三者に持分を譲渡してこれをして右請求権を行使せしめるべきものであろう。[32]

そして、第三に、ある区分所有者が相続人なくして死亡した場合には、共有持分は他の共有者に帰属するのに対し、専有部分は特別縁故者に分与されるか（民法九五八条の三）、分与されなかったときは国庫に帰する（民法九五九条）から、いずれかに対して他の共有者は区分所有権売渡請求権を行使せざるをえない。それに対して、敷地利用権が準共有持分の場合には、それが他の準共有者に帰属すると解するか、土地所有者に帰属すると解するかによって、売渡請求権者が異なることになる。

(ロ)においては、区分所有権と敷地利用権との一体性の原則の適用があるか否かに関係なく、区分所有者は敷地利用権を失う訳であるから、区分所有権売渡請求権が直ちに問題になる。ただ地代・賃料不可分債務説によるならば、地上権の消滅請求および賃貸借契約の解除によって敷地利用権を失った全区分所有者に対し、土地所有者が売渡請求権を行使することになるのに対し、可分債務説によるならば、当該区分所有者の失った準共有持分が他の準共有者に帰属すると解するか、土地所有者に回復されると解するかによって、売渡請求権の主体が異なることは前述したところと同様である。

(3)　売渡請求権の目的物件と代価　　区分所有権売渡請求権の行使によって、専有部分および共用部分に対する共有持分が買主に移転するから、代価は請求権行使時におけるこれらの時価によって算定される。その請求権は敷地利用権を回復した者からこれを失った者に対して行使され、目的物件には敷地利用権は含まれないから、その代価にも借地権価格は当然には含まれない。

しかし、区分建物（専有部分等）の存在による地価上昇分を準共有持分を回復した土地所有者一人に帰属させる理由のない場合には、社会経済的利益の一部還元としての意味を有する「場所的利益」を加えて右代価を決定すべきである。(33) もっとも、持分を第三者に譲渡するにあたって地価もしくは借地権価格としてすでに評価ずみの場合には、区分所有権の代価にこれを算入する要はなく、また、共有持分を放棄し、または相続人なくして死亡した場合のように、共有持分が法律上当然他の共有持分権者に帰属した場合には、請求権行使時における当該持分の時価を区分所有権の代価に含めて算定すべきである。

(4)　売渡請求権と収去請求権との関係　敷地利用権を失った建物の区分所有者は、敷地上にその区分所有権を有することができないが、そうかといって専有部分の収去を直ちに肯定することは事実上困難であるだけでなく、「国民経済上の立場からみても得策ではない」。売渡請求権の認められた趣旨をこのように解するならば、区分建物の構造上かかる事態を避けうるときは、民法の原則的取扱いである専有部分の収去請求を否定する理由はない。しかも、区分所有法の構成は、適用対象である区分建物が縦割り型か横割りもしくは縦横割り型かを区別することをしていないため、売渡請求権についても、それを認めたことが直ちに収去請求権を否定したと解することは困難である。(34) しかし、棟割長屋の区分所有の一専有持分を収去する場合のように、境界壁の破壊等にとどまる損害を著しい損害とはいえないとしてその収去請求を肯定するとしても、(35) 横割り型や縦横割り型の場合には、収去に要する費用等を斟酌するならば、特段の事情のある場合を除き売渡請求権しか認められないと解するほかないであろう。(36)

4　法定地上権と売渡請求権

区分所有者がその専有部分にのみ抵当権を設定し、それが競売された場合に、競落人のために法定地上権（民法三八八条）が成立するであろうか。一般に、同一人に帰属する土地または建物に抵当権が設定され、競売によって土地と建物が別人に所有されるにいたると建物はその敷地利用権限を失うことになるから、そこに生ずる不都合を避けるためには法律上当然に建物のために利用権限を与えなければならない。法定地上権制度の趣旨をこのように解するならば、区分所有建物においても、それと敷地利用権との間に一体性が実現されている場合（法二二条一項）は別として、(37) 専有部分の競落人に何らかの手当てを講じなければならない。

共有地上の建物または共有地の持分上に抵当権を設定した場合に、他の共有者の合意がなければ法定地上権の成立が認められないという判例の考え方を踏襲する下級審判決は、(38) いずれも区分建物（専有部分）の競落人のために法定地上権の成立を認めていない。(39) しかし、区分建物を所有するための土地共有は、単有（単独所有）ないし共有の戸建建物を所有するための土地共有とは、その共有の実質を異にするものというべきであるから、抵当権設定者の共有持分の上に法定地上権の成立を認めても、(40) 他の共有者の利益を損うことなくこれと併存しうることは、そもそも地上権が「建物などを所有するのに必要な限度においてのみ、直接に目的土地の使用価値を支配しうる権利」(42) であることからも疑う余地がない。(41) 問題があるとすれば、「法定地上権者と他の区分所有者との間で錯綜した法律関係が生ずること」(43) であろうが、法定地上権を認めることに消極的な判決のいうように、「現行法上の保護としては、…敷地所有者からの売渡請求に応じて本件建物を処分するとの消極的措置に依ることで満足すべきである」(44) としても、そもそも専有部分に抵当権を設定した敷地の共有者に売渡請求権の行使を期待することは非現実的であり、競落人の地位がかかる不確実な保護に頼るしかないものとすれば、それが果たして競落人に対する「現行法上の保護」になるか疑わしいだけでなく、専有部分に抵当権を設定する途を自らとざす結果とならざるをえないであろう。

また、その「錯綜した法律関係」といっても、抵当権を設定した敷地共有者がその敷地上の共有持分を失うことなく、そこに認められる法定地上権も区分建物の所有を目的とする共有持分権と同じ利用上の拘束下に成立するにすぎず、他の共有者の共有およびそれに基づく利用関係に格別の影響を与えるものではないのではなかろうか。(45) たしかに区分建物になんら権利を有しない者が敷地上にのみ共有持分権をもつことは「実質的意味がない」ことかも知れないが、「それだけの所有は認めるべきではない」(46) とまでいう必要はなく、その共有持分権者が自ら売渡請求権を行使するか、第三者に持分を譲渡し、第三者をしてこれを行使させるかは全てその共有持分権者に委ねられた問題であり、他の共有権者に区分所有権売渡請求権に準じた買取請求権を与えることによって、(47) 法定地上権の成否の問題に他の共有権者との関係を持ち込む必要はなく、その意味では看過しがたい程の複雑な法律関係が生じる訳ではない。

注（２）いわゆる敷地の範囲が、敷地利用権ならびに建物との現実的関連性によって二重に外延を画されていることは、玉田弘毅・建物区分所有法の現代的課題一一七頁・一三〇頁参照。

（３）稲本洋之助「区分所有法の法理――法構造の変化」法律時報五五巻九号八頁。

（４）鈴木禄弥「区分所有建物敷地の借地権準共有について」物権法の研究所収四六九頁以下、清水湛「建物の区分所有をめぐる若干の問題」法律のひろば二三巻一〇号二五頁、川島一郎・注釈民法⑺三七六頁。

（５）玉田・前掲書〔前注（２）〕一一七頁、一一九頁。いわゆる空間説については、後注（９）の論稿のほか、荒木新五編著「現代マンション法の実務」（合田英昭）一五五頁以下参照。

（６）東京地判昭和三四年一〇月二一日下民集一〇巻一〇号二二〇九頁。

（７）鈴木・注釈民法⑺四三三頁、同・前掲論文〔前注（４）〕四七〇頁注⑴。

（８）玉田・前掲書〔前注（２）〕一二一頁。

（９）篠塚昭次「空中権・地下権の法理」ジュリスト四七六号一二三頁、丸山英気「空間所有権・空間利用権」法学セミナー一七八号三九頁以下、同・区分所有建物の法律問題――その理論と展開一三二頁、玉田・前掲書〔前注（２）〕一二〇頁。

（10）鈴木・前掲論文〔前注（４）〕四七四頁注⑴は、Ａ所有地上に区分所有者Ｘ・Ｙが借地権を準共有している事例において、Ｘの地代不払による解除の結果として、①借地権全体の消滅、②借地権がＹ単独に帰属する、③借地権はＡとＹに準共有される、④借地が賃借権の場合は、借地権の対象範囲が縮減し、Ｙだけがその専有部分を所有するための賃借権を有する、という四つのケースを想定している。

（11）鈴木・前掲論文〔前注（４）〕四七六頁・四七七頁は、準共有者間の組合的関係と区分所有権共有持分のワンセット的取扱いによって、区分建物と敷地利用権の一体的処理が可能になるという。

(12) 後藤清「建物の階層的区分所有権とその敷地の賃借権との関係」和歌山大経済論六〇号八二頁以下、鈴木・前掲論文〔前注(4)〕四七七頁。

(13) 玉田・前掲書〔前注(2)〕一二六頁。

(14) 玉田・前掲書〔前注(2)〕一二六頁は、借地権の準共有にいう「共有」を合有とみるのが至当な場合には、地代債務を連帯債務ないし合有債務と解する。

(15) ただし、玉田・前掲書〔前注(2)〕一二七頁は、共同借地権設定契約の解除に関しては解除権不可分の原則(民法五四四条)の適用を肯定するから、借地権の準共有者全員に対して催告の上解除しなければならないことになる。なお、同書一二八頁(注9)参照。

(16) 玉田・前掲書〔前注(2)〕一一九頁は、土地所有者から下位階層部分所有者に対する区分建物の収去請求を他の区分所有者の同意のない限り権利の濫用であり容認されないと解し、所有権売渡請求権の行使が「一種の義務として機能する」ことを承認するが、これに対して、権利濫用という処理自体、収去請求権が存在することを予定しているから妥当でないとして、収去請求権の発生を認めないものもみられる。丸山・前掲書〔前注(9)〕一三五頁参照。

(17) 鈴木・前掲論文〔前注(4)〕四七四頁注(1)。建物収去請求について、稲本洋之助=鎌野邦樹・コンメンタール・マンション区分所有法(第二版)七二頁、丸山・区分所有法(1)(叢書民法総合判例研究㉟I)一一〇頁、一一二頁以下参照。

(18) 鈴木・前掲論文〔前注(4)〕四七七頁。

(19) 稲本・前掲論文〔前注(3)〕一〇頁は、「管理を行うための団体」が構成されることを新法が法定したことから、当然にこの団体に権利能力なき社団の地位を認めたものというべきとしつつ、法三条の「団体」規定の法律上の意味は、ひとまずこのレベルにとどまるとみる。

(20) この原則は敷地利用権の有効な存在を前提するものであるから、ここで問題にしている準共有持分の消滅については適用されない。したがって、この問題は右原則の採用にも拘わらずいぜん別個の問題として処理されねばならないが、合有に準ずる結論が合有の法理によらずに導かれるべきであろう。

(21) 稲本・前掲論文〔前注(3)〕一三頁。

(22) 建物が建築された後にその土地を分筆すれば、もちろん分筆された土地は法定敷地ではなくなるが、いぜん規約敷地として法二二条の適用を受けるから、たとえば、一筆の土地の空地に別棟を建ててこれと敷地利用権の二分の一を一体化したいときは、法二二条一項但書の規約を活用しなければならない。伊藤孝三「区分所有法改正に伴う不動産登記事務の取扱いについて」新しい区分所有登記の実務・別冊NBL13・三三頁以下、青山正明・改正区分所有関係法の解説――新しいマンションの管理と登記九二頁以下、稲本＝鎌野・前掲書〔前注(17)〕四二頁、水本浩＝遠藤浩＝丸山英気編・マンション法(基本法コンメンタール)(石田喜久夫)一七頁参照。

(23) 「建物の区分所有等に関する法律及び不動産登記法の一部改正に伴う登記事務の取扱いについて」昭和五八年一一月一〇日民三・六四〇〇民事局長通達。以下これを「基本通達」として引用する。なお、伊藤・前掲論文〔前注(23)〕三一頁によれば、東京のマンションについて軽井沢のテニスコートを、その「専有部分を所有するための建物の敷地」(法二条六項)とみることは、「きわめて常識外」である。

(24) 伊藤・前掲論文〔前注(22)〕三一頁。

(25) 青山・前掲書〔前注(22)〕九〇頁、九三頁以下参照。稲本＝鎌野・前掲書〔前注(17)〕四〇頁以下。なお、敷地利用権を有しない土地を規約敷地としてもかかる部分の土地が専有部分と一体化するものでなく、また、区分所有者および特定承継人以外の第三者を拘束するものではないから(法四六条)、それ自体差支えない。

(26) 「建物の区分所有等に関する法律の規定による規約設定公正証書について」昭和五八年一〇月一四日日本公証人連合会会長照会、昭和五八年一〇月二一日民一・六〇八四民事局長回答、昭和五八年一〇月二一日民一・六〇八五民事局長通達参照。

(27) 濱崎恭生「建物の区分所有等に関する法律及び不動産登記法の一部を改正する法律の概要」法務省民事局参事官

室編・改正区分所有法の概要所収・別冊NBL12・三〇頁。

(28) 川島・前掲書〔前注(4)〕三七五頁、玉田・注解建物区分所有法(1)三〇八頁。

(29) 昭和五八年改正前の区分所有権売渡請求権について、解釈論として一体性を肯定する立場から、土地の権利が所有権である場合の本条の適用を否定するものに、玉田・前掲書〔前注(28)〕三一一頁。なお、売渡請求権を行使される相手方である「敷地利用権を有しない区分所有者」については、東高判平成二年三月二七日判時一三五五号五九頁以下を参照。

(30) 共同賃貸借契約の一部解除について議論のあることは、玉田・前掲書〔前注(28)〕三一五頁以下。

(31) 玉田・前掲書〔前注(28)〕三一四頁は、準共有者の最後の一人が放棄するまで土地所有者が各持分を回収しえないことになる前説の結果を不当とする。

(32) 川井健・注釈民法(7)三三三頁は、特別縁故者がいる場合には共有持分がこれに帰属すべきものというが、区分所有権の場合には、専有部分をも一体的に特別縁故者に帰属させることを家庭裁判所の分与手続に期待するということになろうか。

(33) 最判昭和三五年一二月二〇日民集一四巻一四号三一三〇頁など。同旨、玉田・前掲書〔前注(28)〕三三三頁以下。なお、借地法上の建物買取請求権の「時価」をめぐる議論については、鈴木・借地法上巻〔改訂版〕五〇六頁、星野英一・借地借家法三六五頁以下参照。

(34) 川島・前掲書〔前注(4)〕三七六頁によれば、旧法七条の趣旨は、専有部分の収去請求を否認したものではない。

(35) 玉田・森泉章・半田正夫編・建物区分所有法〔玉田〕二一〇頁注(1)。

(36) 玉田・前掲書〔前注(28)〕三二五頁、丸山「判例区分所有法(4)」判例評論二八四号一四頁。なお、奈良地判昭和四〇年一〇月四日下民集一六巻一〇号一五〇三頁は、収去請求権の行使を権利濫用とし、また東京地判昭和四七年六月一〇日下民集二三巻五〜八号三〇三頁は、収去によって被害を受ける他の区分所有者の同意・承諾を条件としてこれを認める。
(37) 丸山・前掲書〔前注（９）〕一二八頁以下は、旧法一一条（法一五条）の「共有者」に敷地共有者をも含めて、専有部分と敷地利用権の一体性の原則を導いている。
(38) 最判昭和二九年一二月二三日民集八巻一二号二二三五頁。最判平成六年一二月二〇日民集四八巻八号一四七〇頁（共有地の各持分に抵当権が設定された例）。後者の否定の論拠は、従来の土地利用権が法定地上権に転化して土地の売却価格を著しく低下させることにより、共有者の通常の意思に反する結果になる、ということにあるが、建物の区分所有の例には必ずしも当てはまらない。なお、登記実務においても、共有持分上に抵当権の設定を認めていない。昭和三五年六月一日民事局長通達・登記関係先例集追Ⅲ一八七頁参照。
(39) 東京地判昭和五二年一〇月二七日判例時報八八二号六三頁、東京地判昭和五三年二月一日判例時報九一七号八六頁。
(40) 反対、青山・前掲論文〔前注（１）〕一一頁。
(41) 丸山・前掲論文〔前注（36）〕一七頁。
(42) 石田喜久夫「建物の区分所有権者が抵当権設定当時に敷地の所有権を有していた場合と法定地上権」（判評）金融取引法の諸問題所収一三〇頁。
(43) 丸山・前掲論文〔前注（36）〕一九頁。
(44) 東京地判昭和五三年二月一日判例時報九一七号八六頁。
(45) 玉田・前掲書〔前注（２）〕一三七頁は、区分建物の所有を目的とする敷地共有者間にはそのための土地利用の合意のあることを指摘して、専有部分と敷地上の共有持分とが別人に帰属するに至ったときは、右合意が利用権にまで高められて専有部分の所有権を取得したものに移転すると解する。したがって、専有部分が競落された場合にもその競落に伴い競落人に法定地上権が帰属すると解し、その根拠を民法三八八条にもとめる。
(46) 丸山「マンションの敷地の共有持分上に法定地上権は成立しないとされた事例」（判評）前掲書〔前注（９）〕一

七七頁。

(47) 丸山・前掲書〔前注(9)〕一七七頁。

三　専有部分等と敷地利用権の一体性

1　一体性の原則とその適用

昭和五八年の区分所有法の改正は、区分所有建物に関する管理の充実および登記の合理化を目的とするものである。専有部分と敷地利用権の一体性の原則も、敷地利用権が数人で有する所有権その他の権利である場合に、区分所有者の有する専有部分とその専有部分にかかる敷地利用権との分離処分を制限することによって(法二二条)、第一に、登記簿上の一覧性を回復し(登記の合理化)、第二に、建物と敷地の一体的な管理(規約または集会の決議による一元的な管理)を図ろうという趣旨にほかならない。もちろん、この原則を採用しただけでは登記の合理化を実現することにはならない。分離処分の効力を実体法上制限し、専有部分と敷地利用権との一体的処分を促しても、その処分を第三者に対抗するためには、土地・建物の各登記記録の権利部(登記簿)にその登記をしなければならず、特に土地の登記記録(登記簿)には、各区分建物ごとに作製されている区分建物の登記記録(一棟の建物ごとに作製された登記用紙)とは異なり特別の措置が講じられていないため、土地の登記記録(登記簿)の一覧性を欠く現状は是正されず登記事務処理上の多くの障害も放置されたままに終わるからである。

そこで、昭和五八年改正法は、実体法上、分離処分禁止の原則を採用するとともに、不動産登記法にも改正を加えて、専有部分と敷地利用権の一体化を専有部分の登記簿と敷地の登記簿において公示し(旧不登法九一条二項、九三条ノ四第一項、不登法四四条一項九号、四六条）、双方に一体的に生じる権利変動に関する登記は専有部分の登記用紙にのみ登記すれば、それが敷地利用権についても同じ効力を有するものとして（旧不登法一一〇条ノ一五第一項、不登法七三条一項）、敷地登記記録（登記簿）の一覧性の回復をめざしている。

一体化された敷地利用権は、「数人で有する所有権その他の権利」であるから、所有権または地上権・賃借権を共有または準共有している場合に限られる。[48] 分譲マンションに代表される大規模な区分所有建物では、その敷地利用権はこれらの権利の共有形態であるのが普通であり、そこでは専有部分と敷地利用権の一体性への要請が強く、後者はむしろ前者の所有権に対する従たる権利としての実質を有することに鑑みて、分離処分の禁止を原則的に採用したものである。したがって、縦割り型の低層区分建物のように敷地利用権を各区分所有者が分有（単独所有）している場合には、一体性の原則は適用されない。ただし、敷地利用権が単独で有する所有権その他の権利であっても、その敷地利用権者が建物の専有部分の全部を所有する場合には、規約で別段の定めをしない限り、専有部分と敷地利用権を分離して処分できない（法二二条三項）。

たとえば、マンションの分譲業者がその所有地上に分譲用マンションを建築した場合には、形式的には一体化の要件を充たしていないが、業者はすでに単独で所有するその敷地利用権を各専有部分に分属させて考えているものと解するのが常識的であるから、その敷地利用権の実質は共有形態の権利とみることができるし、分譲開始前は一体化せず、一個でも専有部分を譲渡したときには一体性の原則が適用されるとするときは、適用開始の時期は必ずしも明らかにはならず、また、不動産登記法上の敷地権の表題登記（表示登記）（不登法四四条一項、旧不登法九一条二項四号）も分譲開始後にしか登記できないことになって不都合である。[49] したがって、分譲業者が建物を区分して所有する意思を何らかの方法で表示したときは、たとえ分譲前であっても、区分所有が成立するから、これに一体性の原則に関する規定が準用される（法二二条三項）。

専有部分と分離して処分することの禁止される権利は、「その専有部分に係る敷地利用権」であり、所有権・地上権・賃借権はこれに含まれるが、使用貸借上の権利のように自由に処分しえないものは、これに入らない。したがって、所有権の共有持分または地上権・賃借権の準共有持分が各専有部分と一体化することになるが、区分所有者が一人で数個の専有部分を所有するときは、各専有部分に対応する敷地利用権の割合は、規約に別段の定めのない限り、専有部分の床面積の割合[50]（内壁計算による床面積の割合-法一四条一・三項。なお、一部共用部分で床面積を有するものがあるときは、これを共用すべき各区分所有者の専有部分の床面積の割合により配分して、その専有部分の床面積に算入したもの。法一四条二項）によるものとされている[51]（法二二条二項）。

区分所有者が有すべき敷地上の共有持分または準共有持分の割合は、専有部分の個数、床面積、価格等によって決定されるのが通例であろうが、専有部分を二個所有する者に百分の二の持分が帰属しているからといって、敷地上の権利が各専有部分に百分の一ずつ対応しているとは限らず、しかも、一体性の原則の適用ある場合には、各専有部分に対応する敷地利用権の割合はその一体化の生じた時点において客観的に明確にされていなければならないからである。もっとも、敷地利用権の割合が床面積比によって決定されるときは、ときにその数字は端数がでて複雑になることもあろうし、また、床面積比によることが合理的でない場合もある。そこで、右の床面積と異なる割合を規約で定めたときは、その割合によることもできる（法二二条二項但書）[52]。

専有部分と敷地利用権の一体性の原則に反する処分とは、法律行為としての処分であり、双方を一体として処分することができる場合にその一方のみを処分することである。たとえば、一方だけを目的とする譲渡、抵当権・質権の設定、差押・仮差押等がこれにあたる。したがって、双方を一体としてすることができない性質の処分、たとえばその一方だけに賃借権を設定したり、敷地に地上権、地役権を設定することは禁止されない[53]。また、一体性の原則が適用される前に一方のみを目的として設定された抵当権の実行としての差押え、一方のみの所有権の帰属を争ってなされた処分禁止の仮処分も同様である。

2 一体性の原則の適用除外

専有部分の敷地利用権の一体性の原則は、敷地利用権が分有形態の場合に適用されないだけではなく、共有形態であってもなお規約（分離処分可能規約）をもって適用除外を設けることができる（法二二条一項但書）。一体性の原則に合理性が認められるからといって、区分所有者数の少ない小規模な区分所有建物（比較的短期間に取り壊されてその敷地が別の用途に供される場合も多く予想されるし、また敷地の登記記録（登記簿）が膨大になって公示機能が損なわれるおそれも少ない）にまで適用する必要はなく、また、大規模な区分所有建物においても、増築によって専有部分が増加したり、同一敷地内に別棟の区分所有建物が新築された場合には、増築または新築された専有部分のために敷地利用権の一部が分離譲渡されねばならない[55]。さらにまた、数棟の団地型マンションを各一棟ずつ建築・分譲していく場合には、最初の一棟を建築したときそれに割り当てた敷地利用権を除く残余の部分についてのみ分離処分可能規約を設定し、順次右規約を改廃して最後の一棟を建てたときに残された敷地利用権について規約を廃止して各専有部分にそれを割り当てていかなければ、最初の一棟を建てたときに、敷地利用権の全部がその各専有部分に割り当てられるため（法二二条一項）、その後に新築された建物の専有部分には割り当てるべき敷地利用権がないことになる。分離処分可能規約は、このように敷地利用権の一部についても設定することができる。

なお、一体性の原則の適用除外を定める規約は、一般に、区分所有者および議決権の各四分の三以上の多数による集会の決議によって設定されるが（法三一条一項）、また「最初に建物の専有部分の全体を所有する者」は公正証書によってもこれを設定することができる（法三二条）。それは、不動産登記法が敷地権の表示を区分建物（専有部分）の表示の登記事項とし（不登法四四条一項）、区分建物を新築した所有者またはその一般承継人にのみ表題（表示）登記の申請義務を課し（不登法四七条）、また、その登記申請を他の区分建物の表示の登記と一括して申請すべきものとしたこと（不登法四八条一項）との関連で、所有者が建物の専有部分の全部を所有する場合には、建物の表示の登記をする際に、その所有者をして一体性の原則適用の有無を明らかにさせるのが簡便かつ合理的と考えられたからにほかならない。しかし、所有者の意思に右原則の採否が委ねられるからといって、その内容が不明確では後日これに拘束される多数の区分所有者に影響するところが大きいから、それを客観的に明確にしておくためもっぱら公正証書によるべきものとされている。[56]

公正証書による規約を設定することができるのは、「最初に建物の専有部分の全部を所有する者」であり、これによって敷地の分有形式による分譲も可能になる。「最初に」とは、譲渡によって建物の全専有部分を所有するに至った者を除外する趣旨である。「建物の専有部分の全部を所有する者」の典型的な例は、分譲業者等が単独で全部の専有部分を所有する場合であるが、複数の者が同一の共有割合で全ての専有部分を共有している場合でも差支えない。[57]

3　民法二五五条の適用除外

無主の不動産は国庫に帰するのが原則であるが（民法二三九条）、民法は、共有持分については、「共有者の一人が、その持分を放棄したとき、又は死亡して相続人がないときは、その持分は、他の共有者に帰属する」と規定している（民法二五五条、二六四条）。したがって、敷地利用権が共有または準共有形態の区分建物において、区分所有者がその権利を放棄し、または死亡して相続人がいないときは、建物の専有部分が国の所有に帰属するのに対し、敷地利用権の共有持分または準共有持分は他の共有者または準共有者に帰属し、専有部分と一体化している敷地利用権についても民法二五五条および同二六四条をそのまま適用するとすれば、専有部分と敷地利用権の一体性の原則に反する結果になる。そこで、法二四条は、同二二条一項本文との関係について、民法二五五条および同二六四条がこの場合に適用されない旨を明らかにしている。[58]

もっとも、民法二五五条の後段、つまり相続人なくして区分所有者が死亡した場合については、民法九五八条の三に定める特別縁故者との関係において、法二四条の意義に疑問がないではない。[59] 学説は、民法二五五条と同九五八条の三の適用の先後関係について対立し、特別縁故者が民法二五五条の相続人にあたると解する見解[60]によれば、専有部分を特別縁故者に分与する場合には、同時に敷地利用権の共有持分または準共有持分もこれに分与することが可能であるのに対し、民法二五五条を優先適用すべきという見解[61]によれば、敷地利用権の共有持分または準共有持分を特別縁故者に分与することを認めないから、民法二五五条によって他の共有者または準共有者に帰属することになる。したがって、法二四条の意義も、前説によれば、専有部分が特別縁故者へ分与されなかった場合にのみ認められることになるが、後説によれば、専有部分が特別縁故者または国庫へと帰属するいずれの場合にも、その一体性を持続するうえで民法二五五条の適用を排除する意義が認められることになろう。

なお、専有部分との間に一体性の認められない敷地利用権については、その問題解決はいぜん右の両説に委ねられることになる。[62]

４　分離処分無効主張の制限

敷地利用権との一体性の原則が適用されている区分建物において、専有部分または敷地利用権のみについてした処分は無効である（法二二条一項本文）。したがって、分離処分の禁止されていることを知らないで取引に入った者が不測の損害を被ることのないように、不動産登記法上、区分建物についてはその表題部に敷地権の表示を登記し（不登法四四条一項九号）、敷地利用権についてはその土地の登記記録（登記記録中相当区事項欄）に敷地権たる旨の登記をすることにより（不登法四六条）、敷地利用権の存在を公示することにしている。しかし、実際には、ある建物が区分建物であるかどうかは、専有部分の登記のなされるまでの間は第三者に不明のことがありうるし、敷地利用権がつねに登記されているとは限らない。また、区分建物であることは知りえても、分離処分可能規約が設定されていると信じている場合もあろうし、特に規約敷地については、それを確認することが容易でない場合もありうる。したがって、分離処分無効の主張も、取引の安全を図るため、公示の有無、第三者の知・不知によって制限せざるをえず、分離処分を受けた第三者が分離処分の禁止されていることについて善意・無過失であるときは、その処分が一体化の登記経由後になされたものでない限り、その無効を右第三者に主張することができない(63)（法二三条）。もちろん、一体化の登記が公示された後では、第三者が善意・無過失であっても保護が受けられず、分離処分無効の効果が貫徹される（法二三条但書）。

〔注記〕既存の区分所有建物への適用

専有部分等と敷地利用権の一体性の原則が、一覧性を欠いて十分に公示機能を果たしえない登記簿の改製を目的とし、かつそれ自体区分建物において合理性の認められるものである以上、昭和五八年改正区分所有法施行の際（昭和五九年一月一日）すでに存する区分所有建物（既存の区分所有建物ないし既存の専有部分等）についても、適用しない理由はない。しかし、この原則が適用されるには、前提として、「敷地権」の表示が区分建物（専有部分）の表示の登記事項とされている（旧不登法九一条二項四号、不登法四四条一項九号）ことが必要であるが、既存の区分建物すべてに一挙にこの作業を行おうとすれば、登記事務量が膨大なものになり、登記所の処理能力を超えることになる。改正法がその経過措置として、施行の日から五年をめどに順次移行の方式を採用したのもその点を考慮してのことである(64)。

その経過措置によれば、①改正法（法二二条ないし二四条）は、既存の区分建物について、新法施行の日から起算して五年を超えない範囲内において政令で定める日から適用され（附則五条）、②の法務大臣の指定のないまま政令で定める日が到来したときは、その日に分離処分可能規約（法二二条一項但書）が設定されたものとみなされる（附則八条）。したがって、その後に一体性の原則の適用を実現しようとするときは、このみなし規約を廃止しなければならない（旧不登法九三条ノ六第四項、不動産登記令（平成一六年政令第三七九号）三条一三号別表一五項）。②法務大臣が、専有部分および建物の敷地に関する権利の状況等を考慮して、適用開始日を指定したときは、①の政令で適用開始の日を定める前であっても、その日から一体性の原則の適用が開始される（附則五条但書）。なお、法務大臣の指定は、一棟の建物ごとにその一棟の建物の表示および適用開始日（同六条五項参照）を官報に告示して行うが（同条四項）、その指定に際して、あらかじめその旨を区分所有者または管理者等に通知することを要し（同条二項）、通知発送の日から一月内に四分の一を超える区分所有者または四分の一を超える議決権を有する区分所有者が異議の申出をしたときは、右の指定を行うことができない（同条三項）。また、法務大臣は、区分所有者の四分の三以上で議決権の四分の三以上を有する者の請求があったときは、右の指定を行わなければならない（同条六項、同条四、五項）。なお、右の指定に際して、規約敷地（法五条一項）とすることが相当と認められる土地があるときは、四分の一を超える区分所有者または四分の一を超える議決権を有する区分所有者から異議の申出のない限り、その土地の表示を告示したうえでその土地を規約敷地とみなすことにしている（同七条）。

こうして、既存の専有部分等については、法務大臣の指定にかかる適用開始日以降は一体性の原則が適用されることになるから、その日以降敷地権があるときは、その区分建物の所有者は、敷地権が生じたことによる建物の表示の変更登記の申請義務を負うことになる[65]（不登法五一条）。

注（48）ただし、区分所有者と共有者ないし準共有者の範囲は完全に一致していることを要しないから、区分所有者と区分所有者以外の者とが共有ないし準共有する場合にも、一体性の原則が適用される。濱崎・前掲論文〔前注（27）〕二〇頁参照。そこでは、団地内の区分所有建物であるA棟の敷地が同時にB、C、D棟の区分所有者の共有に属する場合を例示している。

（49）濱崎・前掲論文〔前注（27）〕二一頁によれば、区分所有建物として表示の登記を申請したときや、分譲マンションとして売り出す旨の広告をしたとき等がこれにあたる。もっとも敷地利用権との関係で、その一体化が生じるのは、建物の所有者が区分建物の生じた日前から敷地利用権を有していたときは、その区分建物の生じた日であり、また、区分建物が生じた後に敷地利用権を取得したときはその取得の登記の日である。基本通達第二の四の2参照。

(50) 法一四条三項に定める床面積の測定に関する規定が従来の登記実務の取扱いを規定化したものであることは、大内俊身「建物の区分所有等に関する法律及び不動産登記法の一部を改正する法律の解説—不動産登記関係」登記研究四二八号八頁。

(51) 一棟の区分所有建物の中に主たる建物と付属建物という関係にある数個の専有部分がある場合には、その付属建物たる専有部分についても、別段の定めある規約のない限り、これにも敷地利用権が割り振りされ、また、集会所・管理室のような将来規約共用部分として共用される部分についても、同様に敷地利用権の割合が割付けられることは、伊藤・前掲論文〔前注(22)〕三三頁以下。

(52) 一体性の原則に反する処分は、意思表示による権利変動であるから、強制執行・滞納処分による換価はこれにあたるが、収用、時効取得および特別の先取特権の成立はこれに該当しない。青山・前掲書〔前注(22)〕一〇二頁参照。

(53) 濱崎・前掲論文〔前注(27)〕二一頁参照。

(54) 伊藤・前掲論文〔前注(22)〕三四頁によれば、A・Bが各専有部分を所有する区分所有建物の敷地が一番はA単有、二番はA・B共有である場合、一番については一体性の原則は適用されないが、二番については適用される。

(55) 稲本・前掲論文〔前注(3)〕一三頁は、分離処分の例外的許容も、全部許容と一部許容とではその「意味するところが大きく異なりうる」とし、特に後者は、商品特性のコントロールのために必要とされたと指摘する。

(56) 一体性の原則の採否を所有者の合理的意思に委ねたとしても、その適用を除外するのに分離処分可能規約の設定を要するという仕組みのもとでは、現実に規約を設定しうる時点(法三一条、四五条参照)まで適用除外をなしえないのは、甚だ不都合であるし、また、その他の規約の活用(法四条二項、五条一項、二二条二項但書、同条三項参照)も、実際には困難になる。不動産登記法との関連を別とすれば、所有者に単独で規約の設定を許した理由はこれらの点にある。

(57) 濱崎・前掲論文〔前注(27)〕二一頁。したがって、各専有部分の共有持分が違う場合、あるいは一階はA・Bの共有、二階はAの単有、三階はBの単有というように、専有部分について所有もしくは共有状態が異なる場合は、その例にあたらない。青山正明・岩城謙二・丸山英気「改正不動産登記法による登記実務の問題点」(鼎談)新しい区分所有登記の実務所収〔前注(22)〕四頁(青山発言)参照。

(58) 法二二条一項は民法二五五条の特則と解されるから、持分の放棄については必ずしも法二四条の規定を要しないが、意思表示による処分とはいえない相続の場合についても一体的処理を可能にするうえで法二四条が新設されたことは、青山・前掲書〔前注(22)〕一一〇頁参照。なお、区分所有権と敷地共有持分の一体的放棄について、青山正明編・注解不動産法5区分所有法(大内)一一三頁参照。

(59) 民法二五五条優先適用説に拠るとしても、同九五八条の三の分与手続については、法二二条の趣旨を尊重することで足りるし、また、専有部分が特別縁故者に分与されず国庫に帰属する際に法二二条の存在意義を肯定すること――青山・前掲書〔前注(22)〕一一〇頁参照――の是非は、国庫への帰属が一体性の原則のめざす流通阻害要因の除去という目的の範囲外にあること、敷地利用権が共有か準共有かを区別することの可否および区分所有権売渡請求権の行使との関連でさらに検討を要するように思われるからである。**二の3**(2)参照。

(60) 川井・前掲書〔前注(32)〕三三三頁、水本＝遠藤＝丸山編・前掲書〔前注(22)〕(石田)四三頁。最判平成元年一一月二四日民集四三巻一〇号一二二〇頁。

(61) 我妻栄(有泉亨補訂)・新訂物権法(民法講義Ⅱ)三二一頁以下。

(62) もっとも、青山・前掲書〔前注(22)〕一一二頁は、法二四条という民法二五五条適用除外規定の新設によって、一体性の原則の適用されない場合にも、従来以上に二五五条優先適用説が有力になるであろうことを示唆している。

(63) 善意のみならず、無過失も要求されることは、濱崎・前掲論文〔前注(27)〕二二頁。なお、水本＝遠藤＝丸山編・前掲書〔前注(22)〕(石田)四一頁以下参照。

(64) 稲本＝鎌野・前掲書〔前注(17)〕五〇三頁以下参照。

(65) この場合には、一括申請義務を定める旧不登法九三条ノ二第一項が適用されないため、敷地権（旧不登法九一条二項四号）および敷地権たる旨の表示（旧不登法九三条ノ四第一項）が一律に行われる保障はない。そこに、公示上の混乱が予想されるだけでなく、「実体法上は無効な処分が登記の手続上は野放しになってしまうという危険性」のあることは、伊藤・前掲論文〔前注(22)〕四四頁以下。

四　区分所有法と不動産登記法

昭和五八年の改正区分所有法（昭和五八年法律第五一号による一部改正）によって、区分建物と敷地利用権の一体性の原則（法二二条）が採用されたことに伴い、不動産登記法（明治三二年法律第二四号）においても、この一体性の原則を公示することにし（旧不登法二三条但書）、それ以後は区分建物と敷地利用権に一体的になされる処分の登記は、区分建物の登記簿上に記載すれば敷地利用権についても同様の効力が生じるものとし、両者を分離する処分の登記ができない（分離処分禁止の原則）とすることによって、登記簿上の一覧性を回復するに必要な改正が行われている（昭和五八年法律第五一号による旧不動産登記法の一部改正。旧不登法九一条二項四号、九三条の一五第一項、九六条の二第三項、一一〇条の一三第一項、第二項、一一〇条の一五第一項、一四〇条の二第二項、第三項、一四〇条の三第二項など）。また、それ以外にも区分建物に関する登記申請書の記載の簡略化（旧不登法三六条五項）、合併制限の緩和（旧不登法八一条の三第一項但書、九三条の九第一項）および団地共用部分制度の導入（法六七条）に伴う団地共用部分たる旨の登記に関する所要の手続規定等（旧不登法九九条の四、九九条の五5）が整備されている。

その後、平成一六年法律第一二三号によって全面改正された不動産登記法は、登記申請の方法を、「電子情報処理組織」を使用する方法（電子申請、オンライン申請、規則一条三号、四一条以下）か、「申請情報を記載した書面（磁気ディスクを含む）」を提出する方法（書面申請、規則一条四号、四五条以下）にするなど（不登法一八条）、コンピューター登記簿（登記記録が記録される帳簿であって、磁気ディスクをもって調整するもの。不登法二条五号、九号参照）を前提とした制度を実現するための各種の改正を行っている。

まず、磁気ディスク登記簿の本則化に伴い、区分建物の登記記録の単位、土地登記簿と建物登記簿の区別の廃止、登記簿謄本または抄本概念の廃止、一不動産一登記記録主義の導入などの試み、ついで、登記の申請手続きについても、①オンライン申請の導入と出頭主義の廃止、②登記済証に代わる登記識別情報制度の導入、③登記原因証明情報提供の必須化など（清水響「新不動産登記法の概要」登記情報五一五号一二頁以下参照）の修正を加えている。そのため、不登法二条および規則一条は、用語の定義を改めて行うとともに、各登記手続きに関しても、オンライン申請に適合的な概念（用語）を用いることとし、また、改正不動産登記法は、旧法の法律事項を整理して、その一部登記申請に関する事項を政令事項とし（不登法一八条、二六条）、登記事務の細目等は省令事項に移すなど（不登法一五条）、立法技術上の修正をしたことによって、従来の施行令、施行細則、事務取扱準則をも全面的に改正している。第一の改正が不動産登記令（平成一六・一二・一政令第三七九号。令と略記）、第二の改正が不動産登記規則（平成一七・二・一八法務省令第一八号。規則と略記）、第三の改正が不動産登記事務取扱手続準則（平成一七・二・二五民二第四五六号民事局長通達。準則と略記）である。

しかし、本法令等の施行はすべて平成一七年三月七日とされたものの、同日までに登記事務のすべてがコンピューター化していない実状が考慮されて、新法の規定中、磁気ディスク登記簿による事務処理を前提とした一部規定については、登記所ごとに法務大臣の指定した事務についてのみ指定の日から適用され（附則三条一項。旧不登法の規定により電子情報処理組織による事務を行うこととされている登記所については、同三条三項により、不登法の施行と同時に指定を受けたものとみなされる）、未指定庁の事務については、指定の日まで不登法の磁気ディスク登記簿を前提とする規定等の適用が除外され、紙の登記簿およびその編成方式、登記簿謄本等の交付、閉鎖登記簿に関する規定などはなお効力を有する。したがって、登記事務が指定事務か否かによって法適用の上で規定の読み替え等が必要になる（たとえば、登記記録は登記用紙または表題部もしくは各区の用紙、あるいは登記用紙に記録された情報、権利部ないし権利部の相当区は登記用紙の相当区事項欄、登記事項証明書は登記簿謄本または抄本などである。規則の附則四条三項参照）。

本稿は、区分所有建物に関する登記事務について、基本的に、新法令に沿って、将来の指定事務を前提としてこれを概説するものである。

1　区分建物の表示の登記

(1)　敷地権および敷地権である旨の登記　区分建物の表題登記（不登法二条二〇号）をする際に、専有部分等と分離して処分することのできない登記した敷地利用権（敷地権）のあるときは、その敷地権の表示を区分建物の表題部の登記事項として登記しなければならない（不登法四四条一項九号）。取引の安全のために一体性の原則を公示するとともに（法二三条）、それ以後は区分建物にする権利登記をもって敷地を目的とする権利登記に代えようという趣旨にほかならない（不登法七三条一項・二項）。したがって、敷地権は、区分所有者がその敷地について有する自己を登記名義人とする敷地利用権であることを要し、未登記の敷地利用権、仮登記（不登法一〇五条一号）しかされていない敷地利用権、第三者のための仮登記のある敷地利用権は敷地権とすることができない。[66]

区分建物の表題部に右敷地権の表題登記をしたとき、登記官は職権をもって、敷地権の目的とされている土地の登記記録（登記用紙の相当区事項欄）において「敷地権である旨の登記」をする（不登法四六条）。敷地権である旨の登記は、専有部分と一体化した敷地利用権の公示を直接の目的とするものであり、建物の表示に関する登記手続の一環として職権をもってする特殊な登記であるから、敷地の登記記録中相当区（敷地権が所有権であるときは甲区、地上権または賃借権であるときは乙区）にされる登記であっても、対抗要件としての効力を有しない。[67] なお、敷地権が消滅したり、敷地権でない権利となった場合には、建物の表示の変更登記手続によってその表示が抹消されるが、それに伴って登記官は職権で敷地権である旨の登記をも抹消する（規則一二四条一項。なお、不登法五一条五・六項参照）。また、錯誤によって敷地権でない権利が敷地権と表示されている場合に、これを更正するときも、同様の手続を要する（不登法五三条一・二項、規則一二六条）。

(2)　登記の申請　(イ)　申請人　建物の表示の登記は、建物を新築した者（原始取得者）または所有者が変更した場合はその者も申請義務を負うのが原則であるが（不登法四七条一項）、区分所有建物については、一体性の原則に反する処分の登記を防止し、かつ敷地の登記簿の混乱を避けるためにも、専有部分の転得者による登記申請義務（権限）は否定されているから（不登法四七条一項）、転得者は自己の名において表示登記の申請をすることはできず、もっぱらその譲渡人に代位して申請しなければならない[68]（民法四二三条、不登法五九条七号）。なお、区分建物の表題登記をする前に、原始取得者について相続その他の一般承継があったときは、一般承継人も被承継人を表題部所有者とする表題登記を申請することができる（基本通達第二の三の2、不登法四七条二項）。

(ロ)　一括申請　区分建物の表題登記は、添付資料として提供された敷地権に関する規約を設定したことを証する情報（令七条一項六号、別表一二項）等の審査を迅速かつ的確に、かつ各専有部分相互間に矛盾なく行いうるように、一棟の建物に属する他の区分建物の表題登記とともに（一括して）申請しなければならない（不登法四八条）。一括申請は、それが要求される趣旨からいっても、必ずしも同時申請であることは必要なく、登記申請の受否の決定までに全部の申請が出揃えば適法な申請として取扱われる。[69] 一括申請の制度は、区分建物の属する一棟の建物が新築された場合だけでなく、非区分建物に接続して建物を新築したことにより区分建物が生じた場合（不登法四八条一項、基本通達第二の一の4）または非区分建物に接続して増築したことによって非区分建物が区分建物となった場合のように建物の表示の変更登記を申請するときにも適用されるが（不登法四八条三項、基本通達第七の一の1）、いずれにおいても区分建物の所有者は、他の区分建物の所有者がその表示または表示の変更の登記をしない場合には、その所有者または所有権の登記名義人に代位してその登記を申請することができる（不登法四八条二・四項、九三条ノ七第二項）。ただし、一括申請の原則は、既存の区分建物については適用されない（旧法附則一二条）。この場合に一括申請を求めることが事実上困難であるだけでなく、転得者にも表示登記の申請が認められているため、必ずしも妥当な結果がえられないからである。

(八)　申請の添付情報　専有部分等に敷地権があるときは、その表題登記の申請情報として敷地権の目的となる土地の所在等および敷地権の種類等の情報を提供し（令三条一三号、別表一二項申請情報イ）、規約敷地のあるときはその規約を証する情報を（同添付情報へ(1)）、敷地権の割合が規約によって定める別段の割合によるときはその規約を証する情報を（同情報へ(2)）、敷地権の目的たる土地が他の登記所の管轄に属するときはその土地登記事項証明書を（同情報へ(3)）、区分建物の所有者の有する敷地利用権が敷地権（不登法九一条二項四号）でないときはそれを証する情報（非敷地権証明情報、同情報ホ）を添付しなければならない。

敷地権の表示は、主たる建物の敷地権と附属建物の敷地権とを区別し、それぞれ敷地権の目的たる土地の所在事項、地目、地積、敷地権の種類および割合を記載し、登記原因およびその日付（規則一一八条）を記載することによって行うが、その登記原因の日付（一体化した日付）は、建物の所有者が区分建物の生じた日前から登記した敷地利用権を有していたときは、その区分建物が生じた日、また、区分建物が生じた後に登記した敷地利用権を取得したときは、その取得の日である[70]（基本通達第二の四）。

各種の規約を証する情報とは、規約を設定した公正証書の謄本（法三二条）、集会の議事録（法四二条）または合意書（法四五条）であるが、議事録または合意書には、公証人の認証がある場合を除き、その書面に記名押印した者の印鑑証明書（令一六条。なお、不登法一八条一号所定の方法による申請に要する電子署名については、規則一二条）を添付しなければならない（基本通達第二の五の4）。

(3)　登記の実行　敷地権の目的である土地の表示は、その土地の符号、土地の不動産所在事項、敷地権の種類および割合ならびに敷地権の発生の登記原因およびその日付を記載する（規則一一八条）。区分建物についても、一不動産一登記記録の原則が維持されているため、一棟の建物ごとに一登記用紙を備えた旧不登法の下での登記簿とは異なり、各区分建物の登記記録の表題部における一棟の建物の表題部に一棟の建物の表示と敷地権の目的である土地の表示をし、かつ、区分建物の表題部に専有部分および附属建物の表示とともに、敷地権の表示も行われる（規則四条三項、同一一六条同別表三参照）。敷地権の目的たる土地の表示は各専有部分に共通する事項であるが、これを一棟の建物の表題部に記載し、各土地に符号を付したうえで、各専有部分の表題部にはその符号のみを記載して登記簿上の記載を簡略化しようというものである。なお、附属建物の敷地権の登記については、規則四条三項、同別表三を参照。

敷地権である旨の登記は、敷地権の目的である土地の登記記録の権利部の相当区に、登記官が、主登記によって（不登法四六条、基本通達第四の一の1）、「何権利が敷地権である旨」および「敷地権の登記をした区分建物が属する一棟の建物に関する事項」等を記録して行うが、前者は「所有権敷地権」、「所有権何分の何敷地権」、「共有者全員持分全部敷地権」等と記録し、後者は、敷地権の登記をした区分建物が属する一棟の建物の所在等、一棟の建物の構造、床面積、名称、敷地権が一棟の建物に属する一部の建物についての敷地権であるときは、その一部の建物の家屋番号を記録する（規則一一九条）。なお、敷地権の目的である土地が他の登記所の管轄に属するときは、登記官は、遅滞なく「敷地権である旨の登記」の記録すべき事項をその登記所に通知しなければならない

（規則一一九条二・三項、基本通達第四の三参照）。

2　区分建物の表示の変更・更正の登記

敷地権の表示に関する事項に変更が生じたり、敷地権の表示の登記に錯誤、遺漏があった場合には、その表示を変更・更正することが必要になる[71]（不登法五一条一・二・五・六項、五三条）。

(1)　登記の申請　(イ)　敷地権が生じた場合　規約敷地を定めた規約の設定、分離処分可能規約の廃止その他[72]の事由によって敷地権が生じたときは、区分建物の表題部所有者または所有権の登記名義人は、変更のあった日から一月以内にその旨の申請をしなければならない。その申請には申請情報として敷地権に関する事項を提供し（令三条一三号、別表一五項申請情報イ、ロ、ハ）、各変更事由を証する添付情報を提供することを要する（同別表一五項添付情報イ、ニ、ホ）。

また、敷地権があるのにその表示が登記されていない場合に、その更正登記を申請するには、その敷地権の内容に関する情報を提供することを要する（不登法五三条、令別表一五項。なお、不登法五三条二項参照）。

(ロ)　敷地権がなくなった場合　規約敷地を定めた規約の廃止、分離処分可能規約の設定その他の事由によって[73]敷地権が敷地権でない権利となったとき、またはその権利が消滅したときは、その表示の変更登記の申請には敷地権に関する情報を提供し、各変更事由を証する情報を添付することを要する（令別表一五項）。その場合において、敷地権付区分建物につき特定登記（所有権等の登記以外の権利に関する一般の先取特権、質権または抵当権の登記で建物のみに関する旨の付記のないもの）があるときは、それらの登記は土地の登記記録に転写されて（規則一二四条三項）、以後その担保物権は共同担保の関係に立つことになるから、登記官は共同担保目録の作成を要する[74]（規則一二四条六項、一六六、一六七条）。ただし、特定登記にかかる権利の登記名義人が、変更登記後の建物または敷地権の目的である土地について、特定登記にかかる権利を消滅させることを承諾したことを証する情報が提供されたときは、登記官は、建物または土地について特定登記にかかる権利が消滅した旨を登記する（法五五条一項、規則一二五条）。また、敷地権として表示を登記した権利が敷地権でなかったことによる建物の表示の更正登記の申請手続も、以上の変更登記の手続に準じて行われる（不登法五三、五五条二項）。

(2)　登記の実行　(イ)　敷地権が生じた場合　新しく敷地権が生じたことによって変更登記をする場合には、区分建物の登記記録中表題部に敷地権の登記をし（不登法四四条一項九号）、かつ敷地の登記記録の相当区に敷地権である旨の登記をすることを要する（不登法四六条一項）。その場合において、建物の登記記録に所有権の登記以外の所有権に関する登記（所有権に関する仮登記、買戻しの特約の登記、差押、仮差押、仮処分の登記等）または所有権、特別の先取特権および賃借権以外の権利に関する登記（一般の先取特権、質権、抵当権の登記等）があるときは、その登記に建物のみに関する旨（「何番登記は建物のみに関する」旨）を付記しなければならない（規則一二三条一項）。それによって、これらの登記が敷地権について、同一の登記原因による相当の登記としての効力（不登法七三条一項）を有しないことを明らかにする趣旨である。これに対して、その登記が一般の先取特権、質権または抵当権に関する登記で、かつ土地の登記記録の権利部の相当区にされている登記と登記原因、その日付、登記の目的および受付番号が同一であるときは、右の付記登記をせずに、敷地権についてされている特定担保権にかかるこれらの登記を抹消して（規則一二三条一項但書、同条二項、基本通達第五の五の2）、それ以後は建物にされている登記をもって敷地権に関する登記としての効力を有するものとして取扱うことになる（不登法七三条一項）。なお、建物上の所有権の登記、特別の先取特権および賃借権に関する登記には、建物のみに関する旨の付記等の措置は必要ない。

敷地権があるのに敷地権の表示の登記を遺漏した場合の更正登記についても、右と同様の取扱いがされる（不登法五三条、規則一二三条）。

㈡　敷地権がなくなった場合　敷地権が敷地権でない権利となったり、敷地権が消滅した場合には、区分建物の表題部の敷地権の表示を抹消し、かつ、敷地権の目的である土地の登記記録の権利部の相当区に敷地権を抹消する旨を記録し、かつ、敷地権である旨の登記を抹消する（規則一二四条、基本通達第六の二・三）。敷地権が消滅した場合にはそれ以上の手続を要しないが、敷地権が敷地権でない権利となった場合には、それまで敷地権であった権利に関する変動で建物と一体としてなされてきたものは、それ以後は土地の登記記録によって公示されることになるから、建物についてなされた登記のうち敷地権についても登記としての効力を有する登記を土地の登記記録に転写および移記して、これを独立の公示機能を備える登記として整備することが必要になる。そのために要求される手続は以下のとおりである。

①　権利および権利者の表示　敷地権である旨の登記を抹消したときは、土地の登記記録の権利部の相当区に、建物の登記記録に基づき、敷地権でなくなった権利がだれに帰属しているかを明らかにするため、その権利と権利者（その建物の現在の所有権の登記名義人）を記録する（規則一二四条二項）。(75)

②　登記の転写　区分建物の登記記録に所有権の登記以外の権利に関する登記で建物のみに関する旨の付記登記のされていないものがある場合には、その登記を土地の登記記録の相当区に転写するが（規則一二四条三項）、敷地権の移転の登記としての効力を有する登記は、「現に効力を有する登記」に該当しないから、転写することを要しない（規則五条参照）。

③　新登記記録への転写および移記　敷地権の目的とされていた土地の登記記録の権利部相当区に一体性の原則に反しない登記がなされている場合には、建物の登記記録中敷地権に関する登記としての効力を有するものと右の土地の登記記録にされている登記の前後は、受付番号の順序によることとされているから（規則二条二項）、その登記が転写すべき登記に後れるときは、登記官は、新たに土地の登記記録の権利部相当区を作成した上、各

権利の順序にしたがって、転写または移記することを要する（規則一二四条四・五項）。

④　共同担保としての記載　転写すべき登記が担保物権の登記であり、かつ、土地建物が共同担保となるときは、登記官は、共同担保目録を作成しなければならない（規則一二四条六・七項）。

⑤　他の登記所への通知　敷地権の目的たる土地が他の登記所の管轄に属するときは、一定の事項を通知し、その通知を受けた登記所の登記官は、敷地権である旨の登記の抹消および①から④までの手続をする（規則一二四条八・九項）。

なお、敷地権として登記した権利が敷地権でなかったことにより建物の表題部の更正登記をする場合には、その権利の目的である土地の登記記録の権利部の相当区に敷地権を抹消する旨を記録し、敷地権である旨の登記を抹消しなければならない（規則一二六条一項）。また、建物の登記にされている権利に関する登記で敷地権の移転の登記としての効力を有する登記があるときは（不登法七三条一項本文）、その登記の全部を土地の登記記録の権利部の相当区に転写する[76]（規則一二六条二項）。変更の登記をする場合には、それまでになされた登記で敷地権につき登記としての効力を有するものの効力がそのまま維持されるのに対し、更正の登記をする場合に、敷地権の移転の経過も含めてすべての登記を転写するのは、実体法上無効な登記の抹消登記を土地の登記記録にするために、その対象である登記を明らかにしようという趣旨である。そのための登記手続はすべて変更の登記と同様に行われる（規則一二六条三項参照）。

(ハ)　その他の場合　敷地権の目的である土地の表示の変更・更正の登記または分筆の登記がなされたため、一棟の建物の表題部中「敷地権の目的たる土地の表示欄」の登記記録に変更が生じたときは（不登法五一条五・六項、五三条二項）、登記官は、その変更・更正の登記または分筆の登記に伴い建物の表題部の変更登記をする。なお、登記の実行手続は準則七三、七四条および基本通達第七の二参照。また、右の「敷地権の目的たる土地の表示欄」

の記録に錯誤があったことによる建物の表示の更正登記は、登記原因を「登記の日付欄」に「錯誤」もしくは遺漏と記載して行うが（規則別表三参照）、その登記手続については、準則七三条、基本通達第七の二の2に準じて取り扱われる（基本通達第八の三）。

3　建物の区分・合併・合体の登記

(1)　非区分建物の区分の登記　　区分建物でない非区分建物を区分するためにする登記の申請については、区分建物の表題登記の申請と同様に、敷地権があるときは、その内容を申請情報として提供し、かつ同様の添付情報を提供しなければならない（令三条一三号、七条一項六号、同別表一六項）。また、区分建物の表題部に敷地権を記録したときは、その敷地権の目的である土地の登記記録に敷地権である旨の登記をし（法四六条、規則一一九条）、かつ、敷地権を目的とする所有権以外の権利に関する登記で、建物の区分の登記によって区分所有権の目的となった建物についてなされている登記と登記原因、その日付、登記の目的および番付番号が同一の登記があるときは、その登記を抹消するなど、建物の表示の変更登記と同様の手続が必要である（規則一二九条一項、一三〇条三項、一二三条）。

なお、区分建物でない甲建物を区分して甲建物と乙建物とする建物の区分登記における登記の申請および表題部の記録方法については、不登法五四条一項二号、同三項、規則一二九条一・二項参照。区分前の非区分建物に所有権その他の権利登記があるときの区分建物への移記の登記については、規則一三〇条一・三項、規則一二三条参照。

また、非区分建物甲に接続して区分建物乙を新築して一棟の区分建物にした場合における甲建物の表題部の変更登記と乙建物の新築による表題登記の一括申請については、不登法五二条一・二項、非区分の甲、乙建物に増築工事をして相互に接続する一棟の区分建物にした場合の甲、乙建物の表題部変更登記については、不登法五二条三・四項参照。

(2)　区分建物の再区分の登記　敷地権の表示を登記した建物の再区分の登記を申請するには、申請書に再区分後の各区分建物にかかる敷地権の情報を提供し、また規約割合を定めた規約があるときはその規約を証する情報を添付することを要する（令三条一三号、七条一項六号、同別表一六項）。区分建物甲が甲・乙建物に再区分されたときには、区分建物乙について新たに登記記録を作成し、これに甲から区分した旨を登記し、甲の登記記録の表題部には、残余部分の建物の表題部の登記事項、区分建物甲を区分した旨、従前の区分建物甲の表題部の変更部分を抹消する記号を記録する（規則一二九条三・四項）。甲建物の登記記録の権利に関する登記は、乙建物の登記記録の権利部の相当区に転写されるから、再区分前の敷地権も再区分後の各区分建物に割り付けられて、再区分前の建物のみに関する旨の付記登記のないものは、再区分によって新設される登記記録に転写される（規則一三〇条二項、一〇二条。なお、一〇四条参照）。

(3)　区分建物の合併の登記　敷地権の表示を登記した区分建物甲を区分建物乙に合併する場合に（区分合併）、合併後の建物が区分建物であるときは、申請情報として、合併前後の敷地権の内容を提供し（令別表一六項）、その区分合併の登記は、乙建物の登記記録の表題部に合併後の建物の表題部の登記事項を記録し、従前の登記事項の変更部分を抹消し、甲建物の表題部の登記事項は抹消してその登記記録を閉鎖して行う（規則一三三条一・二項）。合併後の建物が非区分建物となる場合には、区分合併後の乙建物について新たに登記記録を作成し、合併後の登記事項および合併により移記した旨を記録するとともに、合併前の建物の表題部の登記事項を抹消し、その登記記録を閉鎖する（規則一三三条三・四項、準則九九条）。なお、建物のみに関する旨の付記のない一般の先取特権、質権または抵当権の登記のあるときは（不登法五六条五号、規則一三一条）、登記官は、これらの特定登記を敷地権の目的であった土地の登記記録の相当区に転写し、かつ、共同担保目録を作成することを要する（規則一二四条三・四項）。この場合には、合併前の建物についてなされた担保権の登記を合併によって生じた非区分建物のために新設される登記用紙の乙区に移記し、その他、建物の表示の変更の登記におけると同様の手続をする（規則一三四条二項）。また、区分合併後建物の敷地権抹消手続には、不登法五五条三項が適用され、規則一二四条が準用される（規則一三四条三項）。

(4)　区分建物の合体による登記　　登記のある二個の建物について、物理的形状の変化がないまま、登記上一個の建物とする合併登記と異なり、別棟をなす二個の建物間の隔壁を除去して物理的に一個の建物となった場合に行われる登記である（平成五年法律第二二号による旧法一部改正）。ここで「合体」と考えられるのは、①連続する甲、乙二棟の建物が一個の建物丙に合体された場合、②二個の区分建物が一個の非区分建物となる場合、③一棟の複数の区分建物の隔壁が除去されたもののいぜん区分建物に止まっている場合である。

したがって、合体による登記とは、合体後の建物の表題登記と合体前の建物の表題登記の抹消手続の総称である（主たる建物と付属建物または二以上の付属建物の合体の場合における変更登記および抹消登記の記録方法については、準則九五条参照）。

(イ)　合体による登記の申請　「二以上の建物が合体して一個の建物となった場合」には、建物の表題登記の有無、所有権登記の有無によって、建物の所有者または表題部所有者、所有権登記の名義人が、建物合体の一月以内に、合体後の建物の表題登記および合体前の建物の表題部登記の抹消の申請をしなければならない（不登法四九条一項前段。なお、場合により、所有権登記を併せて申請しなければならないことは、同四九条一項後段参照）。

(a)　申請情報　合体後の区分建物に敷地権があるときは、合体後の建物の表題登記にかかる事項として、敷地権の目的となる土地の所在等の敷地権の内容を申請情報として提供しなければならない。また、合体前の建物に所有権登記があるときは、その所有権の登記事項を特定するため必要な所有権登記特定事項を、さらに合体前の建物についてされた所有権の登記以外の所有権に関する登記（買戻しの登記、所有権の制限の登記など）または先取特権、質権もしくは抵当権に関する登記で、登記後の建物に存続するもの（存続登記）があるときは、その存続登記を特定するに必要な事項（存続登記特定事項）を、さらに表題部所有者または所有権の登記名義人となる者が二人以上いるときは、これらの者の各持分（令三条九号。なお、令別表一三項申請情報ニ(1)～(3)参照）を申請情報の内容としなければならない（令別表一三項申請情報）。

(b)　添付情報　合体登記の申請には、次の添付情報が提供されなければならない。

①建物図面、②各階平面図、③表題部所有者となる者の所有権証明情報、④表題部所有者となる者の住所証明情報のほか、合体後の建物が区分建物である場合において、区分建物の属する一棟の建物の敷地上の所有権、地上権、賃借権等の登記名義人がその区分建物の所有者であり、かつ、分離処分可能の規約（法二二条一項但書）があるなど、これらの権利が建物の敷地権とならないときには、⑤非敷地権証明情報の添付を要する（令別表一三項添付情報ホ参照。なお、合体前の建物がいずれも敷地権のない区分建物であり、かつ、合体後の建物も敷地権の登記がない区分建物となるときは、この情報の添付を要しない）。しかし、合体後の区分建物に敷地権があるときには、原則として、⑥敷地権の関連情報（法五条一項所定の規約設定情報など）の提供を要する。また、合体後の建物の持分について存続登記と同一の登記をするときは、⑦その存続登記にかかる権利の登記名義人がその登記を承諾したことを証する情報（または登記名義人に対抗できる裁判があったことを証する情報）、存続登記にかかる権利が抵当証券の発行されている抵当権であるときは、さらに、⑧抵当証券の所持人、裏書人の承諾情報（またはこれらの者に対抗できる裁判のあったことを証する情報）、および抵当証券が添付情報とされている（令別表一三項添付情報ト、チ）。

(ロ)　登記の実行　①合体後の建物に表題登記をするにあたって、合体前の建物に所有権登記のある場合には、合体後の建物の表題部登記事項として表題部所有者の記録をする必要はなく（規則一二〇条一項）、合体後の建物の登記記録の甲区に「合体により所有権の登記をする旨」および所有権の登記名義人の氏名等を記録する（同条二項）。②合体前の建物に存続登記がある場合において、合体後の建物の持分について同一の登記をするときは、合体前の建物の登記記録から合体後の建物の登記記録の相当区に移記することになるが、合体前の建物上の所有権等の登記以外の権利に関する登記がある場合において、その登記名義人が合体後の建物についてこれらの権利を消滅させることを承諾したときには、その承諾を証する情報（規則一二〇条四・五項参照）が提供されることを条件として、これらの権利の消滅した旨の登記を付記登記によって行う（不登法五〇条、規則一二〇条六項）。③敷地権付き区分建物が合体した場合において、合体後の建物に敷地権登記をしないときには、合体後の建物の表題部に敷地権消滅を原因とする変更登記をし、かつ、敷地権の目的であった土地の登記記録の権利部の相当区に敷地権を抹消する旨の登記とともに、敷地権である旨の登記を抹消しなければならない（規則同条七項、一二四条）。同様のケースで合体後の建物が敷地権付き区分建物である場合には、原則として、合体後の建物の表題部に敷地権の登記をし、かつ、敷地権の目的である土地の登記記録の権利部相当区に敷地権である旨の登記をする（規則一二〇条八項参照）。

4　区分建物の滅失の登記

敷地権付区分建物が滅失した場合には、その滅失の登記（不登法五七条、規則一四四条）をするとともに、敷地権であった権利が敷地権でない権利となったことによる建物の表示の変更の登記と同様の手続をとらなければならない（規則一四五条）。その場合に、建物について、敷地権にも登記としての効力を有する担保物権等の特定登記があり、かつ、敷地権の目的となっている土地が数筆あるときは、登記官は共同担保目録を作成することを要する（規則一四五条二項、一二四条六・七項）。なお、その登記手続については、規則一四五条一項、一二四条参照。

5　区分建物を目的とする権利の登記

(1)　所有権保存の登記　区分建物の所有権を原始的に取得した者かその一般承継人のみがその表題登記の申請義務を負う（不登法四七条）とされたことに伴い、所有権保存登記は、表題部に所有者として記載された者またはその一般承継人（不登法七四条一項一号）だけでなく、表題部所有者から所有権を取得したことを証明する者（直接の転得者）もまた申請することができる（不登法七四条二項）。原始取得者から区分建物を承継取得した者が保存登記の申請を行う従来の慣行を尊重し、実務上の混乱を避けようという趣旨である。この冒頭省略の保存登記は、形式は保存登記であるものの、その実質は移転登記であるから、表題部に所有者として記載されている者の利益を考慮して、その者から所有権を取得したことを証する情報によって所有権の移転を証明した場合にのみ許され(77)、その申請に際しては、「法第七四条第二項により登記を申請する旨」の情報を提供し（令三条一三号、別表二九項）、書面を提出する方法により登記を申請するときは（不登法一八条二号）、その申請情報を記載した書面に記名押印をし、印鑑に関する証明書を添付しなければならない（令一五、一六条）。また、電子情報組織を使用する方法により登記を申請するときは（不登法一八条一号、規則四一条）、申請情報に電子署名を行わなければならない（令一二条、規則四二条）。また、区分建物が敷地権の表示を登記したものである場合には、そこになされる所有権に関する登記は、敷地権の移転の登記と同一の効力を有するものであるから（不登法七三条一項）、表題部所有者から所有権を取得した者が保存登記を申請する場合には、登記原因を証する情報、敷地権の登記名義人の承諾を証するその登記名義人が作成した情報を添付することを要する（不登法七四条二項、令別表二九項）。また、その登記には、登記原因およびその日付を記録しなければならない（不登法七六条但書）。それに対して、区分建物が敷地権の表示を登記したものでない場合には、表題部所有者から当該区分所有権を取得したことを証する添付情報を提供することを要するが（令別表二九項添付情報イ）、登記原因を証する情報を提供することを要しない

（令七条三項一号）。

なお、表題登記がされていない区分建物に敷地権がある場合において、判決または収用により所有権保存の登記を申請するときは（不登法七五条、令別表二八項）、登記記録の表題部に所有権の登記をするために登記をする旨を記録し（規則一五七条二項）、所有権の処分の制限の登記を嘱託するときは（不登法七六条三項）、登記記録の甲区に所有者の氏名または名称、住所ならびに処分の制限の登記の嘱託によって所有権を登記する旨を記録する（規則一五七条三項）。

(2) 権利の登記　(イ) 登記の申請　敷地権の表示を登記した区分建物について所有権に関する登記、担保権（一般の先取特権、質権または抵当権）に関する登記を申請する場合には、申請に際して建物のみならず敷地権の内容に関する情報をも提供しなければならない（令三条八号・一一号へ）。区分建物である建物の登記記録の権利部にされた所有権または担保権に関する登記は、敷地権である旨の登記をした土地の「敷地権についてされた登記としての効力」を有するものであるから（不登法七三条一項）、区分建物の所有権または担保権に関する登記を申請する場合には、敷地権についても同一の効力を有する登記であることを明らかにする趣旨である。したがって、登記の申請に添付される登記原因を証する情報にも、建物と敷地権である土地の権利とについて同一の処分がされたことが記録されていることを要する（基本通達第一五の一の2）。また、敷地権が賃借権である場合に、賃借権の登記に譲渡・転貸を許可する旨の記載がないときは、賃貸人の承諾を証する情報か、承諾に代わる裁判所の許可があったことを証する情報を添付することを要する。(78)

ただし、不動産保存または工事の先取特権や賃借権のように、敷地権があってもその性質上建物のみを目的として成立する権利変動については、その申請情報には敷地権の情報は要求されない。また、分離処分の禁止されていない敷地権付区分建物においては、建物のみを目的とする所有権移転登記や建物のみを目的とする担保権の登記についても仮登記原因が敷地権発生前に生じた所有権に関する仮登記や敷地権発生前に設定された質権または抵当権のように、一体性の原則の適用前に有効に生じている権利変動についても同様である（不登法七三条三項但書）。そして、この場合の登記には、「この登記は建物のみに関する」旨を付記する（規則一五六条）。

(ロ)　登録免許税の取扱い　敷地権の表示を登記した区分建物に登記をする場合に、その登記が敷地権にも相当の登記としての効力を有するときは（不登法七三条一項）、その相当の登記にかかる登録免許税が徴収され、その登記が所有権保存の登記であるときは、区分建物の保存登記と敷地権の移転登記についての免許税が徴収される。その登記が不動産の個数を課税標準とするものであるときは、敷地権の表示を登記した建物の個数および敷地権の目的たる土地の個数によることになる。また、不動産の価額を課税標準とするときは、課税標準の価格として右の土地の価額に敷地権の割合を乗じて計算した金額をも申請情報の内容としなければならない（規則一八九条、基本通達第一五の二）。

(ハ)　登記手続　敷地権の表示した建物について、その登記の申請が建物のみについてするものであるときは（不登法七三条三項但書）、その登記に「当該登記が建物のみに関する」旨を付記し、登記の年月日を記録しなければならない（規則一五六条、基本通達第一五の三）。

(ニ)　登記の効力　登記のある敷地権付区分建物についてされた所有権、一般の先取特権、質権または抵当権に関する登記で建物のみに関する旨の付記のないものは、敷地権である旨の登記をした土地の敷地権についてされた登記としての効力を有する（不登法七三条一項）。(79) したがって、建物について所有権移転の登記がなされた場合、その登記は建物と一体化し、その建物の表題部に敷地権として表示された権利についても相当の効力、すなわち共有（準共有）持分移転の効力が認められる。これによって、敷地権に関する処分は、敷地の登記記録上に登記されることがないまま、登記本来の効力としての対抗力を備えることになる。もっとも、建物についてされた登記が担保権に関する登記であるときは、敷地権の表示を登記する前に登記されたものであっても、敷地権についてこれと同一の登記があるときは、敷地権についても登記としての効力を有するから、この場合には、建物のみに関する旨の付記をしないで、敷地権についてされているその同一の登記を抹消する。建物についてされている担保権に関する登記によって敷地権を目的とする担保権をも公示しようという趣旨である。

なお、専有部分と敷地利用権の一体性が生じた後は原則としてその一方についてのみなされる処分は制限され、その登記も認められないが（不登法七三条二・三項各本文）、なお例外の生じる余地があり（6参照）、その場合には、建物の登記記録と土地の登記記録にされた登記の前後の判定が必要になる（なお、不登法四条一・二項参照）。建物についてされた登記で、敷地権について相当の効力を有するものと敷地権の目的たる土地の登記記録にされた登記の前後が、各受付番号の前後によるとされたのは（不登法二〇条、規則五八条）、そのためにほかならない。

6　登記の制限

(1)　所有権等に関する登記の制限　敷地権たる旨の登記（不登法四六条）がなされたときは、敷地権の目的となっている土地の登記記録には、その「敷地権の移転」の登記をすることができない。土地の所有権が敷地権であるときは、所有権移転の登記を、地上権または土地の賃借権が敷地権であるときは、地上権または賃借権の移転の登記をすることができない（不登法七三条二項）。しかし、土地の所有権が敷地権である場合に地上権、賃借権を設定することは、一体性の原則に反しないから、その登記も許される。また、一体性の原則が排除されている場合には、土地が敷地権の目的になった後に土地または建物に登記原因が生じた権利は登記ができる（不登法七三条二項但書前段、同三項但書前段）。特別の先取特権も、法定担保物権として法律上当然に成立するから、一体性の原則の適用対象である法律行為による「処分」（法二二条一項）に含まれない。また、敷地権の表示をした建物の登記記録には、その建物のみを目的とする「所有権の登記」をすることができない（不登法七三条三項）。所有権の登記には、所有権移転登記のほか保存登記（不登法七四条一項）も含まれる。仮登記も同様である。しかし、性質上建物のみについて成立する特別の先取特権または賃借権は制限の対象に入らない。

それに対して、登記原因が敷地権の生じた日（敷地権の表示欄中「原因及びその日付」欄に記載された日付）より前の日付になっている土地のみまたは建物のみの所有権に関する仮登記（不登法一〇五条）は、すでに仮登記原因が有効に生じているのであるから、その登記は制限されない。[80] しかし、その仮登記に基づく本登記（不登法一〇九条）をするには、本登記要件が具備されたことによって敷地権であった権利が敷地権でなくなったことを理由とする建物の表示の変更の登記手続により、敷地権の表示の登記および敷地権たる旨の登記を抹消することが必要になる（不登法五一条一項、規則一二四条一項、基本通達第一四の一の4参照）。

(2)　抵当権等の登記の制限　敷地権たる旨の登記のある土地の登記記録には、敷地権を目的とする一般の先取特権の保存の登記、質権または抵当権の登記はすることができない（不登法七三条二項本文）。また、敷地権の表示を登記した建物の登記記録には、建物のみを目的とする一般の先取特権の保存の登記、質権または抵当権の設定登記はすることができない（不登法七三条三項本文）。区分建物と敷地権が一体化している場合には、それに反する処分を登記することができないだけでなく、一体的に担保権が設定されたときがあっても、土地の登記記録に登記することを認める必要はないからである。一般の先取特権は法定担保物権であって分離処分禁止の原則が当然に適用されるものではないが（法二二条一項本文参照）、建物の登記記録に登記することによって、その建物と一体化している敷地についてもその効力を認める以上、これについても一体的な取扱いがされねばならない。[81]

これに対して、土地が敷地権の目的となる前に登記原因の生じた質権、抵当権は、土地または建物のみを目的とするものでも、その設定登記をすることができる（不登法一条二項但書後段、同条三項但書後段）。また、特別の先取特権の保存登記、区分地上権（民法二六九条ノ二）の設定登記、賃借権の設定登記等[82]は、土地のみまたは建物のみを目的とするものであってもすることができる。

7　共用部分または団地共用部分に関する登記

区分所有権の目的である建物または附属建物は規約によって共用部分とすることができる（法四条）。しかし、規約によって共用部分とされた建物（規約共用部分）には民法一七七条の適用はなく（法一一条三項）、共用部分であることを第三者に対抗するためには共用部分になった旨の登記をしなければならない（法四条二項後段）。また、数棟の建物のある団地内の附属施設（団地内にある集会所、管理事務所など）がそれらの建物の所有者の共有に属する場合には、規約によってそれを団地共用部分とすることができる（法六七条一項）。団地共用部分と定められた建物の共有持分は、団地建物所有者の有する建物の処分に従うから、その建物と分離して処分しえないが（法六七条三項、一一条三項、一五条）、その旨の登記をしなければ、これをもって第三者に対抗することができない（法六七条一項後段）。

共用部分である旨の登記または団地共用部分である旨の登記は、その登記をする建物の表題部所有者または所有権の登記名義人が申請しなければならない（不登法五八条二項）。

登記の申請に際して提供すべき申請情報（令三条八号、規則三四条一項）には、規約により共用部分または団地共用部分と定められた建物の表示として、その建物の属する一棟の建物の表示（令三条一項八号へ）のほか、共用部分である旨の登記においては、共用部分とされる建物がその建物の属する一棟の建物以外の一棟の建物に属する建物の区分所有者の共用に供されるものであるときには、当該区分所有者の所有する建物の家屋番号（令別表一八項申請情報）、団地共用部分である旨の登記においては、団地共用部分を共用すべき者の所有する建物が区分建物でないときは、その建物の所在等および家屋番号、団地共用部分を共用すべき者の所有する建物が区分建物であるときは、その建物が属する一棟の建物の所在等および建物の構造、床面積、その名称（同別表一九項申請情報イ、ロ）が含まれる。共用部分または団地共用部分である旨の登記の登記原因は、その建物を共用部分等とする旨の規約の成立である（日付は規約の成立した日、準則一〇三条参照）。

なお、ここでの登記事項の変更または更正の登記は、共用部分である旨の登記のある建物の所有者以外の者は申請できない（不登法五八条五項）。

共用部分または団地共用部分である旨の登記申請の添付情報には、共用部分または団地共用部分である旨の規約を設定したことを証する情報（別表一九項添付情報イ）、所有権以外の権利に関する登記がある場合には、その登記名義人の承諾を証するみずから作成した情報または登記名義人に対抗することができる裁判があったことを証する情報（同情報ロ）、これらの権利を目的とする第三者の権利に関する登記があるときは、その第三者の承諾を証する第三者みずからが作成した情報またはその第三者に対抗することができる裁判があったことを証する情報（同情報ハ）、これらの第三者の権利が抵当証券の発行されている抵当権であるときは、当該抵当証券（同情報ニ。なお、不登法五八条三項参照）が含まれる。

共用部分または団地共用部分である旨の登記をするとき、登記官は、その建物の表題部にその旨の登記をするとともに（不登法五八条一項）、職権で、所有権の登記がない建物にあっては、表題部所有者の登記事項を抹消し、所有権の登記がある建物にあっては、権利に関する登記を抹消しなければならない（不登法五八条四項、規則一四一条、準則一〇三条）。

共用部分または団地共用部分である旨の登記のある建物についての建物の分割の登記または建物の区分の登記は、所有者以外の者は申請することができない（不登法五四条二項）。共用部分または団地共用部分である旨の登記がある甲建物からその付属建物を分割して乙建物とする建物の分割の登記をし、または当該甲建物を区分して甲建物と乙建物とする建物の区分の登記をする場合において、甲建物の登記記録にそれが属する一棟の建物以外の一棟の建物に属する建物の区分所有者の共用部分または団地共用部分である旨の登記があるときは、分割または区分後の乙建物登記記録にその旨を転写しなければならない（規則一四二条）。

共用部分または団地共用部分である旨を定めた規約を廃止した場合には、規約廃止の日（規約廃止後に建物の所有権を取得した者については、その所有権取得の日）から一月以内に、建物の表題登記を申請しなければならない（不登法五八条六・七項）。その場合において、登記官は、共用部分または団地共用部分である旨の記録を抹消するとともに、申請に基づく表題登記にあたって、登記記録の表題部に所有者の氏名等および住所、所有者が複数であるときには各所有者ごとの持分、敷地権があるときはその内容を記録する（規則一四三条）。

8　建物の合併制限の緩和

建物の合併登記は、互いに接続しない区分建物間の合併、主たる建物と附属建物の関係にない建物間の合併、所有者の異なる建物の合併（不登法五六条二号）、表題部所有者または所有権の登記名義人が相互に持分を異にする建物の合併（同条三号）、所有権の登記がある建物と所有権の登記がない建物の合併（同条四号）、所有権の登記以外の権利に関する登記のある建物の合併（同条五号）については認められない。ただし、所有権の登記以外の権利に関する登記のある場合にも、それが登記原因、日付、登記の目的および受付番号が同一である担保権（先取特権、質権または抵当権）の登記であるときには、公示上の弊害がないとして合併登記の制限が緩和される（同条五号、規則一三一条）。

敷地権の表示を登記した区分建物（専有部分）に一般の先取特権、質権または抵当権の登記がある場合に、合併の結果としてその区分建物が区分建物でなくなるときは、合併前の敷地権も敷地権でなくなる（登記の実行については、規則一三三条三・四項、一三四条二・三項参照）。したがって、それまで区分建物に設定されていた担保権は建物と敷地の権利とを共同担保とする二個の担保権になるから、その合併の登記にあたり、登記官は、共同担保目録を作成しなければならない（規則一三四条三項、一二六条六項）。なお、区分建物である甲建物をそれに接続する区分建物乙建物またはその附属建物に合併する区分合併の登記の実行（記録方法）については、規則一三三条、一三四条、甲建物の登記記録からその附属建物を分割して乙建物の附属建物にする分割・附属合併については、同一三五条、一三九条、甲建物を区分してその一部を乙建物の附属建物にする区分・附属合併については、同一三七条、一三五条、一三九条、甲建物の登記記録から区分建物である附属建物をそれと接続する区分建物である乙建物またはその附属建物に合併する分割・区分合併については、同一三六条、一三九条、甲建物を区分して、その一部を区分建物である乙建物またはその附属建物に合併する区分・区分合併については、同一三八条、一三九条を参照。

9　登記申請情報の内容の簡略化

建物の表示または建物を目的とする権利に関する登記をするために、登記所に提供しなければならない申請情報の内容には、建物の種類、構造および床面積、家屋番号（表題登記には不要。令三条八号ロ参照）、建物の名称あるときはその名称（不登法四四条一項四・八号、令三条八号ニ）など、建物を特定するに足りる事項が含まれる（不登法四四条一項、二七条）。また、建物が一棟の建物を区分したものである場合には、区分建物が属する一棟の建物の所在、地番（令三条八号イ）、構造および床面積（同条八号ヘ）に関する情報が必要になる。しかし、申請情報を簡略化するため、建物の表題登記[83]（不登法二条二〇号、四七条参照）以外の建物の表示に関する登記および建物を目的とする権利に関する登記を申請する場合に、建物の名称を申請情報の内容とするときは、区分建物または付属建物が属する一棟の建物の構造、床面積については、申請情報の内容としなくてもよい（令三条八号ヘ）。

なお、不動産を識別するために必要な事項（不動産識別事項＝不動産番号、不登法一八条、二七条四号、令六条、規則三四条二項、九〇条）を申請情報の内容としたときは、申請情報の内容の一部省略が許される（令六条）。省略の対象となるのは、土地の所在等、建物の所在等（令三条七・八号参照。ただし、表題登記における家屋番号は除く）、敷地権の目的となる土地の所在ならびに土地の地番、地目および地積（令三条一一号ヘ）、令別表一三項申請情報ロ、ハ関係の建物の家屋番号、令別表一八項（共用部分である旨の登記の項）関係の区分所有者の所有建物の家屋番号、令別表一九項関係（団地共用部分である旨の登記の項）の建物の所在、土地の地番、建物の家屋番号などである。登記の申請に添付する登記原因の証明情報（不登法五条、六一条、令三条六号、七条一項五号）、代理人の権限を証する情報（令七条一項二号）に物件の表示をする場合においても同様である。「一棟の建物の名称」には、「RA一号」とか「ひばりが丘一号館」のような符号を含むもののほか（不登法四四条八号）、たとえば、「霞が関マンション」のような符号のみのものも含まれる。(84)

注

(66) 建物の敷地を目的とする権利に関する登記を建物に関する登記によって公示する登記制度のもとでは、未登記の敷地利用権を公示する意味のないことは、大内・前掲論文〔前注(50)〕一四頁以下。

(67) 青山・前掲書〔前注(22)〕一三〇頁以下。もっとも、その譲渡人が同一の区分建物を敷地利用権とともに更に第三者に譲渡した場合には、一体性の登記のなされる前に譲渡を受けた善意の第一譲受人と第二譲受人の関係は、対抗問題として処理される。大内・前掲論文〔前注(50)〕一〇頁参照。

(68) 基本通達第二の三参照。

(69) 同一の申請で申請することを原則としながら、登記受否の決定までは各別の申請でもよいという趣旨である。青山・前掲書〔前注(22)〕一三五頁、大内・前掲論文〔前注(50)〕一六頁。なお、清水響編・新不動産登記法一三三頁以下参照。

(70) 伊藤・前掲論文〔前注(22)〕三九頁以下は、前の場合について、登記原因の日付を新築の日とせずに、区分建物が生じた日とした理由を二つの例をあげて説明し、賃貸マンションのつもりで新築した集合住宅をその後事情の変更があって区分建物として分譲する場合には、理論上も区分所有法の適用を受けるのは新築の日ではなく、また、A社が新築した建物を業績が悪くて未登記のままB社に譲渡し、B社が区分建物として分譲する場合に、B社が自ら表示の登記をなしえないのは不都合であると指摘している。

(71) 変更登記の申請手続には、一括申請主義は適用されない。伊藤・前掲論文〔前注(22)〕四四頁以下参照。

(72) 「その他の事由」として、大内・前掲論文〔前注(50)〕一八頁は、未登記の地上権または賃借権が敷地利用権であった場合に、その後これらの権利が消滅し、登記された所有権が敷地利用権となるケースを掲げている。また伊藤・前掲論文〔前注(22)〕四四頁は、混同の例外として所有者が地上権または賃借権をもっていた場合に、その後これらの権利が消滅したケースを掲げているが、同時に、むしろこれらの例示以外の事例もありうるという程度の表現であると指摘する。

(73) 基本通達第六の一の5によれば、収用裁決により起業者に所有権が移転した場合や、執行裁判所の売却許可により買受人に所有権が移転したとき等が、これにあたる。

(74) 基本通達第六の一の2、3、4、第六の七、第二の五の4参照。

(75) 旧不登法九三条ノ一六第二項が、敷地権について相当の効力ある専有部分の登記をすべて土地登記簿に復活させる要なしとした理由について、伊藤・前掲論文〔前注(22)〕五〇頁以下は、前主および移転原因等が重要な意味をもつのは所有権移転登記を抹消する事案ぐらいで、そのような希有の例を想定して移転の経過・登記原因をすべて土地登記簿に再現させる必要はないという立法政策上の選択によるものだとしている。

(76) 基本通達第八の二の4参照。

(77) 表題部に所有者として記載されている者から証明書がえられない場合には、実体上所有権が移転したことを判決によって証明しても、不登法七四条一項二号（旧不登法一〇〇条一項二号）の保存登記はできても、同条二項の保存登記はできない。青山・前掲書〔前注(22)〕一四三頁以下、青山・前掲書（林久）〔前注(58)〕六七二頁以下参照。

(78) 敷地権について効力を有する登記の申請であるから、不登法八一条三号（旧不登法一三二条二項）が適用されることは、大内・前掲論文〔前注（50）〕二七頁。

(79) 特別の先取特権、賃借権に関する登記は、権利の性質上敷地権について効力を有しないと解され、また、抵当権に関する登記でも、敷地権が賃借権である場合は、同様に除外される。

(80) 処分禁止の仮処分の登記および敷地権が生ずる前に設定された質権または抵当権の実行による差押えの登記は、制限の対象にならない。基本通達第一四の一の5参照。

(81) 一体性の原則の適用ある場合に、区分建物と敷地利用権のそれぞれに一般の先取特権を認め、かつ実行を認めたのでは、一体性がくずれてしまうと考えられたからである。青山・前掲書〔前注（22）〕一五七頁。

(82) 基本通達第一四の二の4参照。

(83) 建物の表題登記には、その床面積の記録を要するから（不登法四四条一項三・七号）、申請情報からそれを省略することはできない。

(84) 東京高決昭和三六・五・九東高民時報一二巻五号八九頁参照。

（月岡　利男）

第四章　管　理　者

第一　管理者の意義

一　総説――管理者制度の趣旨

いわゆるマンション等の区分所有建物にあっては、その共用部分や敷地および附属施設等の維持管理に必要な行為で共同の利益に関するものについては、本来、すべての区分所有者自らが共同して行うのが原則である。しかし、最近では、管理の対象や事項が多岐にわたってきているほか、附属施設等における設備の高度化・複雑化と相俟って、管理につき専門的な知識や経験が必要とされることもまれではなくなってきている。その点からしても、区分所有建物の規模の大小を問わず、必ずしも管理に必要な知識を有しているわけではない区分所有者が共同して管理をするということは容易ではない。また、必ずしもすべての区分所有者がそのような管理に興味と情熱をいだいているとは限らない。したがって、とくに区分所有者が数百人にものぼるような大規模な区分所有建物にあってはもちろんのこと、そこまで大規模でない物件についても、右のような管理行為を共同でなすことは、理論的には可能であるにしても、まことに煩雑であり、実際問題としてきわめて困難である。

そこで、区分所有建物の諸施設の保存や管理を円滑に行うために、あらかじめ管理者、すなわち常時その建物・

施設等の管理を行うべき者を定めておくとともに、その者に一定範囲の行為をなし得る権限を与えるという方法が考えられる。そして、実はそのようなことは、分譲マンション等については従来からすでに行われていた。しかし、法的な観点からみて、これらの者の選任を従来のような通常の委任契約に任せておいたのでは、区分所有者の意見が一致しなかったり、後に区分所有者となった者が従来の契約に加入することを拒んだりしたときには不都合を生ずるし、また、その事務の処理に当たるべき者の権限が外部に対する関係で不明確であるという欠陥を伴うことにもなる。よってこれを管理者制度として法定し、団体法理を導入してその選任を容易にするとともに、その地位の安定と権限の明確化を図ることとしたのである。(1) このような立法当初の趣旨は現在でもまったく変わっていない。(2) ただ、場合によっては管理者を選任するまでもなく区分所有者自らが共同で十分な管理行為を行うことができる場合もあるし、そもそも区分所有建物の管理は本来区分所有者の自治に委ねられるべき事項であるので、区分所有法三条は、管理者を選任して共用部分等の管理を行わせるか否かは区分所有者の自由に任せている。(3)

二　管理者と管理人

建物区分所有にあっては、右に述べた意味における管理者と、管理人（管理員）という言葉がしばしば混同して用いられているが、両者ははっきりと区別されなければならない。管理人とは、区分所有建物を管理する区分所有者の団体または管理者、あるいはこれらの者から区分所有建物の管理を委託された管理会社が、実際の管理業務を行うために使用する者のことであり、原則として常勤の形態で集合住宅の共用部分や敷地などのいわゆる管理共有物を、管理者あるいは管理会社等の監督の下に具体的な管理作業を行う。これらの者は、区分所有法の規定により選任された管理者のように、区分所有建物の諸施設の保存や管理につき最終的な責任を負うことはない。

管理人の業務形態はさまざまであり、たとえば、①管理組合または区分所有者の一人が管理者であってその直接の被用者である場合、②受託者たる管理会社の被用者である場合、③集会によって選任される管理者が同時に管理人として具体的な作業に当たる場合、④個々の区分所有者から管理委託されて管理目的物の日常的な管理を行っているような場合が上げられている[4]が、さらに、⑤管理者に選任された管理会社の被用者である場合も考えられよう。これらのうちでは、②または⑤の形態が多いのではないかと推測される[5]。

そこで、これらにつき管理人と管理者・管理受託会社との法的な関係を考えてみると、①の場合には基本的には管理者と管理人との間には雇用関係があるとみてよい。その結果、管理人は管理者の一般的な指揮監督に服し、あたかもその手足のように行為することになる。しかし、管理業務が専門かつ複雑化しており管理者にはそれに関する知識が乏しく管理事務につき管理人自身に自由裁量があるような場合、両者の関係は委任（準委任）あるいは請負とみられることもある。②の場合（近時では⑤とならんでこの形態が多いと思われる）、管理人は雇用契約に基づき受託者たる管理会社の監督を受けるほか、管理業務の一環としての管理者の監督権にも服することになる。ただ、管理人が管理会社の準社員あるいは嘱託員とされている場合には、これらの者と管理会社との関係は、雇用以外に委任（準委任）や請負である場合もあろう。③の場合、管理者が管理人たる自己を監督するというのは無意味であるから、区分所有法上の管理者として、区分所有者が集会を通じてなす監督に服することになる。④の場合、管理者が決められていなければ実質上この者が管理者であるが、規約あるいは集会の決議による選任がない限り、この者は区分所有法上の管理者とはいえず、一般の管理受託者（民法上の「管理者」といういい方もできよう）にすぎない。そしてこの者と各区分所有者との関係は原則として委任（場合によっては請負のこともあろう）と解すべきである。⑤の場合、管理人は、管理者として管理会社の監督に服するほか、雇用契約に基づき使用者たる管理会社の監督をも受ける（管理会社との関係は雇用以外に委任（準委任）や請負であることもあろう）。さらには、管理者としての管理会社に対し区分所有者が集会を通じてなす監督の一環として、その監督にも服することになろう。以上のように法的な関係には様々なものが存在しうるが、いずれにせよ、管理人には区分所有法の管理者に関する規定は適用されない。

注（1）川島一郎「建物区分所有等に関する法律の解説（下）」法曹時報一四巻八号一二三七頁、川島武宜編「注釈民法(7)」三八五頁〔川島一郎〕、玉田弘毅「建物の区分所有における管理者について」不動産研究一七巻二号二一頁等参照のこと。

（2）現行法の二五条は、旧法一七条の規定をほぼそのまま踏襲している。

（3）この点につき、ドイツ住居所有権法二〇条二項は管理者の任命を排除できないとし、同二六条三項は管理者が欠けた場合、緊急を要するときには、一定の者の申立てに基づいて裁判官が管理者を任命できるとして、管理者が必置の機関である旨を明らかにしている。また一九六五年のフランスの「建物不動産の区分所有規則を確定するための法律」一七条一項は管理組合の執行は管理者に委ねられるとし、同条三項は、管理者の任命がなされない場合区分所有者による提訴を受理した第一審裁判所の長が指名すると規定している（小沼進一「建物区分所有の法理」一三二二頁の翻訳による）。フランスの区分所有法については、小沼進一・前掲法理が非常に詳しい。なお、丸山英気「区分所有建物の法律問題」二四一頁も参照のこと。イタリア民法一一二九条一項は、区分所有者が四人より多い場合には一人の理事を選任すべきものとしているとのことである（イタリア民法については、川島一郎・前掲解説（下）一二三八頁）。

（4）玉田弘毅編「新訂マンションの法律（上）」〔稲本洋之助〕一二六頁。

（5）丸山英気・前掲法律問題二五三頁は、管理会社の正社員たるケースが五五％、管理会社の準社員ないし嘱託であるケースが三三％で、残りは管理会社と無関係の管理人となっていると指摘しており、また、同「区分所有建物の管理（下）」ジュリスト六二九号九八頁は、関東では管理者の従業員であることが多く関西では管理者からの委託であることが多いとする。

第二　管理者の選任と解任

一　選　任

1 方　法

すでに述べたように、管理者を置くか否かは区分所有者の自由であるが、管理者の選任方法につき、区分所有法二五条一項は、「区分所有者は、規約に別段の定めがない限り集会の決議によって、管理者を選任し」と規定しており、集会の決議によるものを原則的な選任方法としている。したがって、これらの方法によって管理者として選任されたものではなく、単に区分所有者との間の個別的管理委託契約に基づき区分所有建物の管理業務に従事しているにすぎない者は、区分所有法上の管理者には当たらない。(6)

(1)　集会決議による選任

集会決議によって選任する場合、規約に議決要件につき特別の定めがなければ、通常決議事項であるから、区分所有者および議決権の過半数によって決する（法三九条一項）。ちなみに、ここでいう区分所有者の過半数という場合には頭数のことであり、一人が複数の専有部分を有していても計算上は一人と数える。

集会は、通常は管理者によって招集されるが（法三四条一項）、管理者をはじめて選任するための集会は、管理者自身が存在しないために招集することができない。そこで、こうした場合には、区分所有者の五分の一以上でかつ議決権の五分の一以上を有する者が集会を招集する（法三四条五項本文）が、規約でこの定数は減ずることが認められている（同但書）。

なお管理者の選任につき区分所有者全員の書面または電磁的方法による合意があったときは、集会の決議があったものとみなされる（法四五条二項。なお、東京地判平五・一一・二九判時一四九九号八一頁、東京地判平五・一二・三判タ八七二号二二五頁参照）。ところで、新築マンション分譲時に、分譲業者が購入者に管理者選任に関する書面を順次示して合意を取り付け、管理組合ができるまでの間の暫定的な管理者を定めるケースがみられる。[7] とくに、管理者として分譲業者自身ないしその関連会社が選任されている場合が問題となるが、暫定的な措置であるとの文言の有無の如何にかかわらず、あくまで、分譲完了後に区分所有者の集会ないし書面等による決議がなされるまでの暫定的な措置としてのみ効力を認めるべきであろう。

(2) 規約の定めによる選任

以上に対し、管理者の選任に関し規約に別段の定めが置かれているときには、この方法による。規約により管理者が選任される場合、第一に規約に直接特定人を管理者と定める方法と、第二に規約には単に管理者を置く旨とその選任方法のみを定め、具体的な選任は区分所有者の集会に委ねる方法とが考えられる。そしていずれの場合であっても、それらの変更は規約の変更になるから、集会の通常決議によってなすことはできなくなる。とくに右の第一の方法によった場合、管理者を他の者に変更することは規約の変更になるから、規約に別段の定めがない限り、区分所有者および議決権の四分の三以上の多数による集会の特別決議が必要となる（法三一条一項）。

よって、管理者の変更はきわめて困難になることに注意を要する。

(3)　就　任

管理者の法的地位については、委任に関する規定に従うことになっているから（法二八条）、集会の決議ないし規約の定めによって一応管理者が選任されたとしても、その段階では内部的意思決定の問題にすぎないから、被選任者の承諾がない限り、区分所有者との間には委任契約関係は生じないと解される。(8)

なお、下級審の裁判例には、従来なかった任意の組織体である管理組合が設立され、その業務を執行する理事長が選任された場合には、特段の事情のない限り、理事長を管理者とする旨の議決があったものと解するのが相当であるとするものがあるが、(9)この場合でも管理者としての委任契約関係が生じるためには、被選任者の承諾は必要であろう。(10)ただ、この場合は、理事長就任の承諾はなされており、管理組合が管理の中心的機関であることにかんがみれば、これを管理者になることの承諾も兼ねていると解することは可能であるから、改めて委任ないし委任類似の契約を締結する必要はない。(11)マンション標準管理規約（単棟型）は右判例の趣旨を取り入れ、管理組合の役員として理事（理事長、副理事長、会計担当理事を含み、これらは理事の互選により選任される）を置き、それらは総会で選任されるとした上で（規約三五条）、理事長は区分所有法に定める管理者とするとしている（規約三八条二項）。

2　資格・任期・人数

(1)　資　格

管理者となるべき者の資格に関しては、区分所有法は、何ら規定を置いていない。したがって、自然人・法人を問わず、管理者たり得る。そして実際上も管理者となっている者はまったくさまざまであり、必ずしも区分所有者であるとは限らず、区分所有者以外の者であることもあり、また、個人であることもあり、会社その他の法人であることもあるし、管理組合がある場合には、管理組合の理事長が管理者であることが多いが、しかし、管理組合それ自体が管理者になっていることもあり、また、管理組合がない場合はもちろん、管理組合がある場合であっても、管理受託会社が管理者になっていること等も少なくないといわれていた。(12) これらのうちでは、とくに管理会社が管理者になっている場合と管理組合自体が管理者になっている場合とが問題となろう。

まず管理会社(13)が管理者となっている場合を考えると、同一の管理会社が一方では管理者としてまた他方では受託者として契約をすることになり、その意味では一種の自己契約（民法一〇八条）に類似した関係が生じる。しかし、管理会社による管理委託契約が仮に自己契約に当たるとしても、区分所有者団体の意思として管理会社を管理者として選任した以上、かような自己契約についても承諾を与えていると解されるし（民法一〇八条但書）、そもそも区分所有法の解釈論として、管理会社のみを管理者の資格なしとすることはできないのではあるまいか。(14)

次に管理組合自体が管理者とされている場合であるが、これにつき、管理組合に法人格があるのであればともかく、そうでない限り、管理権限の集中化・集約化にはほど遠く、結果的に区分所有者全員を管理者であると定めるのと大差ないといってよいくらいで、むしろ、管理責任を拡散し不明確化する手段として使われることになりかねないとの批判がある。(15) しかし、これは主に管理組合の実体が民法上の組合である場合を意識した議論であると思われる。区分所有法は管理のための団体につき特段の法的な性格づけはしておらず、それはもっぱら当該団体の実体によって定まる。そこで、もし当該管理組合の実体が社団と認められるようなものであるならば、それは各構成員から離れた独自の目的と組織・財産を有する単一体であり、しかもそれが一個の社会的実在として実質的に活動していることからみて、権利能力なき社団として、社団法人に準じた取扱いをすることに問題はない。また、民事訴訟法二九条は、権利能力なき社団や財団に訴訟上の当事者能力を認めており、さらには、税法上も権利能力なき社団の納税義務が認められている（所得税法二条一項八号、法人税法二条八号）ことをみても、権利能力なき社団の法理がそのまま適用されるべきである。[16] したがって、社団の代表者たる理事は社団の名でかつ代表者たる肩書を付して法律行為をなし得るし、その効果は権利能力なき社団自体に帰属すると考えられ、[17] 責任も原則として社団財産をもって負担することになる。その点で区分所有者の複多性は管理組合のもとに単一化されるのであり、それによって管理組合財産と区分所有者の個人財産といった対内的法律関係、および管理組合対管理会社といった対外的法律関係の双方において単純化・明確化が図られる。よって区分所有者全員を管理者とするのとはその意味づけを異にする。このように考えるならば、法人ではない管理組合が管理者になっている場合、その理事長は、権利能力なき社団たる管理組合の代表者として管理行為に当たることになる。もっとも現在では、マンション標準管理規約（単棟型）三八条二項が、管理組合の「理事長は、区分所有法に定める管理者とする。」としており、管理組合の理事長が管理者とみなされる場合が多いであろう。

(2)　任　期

管理者の任期についても、区分所有法は何ら制限を設けておらず、区分所有者は、規約や集会の決議により自由に定めることができる。「永久に何某を管理者とする。」といった規約の定めは、区分所有者の管理者選任権を不当に制限するものであるから無効とすべきであるが、任期の定めのない場合として効力を認めることもできなくはあるまい。[18] もっとも、永久に何某を管理者とするとの規約があっても、管理者がその任に相応しくないときには集会の決議により解任するか裁判上の解任請求を行えるので（法二五条）、実際上の不都合は少ないであろう。しかし、このような解決はわが国では当事者間に感情的なしこりを残しやすく、その後の居住生活に悪影響を及ぼす可能性もある。したがって、できるだけ管理者の任期は規約で決めておくべきであるし、さらに、立法論ではあるが、任期を強行法として規定し、任期満了後新たに集会の決議によって管理者の選任を行うようにするのが適当であると思われる。[19]

(3)　人　数

人数についても法律上別段の規定はない。一般的には一人であるが、二人以上の管理者を置くこともまったく適法である。ただ後者の場合、権限の範囲を明確にするために、管理者間において事務の執行をいかなる方法により行うかを規約等において定めておく必要がある。[20] もし特別の定めをしていない場合、区分所有法二六条三項との関係のほか、管理者の職務が保存行為を中心とするものであること（民法二五二条但書）などから、原則として管理者各自が単独にその事務を執行することができると解すべきである。

二　管理者の地位の消滅

1　集会の決議・規約による解任

(1)　集会決議による解任

管理者の解任も選任と同様、集会の決議または規約の定めによって行う（法二五条一項）。したがって、解任について規約に別段の方法が定められていればもちろんそれによるが、別段の定めがなければ、集会において区分所有者の頭数および議決権の過半数によって決する（法三九条）。この場合、解任の対象となっている管理者も、区分所有者である限り議決権の行使をなし得る。[21] なお、管理者の解任につき区分所有者全員の書面または電磁的方法による合意があったときは、集会の決議があったものとみなされる（法四五条二項）。

管理者を解任するに当たっては、後述の解任請求による場合とは異なり、特別な解任事由（法二五条二項）は必要としない。

集会による解任決議は当該管理者に対する告知によってその効力を生じ、その者の承諾を要しない。解任されたにもかかわらず依然として管理者の地位に居座ろうとする者に対しては、この者を被告として、管理者の地位不存在確認の訴えを提起することができるし、これを本案として、各区分所有者は、職務執行停止、職務代行者選任の仮処分を申請することもできる。[22] また区分所有法や規約に定めるほかは、民法の委任の規定に従うとされているから（法二八条）、規約で定められた任期の満了前であっても集会の決議によって解任することができる（民法六五一条一項）。ただ管理者のために不利益な時期に解任したときには、これに対して損害賠償をしなければならないが、やむを得ない事情があるときはその限りではない（同条二項）。

(2) 規約による解任

規約により従来の管理者に代えて特定人を新たに管理者と定める場合、このような方法による管理者の変更は規約の変更となるから、区分所有者の頭数および議決権の各四分の三以上の多数決による集会の決議が必要となる（法三一条一項。規約で規約の変更要件について別段の定めをすることはできない）から、実際上この方法による解任は著しく困難である。その点で、管理者の選任・解任に関しては規約の作成に当たり、規定条項を慎重に検討しなければならない。規約で管理組合自体を管理者と定めた場合、管理者の解任を区分所有法二五条によってなすことは理論上不可能ではない。しかし、管理組合を代表し管理業務を実際に行うのは理事長であるから、その職務懈怠によって管理業務の執行が不十分であるような場合、区分所有者は規約の定めないしは集会の決議により理事長を解任する方が直接的かつ実効的であろう。ただ、この場合の解任は、区分所有法二五条によるものではなく、区分所有者に対する理事長の民事上の責任を問うものである。

2 解任請求による解任

(1) 意義と性質

区分所有法は、規約や集会の決議によるほか、管理者に「不正な行為その他その職務を行うに適しない事情」

があることを要件として、各区分所有者は裁判所に管理者の解任請求ができるとしている（法二五条二項）。これは、たとえ集会の決議を得ることができなかった場合でも、管理者が一部の区分所有者の利益を顧みないような場合に解任の道を開いたものである。この解任請求は、各区分所有者が管理者を相手取ってなし得るのであって、それは、株式会社の取締役の解任請求（会社法八五四条）等と同様、通常の民事訴訟手続によって処理される。[23] この訴えは形成の訴えであり、判決の確定によって当然に解任の効果が生じるから管理者の別段の意思表示を必要としない。また訴え提起前において急迫な事情がある場合には、解任請求訴訟を本案として、その管理者の職務執行停止、職務代行者選任の仮処分を申請することもできる。[24]

(2) 不正な行為

この訴えの要件として「不正な行為その他その職務を行うに適しない事情」が要求されているが、「不正な行為」とは管理者がその善管注意義務に違反して、区分所有者の全部または一部に損害を被らせるような故意による行為をいい、「その職務を行うに適しない事情」とは、健康上の理由など、職務の遂行に直接または間接に影響を及ぼす事実が存在し、それが重大なものであることである。[25] しかし、いかなる事由がそれに当たるかは具体的な場合につき個々に決するしかなく、その判断も決して容易ではない。ただ判例[26]を手がかりとして一応のファクターを求めるならば、①補修を要する共用部分の保存義務の懈怠、②管理事務の報告義務懈怠、③敷地賃借人と管理者の地位との兼併による弊害、④区分所有者との信頼関係の喪失、といったところとなろう。この中では、結局④が①～③を集約した形でのファクターであり、①から③のような事由の存在によって直ちに解任請求が認められるわけではなく、それらによって職務遂行に重大な影響が生じ、それによって、区分所有者との信頼関係が失われていることが必要であろう。

(3) 訴訟費用等の分担

区分所有者の一人または数人が解任請求をして勝訴したときは、他の区分所有者に対してその訴訟に要した費用（弁護士への報酬を含む）の分担を規約に定めのない限り、区分所有法一四条に定める割合に従って求めることができる。[27]

3　管理者の地位のその他の消滅事由

(1)　任期満了・辞任

管理者は以上の解任によるほか、任期の満了により当然にその地位を失う。[28] また、管理者は、集会の決議等を必要とせず、また、特別な辞任理由を必要とせずに自由に辞任することができる（法二八条、民法六五一条一項）。ただし、管理者が区分所有者のために不利な時期に辞任した場合には、やむを得ないときを除いて、管理者は、区分所有者に対して損害を賠償する必要がある（法二八条、民法六五一条二項）。

(2)　管理者の死亡・破産・後見開始の審判・保佐開始の審判・補助開始の審判

民法六五三条一号・二号によれば、委任者または受任者の死亡や破産によって委任関係は終了すると規定している。この規定が受任者たる管理者に適用されることは明らかであるが、委任者たる区分所有者に関していえば、区分所有者と管理者の関係が団体的色彩を有する点から考えて、区分所有者の一人ないし数人の死亡や破産開始によっては、委任関係が消滅すると考えるべきではなく、右規定は、区分所有者については適用されないと解すべきである。また、民法六五三条三号は、受任者が後見開始の審判を受けたことを委任関係の終了原因としているが、保佐開始の審判あるいは補助開始の審判があった場合については規定していない。思うに、民法上、被保佐人は一定の行為をするには保佐人の同意を必要とするし（民法一三条一項）、被補助人も、一定の行為につき補助人の同意を要する旨の審判がなされる可能性がある（民法一七条一項）。また民事訴訟法上も、相手方の提起した訴えまたは上訴に対して訴訟行為をするには保佐人または補助人の同意は不要であるが（民訴三二条一項）、判決によらない訴訟の終了や民事訴訟法四八条による訴訟脱退には原則どおり保佐人または補助人の同意を要する（民訴三二条二項、民法一三条一項四号）。行為をなすについてこのような制限のある者は、区分所有法二六条で規定された管理者としての職務を十分に果たすことは必ずしも期待することはできないから、後見開始の審判があった場合と同様に、委任関係は終了すると解すべきであろう。

注（6）東京地判平五・一二・三判タ八七二号二二五頁。
（7）鎌野邦樹＝山野目章夫編「マンション法」八四頁〔船橋哲〕。
（8）同旨、稲本洋之助＝鎌野邦樹「コンメンタールマンション区分所有法〔第二版〕」一四一頁。なお、水本浩＝遠藤浩＝丸山英気「基本法コンメンタール・マンション法〔第二版〕」四八頁〔澤野順彦〕は、管理者の選任決議がなされ、これを承諾すれば委任類似の契約が成立するというが、これは直接に委任契約における承諾とみて差し支えないであろう。また、集会の選任決議を被選任者が承諾することによって効力を生ずる単独行為とする構成も可能であるとするが、承諾を要件とする単独行為というのは概念矛盾であろう。
（9）東京地判平二・五・三一判タ七四八号一五九頁。
（10）法務省参事官室編「新しいマンション法」一五六頁は、特別の事情がない限り、管理組合の代表者として選ばれた者は、同時にこの法律に規定する管理者になるといってよいとする。
（11）同旨、稲本洋之助＝鎌野邦樹・前掲一四一頁。
（12）玉田弘毅「建物区分所有法の現代的課題」一九頁。
（13）マンション管理適正化法によれば、「管理組合から委託を受けて管理事務を行う行為で業として行うもの（マンションの区分所有者等が当該マンションについて行うものを除く。）」をマンション管理業と定義しており（二条七号）、本文にいう管理会社とは、所定の登録を得てこのようなマンション管理業を営む会社を意味するものとする

（適正化法二条八号・四四条）。

(14) この点については学説上見解の対立がある。すなわち、丸山英気・前掲法律問題二四五頁が、一種の双方代理（むしろ自己契約というべきであろう──三上）になり無効な契約であるとするのに対し、玉田弘毅・前掲課題二〇頁は、かような形態による実際上の不都合を指摘しながらも、どのような者を管理者にするかは区分所有権者の自治に委ねられた財産管理の問題であり、建物区分所有法上、解釈で管理者の資格制限をすることは難しいとする。

(15) 玉田弘毅・前掲課題一九頁、丸山英気「判例区分所有法(7)」判例時報一〇七〇号一六五頁。なお、稲本洋之助「区分所有における管理と規約〈その二〉」不動産鑑定八巻五号四七頁は、実質的に見ると、管理組合の設立、代表者の選出は分譲者側で管理を行うため「契約当事者の単一化」のためである旨を指摘している。

(16) 同旨、林良平編「注釈民法(2)」三九頁以下〔森泉章〕およびそこでの引用文献を参照のこと。

(17) 近時では有力である（森泉章「権利能力なき社団に関する研究」団体法の諸問題八一頁以下、加藤雅信「民法総則」一五〇頁、北川善太郎「民法総則〔第二版〕」九一頁、石田穰「民法総則」二一三頁、幾代通「民法総則〔第二版〕」一四九頁等）。なお判例（最判昭四八・一〇・九民集二七巻九号一一二九頁）は、社団自体ではなく、その構成員に総有的に帰属するという。

(18) 玉田弘毅・前掲課題二二六頁。なお、玉田教授は、管理者の任期は一年ないし二年ぐらいが適当であろうとされる。

(19) ドイツ住居所有権法二六条一項は任期を五年とし、同条二項は、再任には、任期満了前に住居所有権者の新たな決議を要するとしており、フランス区分所有法に関する一九六七年三月一七日デクレ二八条も三年または一年の任期を規定している（フランス法に関しては、玉田弘毅＝森泉章＝半田正夫編「建物区分所有法」資料三一頁以下に小沼進一助教授の翻訳がある。とくに右デクレについては同書資料四三頁以下）。なお、丸山英気・前掲法律問題二四八頁参照。

(20) 川島一郎・前掲解説（下）一二三八頁。

(21) 玉田弘毅編「新訂マンションの法律（上）」二三一頁〔花村治郎〕。
(22) 玉田弘毅・前掲課題二二七頁。
(23) 川島一郎・前掲解説（下）一二三九頁、玉田弘毅編・前掲二三一頁以下〔花村治郎〕等参照。
(24) 玉田弘毅・前掲課題二二七頁。具体的な手続については、玉田弘毅編・前掲二三二頁以下〔花村治郎〕。なお大森＝矢沢＝上柳＝鴻＝竹内＝谷川編「注釈会社法(4)」三一五頁、五四四頁以下および五五二頁〔浜田一男〕参照。
(25) 玉田弘毅編・前掲二三一頁〔花村治郎〕、丸山英気「叢書民法総合判例研究・区分所有法(2)」一五頁、稲本洋之助＝鎌野邦樹・前掲一四二頁等。
(26) 公刊された裁判例はそれほど多くないが、管理者解任請求につき、請求が認められたものとして、東京地判昭五三・一・二六下民集三一巻五～八号六二四頁、東京地判平二・一〇・二六判時一三九三号一〇二頁があり、認められなかったものとして、大阪地判昭六一・七・一八判時一二二二号九〇頁がある。職務執行停止仮処分事件として、長野地決平一一・四・二七判時一七〇一号一二五頁がある。なお、丸山英気・前掲区分所有法(7)一六八頁、稲本洋之助＝鎌野邦樹・前掲一四三頁も参照のこと。
(27) 水本浩＝遠藤浩＝丸山英気・前掲基本法コンメ四九頁〔澤野順彦〕、稲本洋之助＝鎌野邦樹・前掲一四三頁。
(28) 稲本洋之助＝鎌野邦樹・前掲一四二頁。

第三　管理者の職務権限

一　区分所有法二六条の概要

管理者の職務権限については区分所有法二六条が規定しているが、この規定は、区分所有法が一九六二（昭和三七）年法律第六九号として制定された当時は一八条であった。その後、一九八三（昭和五八）年の改正により、旧法の一八条は、その一項に保存行為の対象として共用部分のほか現行法二一条に規定する場合が加えられ、二項の後段および四項と五項が追加され（三項は旧法のまま）、新たに二六条とされた。二〇〇二（平成一四）年の改正では、一九八三年改正法で追加された二項後段について、「第一八条第四項（第二一条において準用する場合を含む。）の規定による損害保険契約に基づく保険金額」の後に、「並びに共用部分等について生じた損害賠償金及び不当利得による返還金」を追加し、これらの金銭の請求および受領についても、管理者が、区分所有者を代理するものとした。また、この追加により、本条四項については、規定自体の変更はないが、管理者が、共用部分等について生じた損害賠償金および不当利得による返還金の請求および受領に関しても、規約または集会の決議により、区分所有者のために原告または被告となることができることとなった。さらに、この追加に伴い、本条一項の「共用部分並びに第二一条に規定する場合における当該建物の敷地及び付属施設」の後に、かっこ書きとして、「（次項及び第四七条第六項において「共用部分等」という）」を加えた。[29]

管理者の職務権限・義務は、各区分所有者との関係における対内的なそれと、それ以外の者との関係での対外的な職務権限とに分けることができる。前者に属するものとしては、①共用部分等の保存、②共用部分等の変更・改良・管理、③集会の決議および規約で定められた事務の実行、④年一回の事務報告、⑤規約の保管・閲覧、⑥集会の招集・集会で議長となること、⑦管理所有、⑧先取特権、⑨受任者としての権利義務があげられる。また後者に属するものとしては、代理権および訴訟追行権があげられる。

二　対内的職務権限

1　共用部分の保存

管理者は、共用部分のみならず、区分所有法二一条に規定する場合、すなわち、建物の敷地または共用部分以外の附属施設が区分所有者の共有に属する場合、および、これらの物に関する地上権、賃借権等の権利が区分所有者の準共有に属する場合における当該建物の敷地および附属施設の保存行為についても、共有者の同意を要することなく自由に行い得る（法二六条一項）。旧法では、保存行為は共用部分についてのみ規定されていたが（旧法一八条一項）、現行法二一条によって共用部分以外の敷地等がいわば団体の当然の管理の対象とされる以上、その事務執行者というべき管理者に保存の権限を与えたものである。(30)

保存行為とは財産上の価値を現状において維持する行為であり、性質を変じない限りで価値を増加する改良行為とは概念的に区別される。本条にいう保存行為には、共用の玄関ホール、階段室、廊下、エレベーター室、機械室、柱、バルコニー、外壁等の専有部分に属しない建物部分や、受配電施設や防火施設などの建物の附属物、および倉庫、管理事務所等の共用部分とされた附属建物（法二条四項、四条二項）といった狭義の共用部分のほか、建物の敷地、庭園、屋外駐車場、ゴミ焼却炉といった共用部分以外の附属物に属する物についての清掃・点検・

補修・運転なども含まれるであろう。また敷地利用権が借地権の準共有であるような場合、管理者が各区分所有者にこの地代を請求することも、借地権を維持する行為として敷地の保存行為になる。[31]ただ保存行為は各区分所有者自らもなすことができるから（法一八条一項但書、二一条）、右の管理者の保存行為についての権限は、これと併存することになる。

2　共用部分等の変更・改良・管理

旧法では、共用部分の変更については共有者全員の合意がなければ、また共用部分の改良を目的とするものでありかつ多額の費用を要しないものについては共有者の持分の四分の三の多数の同意がなければ、管理者はこれを行うことができなかった（旧法一八条一項、一二条一項）。それに対して、一九八三年の改正で区分所有者の団体性が法律上明確化されたことに伴い（法三条）、意思決定の方法として集会主義が導入され、[32]しかも決議の要件も緩和された。すなわち、共用部分の変更については、区分所有者および議決権の四分の三以上の多数による集会の決議があれば管理者はそれをなし得る。また共用部分の改良行為とその他の管理に関する事項については、旧法と異なり、両者は同一に取り扱われており、通常の集会の決議があれば管理者はこれらの行為を行うことができる。また、共用部分につき保険契約を締結することも、管理に関する事項とみなされる（法一八条四項）。

右の決議の要件のうち、共用部分の改良や管理については規約によって別段の定めをすることができる（法一八条二項）。よって共用部分の管理につき、規約で「理事会で決する」旨を規定することも、さらには当不当は別にして、管理者に右の管理を一任すると定めることも理論的には可能である。共用部分の変更に関しては、区分所有者の頭数についてのみ、規約で過半数まで減ずることが許されている（法一七条一項）。

これら以外の区分所有者の共有に属する建物の敷地、または共用部分以外の附属施設の変更や管理については、もし特別の規定がないとすれば、区分所有法一七条、一八条の適用はなく、民法二五一条、二五二条の規定によって処理することになる。そうすると、共用部分の変更・管理について原則として集会主義を導入したことと著しくアンバランスになるので、区分所有法は、共用部分の変更・管理についての規定をここにも準用している(33)（法二一条）。

3 集会の決議および規約で定めた行為の実行

集会の決議事項ないし規約の規定事項となっている共用部分等の変更・管理行為（2参照）のほかにも、管理者は、区分所有者のために集会の決議あるいは規約によって管理者に処理を委ねられた事務について職務権限を有する。いかなる行為が管理者の職務権限とされるかは、個々の決議内容や規約内容を見て判断するしかないが、たとえば、玄関の受付、郵便物の保管、管理費の徴収・管理、共用部分に損害保険契約を締結したり、管理会社と管理委託契約を締結することなどがこれに含まれるであろう。なお、管理者が、区分所有者から管理の委託を受けた管理費などを自己の名義で銀行に預金していた場合であっても、預金者は管理組合であると解される(34)。

管理者が集会の決議ないし規約の定めに基づく業務を遂行しない場合には、善管注意義務（法二八条、民法六四四条）に違反するものとして、損害賠償の責任を負うことになろう(35)。

4 年一回の事務報告

管理者は、集会において毎年一回一定の時期にその事務に関する報告をしなければならない（法四三条）。この報告の性質については争いがあるが(36)、この義務は、区分所有者の請求の有無にかかわらず管理者自ら進んで果たすべき義務であるから、民法六四五条のものとは別個のものと考えるべきである。よって、民法上の義務はこれと併存することになる。管理者が報告義務を怠り、または虚偽の報告をすると、民事上の責任が問われるほか、二〇万円以下の過料に処せられる（法七一条四号）。

なお、一部の区分所有者が区分所有法二八条が準用する民法六四五条の委任終了後の報告義務に関する定めに基づき報告を求めた事案につき、下級審の裁判例には、管理組合の理事長たる管理者は、区分所有者から直接管理者となることを委任されたものではなく、管理組合の総会において右の報告をすれば足り、個々の区分所有者の請求に対して直接報告する義務を負うものではないとしたものがある。(37)

5　規約の保管・閲覧

規約の保管者として、旧法は、管理者または区分所有者もしくはその代理人で建物を使用している者の中から区分所有者の過半数で定められた一人のものと規定していた（旧法二六条）。しかし、規約の保管者は常に明確であることが望ましいから、現行法では、管理者が置かれている場合には必ず管理者が保管することとされ、管理者がいない場合に限って、建物を使用してる区分所有者またはその代理人で規約または集会の決議で定められた者が保管することとされた（法三三条一項）。ここでいう保管の対象たる規約とは、単に規約の条項を記載した書面のみならず、区分所有者の合意を示す書面等の規約が適法に成立したことを証する手続に関する書類も含まれる。(38)ただ規約の変更を証する書面については、規約の変更が集会の決議事項であるから、当該変更がなされた集会の議事録についても保管義務が課せられることになろう（法四二条五項、三三条一項）。なお、規約等の書類を保管している管理者は、利害関係人から閲覧の請求があった場合には、正当な理由がなければそれを拒んではならない（法三三条二項）。

6　集会の招集・集会において議長となること

管理者は第一義的な集会の招集権者であると同時に、毎年一回集会を招集する義務も課せられている（法三四条）。したがって、区分所有者が集会を直接招集できるのは、管理者が置かれていない場合か、区分所有者の五分の一以上で議決権の五分の一以上を有する者が管理者に集会の招集を請求したのに、請求の日から二週間以内にその請求の日から四週間以内の日を会日とする招集通知が発せられなかった場合に限られる（法三四条三項～五項)。集会においては、規約に別段の定めがあるか別段の決議がある場合を除いて、第一義的には管理者が議長になる(法四一条)。

7 管理所有

共用部分は、区分所有者の共有とするのが原則であるが、規約で別段の定めをすることにより、管理者を共用部分の所有者と定めることができる(法二七条一項)。この管理者を共用部分の所有者とする制度を管理所有という、管理者は、その所有とされた共用部分について、本来の共有者全員のために、その共用部分を管理する義務を負い、他面、管理者は区分所有者に対して相当な管理費用を請求することができる(法二七条二項、二〇条一項)。管理所有では、所有権は形式的には管理者に移転するが、実質的な所有権はなお区分所有者に存するから、その法的性質は、管理の必要からなされた信託的所有権の移転と考えられる。[39] したがって、この場合、管理者の管理の内容は保存行為および改良を目的とするが著しく多額に費用を有しない軽微な行為に限られ、共用部分の重大な変更は規約の別段の定めによってすることはできず、必ず集会の特別決議によらなければならない(法二七条二項、二〇条二項)。

8 先取特権

管理者は、共用部分、建物の敷地のほか共用部分以外の建物の附属施設につき区分所有者に対して有する債権、または規約や集会の決議に基づいて区分所有者に対して有する債権、または規約や集会の決議に基づいて区分所有者に対して債権を有する場合、および職務や業務を行うにつき必要な費用の前払請求権や償還請求権を有する場合(民法六四九条、六五〇条)には、それらの債権を担保するため、債務者の区分所有権(共用部分に関する権利および敷地利用権を含む。)および建物に備え付けた動産の上に先取特権を有する(法七条一項)。

9 受任者としての権利義務

管理者と区分所有者との関係は実質的には、委任ないし準委任の関係であり、区分所有法二八条は管理者の権利義務は委任に関する規定に従うものとした。よって管理者には善管注意義務（民法六四四条）や報告義務（民法六四九条）が課せられる一方、管理費の前払請求権や立換費用償還請求権、損害賠償請求権が認められる（民法六四九条、六五〇条）。また特約があれば報酬請求権も認められるし、規約に報酬に関する定めを置くこともできる（法三〇条一項、民法六四八条一項）。

三　対外的職務権限

1　共用部分等の保存・変更・管理の代理権

管理者は区分所有者（団体）との委任関係に基づき共用部分等の管理権限を有する者であるが、そのことによって当然に代理権までも有することにはならない。しかし、右権限を行使する上で必要とされる第三者との法律行為について区分所有者を代理させる方が、より円滑な管理ができて合理的である。そこで区分所有法は、管理者はその職務に関し当然に区分所有者を代理するものと規定した（法二六条二項）。

ところで、この代理権の法的性質については、旧法の下で、区分所有者が管理者を選任するような場合には一種の団体的結合関係にあるとみられるから、管理者は区分所有者の団体の業務執行者であり、管理者の代理権はその団体の代表権のようにも考えられないわけではないが、区分所有法は規定上かかる団体を認めていないので、管理者の代理権は個々の区分所有者を代理する権限であると解するほかないと説明されていた。[40] しかし、一九八三年の改正によって、区分所有者が一個の団体的結合関係にあることが明文で規定された（法三条）ことにより、区分所有法二六条二項にいう「代理する」という文言の意味が問題となった。これに関して通説は、区分所有法三条は、建物等の管理に関する事務はすべて団体的に処理されるということを明らかにしただけで、区分所有者が社会学的にも当然に団体を構成しているとまでいっているわけではなく、要はそれぞれの団体の実質に即して解釈で決めるよりほかはないとする。そして区分所有者の団体が権利能力なき社団に当たるとしても、それは、代表者の名において構成員全員のため権利を取得し、義務を負担するものであり、その代表者の名義をもって取得した権利義務は社団そのものに帰属するものではないので、区分所有法は、このように管理者がその職務としてした行為の効果が直接区分所有者に帰属するという関係を捉えて「管理者は……区分所有者を代理する」と表現したものであると解している。(41) たしかに、区分所有者の団体には、権利能力なき社団としての性格をもつものから、組合的なもの、また、実質的には団体とはいえないものまで大小さまざまなものがあるから、(42) すべての区分所有者の団体について社団法的処理をしなければならないわけではない。しかし、少なくとも区分所有者の団体が権利能力なき社団と評価され得るような場合には、そこでは管理者の選任や解任につき多数決原理が採用されているほか、実際の対外取引においても管理者は自らを代理人と表示することはなく、管理組合の理事長の名称で契約を締結しているのがほとんどである。(43) さらに、近時では、代表者の名においてした法律行為の効果が社団自体に帰属するという見解も有力であることを考えても、(44) 区分所有法二六条二項の代理権とは、一般的には代表権を意味しているものと解すべきではあるまいか。

なお、管理者の代理権について、代理権を行使できる事項、範囲、およびその行使方法等について、規約または集会の決議により制限を加えた場合でも、これをもって善意の第三者に対抗することはできない（法二六条三項）。

2 損害保険金の請求および受領の代理権

区分所有法一八条四項および二一条によって、共用部分、建物の敷地および共用部分以外の附属施設で共有に属するものについて保険契約を締結することは管理に関する事項とみなされており、付保管理者は集会の決議の実行として区分所有者を代理して保険契約を締結し得る（法二六条一・二項前段）。しかし、保険事故が発生した場合、保険金の請求権は保険利益の帰属者たる共用部分等の共有者に帰属するから、管理者は、各共有者の個別の授権がない限り、当然にはその請求権を代理行使できないし保険金の受領代理権もない。しかし共用部分等に付保するのは、保険事故が起きた場合にそれらを修復するためであり、保険金がこの目的のために有効かつ直接的に使われるためには、それが管理の責任者たる管理者の手許に一括して集められることが望ましい。そのような配慮から、区分所有法は、管理者に保険金の請求および受領につき代理権を与えた(45)。

しかし、このことによって各区分所有者が本人たる地位を失うわけではないから、各区分所有者が個別に請求権の取立てを行ったり、請求権を第三者に譲渡したり、また質権等の担保権を設定することは可能である。しかし、このようなことが自由に行われることになると、付保の目的が達せられなくなるから、これらの行為を禁じる必要がある。ただ、そのような規律は立法技術的に困難な問題があったため、一九八三年の改正に際しては、かような処置についての立法化は見送られた(46)。そこで現実的な対応としては、規約により保険金の請求や保険金請求権の処分に一定の制限等を設けるべきであろう(47)。もっとも、このような規約上の定めを設けても、区分所有者以外の者の権利を害することはできないので（法三〇条四項）、たとえば、第三者が個々の区分所有者の保険金請求権の差押えをしてきた場合にはそれを防ぐ手段はない。

なお、管理者が保険金の請求や受領について代理権を有するのは、保険契約が管理に関する事項として締結された場合、つまり、集会の決議、規約の定め、または規約によりその決定権を与えられた者による決定等の団体的意思決定に基づいて付保された場合であって(48)、区分所有者が専有部分および共用部分の共有持分に個別的に付保した場合は除かれる。

3　損害賠償金および不当利得による返還金の請求等

(1)　区分所有法二六条二項についての二〇〇二年の改正によって区分所有法二六条二項の後段末尾に付け加えられたこの権限はすでに述べたように、二〇〇二年改正の趣旨

この権限はすでに述べたように、二〇〇二年改正前においては、共用部分が第三者により侵害された場合に、管理者はその職務（共用部分の保存行為）として、第三者に対する妨害排除訴訟の原告となることはできるが、損害賠償請求の可否については議論があった。[49] このような状況の下、法務省の立法担当者[50]は、不法行為や建築工事の瑕疵等による損害賠償請求権が可分債権であり、各区分所有者に分割的に帰属するものであるから、賠償金の請求・受領は管理者等の権限に含まれないというところから出発しながらも、「しかし、共用部分等について生じた損害賠償請求権については、各区分所有者が権利行使をしたとしてもその額が少額にとどまる場合が多いこと、受領した損害賠償金は共用部分等に生じた損害の回復の費用に振り向けるべき場合も少なくないこと等から、管理者等が各区分所有者を代理して一元的に請求し、または受領することができるものとした方が、建物の適正な管理に資するものと考えられる。また現行法でも、共用部分等を対象として締結された損害保険契約に基づく保険金の請求および受領や、共用部分等の不法占拠者に対する妨害排除については、管理者等に代理権および訴訟追行権が付与されていることから、共用部分等について生じた損害賠償金の請求等についてこれと異なる扱いをするのは均衡を失しており、必ずしも合理的ではない。」との理由から、管理者の権限を拡張したのである。なお、この説明において不当利得による返還金の請求等については何ら触れられていないが、同様に考えるべきである。[51]

なお、区分所有者の団体が管理組合法人である場合は、管理組合法人が、共用部分等について生じた損害賠償金および不当利得による返還金の請求および受領について、区分所有者を代理する（法四七条六項）。

(2)　共有部分等について生じた損害賠償金

損害が、不法行為に基づくにしろ、契約に基づくにしろ、およそ共用部分等について生じたものであれば、ここにいう共有部分等について生じた損害賠償金に含まれる。その請求としては、民法四一五条の債務不履行、同五七〇条、五六六条の瑕疵担保責任、同七〇九条の不法行為等を根拠とするものが考えられる。[52]

(3) 不当利得による返還金

不当利得による返還金とは民法七〇三条に基づくものである。二〇〇二年改正前の下級審であるが、専用使用権が認められていない敷地部分や共用部分であるピロティー部分を有料駐車場として賃貸した区分所有者に対する、管理者の賃料相当額の不当利得による返還金の請求を認めたものがある。[53] また、区分所有者や第三者が共用部分等に倉庫などの工作物を設けるなど、当該部分を不法占拠している場合に、管理者は、その妨害排除請求とともに、これまでの不法占拠について不当利得による返還金の請求および受領ができる。[54]

4 訴訟追行権

(1) 管理者の訴訟追行のための法的根拠

一九六二年法においても管理者はその職務に関し区分所有者を代理するとされていたが（法一八条二項）、そこに訴訟上の代理権が含まれるか否かについては争いがあった。それに関して肯定する学説もあったが、[55] 立法担当者および学説の多数はそれを否定しており、[56] 下級審の裁判例も同様に解していたようである。[57]

これに対し、一九八三年改正区分所有法二六条四項は、「管理者は、規約又は集会の決議により、その職務（第二項後段に規定する事項を含む。）に関し、区分所有者のために、原告又は被告となることができる。」と規定した。もしこのような規定がなければ、区分所有者の団体的意思を実現するための訴訟は、民事訴訟法二九条の規定による場合はともかく、これによらなければ、選定当事者（民訴三〇条）をも含めたいわゆる任意的訴訟担当によるか、各区分所有者が提起するほかはないことになる。

まず、各区分所有者が提訴する場合についていえば、はたして区分所有者が単独ですることができるのか、仮に単独でできるとしても集会の決議を経ることを要するのか、それとも全員の名で訴訟追行しなければならないのかは解釈上不明確であるばかりでなく、せっかく管理者が選任されているのに、各区分所有者がその名で訴訟追行しなければならないというのも不合理である。さらに右訴訟が区分所有者の共同の利益のためになされているにもかかわらず、支出した訴訟費用につき他の区分所有者に費用償還を求めるについてもかなり困難を伴うことになる。[58]

次に選定当事者による場合についていえば、管理者が選定当事者になるためには、区分所有者全員からの授権が必要であり、また、管理者は、区分所有者の中から選任されなければならず、必ずしも適切な者が管理者になるとは限らない。さらに、管理者が選定当事者となるには区分所有者全員からの授権が必要であるという制約を伴う。それ以外の任意的訴訟担当については、法律で認められているもの（選定当事者〔民訴三〇条〕、取立委任裏書〔手形法一八条〕、サービサー〔債権回収一一条一項〕等）以外にどの範囲まで認められるかについては判例・学説上争いがあり、[59]個々のケースごとに要件を判断するのも実務上きわめて不便である。そこで、法律の明文規定によって任意的訴訟担当を認めたものが、区分所有法二六条四項であるとされている。[60]その結果、任意的訴訟担当の一種である選定当事者に関する規定も原則として管理者には準用することができるであろう。すなわち、訴訟係属後集会の決議で管理者に訴訟追行権が与えられると、それまでの当事者は訴訟から脱退するし[61]（民訴三〇条二項）、管理者の訴訟追行権は書面によって証明する必要がある（民訴規一五条）。その他、民訴法三四条一項、三六条一項も準用される。

たしかに、この改正がなされる以前はもちろん、改正後においても、管理者は、それぞれの要件を満たす限り、①管理組合が法人である場合にはその代表者として、[62]②管理組合が権利能力なき社団に当たる場合には民訴法二九条により、③民訴法二九条の要件を満たさない場合でも、民訴法三〇条の選定当事者として、訴訟追行をなすことは可能である。しかし、区分所有法二六条四項による場合には、管理組合が民訴法二九条の要件を満たす団体か否かの証明は不要であるし、民訴法三〇条によるときのような不都合も回避することができ、管理者による訴訟追行が非常に容易になったといえよう。

区分所有法二六条四項によって訴訟追行権が認められた管理者は代理人ではないから、上訴や訴えの取下げ、和解、請求の放棄・認諾等は、特別の授権を要することなく自由になし得る。法文には「原告又は被告となる」とあるが、いわゆる判決手続の当事者に限られるものではなく、起訴前の和解や支払督促の申立て（民訴二七五条、三八三条）をしたり、仮差押え、仮処分の申請をし、またはその相手方となることができるのはもとより、民事執行あるいは民事調停の当事者になることもできる。(63)

ところで、規約によって、法人格を有しない管理組合自体が管理者とされている場合には、若干の考慮を要する。なぜなら、もしこの場合に区分所有法二六条四項を適用すると、管理組合の名で訴えまたは訴えられることになる。しかし、これでは結果的に民訴法二九条の文言と同一になる。したがって、当該管理組合（管理者）の理事長には民事訴訟法の法定代理に関する規定が準用されるから、理事長が上訴、訴えの取下げ、和解、請求の放棄・認諾をするには、区分所有者の特別授権を要することになってしまい（民訴三七条、三二条二項）、理事長を管理者とした場合と比べ、訴訟追行の円滑性を著しく減殺することになると思われるからである。しかしこの場合、区分所有法二六条四項により管理者組合自体が当事者として自由に上訴の提起、訴えの取下げ等の訴訟行為をなし得るのであるから、その業務執行機関たる理事長は、これらの行為をなすにつき特別授権を必要としないと解すべきである。その結果として、理事長が直接に管理者とされている場合と同じ扱いになる。

(2)　訴訟追行に対する授権

区分所有法二六条四項の文言から明らかなように、管理者はその地位にあれば当然にその職務に関し訴訟を追行できるのではなく、規約または集会の決議による特別の授権に基づいてのみ訴訟を追行することができる。規約によって授権がなされる場合、管理者の職務につき包括的に訴訟追行権を与えることも、事項を限定して付与することもできるが、管理者の独走を防止することができる点で、後者の方法が望ましいであろう。[64] これに対し集会の決議（これは普通決議で足りる。法三九条一項）による場合には、個別の事項ごとに管理者に授権することを要すると解すべきである。[65]

(3) 訴訟行為をなし得る範囲

管理者が訴訟行為をなし得る事項の範囲は、「その職務に関し」てである（法二六条二項前段）。その意味は、区分所有法二六条一項に規定する管理者の権限事項に関してということであるが、そのほかに、同条二項後段に規定する損害保険契約に基づく保険金の請求および受領のほか、共用部分等について生じた損害賠償金および不当利得による返還金の請求・受領も含まれる。たとえば、保存行為として第三者と修理請負契約をした場合におけるその請負代金支払請求訴訟の被告となったり、請負工事の不備に基づく損害賠償請求訴訟の原告となったり、共用部分につき修繕契約をしたときに相手方に対する履行請求訴訟の原告となり、規約で管理費・修繕費等の支払義務を定めている場合に、未履行の区分所有者を相手取ってそれらの金額の支払請求訴訟を提起するなどである。また、管理者は、規約で不作為義務が定められている場合（たとえば、ペット飼育禁止や夜間の騒音発生禁止等）、その義務の違反行為の停止等の訴えも、規約に定められた行為に関するものとして許される。[66] ただ、規約違反行為が区分所有者の共同の利益に反する程度までに至れば、明文上差止訴訟が認められている（法五七条以下）。

それに対し、瑕疵ある設置物のついたマンションを販売したことを不法行為とする損害賠償請求訴訟においては、区分所有権の販売の際に各区分所有権者に対して加えられたものであり、その損害賠償請求は各区分所有者個人に帰属するものであって、管理者がこのような個別に帰属する損害賠償請求権を行使することは共用部分の保存行為とはいえず不適法である。[67]

(4) 管理者の訴訟上の地位

管理者は「区分所有者のために」当該訴訟の原告または被告となる。これは、当該訴訟の原告または被告となり得べき区分所有者全員のために、という意味である。たとえば管理費を滞納する区分所有者に対するその支払請求訴訟のように、特定の区分所有者を相手方とするとき、あるいは逆に、特定の区分所有者が、共用部分たる建物の部分につき所有権確認訴訟を提起するような場合、当該区分所有者を除外せざるを得ないと解されるため、「区分所有者全員のために」という表現を用いなかったにすぎない。[68]

管理者の地位は、規約または集会の決議という団体的意思決定によるものであるが、法律関係の帰属主体からの授権に基づいて訴訟担当をするものであるから、いわゆる任意的訴訟担当である。したがって、管理者がなした訴訟追行の結果として受ける判決の効力は、勝訴・敗訴を問わず、区分所有者の全員に及ぶ（民訴一一五条一項二号）。

共用部分等の侵害者に対する妨害排除請求のように、各区分所有者が自己の共有持分に基づいて各自固有の請求権を有する場合、規約または集会の決議により管理者に授権がされたことによって、各区分所有者の訴訟追行権が消滅するわけではない。ただ、両者が独立して訴えを提起した場合には、民訴法一一五条一項二号によって、既判力が矛盾抵触するおそれが生じるから、あとから提起された訴えは重複訴訟として不適法却下される[69]（民訴一四二条）。

(5) 区分所有者に対する訴訟係属の通知

集会の決議により個別的に管理者に訴訟追行権を授権したときは、各区分所有者がその授権に基づく訴訟係属を知ることが容易であるが、規約による事前の授権に基づき原告または被告となったときは、各区分所有者が訴訟係属を知ることができるとは限らない。そこで、とくに後者の場合には、管理者は、遅滞なく、その訴訟係属を各区分所有者に通知すべきものとされている（法二六条五項前段）。この通知によって、管理者の訴訟追行が不適当であれば、区分所有者は当該訴訟に補助参加（法四二条以下）をする機会が与えられるであろうし、場合によっては、区分所有者は、区分所有法二五条によって管理者を解任することもできるであろう（法三四条三・四項）。

この通知の手続等については、集会の招集の通知に関する規定（法三五条二～四項）が準用されている（法二六条五項後段）。

(6) 訴訟費用等

管理者は、その職務として区分所有者の共同の利益のために訴訟をするのであるから、それに要する費用は、弁護士費用をも含め、区分所有者に対し、前払いまたは償還を請求することができる（法二八条、民法六四九条、六五〇条）。

注(29) 本条の沿革については、稲本洋之助＝鎌野邦樹・前掲一四四頁以下、濱崎恭生「建物区分所有法の改正」二一五頁以下を参照のこと。

(30) 濱崎恭生「改正区分所有法の概要」別冊NBL一二号二四頁。

(31) 高柳輝雄「建物区分所有法の主要改正点」金融法務事情一〇二七号一三頁、同「改正区分所有法の解説」八三頁。

(32) 高柳輝雄・前掲改正点九頁参照。ただ、法一八条二項は、共用部分の管理に関する事項につき集会主義を排除することを認めている。

(33) 高柳輝雄・前掲改正点一〇頁。

(34) 東京高判平一一・八・三一高民集五二巻三六頁、東京高判平一二・一二・一四判時一七五五号六五頁。

(35) 神戸地判平七・一〇・四判時一五六九号八九頁は、管理者が集会の決議に基づく業務を執行せず管理組合に損害を与えたことを理由として、区分所有者数名が損害賠償を請求した事例において、このような請求権は団体的な性格を有するものであり、区分所有者全員ないしは選定当事者が原告となって訴えを提起すべきものとして、訴えを不適法却下した。

(36) 川島武宜編・前掲注解民法(7)三八七頁、なお吉野衛「建物の区分所有等に関する法律・解説(3)」財政経済弘報九四〇号五頁は民法の特則であるとする。

(37) 東京地判平四・五・二二判時一四四八号一三七頁。

(38) 西村捷三「マンション管理の実務」四五頁。

(39) 水本浩＝遠藤浩＝丸山英気・前掲基本法コンメ五三頁〔澤野順彦〕。

(40) 川島・前掲解説（下）一二四〇頁、川島武宜・「注釈民法(7)三八七頁〔川島一郎〕。

(41) 濱崎恭生・前掲概要別冊NBL一二頁、法務省参事官室・前掲マンション法一六〇頁以下、水本浩＝遠藤浩＝丸山英気・前掲基本法コンメ五三頁〔澤野順彦〕、稲本洋之助＝鎌野邦樹・前掲一四七頁以下。

(42) この点を指摘するものとして、水本浩＝遠藤浩＝丸山英気・前掲基本法コンメ五三頁〔澤野順彦〕。

(43) 西村捷三・前掲四七頁参照。

(44) これに関しては注（16）参照。

(45) 立法趣旨については、濱崎恭生・前掲概要別冊NBL二四頁以下、同・前掲改正二一七頁、高柳・前掲改正点一三頁等を参照。

(46) 濱崎恭生・前掲概要別冊NBL二五頁、同・前掲改正二一八頁・六三頁以下、同『区分所有法改正要綱試案』に関する若干の論点」NBL二六二号八頁。

（47）同旨、水本浩＝遠藤浩＝丸山英気・前掲基本法コンメ五一頁〔澤野順彦〕、稲本洋之助＝鎌野邦樹・前掲一四九頁。

（48）濱崎恭生・前掲概要別冊NBL二五頁。なお、濱崎恭生・前掲改正二一九頁の注（1）は、法人格なき社団としての区分所有者の団体（管理組合）を保険契約者とし、管理者をその代表者として保険契約を締結することも可能であるが、この場合でも、被保険利益、すなわち共用部分等の所有権は、区分所有者の共有に属するのであって団体的に帰属するものとはいえないから、その保険契約は他人のためにするもの（商法六四七条）であり、保険金請求権は、各区分所有者に帰属することになるものと解され、したがって、管理者が当然にその請求、受領の権限を有することにはならないとするが、これでは付保の意味が大幅に減殺されることになり、妥当ではあるまい。

（49）否定するものとして、東京高判平二・五・二八判時一三五四号一〇〇頁、東京高判平八・一二・二六判時一五五九号七九頁、札幌地判平一一・一・二七判タ一〇五四号二六七頁。肯定するものとして、濱崎恭生・前掲改正二二一頁、東京地判平三・二・二六判タ七六八号一五五頁、東京地判平九・七・二五判タ九七〇号二七六頁。共用部分の回復請求と共になされる損害賠償請求については肯定するものとして、水本浩＝遠藤浩＝丸山英気・前掲基本法コンメ五二頁〔澤野順彦〕がある。

（50）吉田徹＝和田澄男＝一場康宏＝佐伯千種「建物の区分所有等に関する法律の一部改正法の概要（上）」金融法務事情一六六四号七〇頁。

（51）稲本洋之助＝鎌野邦樹・前掲一五一頁。

（52）吉田徹編著「一問一答改正マンション法」三〇頁。

（53）東京地判平三・二・二六判タ七六八号一五五頁、東京地判平九・七・二五判タ九七〇号二七六頁。

（54）稲本洋之助＝鎌野邦樹・前掲一五四頁。

（55）玉田弘毅・前掲課題二〇頁、二二九頁。

（56）川島一郎・前掲解説（下）一二四〇頁、吉野衛・前掲解説⑶五頁、玉田弘毅・前掲不動産研究二三頁。

(57) 東京地判昭五四・四・二三下民集三一巻五〜八号七一三頁、東京地判昭五五・七・七下民集三一巻五〜八号八三一頁等。
(58) 以上は、法務省民事局参事官室・前掲マンション法一六四頁が指摘するところである。
(59) この点につき、判例は従来、無尽講の講元に講関係の債権債務に関する訴訟について任意的訴訟担当を認めていたが（大判昭一一・一・一四民集一五巻一頁、大判昭一一・一二・一民集一五巻二一二六頁）、民法上の組合において組合員の一人が訴訟担当をすることは許されないとしていた（最判昭三七・七・一三民集一六巻八号一五一六頁）。しかし、その後、任意的訴訟担当が弁護士代理の原則（民訴五四条）や訴訟信託の禁止（信託法一一条）の趣旨を逸脱せず、かつこれを認める合理的必要性がある場合には任意的訴訟担当を認めてもよい、という一般原則を述べたうえで、組合規約に基づいて業務執行組合員に自己の名で組合財産に関する訴訟を追行する権限が授与されている場合にこれを認めるに至った（最判昭四五・一一・一一民集二四巻一二号一八五四頁）。学説上は、従来から、訴訟の受託者が権利主体との関係で訴訟行為をすることにつき正当な業務上の必要がある場合に限り任意的訴訟担当が許されるとするもの（正当業務説）が通説となっており、その基準として、①第三者が他人の権利関係に関する訴訟につき自己固有の利益を有する場合、②第三者が、訴訟物たる権利関係につき訴訟を追行する権限を含む包括的な管理権をもち、権利主体と同程度以上にその権利関係につき知識を有する程度まで関与している場合をあげる（福永有利「任意的訴訟担当の許容性」中田還暦上七五頁）。具体例については、上田徹一郎「民事訴訟法〔第四版〕」二三二頁、新堂幸司「新民事訴訟法〔第三版補正版〕」二七二頁以下参照。
(60) 区分所有法二六条四項および五項の立法趣旨につき、高柳輝雄・前掲改正点一三頁以下、濱崎恭生・前掲概要別冊NBL一二号二五頁以下、同・前掲改正二二二頁、法務省参事官室・前掲マンション法一六七頁参照。
(61) これに関し、柳原武男「区分所有建物の管理に関する改正」自由と正義三四巻一一号二二頁によれば、日弁連は、一九八三年の改正に当たり、訴訟を行っている区分所有者の権利と管理者の行使する権利とが同一であるとは限らないし、仮に同一であっても、区分所有者が管理者の訴訟参加に反対している場合もあり得るので、訴訟から脱退するかどうかは、その区分所有者の意思にかからしめるべき（民訴四八条による趣旨か—三上注）だと主張した由であるが、改正には至っていない。

(62) 管理組合法人である場合は、管理者に関する規定は排除されているから（法四七条八項）、管理組合法人が訴訟追行権を有する。

(63) 濱崎恭生・前掲改正二二二頁。

(64) 一九八三年の改正論議の段階では、規約による包括的な授権を認めるのは妥当でないとの意見もあったようである。これにつき、法務省民事局参事官室「衆参両院法務委員会議録（抄）」別冊ＮＢＬ一二号二〇二頁、高柳輝雄・前掲改正点一四頁参照。

(65) 濱崎恭生・前掲改正二二二頁、二二九頁注（6）、稲本洋之助＝鎌野邦樹・前掲一五六頁。

(66) 同旨、高柳・前掲解説八八頁、法務省民事局参事官室・前掲マンション法一六八頁・三〇〇頁。

(67) 二〇〇二年改正前の事件であるが、札幌地判平一一・一・二七判タ一〇五四号二六七頁。高柳・前掲改正点一四頁、同・前掲解説八八頁も、これらの請求が共用部分の保存行為と解するのは無理であるとしている。なお、東京高判平八・一二・二六判時一五九九号七九頁は、管理者が権利能力なき社団の代表者として、共用部分に生じた瑕疵が販売会社の不法行為であるとして損害賠償を請求した事件につき、当事者適格は肯定しつつも、損害賠償請求権は各区分所有者に帰属するものであり、しかもそれは可分債権であるとして、請求を棄却した。

(68) 濱崎恭生・前掲改正二二二頁以下。

(69) 同旨、濱崎恭生・前掲改正二二三頁以下。

第四　管理者の責任

管理者は共用部分等を管理する権限を有するとともに、その職務の遂行に当たっては一定の責任を負う。以下民事責任と刑事責任とに分けて述べる。

一　民事責任

１　損害賠償

管理者は管理委託契約によって共用部分等の管理をなす権利と義務を有する（法二六条一・二項）ほか、民法の委任の規定による権利義務をも有する（法二八条）から、管理事務の処理は善良なる管理者の注意をもって当たらなければならない（民法六四四条）。よって、故意過失によってこの義務を履行せず、その結果、区分所有者に損害を与えたときは、債務不履行の一般原則によって管理者はその損害を賠償しなければならない。この場合、故意は別として、過失の前提となる善管注意義務の程度は事例ごとに個別的に判断せざるを得ないが、管理行為がもともと専門的な知識や技術を要するものである以上、ある程度高度なものとならざるを得ないであろう。(70)

管理者が管理行為を行うにつきその全部または一部を他の者、すなわち履行補助者に行わせ、その結果この者の故意過失で区分所有者に損害を与えた場合、管理者は履行補助者の過失に適用される一般理論によって責任を負わなければならない。ただその責任については、履行補助者が、管理者の指揮命令に従ってその手足のように使用される「真の意味での履行補助者」である場合と、管理者に代わって履行を引き受けてする履行代行者である場合とでは差異が生じる。すなわち、①その他人が真の意味の履行補助者である場合、その者の故意過失については管理者は常に責任を負う。たとえば直接管理作業に携わる管理人が管理者の直接の被用者であった場合などがこれに当たるであろう。②規約等で履行代行者の使用が禁じられているときには、履行代行者を使ったこと自体がすでに債務不履行であり、代行者を使わなくても債務不履行となったことを証明しない限り、履行代行者に故意過失がなくても管理者は責任を免れない。ただ管理には高度な技術や知識が必要であり、管理者にそのすべてを要求するのは無理であって、実際上、かような特約は少ないと思われる。③規約等で履行代行者の使用が許されている場合、管理者はその選任・監督に過失があったときにのみ責任を負う。④とくに規約等で履行代行者の使用が禁じられるとも許されるとも規定されておらず、給付の性質上履行代行者を使用してもよい場合には、むしろ、履行補助者に対するのと同様の指揮監督をなすことを前提として、黙示的にその使用が許されているものとして、管理者は①と同様の責任を負う。[71]

2　解　任

管理者に職務の懈怠がある場合、区分所有者は右のように損害賠償を請求するほか、もっと直接的な責任追及の方法として、集会の決議によって管理者を解任したり、あるいは集会の決議によることなく裁判所に管理者の解任請求の訴えを提起することもできる（法二五条一・二項）。とくに後者の方法は、管理者が一部の区分所有者の利益を顧みないが、これらの区分所有者（およびその同調者）のみでは過半数に達せず集会の決議による解任ができない場合、あるいは特定人が規約によって管理者と定められていることにより解任が実質的に困難である場合等において有力な手段となるであろう（なお本章第二・二を参照）。

二　刑事責任

管理業務担当者によってもっとも頻繁に行われる可能性のある犯罪は横領と背任であろうが、かならずしもこれらの犯罪に限られないことに注意を要する。(72)

1　業務上横領

横領とは自己の占有する財物を不法に領得することであるが（刑法二五二条）、占有が業務によって行われる場合には刑罰は加重されている（刑法二五三条）。業務とは職業もしくは職務を汎称し、法令によるか慣例によるか、また契約によるかを問わないとされており、(73) 管理者の占有は業務によるものであるから、単純横領ではなく、業務上横領として一〇年以下の懲役に処せられる。たとえば、管理者が保管中の積立金や管理費等を着服したり、共用部分に属する動産（たとえば玄関ホールの照明器具等）を領得するなどがこれに当たるであろう。

2　背　任

背任とは、他人のために一定の事務を処理する法的義務のある者がその任務に違反し、その他人に財産上の損害を加えることである（刑法二四七条）。横領罪が財物に対して成立するのに対して、ここでは財物以外の財産上の利益が問題になる点でそれと異なる。たとえば、知人に利益を与えるため、その者に十分な管理能力がないことを知りながら、これと高額な報酬を内容とする管理委託契約を締結したような場合が考えられるであろう。

3　その他

たとえば管理者が故意に区分所有者に対し管理費を水増し請求したり、区分所有者を欺罔して共用部分たる不動産を現実に占有し、あるいはその不動産につき自己に所有権移転登記をしたような場合には詐欺罪（刑法二四六条）が成立するであろう。右の不動産侵奪行為が欺罔行為によらない場合には、不動産侵奪罪（刑法二三五条の二）が成立する。区分所有者が特定人に管理業務を委託せず共同で動産を管理、占有している場合、区分所有者の一人または数人の者が他の区分所有者の同意を得ないで、その所持（占有）を自己または他人のために移転したときは、他の区分所有者の所持の侵奪として窃盗罪（刑法二三五条）が成立する。[74] しかし、管理者が選任されているときには、管理の対象物については管理者に占有があるから、管理対象物の領得により業務上横領になることはあっても、窃盗罪は成立しにくいであろう。

三　その他の責任

以上のほか、管理者が、一定の義務規定のうち特に重要なものに違反した場合について、国家が後見的な見地から履行を確保する目的をもって、過料の制裁を課すこととしている。これは一定の秩序違反行為に対して課される金銭罰であり、民事罰である損害賠償や刑事罰である罰金や科料とは区別される。なお過料の制裁を課す手続は、非訟事件手続法の規定（非訟一六一条以下）による。

1　規約等の保管義務違反

管理者は、規約、集会の議事録および書面決議の書面または電磁的記録を保管する義務を負う（法三三条一項本文、四二条五項、四五条四項、六六条）。これらの義務に違反すると二〇万円以下の過料に処せられる（法七一条一号）。

2　規約等の閲覧拒絶

管理者は、利害関係人の請求があったとき、正当な理由がないのにその保管する規約、集会の議事録、区分所有法四五条四項の書面または電磁的記録により記録された情報の内容を法務省令で定める方法により表示したものの閲覧を拒んではならない（法三三条二項、四二条五項、四五条四項、六六条）。これらの義務に違反すると二〇万円以下の過料に処せられる（法七一条二号）。

3　議事録の作成義務違反

区分所有法四一条によれば、規約に別段の定めがある場合および別段の決議がある場合を除き、管理者または集会を招集した区分所有者の一人が議長となるとされており、同四二条一項ないし四項によって議長には議事録作成の義務が課せられている。したがって、議長としてこの義務に違反した管理者は二〇万円以下の過料に処せられる（法七一条三号）。

4　事務報告義務違反

管理者は、集会において毎年一回一定の時期に、その事務を報告する義務を負う（法四三条、六六条）。よって、この義務に違反して、報告をせずまたは虚偽の報告をした場合には二〇万円以下の過料に処せられる（法七一条四号）。

5　法四八条二項の規定違反

区分所有法四八条二項によれば、管理組合法人でないものは、その名称中に管理組合法人という文字を用いてはならないとされており、同七二条によれば、同四八条二項（六六条において準用する場合も含む）の規定に違反した者は一〇万円以下の過料に処せられる。管理組合法人または団地管理組合法人という文字を用いるとは、その名称を官公庁に届け出ることや第三者との取引等に当たりその名称を使用することに限られず、区分所有者の団体の集会においてこの名称を使用する旨の決議をすることや規約により当該団体の名称としてこの名称を使用することを定めることも含む。[75]この場合、過料に処せられるのは、上記の名称を実際に用いた者であるが、区分所有者の団体の集会においてこの名称を使用する旨を決議したり、規約により当該団体の名称としてこの名称を使用することを定めた場合には、過料に処せられるのは、団体自体または区分所有者全員ではなく、このような集会を招集した管理者または理事であると解される(76)。

注(70) 玉田弘毅「新訂マンションの法律(上)」一六六頁〔中川良延〕。
(71) 我妻栄「新訂債権総論」一〇七頁以下、玉田弘毅・前掲法律(上)一六六頁〔中川良延〕、玉田弘毅＝森泉章＝半田正夫・前掲区分所有権法二六〇頁〔半田正夫〕。
(72) 玉田弘毅・前掲法律(上)一四六頁・一六七頁〔駒澤貞志〕。
(73) 大判明四四・一〇・二六刑録一七輯一七九五頁。
(74) 玉田弘毅・前掲法律(上)一四六頁・一六七頁〔駒澤貞志〕。
(75) 稲本洋之助＝鎌野邦樹・前掲四九〇頁。
(76) 稲本洋之助＝鎌野邦樹・前掲四九〇頁。

第五　区分所有者および特定承継人の責任

一　区分所有者の責任

管理者はその職務に関し区分所有者を代理するのであるから(法二六条)、その効果が本人たる区分所有者に帰属するのは当然である。よって、管理者がその職務内において第三者との間になした行為によって債務を負ったときには、その債務は区分所有者全員が負担する。しかし、その債務が区分所有者に分割的に帰属するのか（民法四二七条）、それとも不可分的に帰属するのか（民法四三〇条）という点については解釈が分かれるところであり、この債務につき区分所有者がいかなる責任を負うかを区分所有法上明らかにしておくことが望ましい。そこで、区分所有法二九条は、管理者がその職務内において第三者との間でした行為について、区分所有者がその責任に任ずることを明らかにするとともに、その結果、区分所有者の責任があまりに過大になることを避けるために、その責任を分割して負うこと（分割責任）を前提とした上で、その責任の割合を定めた（同条一項）。この場合、区分所有者の責任の分担割合は、区分所有法一四条に定める割合と同一の割合である（法二九条一項本文）。ただし、規約によって建物、その敷地および附属施設の管理に関する経費の負担の割合が定められているときは、その定めによる（同条一項但書）。なおこれらの経費の割合は、かならずしも割合として定められていなくてもよく、たとえば、各区分所有者または各占有部分ごとに金額をもって定められているときは、その金額を割合に引き直して算定すればよい。[77]

このように、区分所有者は、その責任が過大にならないように分割責任のみを負うことが規定されているが、債権者たる第三者としては、区分所有者が分割債務しか負わないということによってその利益が不当に害されるということもないであろう。なぜならば、通常は、管理費または修繕積立金等として予納された金銭またはその預金債権等、いわば団体の財産を引き当てにして取引をするであろうし、もしそうでないとしても、各区分所有者との間で連帯債務を負担するという特約をした上で取引をすればよいからである。[78]また管理組合の実質が社団であっても、区分所有法は区分所有者に管理組合が負担した債務につき無限責任を認めているものと解されるから、[79]管理組合に納入されている管理費や修繕積立金等が当該債務を弁済するのに不足していれば、債権者たる第三者は各区分所有者に責任を追及できることになり、やはり第三者の利益を不当に害することはない。

また、管理者のそのような行為によって第三者が区分所有者に対して有する債権は、区分所有者だけではなく、その特定承継人に対しても行うことができる（同条二項）。

二　管理者の職の範囲内の行為

区分所有者が責任を負うのは、管理者が「その職務の範囲内」において第三者との間にした行為によって生じた債務についてである。管理者の職務の範囲は、区分所有法二六条一項に規定されたものであり、①共用部分並びに区分所有法二一条に規定する場合における当該建物の敷地および附属施設の保存、②集会の決議の実行、③規約で定められた行為の実行である。逆にいえば、区分所有者は、管理者がなした職務の範囲外の行為については責任を負わない。たとえば、管理者が、集会の決議に基づかずに階段室をエレベータ室に改造するために請負業者との間で契約を締結するなど、共用部分の変更（法一七条一項）を集会の決議に基づかないでしたような場合などが考えられるであろう。[80]

管理者の代理権に制限が加えられている場合には、その制限を超えてなした行為については、職務の範囲外の行為として、それによって生じた債務については区分所有者は原則として責任を負わないことになる。しかし、債権者が善意である場合には、その制限をもって当該第三者には対抗できず、区分所有者は責任を免れない（法二六条三項）。なお、管理者がその職務の範囲を超えて行為をした場合や、集会決議の瑕疵や管理者の解任等のために管理者の職務権限が消滅した場合でも、管理者と取引をした第三者が管理者に当該職務権限があると信じ、かつ、そう信じたことに正当な理由があるときには、表見代理が成立し、区分所有者がその責任を負わなければならない[81]（民法一一〇条、一一二条）。

管理者が第三者に対して不法行為をはたらいたために第三者に生じた損害賠償債権などについても、それは職務の範囲内ではないから区分所有者が責任を負うことはなく、管理者の個人責任となる。ただ、不法行為が管理者の職務に際して生じたような場合には、当該管理組合の実体が社団であれば、民法四四条一項の趣旨を類推して、管理組合が責任を負うと解すべきであろう。[82] この場合、管理組合は、管理者に対して、その義務違反の責任を追及することができるであろう（民法六四四条）。なお管理組合の実体が民法上の組合である場合には、学説上見解が分かれているが、[83] 管理者がなした不法行為が少なくとも職務の遂行に際して生じたものである限り、その債務は組合の債務というべきであり、各区分所有者は、民法六七四条、六七五条によって責任を負うと解するのが妥当であろう。

なお、管理組合が法人となっている場合、その法人の債務に関する区分所有者の責任は別に規定されている（法五三条）。

三　特定承継人の責任

区分所有法は、一方で分割責任の原則を採用することにより区分所有者の利益を図りながら、他方では、第三者が区分所有者に対して有している債権は、区分所有者の特定承継人に対しても行うことができるとして（法二九条二項。このことによって第三者は、区分所有関係から離脱した者から、きわめて困難な債権の回収を行う必要がなくなる）、第三者の利益を保護するとともに、それによって管理組合の対外的活動が制約されないよう配慮している。

ところで、前区分所有者と特定承継人との責任は、不真性連帯債務と解されるが、[84] 特定承継人が債務を第三者に弁済した場合に、前区分所有者にこれを求償できるか。また、前区分所有者が特定承継後に債務を弁済した場合には、これを特定承継人に求償することができるか、という問題が生じる。とくに、区分所有者が多額な債務を負っている事実を秘匿して専有部分を譲渡した場合、その特定承継人は不測の不利益を被る可能性があるので、この問題は深刻である。思うに、とくに中古の物件の譲渡に際しては、売り主はその責任額を明示すべきであり[85]、区分所有権の承継の際に、当事者の合意をもって明示された額の債務を譲渡価額の算定に反映させた場合には、特定承継人が前区分所有者に対する債権の弁済をなしても、このような求償権を行使することはできないが、前区分所有者がその債務を弁済した場合には、その弁済額を特定承継人に求償することができる。それに対して、当該債務の額が明示されず、したがって区分所有権の譲渡に際して、その債務額が価額決定について考慮されず高額に設定された場合には、それは前区分所有者が負担すべきである。よって、特定承継人が前区分所有者に対する債権の弁済をしたら、前区分所有者に求償権を行使することができるが、前区分所有者がその債務を弁済しても、その弁済額を特定承継人に求償することはできない[86]。

注

(77) 濱崎恭生・前掲概要別冊NBL二七頁。

(78) 濱崎恭生・前掲概要別冊NBL二七頁。

(79) この点争いがあるが、濱崎恭生・前掲改正二三二頁は無限責任説を採る。区分所有建物等の管理を十全ならしめるためには、このような債権者を保護する必要があり、このように解するのが妥当であろう。

(80) 稲本洋之助＝鎌野邦樹・前掲一六四頁参照。

(81) 同旨、稲本洋之助＝鎌野邦樹・前掲一六四頁以下。なお、区分所有法二六条三項の類推適用で説明することも可能であろう。

(82) 昭和五八年五月一〇日の参議院法務委員会における中島一郎政府委員の説明（法務省民事局参事官室・前掲議録（抄）別冊NBL二〇六頁）学説ではこれが有力である。たとえば、高柳・前掲解説九一頁、水本浩＝遠藤浩＝丸山英気・前掲基本法コンメ五三頁〔澤野順彦〕。

(83) 民法四四条の適用がないことから区分所有者は責任を負わないとするもの（高柳・前掲解説九一頁）と、損害賠償義務も組合債務と解されるから、区分所有者は、区分所有法二九条一項の類推適用によって、分割責任を負うとするもの（水本浩＝遠藤浩＝丸山英気・前掲基本法コンメ五三頁〔澤野順彦〕）とがある。

(84) 濱崎恭生・前掲改正二三六頁。

(85) 濱崎恭生・前掲概要別冊NBL二八頁、高柳・前掲解説九一頁は、そのような行政指導が望まれるとしている。

(86) 同旨、稲本洋之助＝鎌野邦樹・前掲一六八頁。

（三上　威彦）

第五章　規約および集会

第一　団体法理の発展とその構造——昭和五八年改正の意義

一　昭和五八年改正前の旧法の規定とその問題点

区分所有建物とその敷地および附属施設の管理は、区分所有法で別に定められたものを除き、すべて区分所有者の意思に基づいて行われる。これは、いわば私的財産所有者の共益のために認められた私的自治の一形態であって、昭和五八年改正前の旧法以来変わることのない、区分所有法の基本原則をなしている。建物等をどのように使用し維持管理していくか、また、そのためにいかなる管理体制を選択するかなどの判断は、いっさい区分所有者の私的イニシアチブに委ねられているのである。

それゆえ、すでに旧法においても、そのような管理のための任意的かつ選択的な法的仕組みとして、規約、集会、管理者などの個別の制度が用意されていた。それらの制度の選択と組合わせの如何によって、区分所有者は、あるいは組合ないし社団的な団体性の強い管理体制（規約・集会・管理者）を設定することもできたし、あるいは特定の者に管理を託する管理体制（規約・管理者・管理所有）を設定することもできたわけである。[1] ただ、総じていえば、区分所有者全員の合意によって設定される規約を、いわば区分所有者相互の最高の自治規範をなすものとして管理機構の中心におき（旧法二三条および二四条一項参照）、必要に応じてその他の制度でそれを任意的に補充・補完していこう（「規約自治」の原則）というのが、旧法の基本的な考え方であったといえよう。

しかし、それらの諸制度を、その現実の運用を通じる区分所有者の自治の実現という観点からみるならば、旧法の規定は、必ずしも十分なものではなかった。とりわけ、大都市において中高層の集合分譲住宅が著しく増大し、住宅の維持管理上の新しい諸問題を惹起したのに伴って、どちらかといえばより小規模の区分所有建物を念頭においていた旧法の規定の不備は、きわめて明白なものとなっていった。本章の対象とする規約と集会に関する規定は、なかでも最も問題視されたものの一つであり、たとえばつぎのような点が、具体的な問題点として指摘されていた[2]。

まず、㋑規約の設定のみならずその変更・廃止にも書面による全員の同意を要するという原則（旧法二四条一項）は、原始規約の設定後に生じた諸問題に対して区分所有者が新たな意思決定を行い、柔軟かつ効果的に対処していくことを困難にした。いわば、規約自治の名において逆に自治の実現が阻害されるという、矛盾した結果が生じていたのである。特に、規約が分譲契約時に、分譲業者による《お仕着せ》の形で設定され、しかも、その改廃の要件を緩和する定めがない（旧法二四条三項）という場合には、その弊害は一層著しかった。

また、㋺区分所有者の集会に関しては、その法律上の位置づけや性格が必ずしも明らかでなかったため、①法の定める管理者の選任・解任（旧法一七条一項）のほかにいかなる事項を決議することができるのか、②原則として多数決でなされるその決議（旧法三一条一項）と、規約ないし規約事項との関係はどうなるのか、③管理組合がある場合の管理組合総会との関係はどうか、などの点について、実務上、解釈上の疑義が生じた。

同様に、㋩規約や集会の決議の効力に関しても、規約が区分所有者の特定承継人に対しても効力を生じる旨が規定されただけで（旧法二五条）、それ以外の者——特に区分所有者以外の占有者——に対する規約の効力とか、規約の効力と集会の決議の効力との異同、あるいはそれらの拘束力と実効性を担保するためにとりうる措置とかについては、なんらの規定も存在しなかった。その結果、単に建物等の維持管理についてだけでなく、共同生活上のさまざまな局面でも、少なからぬ支障が生じることになった。

そして、これらの問題点は、㈡旧法が建物等の管理につき区分所有者の自治に大きく依拠する建前をとりながらも、区分所有者の団体の存在（ないしは管理組合の設立）には一切言及しなかったことと密接に関連していた。いいかえれば、旧法は、建物等の共同管理が、基本的には共用部分の共有関係に由来するものとして共有法理に服することを原則としたうえで（旧法八～一五条）、いわばその特則として規約や集会の制度を定めたにとどまり、それ以上に、その特則＝個別の制度の運用のあり方を団体的な考え方に基づいて積極的に方向づけようとはしていなかったのである。

しかし、相当規模以上の区分所有建物において「区分所有者の自治」の円滑な運行を図ろうとすれば、どうしても団体法理に基づく自治のシステムを導入することが必要になる。法律上なんら明文の規定がなかったにもかかわらず、実務上では任意的な管理組合の設立が広く行われてきたのは、そのことを端的に示すものであったといえよう。しかし、法による明確な根拠づけがない条件のもとでは、区分所有法の定める共有法理の原則と規約・集会ならびに管理組合との論理的関係はどうなるのか、また、さきの㋑～㋩のような問題を管理組合の「団体自治」の枠内でどのように処理できるのかなどの点で、問題が残らざるをえなかった[3]。この点でもまた、旧法の規定の見直しが要求されたのである。

注（1）玉田弘毅「建物区分所有法の現代的課題」（商事法務研究会、昭和五六年）一四頁。ただし、集会が任意的な制度か否かについては議論があったことにつき、後述第三の一参照。

(2) この点に関しては、多くの論稿があるが、特に、玉田・前掲「現代的課題」二一頁以下および一九三頁以下、同「解釈論的問題点とその解決」(昭和五六年日本私法学会シンポジウム報告) 私法四三号八八頁以下、区分所有建物管理問題研究会編「区分所有建物の管理と法律」(商事法務研究会、昭和五六年。以下「管理と法律」と略す) 六九頁以下、伊藤茂史他/座談会「区分所有法改正要綱試案について」ジュリスト七七四号二二頁以下などを参照せよ。

(3) 特に玉田・前掲報告 (私法四三号) 九四~九五頁参照。

二 昭和五八年改正後の新法における団体自治と規約および集会

これに対して、昭和五八年改正後の新法は、建物等の管理体制を抜本的に充実・強化することを目的として、規約と集会に関する規定にも大幅な改正を加えている。(1) 詳細はのちにみるが、ここで主要な点をあげておけば、①建物等の管理のための区分所有者団体の法律上当然の存在を法定し、規約および集会をその団体の管理機構として明確に位置づけたこと (法三条)、②規約の設定・変更・廃止の要件を緩和し、かつ集会の決議との関係を明確にしたこと (法三〇条)、③集会の決議事項を拡大すると同時にその権限を強化し、あわせて集会の運営の合理化・適正化を目的とする一連の規定を新設したこと (法三四条以下)、④区分所有者以外の専有部分の占有者に対しても規約の効力を及ぼすと同時に、集会の決議にも規約と同等の効力を認めたこと (法四六条。違反者に対しては、法六条三項を媒介として五七条以下の制裁措置をとることができる)、などである。規約や集会などの各制度が基本的に区分所有者のイニシアチブに基づくものとされていること、また、区分所有者がそれらの制度を利用して管理しようとする場合については、規約がそのための規範構成の中心に位置づけられていることには変わりがない——その意味で、規約自治という基本的な考え方は従来どおりに維持されている——が、「区分所有者の自治」の内容と性格および構造は、右の改正を通じて、旧法のそれとは大きく異なったものとなったといってよい。昭和五八年改正が規約と集会の制度に与えた新たな意義づけを明らかにするためにその全体的な特徴を簡単にみておけば、大きくつぎの四点を指摘することができる。(2)

第一は、区分所有者の自治が団体自治としての性格を有することが正面から認められ、規約と集会がその自治の円滑な実現を図るための制度として明確に位置づけられたことである。さきの①〜③の改正点は、すべてこのこととかかわっている。それを通じて区分所有者の自治の活性化を図ることが新法の最大の眼目の一つだったのであり、つぎの第二、第三点も、これと不可分に結びついている。

第二に、その団体自治の内容においては、区分所有者の意思形成の方法として多数決方式が広範に導入され、各区分所有者に対する団体的拘束が著しく強化されている。特に、区分所有者団体の意思決定機関としての集会の機能と権限の拡張にそれをみることができよう（前記の③、④）。このような多数決原理の導入と団体的拘束の強化は、区分所有者の自治をより実効あらしめることを直接の目的とするが、同時に、その自治が団体自治であることの論理的なあかしであり、かつ結果ともなっている。その意味では、新法三条における区分所有者団体の存在の法定は、第一には、いわゆる管理組合の存在の有無にかかわらず、「約定および法定の権利義務関係に区分所有者を例外なく引き入れるための観念的構成」として、また第二には、その「団体」において多数決原理の適用＝少数者に対する強制を現実に可能とするための論理的条件として、(3)きわめて重要な意義をもっているのである。

第三に、それに伴って、規約と集会の意義や性格、ならびに両者の関係についても、明らかに一定の変化が生じている。一言でいえば、集会の決議の比重が著しく増大したのに対して、区分所有者相互の最高の自治規範としての規約の意義と役割が相対的に後退した、ということであろう。そのことは、旧法では、規約が存在する場合には集会は規約の定めに従って行われ、規約上で特に許容されていない限り、規約の設定・変更・廃止について決議することはできなかったのに対し、新法では、規約の設定や改廃も集会の決議事項の一つとされたこと（法三〇条一項）に象徴されている。その意味では、新法は、さきにみた第一、第二の特徴から生じるいわば当然の帰結として、区分所有者の団体自治を集会を中心に運営しようという新しい考え方──「集会中心主義」の考え方──を打ち出しているのである（ただし、そのゆえに「区分所有者の最高の自治規範」としての規約の意義が失われたわけではないことにつき、後述第二の一の1参照）。

最後に、第四に、旧法に比べて新法では、規約や集会の制度に関しても強行規定が増大していることが注目される。その理由は、ことがらの性質に応じて多少の差異があろうが、基本的には、集会の決議事項の拡大と多数決方式の広範な導入が、単に少数者に対する団体的拘束の強化を意味するだけでなく、同時に、団体的管理に服すべき土地・建物等の私的所有権に対する客観的拘束の強化を不可避的に伴っている──しかも、それは、第三者にも対抗しうるものとされている（前記④参照）──ことに求められよう。したがって、それらの事項について一定の合理的な枠組ないし限定をあらかじめ法律上で付しておくことが、当然に必要とされることになるのである。いいかえれば、区分所有者の自治を活性化しその実効性を高めようとすれば、それはその反面において、区分所有者の団体自治の自由──ないしは規約自治の自由──の一定の制限を伴うという構造的な関係が、ここに見出されるのである。

以上、要するに、新法は、建物等の管理のための区分所有者の自治を団体自治の観点から捉えなおすことによって、いわば「社団法理に基づく管理体制」ともいうべき法的仕組みを、区分所有法が本来的に予定する基本的管理システムとして確立したものということができる。規約と集会の制度は、そのもとで新たな意義づけを与えられ、その相互の間には、《法律上当然の区分所有者団体の存在→その団体の最高の意思決定機関（自治規範の形成機関）としての区分所有者の集会→集会の特別多数の決議に基づく最高の自治規範（自治規範の特別の法形式）としての規約》という新しい関係が形成されている。以下では、このことを前提としたうえで、ほぼ条文の順序に従いながら、規約と集会に関する諸規定の内容をみていくことにしよう。平成一四年一二月の改正で関係規定に加えられた修正点も、その行論のなかで説明することにする。

なお、実際の区分所有建物にはさまざまなタイプのものが存在し、その維持管理をめぐる問題状況も異なっているが、以下の考察に際しては、主として、最も一般的な通常の居住用区分所有建物の場合を念頭におくことにする。

注（1）立法関係者による新法の解説としては、濱崎恭生「建物の区分所有等に関する法律及び不動産登記法の一部を改正する法律の概要」別冊NBL一二号三頁以下や、高柳輝雄「建物区分所有法の主要改正点」金融法務事情一〇二七号一七頁以下などがあり、本稿も、これらの解説（特に前者）に多くを負っている。
（2）そのような意味での新法の特徴を指摘するものとして、稲本洋之助「民法Ⅱ（物権）」（青林書院新社、昭和五八年）三二〇頁、同「区分所有の法理——法構造の変化」法律時報五五巻九号八頁以下参照。
（3）稲本・同前書三二〇頁、同・同前論文一〇頁参照。

第二　規約

一　概説

1　規約の意義と性質

新法三〇条一項は、旧法二三条本文と同様に、「建物又はその敷地若しくは附属施設の管理又は使用に関する区分所有者相互間の事項は、この法律に定めるもののほか、規定で定めることができる」と規定する。一棟の建物中に多数の区分所有者が存在する区分所有建物にあっては、その建物の良好な維持管理や使用のために何らかの形で区分所有者相互間の共同のルール・規則を定立することが必要になるが、右の規定は、そのような共同の規則の定立を区分所有者の自治に委ねる旨を定めたものである。しかも、区分所有法の規定によれば、規約で定めうる事項は、語の厳密な意味での「建物等の管理又は使用」に限定されるわけではなく、その基礎ないし前提としての共用部分や敷地の編成および各区分所有者の持分の決定などにも及ぶことができ（法四条二項、五条、一一条二項など。詳細は、四参照）、かつ、その定めは、一定の範囲の第三者や管理者に対しても効力を生じる（法四六条および二五条以下。他方、本法上に特別の規定がない限り、規約の定めは、「区分所有者以外の者の権利を害することができない」（法三〇条四項）→四の1）。さらに、平成一四年改正では、「規約は、専有部分若しくは共用部分又は建物の敷地若しくは附属施設（建物の敷地又は附属施設に関する権利を含む。）につき、これらの形状、面積、位置関係、使用目的及び利用状況並びに区分所有者が支払った対価その他の事情を総合的に考慮して、区分所有者間の利害の衡平が図られるように定めなければならない」（法三〇条三項）という、いわば規約の客観的な適正さを要求する明示の規定も新たに追加された（その意義や内容の詳細は、後述四の２参照）。その意味で、規約は、旧法下の規約がそうであったのと同様に、《単なる債権契約以上の客観的効力（ないし物権的効力）を付与された、区分所有者団体の最高の自治規範――ないしは一種の定款に類似する、客観化された団体の自治法規――である》と、いうことができる。(1)

もっとも、すでに第一の二で示唆したように、「区分所有者の最高の自治規範」としての規約の意義は、旧法のそれとは異なったものとなっている。すなわち、旧法においては、規約は、「区分所有者全員の書面による合意」に基づいてはじめて定立される特別の法形式であり（旧法三四条一項）、その故にこそ特別の規約事項と特別の効力（旧法二五条）を認められる、という構造を与えられていた。それに対して、新法は、①規約が区分所有者団体の自治規範の基本形式であることを明らかにする（法三条）一方で、②規約の設定および改廃を集会の特別多数による決議事項のひとつとし（法三一条一項本文）、かつ、③規約に認められるのと同等の効力を広く集会の決議一般に付与している（法四六条）。したがって、新法では、規約とその他の集会の決議との間の差異は相対的に減少しており、「最高の自治規範」としての規約の意義は、第一に、区分所有者が区分所有法の定める一定の事項（絶対的規約事項→四の２）について同法の規定と異なる定めをするための特別の法形式であること、および、第二に、その他の事項（相対的規約事項→四の３）についてもその改廃を集会の特別多数の決議によるべきものとするための法形式となること、の二点に限られているのである。(2)

また、それに加えて新法では、④「公正証書による規約」という新しい規約類型が認められたこと（法三二条）にも注意を要する。というのは、基本的には分譲業者によって分譲前に設定される（→三の２）この規約は、通常の区分所有者の自治規範としての規約とは明らかに性格を異にしており、その故に、新法における規約の意義や性質を相対化させるひとつの要因として作用している、とみられるからである。そこでは、区分所有者の意思が作用する余地は当初から排除されており、単に《敷地や共用部分の基礎的編成を定めうる特別の法形式》という点で規約が有するその第一の意義が、もっぱらその機能の活用という観点から利用されているにすぎない。

もっとも、右のいずれの規約も、その設定をなんら義務づけられるものではない。規約を設定するかどうか、またいつ設定するかは、すべて区分所有者（および例外的に分譲業者）の自由に委ねられており、そのことは、区分所有者の団体が管理組合法人となる場合でも異なるところはない（規約の設定は、法人格取得の要件ではない）。さきにも述べたように、規約自治の原則——したがって、任意的管理機構としての規約の性格——は、新法でも変わることなく維持されているのである。

ただし、そのことは、けっして、規約の設定をおろそかにしてよいことを意味するものではない。少なくとも一定規模以上の区分所有建物にあっては、むしろ、規約の設定は建物等の良好な維持管理のために実際上必要不可欠のもの、と考えるべきである。新法では、特に集会の役割が重視され、《集会での多数決に基づく団体自治》という考え方がより前面に現れているようにみえるとしても、実は、その団体自治は、現実には管理組合の設立と運営を通じて具体化されることが期待されているのであり、そのためにも、やはり規約の設定が必要とならざるをえないのである（次の2の第二点参照）。新法の制定に先立って旧建設省が、「中高層共同住宅標準管理規約」（昭和五七年一月の住宅宅地審議会答申に基づく。以下、「標準管理規約」と呼ぶ）を作成し公表したのは、管理組合の設立を含めた規約の設定を奨励し、併せてその内容を適正化することを意図したものにほかならない。(3)この標準管理規約は、新法制定後の昭和五八年九月に改定された（同月二〇日の同審議会答申に基づく）のち、平成九年二月七日の住宅宅地審議会答申によりあらためて大幅改定されている。

加えてさらに、平成一四年一二月の法改正においては、前述したように「規約の適正化」、すなわち、規約の内容面での衡平性の確保を図ることを目的とする法三〇条三項の規定が新設された。そしてそれに伴い、標準管理規約の内容も全面的に見直され、平成一六年一月に新しい「マンション標準管理規約」およびその「コメント」が単棟型、団地型および複合用途型の三タイプについて作成され、公表されている。

注(1) 玉田・前掲「現代的課題」一九五〜一九六頁参照。規約の法律的性格をめぐる解釈論上の議論にはここでは立ち入らないが、新法制定前の諸議論については、同前書および前掲「管理と法律」八五頁等参照。

(2) 稲本・前掲論文一〇・一一頁参照。

(3) なお、新法の制定に際しては、同法を審議した衆議院法務委員会によって、「法改正に伴い中高層標準管理規約の整備充実を図るとともに、管理組合の運営が民主的に行われるよう指導すること」(第四項)という附帯決議も付されていた。

2　一般の規約慣行との関係

そのほか、新法の制定が一般の規約慣行との関係で有する意義に関連して、若干の点にふれておこう。

まず第一に、旧法下で設定された既存の規約の効力の問題があった。これについては、昭和五八年の新法の附則九条に経過規定があり、新法施行の日に現に効力を有する規約は、新法の規定に抵触する事項を除いて、適法な規約として効力を有することが定められている。

第二に、既存の管理組合ないし管理組合規約と新法の規約との関係の問題がある。すなわち、旧法下では、区分所有者の団体につきなんらの規定もなかったため、任意に設立された管理組合とその組合規約を区分所有法(旧法)上の規約との関係でどのように考えるかが、一個の問題となった。実務上の慣行としては、(イ)管理組合の設立と同時に組合規約をつくり、これに旧法二三条の規約としての効力をもたせる、というのが一般的であったが、㈡管理組合の規約と管理規約の二つを分けて定めている例もあった。他方、㈧さきの「標準管理規約」などでは、むしろ一個の管理規約を設定し、その規約中で管理組合に関する事項を定めるという方法が採用されている。これは、いわば《組合規約は管理規約の一部をなすもの》という考え方に立って管理組合を管理規約上で位置づけることにより、組合＝団体を管理——すなわち、規約の目的の遂行——のための常設の組織機関として構成しようとしたもの、とみることができる(1)。

それに対し新法のもとでは、規約は、区分所有者が全員で構成する「建物並びにその敷地及び附属施設の管理を行うための団体」の規約であることが明確にされた（法三条前段）ので、右の問題は基本的には解消された。具体的な規約の名称が管理規約か、管理組合規約であるかを問わず、それは、常に、法の規定する区分所有者団体の規約とみられることになるからである。ただ、若干注意を要するのは、その「団体」はそれ自体としては、既述のように、いわば《法論理上で措定された一個の観念的構成》であって具体的な管理組合そのものではない——逆に、「管理組合」が具体的に組織化されていなくても、区分所有法上の「団体」は常に存在する——ということであろう。したがって、個々の管理組合が法定の区分所有者団体の現実化された組織体としての意義をもつ——たとえば、管理組合の総会が同時に区分所有法上の集会として機能する——ためには、新法下でもなお、管理組合を区分所有者の全員で構成される規約上の存在として位置づけておく必要があるわけであり、その方法としては、さきの㈧のような規約の構成が最も妥当であるということになる(2)。

また、第三に、やはり旧法の時代から論じられてきた問題として、数棟の区分所有建物が一団地をなしている場合の規約の設定方法（ないし規約の個数）の問題があり、新法は、その問題の解決に向けた一定の対応を行っている（法六六条および六八条一項。また六五条も参照。団地全体を一体とした管理対象とするための規約設定手続の整備）(3)が、その詳細は、第二編第九章に譲る。

注（1）この問題に関する旧法下の議論については、玉田・前掲「現代的課題」二〇二・二〇三頁参照。
（2）法務省民事局参事官室編「新しいマンション法」（商事法務研究会、昭和五八年）三七、四三・四四頁の叙述も、そのことを前提としたうえでのものとみられる。
（3）玉田・前掲「現代的課題」二〇二頁、前掲「管理と法律」一五五頁以下、濱崎・前掲論文五三頁等参照。

二　規約の設定・変更および廃止

1　基本原則

(1)　議決要件　規約の設定および改廃は、三でみる一部共用部分に関する一部区分所有者の規約、および公正証書による規約に関する特例を除いて、「区分所有者及び議決権の各四分の三以上の多数による集会の決議によってする」（法三一条一項前段）。この規定は強行規定であって（旧法二四条三項に相当する規定の削除）、団体自治の活性化を目的とした新法の最大の眼目のひとつをなすものである。

「区分所有者及び議決権の各四分の三以上の多数」というのは、旧法三一条一項にあったのと同様に、区分所有者の頭数と、原則としては各区分所有者が有する専有部分の床面積の割合に応じて定められる議決権（法三八条および一四条）との双方について、それぞれ四分の三以上の多数の賛成があることを意味する。このように二重の議決要件が必要とされた趣旨は、区分所有関係が、一面では、各区分所有者の持分（専有部分）の大きさに比例した経済的利害関係である（たとえば、共用部分の負担割合に関する法一九条等参照）と同時に、他面では、一種の共同生活体ないし地域社会的性格をも併せもつことを考慮したものである。[1]それ故、この場合の区分所有者の人数（頭数）の計算については、一人で複数の専有部分を所有する場合にも、区分所有者の数としては一人と計算される（ただし、逆に複数人が一個の専有部分を共有する場合には、区分所有権の性質上、その共有者の全員で区分所有者一人と計算される。後述第三の二の**2**(2)、三の**2**(2)参照）。

なお、ここでいう「区分所有者及び議決権の各四分の三以上」という割合は、当該区分所有建物における区分所有者と議決権の全体を基準とする割合である。「四分の三」という特別多数の割合については、必ずしも絶対的な根拠があるわけではないが、実際の多くの規約例の内容や、少数者の利益保護のためには別の規定がおかれていることなどを考慮すれば、妥当な水準とみることができる。

(2) 集会の決議　この多数決による規約の設定または改廃は、必ず「集会の決議」によって行わなければならない。規約の設定・改廃のような重要な事項を多数決で決するためには、反対意見をもつ者をも含めた各区分所有者がその意見を自由に発表し、全員で討議を尽したうえで一定の結論に達する集会の決議という方法が、最も適切かつ合理的であるからである。したがって、単に書面によるもちまわり決議のような形で四分の三以上の賛成を集めても、それは、法三一条一項の決議とはなりえない。新法における団体自治――特に多数決定による団体的拘束――は、すぐれて区分所有者の集会を通じる団体自治として構成されているのである。(2)

ただし、区分所有者全員の書面による合意があるときは、それをもって集会の決議とみなすことが旧法以来認められており（全員合意による書面決議。平成一四年改正前の法四五条一項）、その方法は、実務上では規約の設定についても広く利用されている（↓詳細は**3**）。加えてさらに、平成一四年改正では、区分所有法または規約上で集会において決議すべきものとされている事項についても、区分所有者全員の承諾があるときには、集会を開催することなく、「書面又は電磁的方法による決議」によって団体としての意思決定（多数決によるそれをも含む）を行うことが新たに認められた（平成一四年改正後の法四五条一項）。その決議は、「集会の決議と同一の効力を有する」（同条三項。詳細は、後述第三の四）。そして、「書面又は電磁的方法による決議」の対象となる事項には特段の制限は付されていないから、今後においては、区分所有者全員の事前の承諾がある場合には、規約の設定や変更・改廃を、前記の議決要件を満たしたこの決議によって行うことも可能となる。

(3)　強行規定　本条については、仮りに区分所有者全員の合意があっても、以上で述べたところと異なる定めをすることは許されない。区分所有者の意思によって要件をより厳格にすることを認めると、この問題に関する新法の基本的目的に背馳することになるし、逆に、これ以上の要件の緩和を許すことは、規約事項の重要性に照らして妥当でないからである。[3] したがって、「四分の三」という割合を変えることはもとより、議決権のみを問題として区分所有者の頭数の要件を不要とすることも許されない（この点、共用部分の変更に関する法一七条一項の規定などとは、内容が異なっているわけである）。従来の規約例中にときにみられた《規約の設定・改廃には管理者の同意を要する》という類の条項も、同様である。[4]

このように規約の設定または改廃に関する規定を強行規定とすることは、一見すれば、規約自治の原則をそれだけ制約するものとみえるかもしれない。しかし、実は、そのように区分所有者の規約自治の自由に一定の制限・枠付けを付することによって、その自治の実現がよりよく保障されるという、いわば逆説的な関係がここに存在しているのである。なお、各区分所有者への議決権の配分の仕方については、旧法と同じく、規約で別段の定めをすることが認められている（法三八条。後述第三の三の**2**(1)参照）。

注（1）濱崎・前掲論文一七頁、前掲「新しいマンション法」二二八頁。

（2）ただし、「区分所有者及び議決権の各四分の三以上」という割合が集会に出席した者についての割合ではないことは、前述した通りである。

（3）濱崎・前掲論文二八頁。

（4）なお、旧法下で設定された規約の条項で、本条の規定と異なる内容を定めたものは、新法の施行と同時に当然にその効力を失った（附則九条二項）。

2 少数者の利益の保護

(1) 規定の趣旨　もっとも、以上の要件が満たされた場合でも、「規約の設定、変更又は廃止が一部の区分所有者の権利に特別の影響を及ぼすべきときは、その承諾を得なければならない」（法三一条一項後段）。多数決による規約の設定・改廃を認めると、多数者の意思によって少数者の権利が害されるおそれも生じうるので、その弊害を除去するためである（やはり強行規定である）。たとえば、(イ)共用部分の負担割合や議決権の割合あるいは(ロ)専有部分や共用部分の使用方法などについて、特定の者ないし一部の区分所有者に不利益・不公平な定めをしようとする場合とか、(ハ)原始規約で一部の区分所有者に認められていた専用使用権を変更または廃止しようとする場合など(1)は、この規定に該当する可能性が大きいといえよう。いかなる場合にこの規定の適用が問題となるかについては、新法の施行後今日までの間に、右の専用使用権の変更・廃止にかかる事案（次の(2)参照）を含め、相当数の裁判例が蓄積されてきている(2)。また、平成一四年改正で新設された「規約の適正化」、すなわち、区分所有者間の利害の衡平性の確保を定める前記法三〇条三項も、この規定の適用のための基本的な判断基準の一つを示す条項としての意味をもつことになるであろう。

(2) 「特別の影響」の有無の判断基準　ただし、一部の区分所有者の個別の承諾を要するのは、その権利に「特別の影響」が及ぶ場合に限られる。「特別の影響」の有無の判断基準については、新法の立法当時から、基本的には「規約の設定・変更等の必要性及び合理性とこれにより受ける当該区分所有者の不利益とを比較衡量して、当該区分所有者が受忍すべき程度を超える不利益を受けると認められる場合」がそれに当たる、という考え方が示されてきた。(3) これによれば、たとえば、さきの㋑の場合に、床面積割合によった場合に生じる計算の複雑化を避けるために相当な範囲で合理的な調整を行うことは「特別の影響」を及ぼす場合にはあたらないし、また、㋺または㋩の例においても、右の基準に達しない場合には、その者の承諾なしに規約の設定や改廃をなしうる余地が全くないわけではない、ということになる。

この問題に関しても、これまでにかなりの数の下級審裁判例が出ており、その多くも、右とほぼ同様の判断基準を用いていた。その上に立って、最判平成一〇年一〇月三〇日（民集五二巻七号一六〇四頁）は、「右の『特別の影響を及ぼすべきとき』とは、規約の設定、変更等の必要性及び合理性とこれによって一部の区分所有者が受ける不利益とを比較衡量し、当該区分所有関係の実態に照らして、その不利益が区分所有者の受忍すべき限度を超えると認められる場合をいう」という定式を判示している。「当該区分所有関係の実態」の考慮が重視されている点に特徴があるが、それはもとより当然のことであろう。もちろん、このような一般的基準を個別の問題につき、いかに具体的に適用していくかについては、さらに踏み込んだ考慮が必要になるが、その点に関し右最判は、新規約の設定とそれに基づく集会決議による駐車場専用使用権の増額の可否が争われた事案において、①その「増額の必要性及び合理性が認められ、かつ、増額された使用料が当該区分所有関係において社会通念上相当な額であると認められる場合」か否か、また、②「増額された使用料がそのままでは社会通念上相当な額とは認められない場合であっても、その範囲内の一定額をもって社会通念上相当な額と認めることができるとき」かどうかを、総合的かつ具体的に判断すべきものとする（それを判断させるため、事件を原審に差し戻した）。

その意味では、一部区分所有者の権利への影響が「社会通念上相当なものかどうか」が、より具体的な判断基準となるのである。右最判に続いて現われた最判平成一〇年一一月二〇日（判時一六六三号一〇二頁・判タ九九一号一二二頁）も、分譲時に一部区分所有者のために設定・留保された無償での専用使用権につき、新規約の設定とそれに基づく集会の決議によりその一部の消滅と一部の有償化を決めた管理組合の行為に対して、右最判を引示しつつ、右と同様の基準を適用した。そして、専用使用権の一部消滅の決議は、当該区分所有関係の実態と諸事情に照らして、一部区分所有者に受忍すべき限度を超える不利益を与えるから無効だが、有償化決議については、新たに設定された使用料の額が社会通念上相当なものか否か、さらには、もしその額が相当な額と認められない場合には幾らであれば相当といえるかを、当該区分所有関係における諸事情を総合的に考慮して判断する必要があるとして、事件を原審に差し戻している。(4)

なお、以上のほか、次の二つの点に留意しておきたい。まず、①この規定による少数者の権利の保護が問題となるのは、「一部の区分所有者」の権利に影響が及ぶ場合であるから、その影響がすべての区分所有者に公平に及ぶときには、必ずしも個々の区分所有者の承諾を得る必要は生じない。たとえば、居住用として分譲される区分所有建物においてその目的以外での専有部分の使用を禁ずる旨の規約を定める場合などがそれである。他方、②規約の設定や改廃によるものではないが、規約の定めに基づいてなされる集会の決議が一部区分所有者の権利や利益に重要な影響を及ぼす意味をもつ場合もありうる。そこで、このような場合の区分所有者間の利害の調整をいかに図るかが問題となるが、判例は、そのような集会の決議については、法三一条一項後段の規定が類推適用されるとする。(5)

注（1）この(八)の場合の考え方につき、本書第一版（一九八四年）の脚注で筆者は次のように記しておいた（ただし、〔　〕内の文言は、第二版で補充したもの）。「専用使用権の法規制の問題は、結局、今回〔昭和五八年〕の法改正の対象から除外されたので、その権利の設定の仕方・種類・内容等に応じて、あるいは契約上の、あるいは規約上の権利

として、従来どおりの法的処理に委ねられることになる。その場合、ここで問題となるのは、規約（ないしは共有物の使用に関する共有者間の合意）によって一部の区分所有者のために設定された専用使用権を、その後の区分所有者の多数決による意思決定によって、その権利者の同意を得ることなしに変更または廃止することができるか、ということである。少数者の権利の保護ということからいえば、本文で述べた如く、原則として同意を要すると考えざるをえないが、しかし、その場合には、一旦設定された専用使用権は、事実上半永久的に存続することになってしまうという問題が生じる。この問題は、基本的には、規約の定め方の問題――つまり、のちに問題を生じないようにいかに適切かつ合理的な形で専用使用権を設定するか、という問題――であるけれども、仮りに当初の規約上ではその旨の留保が定められていない場合であっても、その権利の種類・性質・内容によってはその後の規約の改廃によって当該権利を変更・制限または消滅させる余地を認める必要がある、という考え方もかなり強いことに注意しておきたい。さきにふれた「標準管理規約」〔昭和五八年九月改定のもの〕が、特に駐車場専用使用権につき、専用使用権者が住戸部分を第三者に譲渡・賃貸したときはその権利が消滅することもありうる旨を定めているのも、右のような問題を考慮したものである。」この問題に関するその後の学説、判例の展開方向や、平成一四年改正による法三〇条三項の新設（その趣旨と内容は本文で前述した）などを踏まえると、右の考え方の大筋は、この第二版でも基本的に維持しておいてよいであろう。なお、右にいう判例は、次の(2)で触れる二つの最高裁判決であり、その内容や筆者の評価については、原田純孝「民法判例レビュー65　不動産」判例タイムズ一〇〇二号六二―六四頁を参照されたい。また、とくに駐車場専用使用権に関する裁判例や学説の分析については、山上知裕「マンションの駐車場専用使用権裁判例の検討(1)～(3)」NBL六二〇号、六二三号、六二四号参照。

（2）裁判例の詳細については、水本浩他編「基本法コンメンタール　マンション法・第二版」（日本評論社、一九九九年。二〇〇六年に第三版刊行予定）中の「第三一条の注釈」（原田純孝執筆）六二頁以下を参照。

（3）濱崎・前掲論文二九頁参照。

（4）下級審のそれを含め、以上の裁判例の概要は、水本他編・前掲「マンション法・第二版」中の「第三一条の注釈」

（原田純孝）六三―六四頁参照。また、二つの最高裁判決に対する筆者の評価については、同前書「第三〇条の注釈」（原田純孝）五九―六〇頁、およびとくに原田・前掲「民法判例レビュー65　不動産」参照。なお、最判平成一〇年一一月二〇日の差戻審判決（東京高判平成一三年一月三〇日判時一八一〇号六一頁）では、当該区分所有建物の分譲の経緯（専用使用権者の分譲価格がその分だけ高く設定され、他の区分所有者もその専用使用権の存在を承知していた）や、当該専用使用権が他の区分所有者の利用にとくに支障を与えないこと等を考慮して、近隣の賃貸借における場合よりも低い金額が社会通念上相当な使用料であると判示されている。

（5）本文中で引用した前掲最判平成一〇年一〇月三〇日および前掲最判平成一〇年一一月二〇日による。その判示の内容の概要は、前掲「法三一条の注釈」（原田純孝）六五頁参照。

3　全員の同意書面による規約の設定

もちろん、先にも触れたごとく、新法のもとでも、以上の手続とは別に、区分所有者全員の書面による合意があれば、それによって規約の設定・改廃を行うことができる。集会の決議事項につき、全員の書面による合意をもって集会の決議にかえること（書面決議）は、旧法と同じく新法でも認められており（平成一四年改正前の法四五条一項＝旧法三四条一項→現行の法四五条二項）、規約の設定・改廃のような特別決議事項もその例外をなすものではないからである（→第三の**四**の**1**）。また、平成一四年改正では、区分所有者全員の電磁的方法による合意についても、それと同様の効力が認められている（法四五条二項→第三の**四**の**1**）。

したがって、区分所有建物の新規分譲にあたって分譲者が規約案を用意し、各区分所有者への分譲ごとに買受人の同意を取りつけ、全区分所有者の合意書面がそろえばそれをもって規約が成立したものとみなすという実務慣行は、新法のもとでも従来どおりに可能となる。ただ、そのような実務慣行との関係で若干問題となるのは、その規約はどの時点で成立するのかである。まず、㋑右のような場合、すなわち、買受人の同意が、将来の他の区分所有者全員との関係で、他の者の全員の同意があればその規約を設定することに同意するという趣旨のもの（いわば規約設定行為に対する条件付きの同意）であった場合には、通常の書面決議の場合と同様に、全員の同意がそろった時点で規約が成立するものと考えられよう。他方、㋺買受人の同意が、むしろ分譲者との関係で、将来一定内容の規約を設定することを約したものとみられるような場合もありうるが、この場合には、のちに買受人（区分所有者）の間で改めて規約設定行為がなされるのをまって、規約が成立することになる。[1]

それに対して、㋩分譲予定の建物部分のうちの一部が販売された時点（極端な場合には、最初の買受人が規約設定に同意した時点）で規約を成立せしめる趣旨の合意が可能かどうかは、一個の問題である。すなわち、建物の区分所有が成立するためには、建物の各部分を法律観念上で区分する行為（区分所有の設定行為。たとえば、分譲業者が区分所有建物としての表示の登記を申請したり、分譲マンションとして販売する旨の広告をすることは、これにあたる）があればそれで足りると考えられるから、[2]右の場合には、すでに区分所有関係が成立していることは明らかである。とすれば、理論的には、右のような形での規約の設定も――その時点までの買受人と残りの建物部分の区分所有者たる分譲業者との間の合意として――当然有効になしえてよい、ということになろう。また、実際上でも、管理面での支障の発生を避けるためにそのような形での規約の成立を認めるべき現実的必要も存在している。[3]

しかし、規約を本来的には買受人たる区分所有者の規約と考えている法の趣旨からすれば、そのような形での規約の設定を無限定に認めることにはどうしてもためらいが残る。新法が、分譲業者が単独で設定する公正証書による規約の内容を一定の事項に限定しているのも、そのことを考慮したためにほかならない（法三二条→三の2参照）。また、分譲契約の締結に際して買受人が与える同意も、通常的にはさきの㋑の趣旨を内容とするものではなかろうか。そうだとすれば、同意書面による規約の設定は、あくまで㋑の形態を原則と考え、㋩の形態は、

例外的な場合として一定の要件のもとにのみ認められる、と考えた方がよいように思われる。(4)

なお、右の(イ)の場合か(ハ)の場合かを問わず、分譲契約時に分譲業者作成の原案への同意という形で設定される規約は、事実上では、分譲契約に付加された一種の附合契約たる性格をもつが、法律的には、あくまで区分所有者間で設定されるものであるから、消費者契約法の適用対象とはならない。ただし、平成一四年改正で前記の法三〇条三項が新設されたので、そうした形態での規約設定が伴うことのある弊害は、今後はかなり減殺されるものと期待される。例えば、一部の専有部分のみが分譲された段階で設定された規約中に同項の規定に反する不衡平な定めがある場合は、その後に他の専有部分を買い受けた区分所有者からその無効や是正要求を提起することが常に可能となるからである。

注

(1) 玉田・森泉・半田編「建物区分所有権法」(一粒社、昭和五〇年)二四一頁(中川良延執筆)。なお、新法のもとでは、この場合の区分所有者による規約設定行為は、法三一条一項の要件を満たすものであればよいと考えられることになろう。

(2) 玉田・前掲「注解区分所有法(1)」一〇三頁以下、同・前掲「現代的課題」一〇・一一頁、濱崎・前掲論文二二頁、「注釈民法(7)」三六一頁(川島一郎)、前掲「新しいマンション法」七頁等参照。このことは、特に新法では、三二条の規定の存在によって一層明確になっているといえよう(詳細は、三の2参照)。なお、旧法下の下級審裁判例もこれと同旨の見解をとっていたことにつき、原田純孝「分譲マンション・団地に関する二、三の判例」判例タイムズ五〇七号九三〜九五頁参照。

(3) 例えば、分譲業者も、別段の特約がない限り、その所有する未分譲の専有部分について規約の定めに基づく管理費等の支払義務を負担すべきものとされる。大阪地判昭和五七年一〇月二二日判時一〇六八号八五頁、東京地判平成二年一〇月二六日判時一二九三号一〇二頁。

（４）たとえば、少なくとも法三一条一項の要件を満たすに足るだけの買受人が現われ、それらの者の間で同条所定の要件を満たす集会の決議があったことを要するとするか、あるいは、分譲者が、当初の販売計画を変更して以後は買受人と同等の資格で当該建物の管理に参加する旨を表明し、その前提のうえで規約の効力を発生させることにつきあらためて買受人の同意を得ることを要する、とすることなどが考えられよう。なお、以上の問題については、前掲「管理と法律」九〇～九四頁を併せて参照されたい。

三　一部区分所有者の規約と公正証書による規約

この二つの規約は、二でみたのとは異なった別の手続で設定される。そのうち、一部共用部分に関する一部区分所有者の規約は、旧法にも存在したものであるが、新法では、その意義と役割はより限定されたものとなっている。他方、公正証書による規約は、新法で新たに創設されたものである。なお、これらの規約も、区分所有者間の利害の衡平が図られるように定めなければならないことは言うまでもない（法三〇条三項）。

１　一部区分所有者の規約

⑴　意　義　「一部の区分所有者のみの共用に供されるべきことが明らかな共用部分」（一部共用部分＝法三条後段）は、原則として、これを共用すべき区分所有者の共有に属する（法一一条一項但書＝旧法四条一項但書）が、その管理をどのように行うかは、また別個の問題である。この点につき、旧法は、その管理は当該部分の共有者たる一部の区分所有者が決するという建前のもとで（旧法一二条、一三条参照）、その部分に関する規約も、それらの区分所有者のみの合意で定めうるものとしていた（旧法二四条二項）が、新法は、それを改め、一部共用部分

であってもその管理はできるだけ区分所有者全員で行うという方向を採用している。

すなわち、まず、①「一部共用部分の管理のうち、区分所有者全員の利害に関係するもの」は、区分所有者全員でこれを行うものとし（法一六条）、それに関係する事項の定めも、区分所有者全員の規約によってなすべきこととした（法三〇条二項の反対解釈）。このような事項を一部区分所有者の規約で定めることは許されない。また、②「一部共用部分に関する事項で区分所有者全員の利害に関係しない事項」も、区分所有者全員の規約で定めることができ（法三〇条二項）、その規約がある場合には、一部共用部分の管理は、区分所有者の全員で行うものとされる（法一六条）。したがって、③一部共用部分を共用すべき一部の区分所有者の規約で定めることができる事項は、右の①、②以外の事項に限定されているのである（法三〇条二項）。

(2) 改正の趣旨と新規定の運用　このような改正が行われた趣旨は、㋑一部共用部分の管理関係をできるだけ管理の実情にそった形で明確化するとともに、㋺その管理を区分所有者の全員で行うための規約の定め方を明らかにすることである。[1] すでに旧法下でも、実務においては、一部共用部分を一部の区分所有者のみで管理しているのは、たとえば複合マンション（下駄ばきマンション）などで例外的にみられるにとどまり、通常の区分所有住宅に存する一部共用部分は、ほとんどの場合に区分所有者全員の管理に委ねられているのが実情であった。当該共用部分が一部共用部分か否かが必ずしもはっきりしない場合も少なくないこととも併せて、その方がより簡便かつ適切であったからであろう。[2] しかし、旧法の規定では、そのような区分所有者全員による一部共用部分の管理を法律的にどのように構成・組織するかが十分明確でなく、混乱の生じる余地もありえたので、新法は、右のような管理の実情を踏まえつつ、その点に関する規定を改めて整備したのである。

したがって、新法の規定は、従来の規約慣行を大きく変えるものではない。すなわち、区分所有者全員の利害に関係する事項（(1)の①に相当する事項）としては、たとえば一部共用部分の外装が建物全体の美観に影響を及ぼすような場合のその外装、あるいは一部共用部分の使用方法が区分所有者全員に利害を及ぼすような場合におけるその使用方法の定め、などが考えられるが、そのような事項が一部区分所有者の規約で定められている例はほとんどないであろう。また、通常の区分所有住宅の各種の一部共用部分（注（2）参照）に関する事項は、(1)の②に該当することになるから、区分所有者全員の規約にその点の定めがあれば、それでよいわけである。[3] 他方、これまで一部区分所有者の規約の対象とされていた事項も、新法のもとでは、区分所有者の自治によって全員の規約で定めることが可能となるが、その場合には、つぎの(3)(イ)で述べる手続を経なければならない。

(3)　規約の設定または改廃手続　(イ)一部共用部分に関する事項を定める規約が前記(1)の①または②に該当するときは、その規約は、区分所有者全員の規約であるから、さきに二の1でみた手続（法三一条一項）に従って設定・変更または廃止される。ただし、その規約の対象とする事項が、右の②、すなわち、「一部共用部分に関する事項で区分所有者全員の利害に関係しない事項」に関する場合には、「当該一部共用部分を共用すべき区分所有者の四分の一を超える者又はその議決権の四分の一を超える議決権を有する者」の反対がないことを必要とする（法三一条二項。いずれか一方の反対があれば、この要件は満たされない）。いうまでもなく、区分所有者全員の多数決によって一部区分所有者の権利が不当に損われることのないようにするためであるが、《一部区分所有者の四分の三以上の多数による積極的賛成を必要とする》としたのでは硬直に過ぎるから、いわば裏側から、「少数一部区分所有者の拒否権の形で規定した」もの、とされる。[4]

それに対して、(ロ)前記(1)の③の規約、すなわち、一部共用部分に関する一部区分所有者の規約は、当該一部共用部分を共用すべき一部の区分所有者の団体の規約と観念され、それらの区分所有者の集会において、法三一条一項の規定に従って設定または改廃される（法三〇条後段）。つまり、この場合には、当該建物全体についての区分所有者の団体の中に、当該一部共用部分の管理を目的とするいまひとつの別の団体が成立し、その団体（後者）

が、全体としての団体（前者）と同様の資格で、区分所有法の規定に従って独自に集会を開催し、その団体の規約を設定または改廃するわけである。区分所有者全員の同意書面や電磁的方法での合意による規約設定の手続（法四五条二項）なども、また当然に認められることになろう。

注（1）濱崎・前掲論文一六頁、および二九頁。

（2）濱崎・同前一五頁および一二頁。一部区分所有者の規約が定められている例としては、いわゆる下駄ばきマンションにおける、下層階の店舗部分のみの利用に供される通路、エスカレーター、または上層階の住戸部分のみの利用に供される出入口、階段、廊下などがあげられている。それに対して、居住用の区分所有建物内の階段、廊下、エレベーターなどは、その使用がたとえば階段ごとに区分され、法律的には一部共用部分となるべきものであっても、その管理は区分所有者全員で行っているのが一般的なようである。

（3）法律上では一部共用部分とみられるものを区分所有者全員で管理する旨を定めた旧法下の規約は、一部共用部分を全員の管理所有とした趣旨の規約か（なお、これが可能なことは、新法下でも旧法と同様である。新法一一条二項、二〇条）、あるいは新法三一条二項に規定する趣旨の規約か（前記(1)の②）のいずれかとして、新法のもとでも有効に存続する。

（4）濱崎・同前論文二九頁。したがって、この規約の設定や改廃につき相当数の反対票があるときは、一部区分所有者の投票をその他のものと区別して、法三一条二項の要件の成否を確認する手続を行うことが必要となる。

2　公正証書による規約

(1)　意　義　「最初に専有部分の全部を所有する者」は、公正証書により、つぎの一定の限られた事項に関する規約を単独で設定することができる。具体的には、①法四条二項の規約共用部分を定める規約、②法五条一項の規約敷地を定める規約、③法二二条一項但書（およびこれを同条三項において準用する場合）の、専有部分と敷地利用権との分離処分を可能にするための規約、④法二二条二項但書（およびこれを同条三項において準用する場合）の、各専有部分に対応する敷地利用権の割合を定める規約、の四つである（法三二条）。規約は、本来的には、複数の区分所有者による区分所有関係がある場合にその相互間の事項を定めるために設定されるものであるが、規約共用部分の定め（①）や、敷地利用権およびそれと専有部分との一体性の原則に関する定め（②〜④はむしろ分譲前の時点で確定している方が、その後の買受人にとっても、また登記手続の簡易化という点でも望ましいので（→詳細は(2)(3)）、この特殊な規約の設定手続が認められたのである。

(2)　設定手続と規約の成立　「最初に専有部分の全部を所有する者」とは、建物の区分所有は成立したが、その専有部分のいずれも未だ個別の区分所有者に分属していない段階で、その全部を所有している者を指す。実際には、分譲マンションを新築した、分譲開始前の分譲業者であることが多いが、数人で区分所有建物を共同建築し、その専有部分の全部を共有する共有者もこれに該当する。[1]また、公正証書によることとしたのは、この規約は相手方のない単独行為によって設定され、しかし将来の区分所有者を拘束することになるので、その内容の確実な証明を可能にする必要があるからである。

なお、この規約は、右の公正証書が適法に作成された時点で成立する。すでに述べたように、建物の区分所有は、分譲開始前であっても区分所有の設定行為があればそれで成立するから（前出二の**3**参照。所有者の数は問題とされない）、一人の者が専有部分の全部を所有する段階で規約が有効に成立しうることを認めても——それがその後の買受人の利益を害するおそれさえなければ——理論的には特段の問題はないといえよう。[2]その規約が買受人を拘束するのは、特定承継人に対する規約の特別の効力（法四六条一項）に基づくものと考えればよい。なお、この規約も、分譲後は区分所有者（買受人）の団体の規約となるから、その変更または廃止については、二でみた手続が当然に適用されることになる。

(3) 運用と登記手続　まず、①の規約共用部分については、たとえば建物内の管理人事務室や倉庫、あるいは附属建物内の集会所等を共用部分とするために、この規約が用いられることになろう。法四条二項の規約共用部分の登記も、この規約を証する書面を付して、分譲業者が全専有部分について同時に行う建物の表示の登記と連続して申請することができる（新不登法四四条一項六号、四八条一項および五八条参照。また、旧不登法九一条三項、九三条ノ二第一項、および九九条ノ四参照）。

つぎに、②〜④の事項については、建物の敷地として一体化される土地の範囲、専有部分と敷地利用権の分離処分の可否、敷地利用権が共用部分の持分割合とは異なった割合で各専有部分に割り当てられる場合のその割合などが、この規約で定められる。不動産登記法では、分譲業者が行うべき建物の表示の登記の申請に際して専有部分と一体化される敷地利用権（「敷地権」）があるときは、その旨の表示の登記（敷地権の表示の登記）を同時になすべきものとされているから（新不登法四四条一項九号、四六条。また、旧不登法九一条二項四号、九三条ノ三第一〜三、五項、九三条ノ四第一項参照）、右のような諸点は分譲前にあらかじめ確定しておくことが必要になる。

分譲業者から分譲を受ける区分所有者は、それらの点を確認したうえで当該建物の各部分を買い受けるわけである。右のようなその内容からして、この規約が買受人の利益を害するおそれはあまりないと考えられるが、それでも、その内容ができるだけ適正かつ合理的なものとなるように、適切な指導がなされることが望ましい。たとえば、さきの①の規約で規約共用部分とする建物の部分には、敷地利用権を割り当てないようにするというのも、必要な配慮のひとつであろう。(3)

注（1） 濱崎・前掲論文三〇頁。なお、「最初に……全部を所有する者」でなければならないから、一旦複数の区分所有

者が生じたのちに専有部分の全部が一人の者に帰属する状態が生じても、本条の適用は認められない。

（2）濱崎・前掲論文三〇頁および前掲「新しいマンション法」一八八、二〇三頁も、このように解している。

（3）濱崎・同前論文三〇頁。

四　規約事項

1　規約事項の概要

規約は、すでにみたように、建物等の管理・使用に関する区分所有者相互間の事項のほか、その基礎ないし前提としての共用部分や敷地の編成および持分の決定などをも定めることができ、その対象となりうる事項は、区分所有法の規定のうえでその旨が明記されているものだけでも、きわめて多岐にわたる。それらの事項を多少とも整理すれば、つぎの二つの方法による分類が可能である。

ひとつは、㋑規約という形式によらなければその点に関する定めをすることができない事項（絶対的規約事項）と、㋺規約以外の方法——たとえば通常の集会の決議——でも区分所有者が自由に定めることができる事項（相対的規約事項）との区別である。[1] この区別は、旧法のもとでもありえたが、新法では特に重要になった。というのは、新法の規約は、まさに右の㋑の事項について区分所有法の規定と異なる定めをするための特別の法形式であるという点に、その第一の意義を有しているからである（前述第二の一の**1**参照）。

いまひとつは、規約で定めうる事項をその内容面からみた場合の分類であり、一般に、つぎの四つの区別が存在する。具体的には、ⓐ区分所有者間の基礎的法律関係（ないし所有レベルの法律関係）を定めるもの、ⓑ区分所有者間の共同事務の処理に関するもの、ⓒ区分所有者間の利害の調節に関するもの、ⓓ区分所有者の義務違反に対する措置に関するもの、の四つである。[2] この区別もまた、新法のもとでなお有意義である。

他方、規約で定めることに問題がある事項もあることは、のちに**4**でみるとおりであるが、区分所有法は、特に、規約は「区分所有者以外の者の権利を害することができない」ことを定めている（法三〇条三項＝旧法二三条但書）。「区分所有者相互間の事項」を定める規約の性質からして、いわば当然の制限を定めた確認的規定である。[3] なお、個々の規約事項の内容やそれに関する問題については、それぞれの個所で別に詳細に論述されるので、それらも併せて参照されたい。

注（1）玉田弘毅「管理組合」法律時報五五巻九号一七頁、また、稲本・前掲書三二八頁。ただし、その内容に関しては、つぎの**3**の注（1）参照。

（2）「注釈民法(7)」三九〇頁（川島一郎）、玉田ほか編・前掲書二四三頁以下（中川良延）。

（3）しばしばあげられる例をひけば、たとえば規約で管理者の報酬額を定めている場合に、それを管理者の承諾なしに変更・減額しても管理者に対しては減額の効力を生じない、というが如くである。

2　規約の定めの適正化

ところで、規約の定めは、右のいずれの事項に関するものであれ、本法の規定に違反したり、区分所有者間の利害の衡平を著しく害するようなものであってはならない。後者の点については、従来、明示の規定は置かれていなかったが、平成一四年改正で新設された法三〇条三項は、「規約は、専有部分若しくは共用部分又は建物の敷地若しくは附属施設（建物の敷地又は附属施設に関する権利を含む。）につき、これらの形状、面積、位置関係、使用目的及び利用状況並びに区分所有者が支払った対価その他の事情を総合的に考慮して、区分所有者間の利害の衡平が図られるように定めなければならない」と明定している。

従来の実際の規約例中には、一部の区分所有者に共用部分の使用に関する特別の利益を与えたり（例えば、マンションの敷地の元地主や分譲業者などに共用部分の無償かつ無期限の専用使用権を付与する場合など）、管理費等の負担について区分所有者間で格差を設けたりするものもあり、それが往々にして、区分所有者間あるいは区分所有者と建物の分譲業者（分譲時の規約の原案の作成者）との間の紛争や訴訟の原因となるケースが見受けられた。その規約の定めが著しく衡平を欠いている場合には、民法九〇条の公序良俗違反を理由としてその定めを無効とすることが裁判例でも認められてきたが、しかし、民法九〇条にいう「公序良俗」の概念は極めて抽象的であるため、どのような規約の定めがどのような場合に無効と判断されるのかが必ずしも明確にならないという問題があった。他方、規約の適否をめぐる数多くの紛争がすでに裁判で争われてきており、規約の定めが著しく衡平を欠いているか否かを判断するに当たり考慮するべき主要な要素は、これまでの裁判例を通じて相当程度具体化されていると考えられた。そこで、平成一四年改正に際して、上記の規定が新設されたのである。(1)

さきに引示したように、同項の文言は、規約の衡平性を判断する際に考慮されるべき要素を列挙したうえ、それらと「その他の事情を総合的に考慮して、区分所有者間の利害の衡平が図られるように定めなければならない」とする。「列挙されている考慮要素は、規約の衡平さや適正さが争われたこれまでの裁判例において実際に考慮された事項を参考にして規定されたもの」とされるが、(2)その判断の最終的な基準となるのは、要するに、《当該区分所有建物の諸般の要素や諸事情を総合的に考慮して、区分所有者間の利害の衡平が害されていないかどうか》である。そして、その衡平が著しく害されていると判断される場合には、当該規約の定めは無効とされるのである。

その意味では、この法三〇条三項の規定は、《規約の客観的な適正さを確保するために、民法九〇条の趣旨を建物の区分所有関係においてより具体的にパラフレイズした一般条項的性格の規定》とみることができる。(3) とすれば、この規定が平成一四年改正法の施行後に新たに設定・改廃される規約だけでなく、既存の規約についても適用されるのは、むしろ当然のことである。また、同項の適用による規約の適否の判断も、民法九〇条だけに依拠していた従来に比べ、より容易に、かつ一層広い範囲でなされうることになるものと期待されよう。なお、その適用のあり方にかかわる留意点等については、のちの**5**であらためて触れることにする。

注（1）吉田徹編著「一問一答　改正マンション法　平成一四年区分所有法改正の解説」（商事法務、二〇〇三年）三四頁（以下、「平成一四年改正マンション法」と略称）。

（2）吉田編・同前書三五頁。したがって、この規定の新設は、「規約の衡平さに関する従来の裁判上の規範に変更を加えることを意図したものではなく、これを具体化・明確化し、これによって規約の衡平さや適正さの確保を図る趣旨のもの」である（同前箇所）。

（3）例えば、東京地判平成二年七月二四日（判時一三八二号八三頁）は、居住用マンションの法人区分所有者と個人区分所有者との間で管理費等の負担金額に差を設けた規約等の定めにつき、「当該法人は、当該建物を居住用に利用しているに過ぎないものであって、本件規約等は、合理的限度を超えて、法人組合員につき差別的取扱いを定めた限度で、区分所有法の趣旨および民法第九〇条の規定に違反し、無効というべきである」と判示しているが、今後の同種の事案では、「区分所有法第三〇条三項の規定に違反し、無効である」という形の理由付けが可能となるわけである。

3　絶対的規約事項

新法における主要な絶対的規約事項は、以下のようである。[1] すなわち、①構造上の専有部分および附属建物の共用部分化＝規約共用部分の定め（法四条二項）、②建物の敷地の範囲の拡大＝規約敷地の定め（法五条一項）、③共用部分の所有関係（法一一条二項）、④共用部分の持分の割合（法一四条。一部共用部分を含む）、⑤一部共用部分の区分所有者全員による管理（法一六条）、⑥共用部分の変更に関する議決定数の削減（法一七条一項）、⑦共用部分の管理に関する議決方法（法一八条二項）、⑧共用部分の負担および利益収取の割合（法一九条）、⑨共有敷地または共有附属建物に関する⑥〜⑦の事項（法二一条）、⑩専有部分と敷地利用権の分離処分の許容（法二二条一項）、⑪各専有部分に割り当てられる敷地利用権の割合（同条二項。もっとも、これは、実際には④と同一になるであろう）、⑫管理者の選任および解任方法（法二五条一項）、⑬管理所有（法二七条一項）、⑭第三者に対する区分所有者の責任の割合（→建物・敷地・附属施設の管理経費の負担割合＝法二九条一項、五三条一項）、⑮少数区分所有者による集会招集請求等のための定数の削減（法三四条三項・五項）、⑯集会の招集通知期間の伸縮と建物内への掲示による通知（法三五条一項・四項）、⑰通知事項以外の事項に関する集会の決議の許容（法三七条二項）、⑱集会での議決権の割合と議決定数の変更（法三八条、三九条一項）、⑲管理組合法人の理事の任期および事務執行方法（法四九条五項、五二条一項）、⑳建物の二分の一以下の滅失の場合の区分所有者の権利義務（法六一条四項）、である。

これを内容の面からみると、まず、㋑建物の共用部分・敷地・附属建物の編成のあり方と、㋺その共有関係の内容＝持分割合の決定に関する事項が多くを占めていることがわかる。㋺に伴う負担・利益等の割合の決定に関するものを含めると、右の二〇項目中のほぼ半数がそれに属している。つまり、1でみた第二の分類中のⓐの項目に該当する事項が、まさに区分所有者間の基礎的な、所有レベルの法律関係にかかわるが故に、絶対的規約事項とされているわけである。[2] つぎに、残りの事項の多くは、基本的には同じ分類中のⓑ（共同事務の処理）に該当する事項であって、その中では、㋩共用部分等の管理に関する共有者の意思決定の方法（⑤〜⑦および⑲）と、

㊁集会の招集・決議方法や議決権（⑮〜⑱）に関するものが目立っている。他方、ⓒ、ⓓに相当する事項は含まれていない。

注（1）なお、1の注（1）所掲の二つの文献のあげる絶対的規約事項の範囲は、相互に若干くい違っているが、以下の本文では、その意義を本文1で述べたように理解したうえで、右の両者の文献に挙示されている事項のすべてを掲げている。

（2）具体的には、①〜③、⑩⑬⑳が㋑に該当し、④⑧および⑨⑪⑭が㋺に該当するということになろう。

4 相対的規約事項とその限界

(1) 区分所有法の規定　それに対して、区分所有法の規定中で特に言及されている相対的規約事項は、それほど多くない。すなわち、①先取特権の目的となる債権の範囲（法七条一項）、②管理者の権利義務と訴訟追行資格（法二六条一・四項）、③管理者がいない場合の規約、集会の議事録および全員合意書面等の保管者（法三三条一項、平成一四年改正後の四二条五項、四五条四項）、④管理組合法人の代表理事または共同代表の定め（法四九条四項）である。しかし、そのほかにも、⑤建物・敷地・附属施設の管理または使用に関する事項は、つねに相対的規約事項となりうるから（法三〇条一項。また四六条二項参照）、その範囲は、従来の規約例にみられたように、実際にはずっと広い範囲に及ぶことができる。

(2) 規約に定めておいた方が望ましい事項　そのような任意の規約事項のうち、建物等の一般的な使用上・管理上の諸規則とは別に、できればあらかじめ規約上で対処しておいた方がよいと思われる事項をあげておけば、たとえばつぎのようなものがある。

㋑共用部分の範囲と共有物上の専用使用権。すなわち、新法は、規約共用部分の制度の利用可能性を大幅に広げた（前述三の**2**⑶参照）が、当然共用部分の範囲については新たな基準を設けず、また、専用使用権も法の規制の対象外とした。したがって、当然共用部分についても、従来どおりその範囲を規約上で明記することが望ましいし、専用使用権については、それがその他の区分所有者の権利を不当に損うことがないように規約で対処しておく必要があるのである。[1] ㋺共用部分等について生じた損害保険金や損害賠償金等の請求・受領に関する管理者の代理権および訴訟追行権（平成一四年改正後の法二六条二・四項）との関係での、各区分所有者の権限の制限。区分所有者各自の本人としての請求・受領を自由に認めると、管理者に代理権を付与した趣旨が場合によっては減殺されることになるからである。[2] そのほか、㋩義務違反に対する措置に関しても、いわば区分所有法の規定を補完する形で、より簡便な処置や手続を定めておくことが適切な場合もある（ただし、つぎの⑶参照）。義務違反者に対する措置に関する新法五七条以下の規定は、厳格な要件・手続に基づき、かつ裁判上でのみ請求しうる制裁措置を定めたものであるから、それに至る以前の段階で違反行為を是正できればそれにこしたことはないし、また、たとえば管理費の不払いのような義務違反に対しては、それらの規定だけでは必ずしも有効に対処しえないからである。[3] そのほか、裁判例上で有効と判断された相対的規約事項として、㋥共用部分から生じる利益を区分所有者に分配せず、管理費・修繕積立金等に充当する旨の規約の定め、㋭管理組合法人の理事会の運営に関し、理事に事故がある場合には一定範囲内の親族による代理出席を認める旨の規約の定め（最判平成二年一一月二六日判時一三六七号二四頁）などがある。

⑶　規約に定めることに問題のある事項　それに対して、特に区分所有法に強行規定がないものであっても、その点に関する規約条項の有効性に疑問を生じさせる事項や場合がある。例えば、㋑専有部分の譲渡・処分や賃貸を制限する条項（管理組合理事会等の事前の同意を要するとする場合など）は、その点に関する明示の規定が

ない以上、そのままでは、単なる債権契約としての効力を超える物権的効果をもつことはできない――同意をえないでなされた売買契約等がただちに無効となることはない――と考えられる。[4] 他方、回専有部分の使用方法の制限は、建物全体の保存や維持管理の要請または区分所有者の共同生活上の秩序維持の要請に基づくものである限り、原則として有効である（1でみた第二の分類中のⓒに相当するもので、さまざまな細則的な使用規制のほか、居住以外の用途での使用禁止とか、一定の営業の禁止などの用途規制がある）[5] が、それが必要かつ合理的な範囲を超える場合には、個別的に無効とされる場合もありうる。この最後の点は、ハ共用部分・敷地等の使用方法の制限や、ニ義務違反者に対する特別の制裁措置を定める場合についても同様であって、例えばニに関し共用部分の全面的な使用停止等の措置を定めても、それは無効と解されることになるであろう。[6]

そのほか、(2)イで述べた点ともかかわって実際上でとくに問題となるのは、区分所有建物の分譲時に売買契約や原始規約で設定された専用使用権について、事後の管理規約の設定や変更・廃止によりその内容を変更したり、その権利を消滅させることができるかどうかである。以前には、各専用使用権者の個別の同意がない限り、規約の設定・変更ではそうしたことはなしえないという考え方も強かったが、近年の学説では、共有の敷地等の管理・利用方法は、本来、共有者たる区分所有者の多数意思で決定されるべきことがらであるから、区分所有者間の合意に基づいて設定された専用使用権はもとより、分譲業者との契約により設定された専用使用権であっても、区分所有関係に入ったのちは規約や集会の決議による団体的規制に服するものとする考え方が次第に有力になり（いわゆる「専用使用権の法的性質＝共有物の管理に関する合意」説がその典型）、下級審でもそれに近い趣旨の見解を示す裁判例が少なからず現われてきていた。[7] そしてその上に立って、前掲の最判平成一〇年一〇月三〇日は、分譲業者がマンション分譲時に一部の区分所有者に対して設定・分譲した「本件の専用使用権は、区分所有者全員の共有に属するマンション敷地の使用に関する権利であるから、これが分譲された後は、管理組合と組合員たる専用使用権者との関係においては、法の規定の下で、規約および集会決議による団体的規制に服すべきものであり、管理組合である被上告人は、法の定める手続要件に従い、規約又は集会の決議をもって、専用使用権者の承諾を得ることなく使用料を増額することができるというべきである」と判示している。この最判の事案で争われたのは、新規約の設定とそれに基づく集会決議による専用使用権使用料の増額の可否であったが、右引用の判旨の前段は、無償の専用使用権の有償化はもとより、専用使用権のその余の変更や消滅の決定などについても同様に適用可能なものとみられ（前掲最判平成一〇年一一月二〇日参照）、筆者もこの判例の立論を妥当なものと考える。

もっとも、いったん設定された専用使用権も当然にその後の団体的規制に服するとすることは、専用使用権者の利益が無視されてよいことを意味するわけではない。右引用の判旨にもあるように、管理組合が規約または集会の決議をもってその権利内容の変更等を決定しうるのは、あくまで「法の規定の下で、……法の定める手続要件に従」ってのことであり、その手続要件の中には、最重要なものの一つとして、法三一条一項後段の規定が含まれる。したがって、右の判旨が「専用使用権者の承諾を得ることなく」と述べているのは、当該専用使用権の内容の変更等につき同条一項後段の適用が問題とならない場合に限られる。反対に、その規定が適用されるべき場合、つまり、規約の設定・変更等が「一部の区分所有者の権利に特別の影響を及ぼすべきとき」には、それらの区分所有者の承諾を得ることが当然に必要になるのである。(8)

注（1）なお、専用使用権については、第二の二の**2**(1)の注（1）、同じく二の**2**(2)の本文、および、本項の後出(3)参照。

（2）玉田・前掲論文一八頁。

（3）管理費等の不払いの問題については、丸山英気「改正区分所有法における秩序維持」法律時報五五巻九号二四、二七・二八頁、および、後述の本文二一八頁参照。

(4) なお、この問題については、前掲「管理と法律」一一一・一一二、一二九〜一三二頁、玉田・前掲「現代的課題」二〇九・二一〇頁参照。

(5) 一般の居住用マンションでの動物の飼育を制限・禁止する規約の定めも、その一つの典型例であり、多数の下級審裁判例でその有効性が認められている。また、いわば専有部分の〝延長〟ともいえる、専用使用権を設定されたバルコニーやルーフテラスの改築禁止の定めも、判例上でつとに有効と判断されている。なお、具体的な裁判例については、水本他編・前掲「基本法コンメンタール　マンション法」中の「第三〇条の注釈」(原田純孝) 六〇頁参照。

(6) (八)、(二)の具体例に関しては、玉田ほか編・前掲書二四四〜二四七頁、玉田・前掲「現代的課題」二一〇〜二一三頁、および丸山・前掲書二二七・二二八頁参照。裁判例では、管理費等を支払わない区分所有者に対し規約の定めに基づいてとられた給湯停止の措置が、当該事案では権利の濫用で不法行為となるとしたものがある (東京地判平成二年一月三〇日判時一三七〇号八三頁)。なお、法五七条以下の制裁措置に関する規定は強行規定であるから、そこに定められた措置については、規約で別の定めをすることができないと解されることにも注意しておきたい。

(7) 学説や裁判例の詳細は、山上・前掲「マンションの駐車場専用使用権裁判例の検討(3)」NBL六二四号参照。

(8) 以上につき、水本他編・前掲書中の「第三〇条の注釈」(原田純孝) 五九―六〇頁参照。また、専用使用権の変更等への法三一条一項後段の適用のあり方をめぐる問題については、前出第二の二の2を参照せよ。

5　規約の衡平性の判断要素

最後に、いかなる事項に関する場合であれ、規約は、法三〇条三項の列挙する諸要素を「総合的に考慮して、区分所有者間の利害の衡平が図られるように定められなければならない」。列挙された要素のうち、専有部分・

共用部分・建物の敷地・附属施設は、区分所有建物の基礎的な構成要素であって、いわば区分所有者間の利害調整がなされる客体としての意味をもつ。そして、その利害調整を行うに際して、「これらの形状、面積、位置関係、使用目的及び利用状況並びに区分所有者が支払った対価その他の事情」が総合的に考慮されるべきことも、むしろ当然のことである。例えば、(イ)専有部分の床面積や外形的形状・容積等の違いにより共用部分の負担割合等につき差異が設けられる場合があること、(ロ)一階の専有部分の区分所有者についてのみ敷地の一部を専用庭等として使用する権利が認められる場合がありうること、(ハ)その用途・使用目的が商業用とされた専有部分について住宅用とされた専有部分とは異なった管理費等の負担割合を定めることは、必ずしも不衡平とはいえないこと、(ニ)特定の共用部分（例えばエレベーターやエスカレーター）の具体的な利用状況のあり方を各専有部分の位置関係等とあわせて勘案して、その維持に要する費用負担に差異を設ける場合もありうること、などである。また、(ホ)一部の区分所有者に専用使用権が設定されている場合に、当該区分所有者がそれに相応する対価を支払っているかどうかが、その規約の定めの衡平性を判断する重要な要素となることも当然である。(ヘ)「その他の事情」には、種々のことがらが広く含まれうるであろうが、とくに分譲業者の作成した規約原案への同意書面により原始規約が設定された場合（前述二の**3**参照）などには、その規約の設定に至る経緯（分譲業者が購入者たる区分所有者に対して規約の内容につき十分な説明をしたかどうかなど）も「その他の事情」に含まれるとされていることに注意しておきたい。(1)

注（1）以上につき、吉田編・前掲書三七―三九頁参照。なお、(ホ)は、専用使用権に関する前掲の二つの最高裁判決をはじめとする裁判例がつとに認めてきたところである。

五　規約の作成、保管および閲覧

1　規約の作成方法

規約は、「書面又は電磁的記録により」作成しなければならない（法三〇条三項）。この規定は、文書やデータの電子情報処理技術（記録・操作・伝達等）が一般化したことに伴い、書面以外の「電磁的記録」による規約の作成を法認するために、平成一四年改正で新設された。「電磁的記録」とは、「電子的方式、磁気的方式その他人の知覚によっては認識することができない方式で作られる記録であって、電子計算機による情報処理の用に供されるものとして法務省令で定められるものをいう」（同項。以下の本法の条項でも同様）。具体的には本法の施行規則（平成一五年法務省令第四七号）第一条で、「磁気ディスクその他これに準ずる方法により一定の情報を確実に記録しておくことができる物をもって調整したファイルに情報を記録したもの」と規定されている。

2　規約の保管者

規約は、管理者がいるときは、つねに管理者が保管しなければならない（法三三条一項）。規約が区分所有者間の基礎的法律関係を定め、かつ、現在の区分所有者以外の者に対しても効力を有することに鑑みれば、利害関係のある第三者が容易にその内容を知りうることが必要であり、そのためには、規約の保管者はできるだけ明確であることが望ましいからである。規約の保管義務違反に対する罰則規定が新法で新設された（平成一四年改正前の法六九条一号→平成一四年改正後の法七一条一号）のも、やはり規約の公示機能を確保するためである。ただし、管理者がいないときは、規約または集会の決議によって、建物を使用している区分所有者またはその代理人で規約を保管すべき者を選任しなければならない（法三三条一項但書）。ここで区分所有者の代理人というのは、区分所

有者にかわって規約を保管する者の意味である。[(1)]

3　利害関係人の閲覧請求権

規約の保管者は、利害関係人の請求があったときは、正当な理由がないかぎり、規約の閲覧を拒むことができない。規約が電磁的記録で作成されているときは、「記録された情報の内容を紙面又は出力装置の映像面に表示する方法」により、規約の保管場所で閲覧させることになる（法三三条二項、同法施行規則二条）。閲覧の不当な拒否は一〇万円以下の過料の対象となる（法七一条二号）。旧法二六条三項および同三七条と同趣旨の規定であるが、「正当の理由」があれば閲覧請求を拒否できるとされた点が異なっている。ただし、閲覧を請求する者が区分所有権を譲り受けようとする者とか、専有部分を賃借しようとする者である場合には、「正当の理由」が問題となることは、実際にはあまりないであろう。

なお、このような利害関係人が規約を容易に閲覧できるようにするために、「建物内の見やすい場所」に規約の保管場所を掲示すべきことが新たに定められた（法三三条三項）。具体的には、建物内の掲示板、建物の主たる出入口等に、どこに行けば規約を閲覧することができるかを第三者がわかるように記載した文書を貼り出すことになろう。ただし、この義務違反に対しては、特に罰則規定は定められていない。

4　管理組合法人の場合の特則

管理組合法人にあっては、規約は、理事が法人の事務所において保管すべき義務を負う（法四七条一二項）。管理組合法人となる場合には、事務所を定め、かつ、それを登記することになるから（同条一項参照）、法人の事務所を保管場所として法定しておく方が、第三者にとっても、法人にとっても好都合だからである。

注（1）「注釈民法(7)」三九三頁（川島一郎）。

第三　集　会

一　集会の位置づけとその役割

第一の二でみたように、新法の集会は、区分所有建物の管理体制の中核ともいうべき、きわめて重要な位置づけを与えられている。集会の決議事項が法律上で大幅に拡大され、しかも、多数決でなされるその決議に規約と同等の効力が付与された（法四六条）ことによって、集会は、名実ともに《建物等の維持管理上の重要な事項のすべてについて決定権を有する区分所有者団体の最高の意思決定機関》としての役割を担うことになったといってよい。そのことは、区分所有者の団体が管理組合法人となったときでも、基本的に同様である（法五二条）。

ただし、区分所有法上の制度としての集会の法律的性格自体は、旧法の場合と比べて特に変わっているわけではない。すなわち、区分所有者は、規約の有無にかかわらず、区分所有法の規定に従って集会に集合し、必要とする事項を決定することができるが、管理者がいる場合（法三四条二項→後述二の1(1)）および管理組合法人となった場合（法四七条一二項）を除いて、必ずしも集会を開くことを義務づけられてはいないのである。実際、特に少人数の区分所有者しかいないようなときには、わざわざ集会を招集しなくても、たとえば法四五条の書面による決議（平成一四年改正以降、全員の書面による合意による場合と、そうでない場合との双方がある）だけでこと足りるという場合も多いであろうから、そのような規定の仕方には十分な理由がある。また、近年増加している大規模な区分所有建物にあっては、集会の開催に要する事実上の面倒さを回避して、平成一四年改正で新たに認められた書面または電磁的方法による多数決での決議をもって集会の決議にかえること（法四五条一・三項）が実際的であるという場合も少なくあるまい（詳細は、後述四）。ここからみれば、集会の開催は、ある意味では任意的であるともいえるわけである。

とはいえ、区分所有者団体の法律上当然の存在を法定する新法のもとでは、その団体の意思決定の基本的な仕組みとして、団体の構成員による集会の存在もまた法定されている（それは、団体の存在を法観念上で当然に措定することの論理的帰結である）と考えるべきであろう。この観点からみれば、新法での集会の位置づけはつぎのように整理できる。

まず、㋑区分所有者は、特に何らの取り決めをしないでも、必要があればいつでも区分所有法の規定に従って集会を開き、議事を決することができる。そのための手続規定も、しばしば強行規定の形をとりつつ格段に整備されている。㋺その法的基礎と枠組のもとで、区分所有者は、より積極的に集会の組織や運営のあり方を規約等によって自ら定めることもできるが、それはまさに、新法の定める団体自治の具体的発現にほかならない。その組織化の過程でも、集会の決議が団体の意思決定の基本的な仕組みとして機能するのである。他方、㋩前記のように区分所有者は、特定の例外となる場合を除き、集会を開催しないで意思決定を行うこともできる。ただし、その際の書面または電磁的方法による決議は、全員の合意によるものも含めて、法律上では、あくまで集会の決議にかわるものとして位置づけられている（法四五条二・三・五項参照）。その意味で集会は、区分所有者の団体がその意思を具体的に決定して積極的な組織体を形成するための第一の機関なのである。

なお、区分所有法上の集会と、管理組合がある場合の管理組合総会との関係については、新法のもとでも、さきに第二の**一**の**2**で触れておいた問題がある。そこで述べたように、新法三条にいう区分所有者の団体がただちに個々の管理組合となるわけではないから、組合の総会が同時に区分所有者集会となるためには、管理組合とその総会が規約によって適法に組織され、運営されていなければならない。ただ、この条件さえ満たされていれば、新法下の管理組合は、当然に法三条所定の団体の現実化された組織体とみなされるから、たとえば組合員の加入・脱退の自由如何というような問題は、もはや存在する余地がない。

二　集会の招集手続

1　招集権者

(1)　管理者　管理者がいるときは、集会の招集権者は、原則として管理者とされ（法三四条一項。また(2)(イ)参照）、管理者は、少なくとも毎年一回集会を招集する義務を負う（同条二項）。この管理者の義務は、集会の重要な役割に鑑みて、管理者をおくような区分所有建物では少なくとも年一回くらいは集会を開くべきであると考えられたこと、および、管理者が毎年一回定期に行う事務報告も集会でなすべきものとされていること（法四三条）、に基づいている。後者（法四三条）は、区分所有者からの質問等を可能にし、区分所有者が管理者の事務執行の適否をよりよく判断できるようにするためであり、その義務に違反した管理者（報告義務の懈怠または虚偽の報告）は、二〇万円以下の過料に処される（法七一条四号）。なお、以上のような管理者の義務は、管理組合法人にあっては理事が負うことになる（法四七条一二項）。

(2)　少数区分所有者の権利　「区分所有者の五分の一以上で議決権の五分の一以上を有する者」（少数区分所有者。二重の要件の意義については、第二の二の1(1)参照）は、(イ)管理者がいないときには、自ら直接に集会を招集することができる（法三四条五項本文）。しかし、(ロ)管理者がいるときには、まず管理者に対し、会議の目的たる事項を示して集会の招集を請求しなければならない（同条三項本文）。この場合の少数区分所有者の権利がいわば集会の招集請求権という形で規定されたのは、集会運営の便宜からいっても（法四一条参照）、またその決議の実行の仕方との関係からいっても（法二六条一項参照）、管理者がいる限り、集会の招集はできるだけ管理者に行わせようとする趣旨である。そして、㋩請求を受けた管理者が当該請求の日から二週間以内に、「その請求の日から四週間以内の日を会日とする集会の招集の通知」を発しなかったときにはじめて、その請求をした少数区分所有者が直接集会を招集することが認められる（法三四条四項）。ただし、この集会は、さきの㋑の集会とは異なるから、右の請求中に示された事項しか目的とすることができない。

なお、少数区分所有者の定数が旧法の四分の一（旧法二七条）から五分の一に引き下げられたのは、民法六一条二項の定数に合せたものとされるが、[1]同時に、新法の集会に期待される重要な役割に鑑みて、少数区分所有者の側からの集会開催へのイニシアチブをより容易にしようとしたもの、と評価することができよう。この定数は――民法六一条二項但書と異なって――規約で減ずることができるが、これを引き上げることはできないとされている（法三四条三項但書・五項但書）のも、同様の趣旨を示すものとみられる。

注（1）濱崎・前掲論文三二頁。

2　集会の招集通知

この点に関する旧法の規定も全面的に改正された。集会の招集手続を合理化して手続上の瑕疵（具体的には集会の決議の無効）をめぐる紛争を未然に防止する（(1)〜(4)）一方で、重要な事項に関しては議事の充実を図ろうとするもの（(5)）であるが、前者は、実質的には、招集権者の手続上の負担を軽減する意味ももつ。

(1)　通知期間　招集通知は、会議の目的たる事項を示して、「会日より少なくとも一週間前に……各区分所有者に発しなければならない」（法三五条一項。傍点は引用者）。旧法では、会日より「五日前に……通知しなければならない」（旧法二八条）となっていたため、五日前までの到達を要すると解さざるをえず、その結果、招集者にとっては不便をきたし、かつ、到達の遅延をめぐる紛争が生じる余地があった。そこで新法は、これを改め、右のように発信の時期を基準として通知期間を定めたのである。

ただし、この規定により新法が完全な発信主義をとったとみることはできないから（民法九七条一項参照）、通知は、少なくとも会日の前日までに到達していることがやはり必要であろう[1]（ただし、つぎの(3)(ロ)参照）。「一週間前」という期間を規約で伸縮することは可能である（法三五条一項但書）が、会日前には通知がとうてい到達しえないような短い期間を定めることは許されない（特に非居住の区分所有者がいる場合）と解される[2]。

(2)　通知の相手方　原則として各区分所有者であるが、専有部分が数人の共有にかかるときには、誰に対して通知を発すべきかが問題となる。新法はこれを、集会で「議決権を行使すべき者」とした（同条二項）。議決権の行使者（一人に限られる）は、共有者によってあらかじめ指定されることになっているからである（法四〇条）。他方、その者が定められていないときは、招集者は、任意に共有者の一人を選んで通知すれば足りる（法三五条二項）。共有者の定めた議決権行使者が管理者に知らされていないときも、これと同様と解される。

(3)　通知の宛先と方法および到達の擬制　招集の通知は、(イ)区分所有者が管理者に対して通知を受けるべき場所を知らせていたときはその場所に、また、(ロ)その知らせがなされていなかったときは当該区分所有者の所有する専有部分にあててすれば足りる（法三五条三項前段）。招集者が各区分所有者の住所をいちいち調査しなければならないのは不合理であるから、逆に、その所有する専有部分以外の場所で通知を受けることを欲する区分所有者の側に、その場所をあらかじめ管理者に届け出ておく負担を課す趣旨の規定である。招集者としては、区分所有者がその専有部分に居住していないのが明らかであっても、その住所等が別に知られているのでない限り、(ロ)の通知をしておかなければならないことに注意する必要がある。

通知の方法は、㋑の場合には郵便によることになろうが、㋺の場合には、各戸の郵便受け等に差し入れることでもよい。その通知は、右のいずれの場合にも、「通常それが到達すべきとき」（右の後者の場合には、郵便受けに差し入れたときとなろう）に到達したものとみなされる（法三五条三項後段）。

(4)　通知にかわる掲示　そのほか、さらに、㋩規約でその旨の特別の定めをすれば、その建物内に住所を有する区分所有者または右の㋺に該当する区分所有者に対しては、「建物内の見やすい場所」（その意義については、前述第二の五の**3**参照）への掲示をもって、招集通知にかえることができる。そしてこの場合には、通知は、その掲示のときに到達したものとみなされる（同条四項）。この規定は、招集者にとっては便利であるが、場合によっては事実上のトラブルの原因となるおそれもなしとはしないから、当該区分所有建物における具体的状況を勘案しながらその利用の是非を判断する必要があろう。なお、前記㋑に該当する区分所有者への個別の通知は、規約の定めによっても不要とすることはできない。

(5)　重要決議事項の通知　会議の目的が一定の重要な事項にかかるときは、集会の招集通知は、単にその目的たる事項を示すだけでなく、「その議案の要領」をも示したものでなければならない（同条五項）。具体的には、①法一七条一項の共用部分の変更、②法三一条一項の規約の設定・変更または廃止、③法六一条五項の建物の大規模滅失の場合における復旧、④法六二条一項の建物の建替え、⑤法六八条一項の団地における規約設定の特例、および、⑥法六九条七項の団地内の複数特定建物の一括建替え、がその事項である。いずれも、特別多数を要する重要な決議事項で、しかも、各区分所有者がその態度を決するためにはある程度議案の内容を了知していることを必要とするものであるから[3]、招集通知に際してあらかじめその要領を示させ、各区分所有者がその内容を十分検討したうえで集会に臨むことができるようにしようというのが、この規定の趣旨である。したがって、本項にいう「議案の要領」は、単に議案を要約しておけばよいというのではなく、少なくとも各区分所有者が事前の検討を可能にするような形で決議内容についての案を示すものでなければならない、ということになろう。たとえば、案が二つ以上ある場合には、そのいずれをも示しておくべきである。他方、建物の建替えにかかる決議については、右にいう「議案の要領」に加えて、法定の一定の事項をも通知することが義務づけられている（法六二条五項、六九条四項、七〇条四項。いずれも平成一四年改正による）が、その詳細は該当の章を参照されたい。

注（1）濱崎・前掲論文三二頁。

（2）なお、平成一四年改正により、建物の建替え決議を会議の目的とする集会の招集については、招集の通知を「当該集会の会日より少なくとも二月前に発しなければならない」という特則が設けられている（法六二条四項）。団地内の建物の建替え承認決議および団地内の建物の一括建替え決議についても、同様である（法六九条四項、七〇条四項）。しかも、この「二月前」という期間については、規約で伸長することのみが認められ（上記各規定の但書）、これを短縮することは許されない。

（3）なお、区分所有法上の特別決議事項には、他にも、管理組合法人の設立または解散（法四七条一項、五五条二項）、および、法五八条、五九条、六〇条に定める制裁措置のための訴えの提起があるが、これらの事項は、会議の目的さえ示されていれば議案の内容はおのずから明らかになるので、本項の対象からは除外されている。

3　招集手続の省略

もっとも、区分所有者全員の同意があるときは、集会は、招集手続を経ないでも開くことができる（法三六条）。主として比較的小規模の区分所有建物において、簡易に集会を開くことを可能にするために新設された規定である。この規定が適用される場合には、**2**でみた招集通知が当然に不必要となるほか、さらに、管理者がいるときにも、あえて管理者に対し集会の招集を請求する必要はないものと解される。区分所有者全員が集会の開催に同意して集合すれば、そこに区分所有者集会が成立する（したがって、即日集会を開くことも可能である）と考えて、特段の不都合は生じないと思われるからである。[1]

ただ、若干問題となるのは、右の「同意」の内容である。まず、この同意は、集会の開催についての同意であると同時に、招集手続を省略することへの同意を含むものでなければなるまい。したがって、集会の日時・場所等もまた、具体的に同意されていることが必要になろう。他方、会議の目的たる事項については、法文上では特別の手続的な制限は課されていない——法三五条のみならず、法三七条一・二項の決議事項の制限もこの集会には適用されない（法三七条三項）——から、必ずしもその点に関する同意はなくてよい、ということになりそうである。事実、全員が集会に出席し、当該事項を決議することに同意しているというような場合には、特にその決議を制限すべき理由は存在しないといえよう。しかし、欠席者がある場合（しかも、それがむしろ一般的である）を考えると、そのように解するのでは問題が残る。したがって、集会の開催には同意したが出席しない者が出るような場合には、少なくともその者との関係では、会議の目的を特定したうえで本条の同意をえておくことが必要であると解される。[2]

注（１）区分所有者全員の合意書面があればいかなる事項でも決しうること（法四五条二項。電磁的方法による全員の合意でもよい）との対比からいっても、このことは、当然であるといえよう。もっとも、濱崎・前掲論文三四頁は、本条の同意を「招集手続省略の同意」としてより限定的に考えているようである。

（２）濱崎・前掲論文三四頁も同旨。

三　集会の議事と議決権

1　集会の決議事項と議決定数

(1)　決議事項の範囲　旧法と異なって、新法では、多くのことがらが集会の決議事項として明記されている。その中には、規約についてみたのと同様に、㋑必ず個別の集会決議によることを要する事項と、㋺あらかじめ規約で定めたり、あるいは、㋩規約によって別の意思決定方法を定めておくことが許される事項とが存在する。㋑を絶対的決議事項、㋺、㋩を相対的決議事項と呼んでもよいが、(1) ㋺は、実際には、当該事項の定めやその変更を、集会の特別多数の決議を要する事項にする意味をもつことに注意を要する（なお、(2)参照）。

㋑に属するものとしては、①建物の共用部分・敷地・附属施設の変更（法一七条一項、二一条）、②規約の設定・変更・廃止（法三一条一項）、③管理組合法人の設立および解散（法四七条一項、五五条一・二項）、④義務違反区分所有者ならびに占有者に対する制裁措置の請求の訴えと訴訟追行の委任（法五七～六〇条）、⑤建物の二分の一を超える滅失の場合の復旧（法六一条五項）、⑥建物の建替え（法六二条）、⑦団地内の建物に関する規約設定の特例（法六八条一項）、⑧団地内の建物の建替えの承認（法六九条）、⑨団地内の建物の一括建替え（法七〇条）である。なお、決議事項ではないが、必ず集会でしなければならないものとして、管理者の事務報告がある（法四三条。前述二の1(1)参照）。

他方、㋺または㋩に属するものとしては、⑩建物の共用部分等の軽微な変更（「その形状又は効用の著しい変更を伴わないもの」。法一七条一項、二一条）と⑪その管理（法一八条一・二項、二一条）、⑫管理者の選任または解任（法二五条一項）と、⑬管理者への訴訟追行権の付与（法二六条四項）、⑭管理者がいない場合の規約・議事録等の保管者（法三三条一項、四二条五項、四五条四項）ならびに⑮集会の議長の選任（法四一条）、⑯管理組合法人の事務執行（法五二条。ただし、特別決議事項は除く）、⑰建物の二分の一以下の滅失の場合の復旧（法六一条三・四項）がある。そして、このうちの⑬、⑭が㋺に該当する。他方、㋩に属する事項（⑩⑪⑫⑮⑯⑰がそれに当たる）については、規約により、たとえば、規約上で位置づけられた理事会等において決定するものと定めることもできるわけである。(2)

もっとも、集会の実際の決議事項は、以上のような区分所有法上の規定がある事項に限定されるわけではない。このことは、集会を区分所有者団体の最高の意思決定機関とした新法のもとでは自明のことといえよう。建物・敷地・附属施設の管理や使用に関する事項であれば、区分所有法の規定に反するのでない限り、すべて集会で決議できるのである。区分所有法も、法の規定によるものとは別に、「規約により集会において決議すべきものとされた事項」がありうることを予定している（平成一四年改正前の法四五条一項→改正後の法四五条二項）(3)が、とくにその旨の規約の定めがない場合でも、そうした事項を集会の決議で決することが否定されるわけではないと解される。(4)

(2)　特別決議事項と普通決議事項　　他方、議決定数との関係でみれば、集会の決議事項には、ⓐ特別多数での決議を要する特別決議事項と、ⓑ過半数で決しうる普通決議事項の双方がある。前者、すなわち、特別決議事項は、すべて昭和五八年改正と平成一四年改正によって法定されたもので、重要事項に関する意思決定をより慎重ならしめるためのものである。(1)でみた㋑の事項のうち、義務違反者（区分所有者および占有者）に対する行為停止等の請求の訴え（④のうちの法五七条）を除いた事項が、これに該当する。

特別決議事項以外の事項は、すべて普通決議事項であり、原則として「区分所有者及び議決権の各過半数」で決する（二重の要件の意義については、前述第二の二の1(1)参照）が、規約で別段の定めをすることが認められている

（法三九条一項）。したがって、区分所有者の自治により、人数または議決権の一方のみをもって議決要件とすることも、また、決議事項の如何によってその要件を加重し、[5]あるいは軽減することもできることになる。軽減の例としては、規約により、集会の成立要件（議事の定足数）を全区分所有者の過半数の出席（あるいは、議決権総数の過半数を有する区分所有者の出席）と定めたうえで、「集会の議事は、出席区分所有者（あるいは出席区分所有者の有する議決権）の過半数で決する」とするような場合がある。この場合には、結局、区分所有者総数（あるいは議決権総数）の四分の一を超える多数の賛成で集会の普通決議が成立することになるが、このような議決要件の定めも有効であると解されている。[6]

(3)　決議事項の手続的制限　　もっとも、個々の集会で具体的に決議できる事項は、旧法と同様に、原則としてその集会の招集通知においてあらかじめ通知した事項に限定され（法三七条一項。なお、法三五条一項参照）、規約で別段の定めをした場合に限って、それ以外の事項を決議することが認められる。しかも、新法は、旧法がその旨の規約の定めを無制限に許した点を改め、特別決議事項についてはそのような規約の定めをなしえないこととした（同条二項。なお、旧法二九条参照）。重要な決議事項を事前の予告なしに集会の多数決で決定することを認めるのは、実際上の見地からみても、また、それらの事項の多くにつき議案の要領の事前の通知が義務づけられていること（法三五条五項→前述二の**2**(5)）とのかね合いからいっても、適当でないからである。

なお、本条の制限が、区分所有者全員の同意による集会には――そのままの形では――適用されないこと（法三七条三項）は、二の**3**で述べたとおりである。

注（1）玉田・前掲論文一六・一七頁参照。
（2）前掲「新しいマンション法」二二四頁。

（3）例えば、管理組合の予算を集会の決議で決定し、決算については集会の承認決議を要することを定める規約は、ごく一般的に見受けられる。
（4）玉田・同前論文一七頁。
（5）なお、法律上では普通決議ですむ事項につき、例えば「区分所有者全員の同意を要する」とするような規約を定めたとしても、新法のもとでは、その規約自体が法三一条一項の要件（強行規定である）に従って常に改廃されうること（つまり、その要件を超える議決要件の加重は実質的な意味をもたない）に注意しておきたい。
（6）前掲「新しいマンション法」二三九頁。平成九年改定の中高層共同住宅標準管理規約や平成一六年改定のマンション標準管理規約も、まさに本文で述べたような規定を置いている（単棟型のモデルにつき、それぞれ第四五条一・二項、第四七条一・二項参照）。ただし、普通決議事項の中にも区分所有者にとって重要な利害をもつ事項が含まれることや、集会を最高の意思決定機関として位置づけた法の趣旨などから考えると、議決要件を過度に引き下げることはできるだけ避けるべきであろう。

2　議決権の行使

(1)　議決権　各区分所有者の議決権は、原則として、共用部分の持分の割合（法一四条）によって定まるが、規約で別段の定めをすることができる（法三八条）。この点は、旧法三〇条の場合と全く同様であり、例えば、専有部分の大小を問わず、一住戸一議決権とすることも可能である（なお、第二の二の**1**(3)参照）。なお、集会は、区分所有者団体の集会であるから、議決権を有するのは区分所有者のみである。

(2)　議決権行使者の指定　一人の区分所有者が単独で専有部分を所有する場合には、当然にその者が議決権の行使者となるが、一個の専有部分が数人の共有に属するときは、共有者は、そのなかで議決権を行使すべき者一人を定めなければならない（法四〇条）。株式の共有の場合に関する会社法一〇六条（旧商法二〇三条二項）と同趣旨の規定である。区分所有関係においては、一個の専有部分の区分所有権が基礎的単位となるのであるから、一個の専有部分を数人で共有するときには、共有者全員で一区分所有者となる——したがって、区分所有者団体の構成員も一人（一単位）であり、共有者全員で一個の議決権をもつ——と考えるのは当然のことである。[1]特段の規定のなかった旧法下でもすでに同様に解されていたが、具体的な議決権の行使方法が必ずしも明確でなかったので、新法で本条が新設されたのである。

実際の運用としては、実務上で一般に行われているように、共有者連名で議決権行使者として指定した者をあらかじめ管理者等に届け出ておくのが適当であろうが、各集会ごとにその指定を行うことも可能である。[2]反対に、この指定がない場合には、本条の文理からは、共有者のいずれも議決権を行使できないことになる。しかし、適式な招集通知に対して共有者の一人が集会に出てきているというときに、その者を議決権行使者として扱うことまで禁止する趣旨のものではないであろう[3]（なお、第三の二の**2**(2)参照）。

(3)　議決権の行使方法　　議決権は、集会に出席して直接行使するほか、書面で、または代理人によって行使することができる（法三九条二項＝旧法三一条二項と同じ）。この規定は、一面では、集会への出席者の不足をカバーする作用を有するが、基本的には、集会に自ら出席できない区分所有者の議決権の行使を保障するためのものであるから、規約によっても、この権利を否定することはできないと解される。ただし、書面投票を有効かつ適正に利用するためには、特に議案の要領の通知が義務づけられていない事項についても、事前にその要領を示しておくことが事実上必要となるであろう。

そのほか、区分所有者は、規約又は集会の決議がそれを認める場合には、書面による議決権の行使に代えて、電磁的方法によって議決権を行使することができる（法三九条三項）。これは、IT化の進展（電子情報処理システムの一般的普及）を踏まえて平成一四年改正で新設された規定であり、集会に自ら出席できない区分所有者の議決権の行使方法を拡大する意味をもつ。「電磁的方法」とは、「電子情報処理組織を使用する方式その他の情報通信の技術を利用する方法」であり、その内容は、区分所有法施行規則三条に定められている。具体的には、電子メールの送信やウェブサイト上のホームページへの書込み、フロッピーディスクやCD—ROMの交付などが考えられるが、(4) いずれにせよ事後の紛争の発生を防止するためには、議決権行使者の本人確認が可能な方法をあらかじめ定めておくことが必要となるであろう。(5)

注（1）したがって、区分所有法上で区分所有者の数が問題とされる場合にも、共有者全員で一人と数えられる。なお、反対に、一人の区分所有者が複数の専有部分を所有する場合には、その者に当然に複数の議決権（ないしそれに応じた議決権割合）が認められるが、区分所有者の数としては、やはり一人である。前掲「新しいマンション法」二三六—二三七頁も同旨を説く。

（2）なお、共有者間の内部関係では、この指定は、民法二五二条の規定に従って行われることになろう。

（3）濱崎・前掲論文三四頁。これはいいかえれば、明示の指定がないのにその者を議決権行使者として扱っても、そのことが当該決議の瑕疵を招くことはない、ということである。

（4）なお、いずれの方法によるのであれ、受信者がファイルへの記録を出力することにより書面を作成することができるものでなければならない（施行規則三条二項）。

（5）前掲「改正マンション法」五二頁によれば、(イ)「電子署名及び認証業務に関する法律」（平成一二年法律第一〇二号）二条一項の定める電子署名を付する方法、(ロ)あらかじめ割り当てたパスワードを入力させる方法などが考えられるという。

3　議事運営と議事録の作成および保管

(1) 議　長　規約に別段の定めがある場合、および集会で別段の決議をした場合を除いて、管理者または集会を招集した区分所有者の一人が議長となる（法四一条＝旧法三二条）。管理者が議長となるのは、集会の招集者である（法三四条一～三項）と同時に、集会の決議を実行する責を負う者である（法二六条一項）ことに由来するのであって、区分所有者でない管理者に他の区分所有者と同等の「集会の構成員」たる資格を与える趣旨ではない。

(2) 議事録の作成および保管　新法は、議事録の作成義務者を議長と法定する（法四二条一項）と同時に、議事録（書面）への署名押印も、議長のほかさらに、集会に出席した区分所有者の二人によってなされなければならないこととした（平成一四年改正前の同条二項→改正後の同条三項）。集会の決議の重要性が著しく増大したのに伴い、議事の経過の要領とその結果が正確に記録されることを確保するためである（同条二項）。平成一四年改正により、議事録を電磁的記録によって作成することも可能になった（同条一・二項）が、その場合には、そこに記録された情報について、同じく右の三人の者が「法務省令で定める署名押印に代わる措置」を行わなければならない（同条四項）[(1)]。そして、これらの規定への違反行為――議事録の不作成、または記載すべき事項の脱漏もしくは虚偽の記載――に対して、昭和五八年改正以降、罰則規定も設けられている（法七一条三号）。

作成された議事録の保管および閲覧については、規約の保管および閲覧について述べたのと同様の規定（法三三条）が、罰則をも含めてそのまま適用される（法四二条五項、七一条一・二号。第二の五参照）。集会の決議が規約に準じる意義と効力をもつ以上、当然のことであろう。

注（1）法四二条にいう「電磁的記録」の意味内容も、規約を電磁的記録で作成する場合のそれと同一である（法三三条五項、前述第二の五の1参照）。他方、「法務省令で定める署名押印に代わる措置」は、区分所有法施行規則四条で、「電子署名及び認証業務に関する法律（平成一二年法律第一〇二号）第二条一項の定める電子署名」と定められて

いる。吉田編・前掲「改正マンション法」五〇頁によれば、この「電子署名」とは、「電磁的記録に記録できる情報に対して行われる措置であって、その情報が措置を行った者の作成に係るものであることを示すためのものであり、かつ、その情報が改変されていないかどうかを確認できるものをいい、現在は、数百桁の数字を羅列した『公開鍵』を使用する公開鍵暗号方式という方式を活用したデジタル署名が広く用いられている」という。

四　書面または電磁的方法による決議

1　集会を開催しないでする決議――その概要と存在意義

ところで、これまでにも触れてきたように（第二の二の**1**・**3**、第三の一）、区分所有法は、同法または規約により集会において決議すべきものとされている事項についても、一定の条件が整えば、区分所有者が、集会を開催することなく、団体としての意思決定を行うことを認めている。平成一四年改正以前には、ⓐ旧法（昭和五八年改正前）以来認められてきた「全員の合意による書面決議」（正確には「全員の書面による合意があったとき」。旧法三四条一項＝平成一四年改正前の法四五条一項）が唯一の方法であったが、平成一四年改正により、新たに次の三つの形態での決議方法が導入された。具体的には、ⓑ「区分所有者全員の電磁的方法による合意があったとき」＝いわば「電磁的方法による全員合意の決議」（改正後の法四五条二項）、ⓒ「区分所有者全員の承諾があるときの、書面による多数決決議」（同条一項）、ⓓ「区分所有者全員の承諾があるときの、電磁的方法による多数決決議」（同条一項）である。各決議方法の具体的な態様は、**2**と**3**で述べることとし、ここでは、以下の三点を指摘しておきたい。

第一に、右の平成一四年の改正事項中、とくにⓒとⓓの決議方法の新設は、近年における大規模な区分所有建物の増加への対応を意図したものである。例えば区分所有者数が数百に及ぶような場合には、法または規約により集会の決議が要求されているときでも、集会の開催場所の確保や開催準備が事実上の大きな負担となり、その結果、団体＝管理組合としての迅速な意思決定に困難が生じるという場合が当然に予想される。他方、従来から認められてきたⓐの方法も、決議内容についての多数の区分所有者の全員一致が要求されるので、大規模な区分所有建物でそれを利用できる場合は自ら限定されていた。そこで、そうした区分所有建物における管理実務上の便宜と管理の実質的な充実を図る観点から、集会の開催を省略できる簡便な意思決定の方法を――そのような決議方法を行うことにつき、区分所有者全員の承諾があることを要件として――新たに導入したのである[1]。それに対して、ⓑの決議方法の導入は、電磁的方法による議決権の行使――言い換えれば、区分所有者が電磁的方法により意思表明を行うこと――が許容されるようになったこと（法三九条三項。第三の三の**2**(3)参照）に伴い、ⓐの方法の延長上で当然に認められることになったものとみることもできよう。

第二に、右の四つの決議方法を団体としての意思決定の実質に即してみれば、前二者＝ⓐⓑは、当該事項の決議内容自体について、区分所有者全員の合意が得られた場合、後二者＝ⓒⓓは、当該事項を決するに際して集会の開催を省略し、書面または電磁的方法による決議をすることにつき、区分所有者全員の承諾があったとき、と整理できるが、平成一四年改正後の法四五条は、この四つの決議方法の全体を「書面または電磁的方法による決議」という上位概念で括っている（改正後の法四五条一項、二項。従来から認められてきたⓐ＝「全員の合意による書面決議」も、そのうちの一つとなる）。しかも、そのいずれの態様による決議についても、その対象となりうる事項に関し何らの制限も付されていない。そしてそのうえで、同条三項は、「この法律又は規約により集会において決議すべきものとされた事項についての書面又は電磁的方法による決議は、集会の決議と同一の効力を有する」と規定する。したがって、ここからは、これらの決議は、実際には集会を開かずになされる団体の意思決定であっても、まさに集会の決議に代わるものとして位置づけられていることをみてとれるのである。

それゆえ、第三に、書面または電磁的方法による決議については、集会に関する規定が一括して準用される（同条五項）。また、その決議の内容は、集会の決議として規約と並ぶ効力をも有しうるものであるから（前述第二の一の1参照）、ⓐとⓒの決議にかかる書面並びにⓑとⓓの「電磁的方法により作成される電磁的記録」については、規約の保管および閲覧に関する法三三条の規定が、罰則をも含めてそのまま準用されている（法四五条四項、七一条一・二号。その内容は第二の五参照）。

注（1）吉田編・前掲「改正マンション法」五三頁。

2　全員の書面または電磁的方法による合意

(1)　全員合意による書面決議　　区分所有法または規約により集会において決議すべきものとされた事項について（以下の叙述においても同様）、「区分所有者全員の書面による合意」があったときに成立する（法四五条二項）。昭和三七年制定の旧法以来の制度であり、とくに区分所有者が少数で全員に異議のないことが明らかであるような場合に、わざわざ集会を開く手間を省略できるようにしたものである。昭和五八年改正法の立案過程では、この簡便な決議手続をより広く利用できるようにするために「全員の合意」という要件を緩和したらどうかという修正意見もかなり出されたが、集会の決議の場合と違って質疑・討論・意見表明の機会がないのに一部の者の反対を多数決で押し切ることには問題がある（その必要があれば、集会を開けばよい）ということから、旧法の規定がそのまま維持されていた。[1] この経緯との関係では、平成一四年改正による前記ⓒの決議方法の導入は、区分所有者全員の承諾という前提要件を課しつつ、右の修正意見に対応したものという意味ももつ。

(2) 全員合意の電磁的方法による決議　「区分所有者全員の電磁的方法による合意」があったときに成立する（法四五条二項）。この場合に各区分所有者がその合意を表明する「電磁的方法」については、同条一項但書の規定ではなく、同条五項によって準用される法三九条三項の規定（「電磁的方法」による議決権の行使に関する規定）が適用されるものと解される。したがって、この電磁的方法による決議を行うためには、原則的には規約または集会の決議により、電磁的方法による議決権の行使方法が定められていることが必要となるであろう（その内容は、前述第三の三の**2**(3)参照）。

法四五条の解釈上、若干問題となるのは、まず、①この「全員合意の電磁的方法による決議」をする際にも、同条一項本文にいう「区分所有者全員の承諾」があることを要するか否かである。形式的な文理解釈を行えば、この決議＝「区分所有者全員の電磁的方法による合意」も「書面または電磁的方法による決議」とみなされているから（同条二項）、これを肯定すべし（全員の承諾があることを要する）とする見方もありそうであるが、むしろ否定すべきもの（要しない）と考える。もしこれを肯定するのであれば、全員合意による書面決議についても同様に解すべしということになるが、その解釈は、どうみても妥当ではあるまい。実質論としても、特定の電磁的方法により全員の合意が明確に確認される場合には、その合意に集会の決議に代わる効果を認めてとくに問題は生じないであろう。とすると、②規約または集会の決議によって電磁的方法による議決権の行使方法が定められていない場合でも、特定の電磁的方法により全員の合意が明確に確認された場合には、この決議の成立を認めてよいかどうかが、また問題となりうる。法解釈の問題としては、これも認めざるをえないと思われるが、この場合には、全員の合意の存在の確認や立証の仕方をめぐって紛争が生じる余地もあることに注意を要しよう。最後に、③一部区分所有者の書面による同意と残りの区分所有者の電磁的方法による同意とによって全員の同意が得られたという場合はどうなるか。法四五条二項の文言に、《書面または電磁的方法のいずれか一方のみによって全員の合意を得ることを要する》とする趣旨まで読み取る必要はないと考えられるので、双方の方法を同時に用いた全員合意による決議も可能なものと解したい。集会での議決権の行使について、集会の場での直接行使、書面または代理人による行使、および電磁的方法による行使（規約または集会の決議でそれが認められている場合）が併用可能なものとされていることと同じように考えればよいであろう。

注（1）前掲「管理と法律」七二頁および七九頁以下参照。

3　全員の承諾のあるときの、書面または電磁的方法による決議

1でみたⓒとⓓの決議である。この決議は、本来は集会で決議すべき事項につき、集会の開催を省略して、集会の決議があったのと同一の効果を生じさせることを可能にするので、今後においては、とくに大規模な区分所有建物（および多数の区分所有者で構成される団地管理組合）を中心に重要な役割を果たしていくものとみられる。新しい制度であるため、その適用をめぐってどのような問題が生じるか、分明ならざるところもあるが、以下では、制度の内容とその運用にかかる若干の留意点を略述しておくことにする。

第一に、この決議方法を適用できるのは、「区分所有者全員の承諾があるとき」に限られる（法四五条一項本文）。大規模な区分所有建物等の管理の実際上で強く要請されることであっても、区分所有者が一堂に会して討議を行う機会を省略することは、集会と集会の決議を管理体制の中核においた区分所有法の基本原則に対する重大な例外を認めるものであるから、そのような決議方法を用いることにつき区分所有者全員の事前の承諾があることが要求されているのである。そして、とくに電磁的方法による決議を行うために区分所有者から承諾を得る方法に

ついては、法務省令＝施行規則でその内容を特定するものとしている（同項但書）。[1]

他方、第二に、「全員の承諾」があるときには、集会で決議すべきすべての事項について、ⓒまたはⓓの決議を行うことが可能である。その決議の成立要件は、当該決議の対象となる事項について区分所有法または規約に定められている議決要件（多数決要件）である。とすると、質疑・討論・意見表明等の機会のないまま、少数の反対意見が多数意見によって押し切られる結果が生じることも予想されなくはないが、そのような意見の対立がある決議事項については、この決議方法によること（集会の開催を省略すること）についての「全員の承諾」が通常得られないとみられるから、この決議方法の導入によって一部の区分所有者に不利益が及ぶおそれはない――逆に、「全員の承諾」が得られるときには、「管理組合の自治の尊重という観点から」、あえてⓒやⓓの方法での決議を禁止する必要はない――というのが、新制度の立法趣旨とされている。[2]

そうだとすると、第三に、管理実務上の便宜等のためにこの決議方法を用いるべき必要と、集会の開催を省略しても各区分所有者が不利益を受けるおそれがないという要請との間で実質的な利害調整をいかに図るかが、新制度の適切な運用の要諦となる。そして、その調整のあり方は、「全員の承諾」のとり方如何という点に集約して現れてくるのではないかと思われる。例えば、㋑施行規則五条三項は、電磁的方法による決議に関していったんは区分所有者からの承諾が得られた場合でも、「区分所有者の全部又は一部から書面又は電磁的方法により電磁的方法による決議を拒む旨の申出があったときは、法四五条一項に規定する決議を電磁的方法によってしてはならない」と定めるが、これも、「全員の承諾」の存否については最大限の慎重さをもって臨むべしとする趣旨とみられる。そうした配慮の必要性は、ⓒの書面による決議についても同様であろう。[3]

また、より重要な問題としては、㊁「全員の承諾」を事前に求める際に、ⓒまたはⓓの方法でなされるべき決議の内容に関してどの程度の情報開示が事前になされている必要があるか、という点がある。不十分もしくは不適切な情報の提示で「全員の承諾」を取りつけ、あとは集会なしの多数決で決定するというような形でこの決議方法が利用されると、却って事後の紛争を惹起させることにもなりかねないからである。当該決議が重要な事項であればあるほど、この点への配慮が肝要になるであろう。さらに、同種の問題は、㈧「全員の同意」は、決議事項のどの程度の単位ないしは内容的広がりに応じて得られる必要があるか、㈡継起的に登場してくる特定の決議事項につき、事前に一括した「全員の同意」を得ておくことも認められるか、などの形でも生じうる。こうした点に直接かかわる規定は、法四五条には置かれてないが、同条五項により、ⓒやⓓの決議にも集会の決議に関する規定が準用されるから、問題となる事柄の内容に即して関係の条項（例えば議案の要領の通知に関する規定など）を適用して、個々的に問題の解決を図っていくことが必要となるであろう。この新制度は、それが安易に利用されると、一方では団体自治の形骸化や空洞化をもたらすおそれを伴うと同時に、他方では、新たな紛争の種ともなりうるリスクを伴っているのである。

なお、最後に、ⓒまたはⓓの決議のための各区分所有者による議決権の行使方法と決議の成立時期について、以下の三点を指摘しておこう。まず、①ⓓの決議に用いる電磁的方法は、そのための「全員の承諾」を得る手続中で明示される（前出注（1）参照）が、通常は、集会の決議における電磁的方法での議決権行使のそれ（法三九条三項）と同様になるであろう。②**2**⑵の③でみたのと同じく、法四五条一項の「書面または電磁的方法による決議」のために、書面による議決権行使と電磁的方法による議決権行使とを併用することができるかという問題がありうるが、そこで述べたのと同じ理由で、肯定してよいものと考える。③ⓒまたはⓓの方法による決議の成立時期は、当該決議事項についての所要の議決要件が満たされたときとなろう。ただし、その決議のための議決権行使に期限が設けられているときは、その期限内に限られる。

注（1）その内容は、区分所有法施行規則五条に定められている。具体的には、当該決議を行うための集会を招集すべき立場にある者が、あらかじめ、区分所有者に対し、電磁的方法による決議に用いる「電磁的方法の種類及び内容を示して」、書面または電磁的方法による承諾を得ることを要する（同条一項）。そして、その「電磁的方法の種類及び内容」については、議決権行使のために利用可能な電磁的方法（施行規則三条一項。前述三の**2**(3)参照）のうち送信者が使用するもの（種類）、および、ファイルへの記録の方式（内容。例えば添付ファイルを使用する場合の使用ソフトの形式やバージョン等）と規定されている（同条二項）。

（2）吉田編・前掲「改正マンション法」五四頁。

（3）例えば、前記の施行規則五条三項の趣旨に照らせば、ⓒの書面による決議につき「全員の承諾」を得たのちに一部の区分所有者からその撤回の申し出があった場合にも、ⓒの決議は行うべきでないと解する余地も生じうるであろう。

五　占有者の意見陳述権

1　新規定の意義と目的

(1)　意見陳述権　専有部分の賃借人その他の占有者も、「会議の目的たる事項につき利害関係を有する場合には、集会に出席して意見を述べることができる」（法四四条一項）。新法では、規約および集会の決議の効力が専有部分の占有者にも及ぶことになった（法四六条二項→第四。なお、六条三項参照）のに伴い、そのような占有者にも、彼等の利害関係にかかわる事項については集会の議事に関与する機会を与えることを目的とする。ただし、本条の占有者は、例えば区分所有者からの賃借人のように、「区分所有者の承諾を得て専有部分を占有する者」

（法四四条一項）でなければならず、無権原の占有者には、この権利は認められない。なお、本条は強行規定であるので、規約によってもこの権利を否定することはできないが、その権利の行使方法や手続等に関する細則を定めることは、それが不当な制限となるものでなければ許されると解される。

(2)　「利害関係」の意味　問題となるのは、占有者が「利害関係」を有する事項の範囲如何である。この点に関する立法関係者の説明をみると、新法の立案過程では、「法律上の利害関係がある事項」だけでなく「事実上の利害関係がある事項」をも広く含むとされていたのに対し[1]、新法成立後には、この利害関係は「法律上の利害関係」であって「単なる事実上の利害関係」を含まない、という説明に変わっている[2]。このような限定を加えた趣旨は、必ずしも明らかでないが、おそらく、集会にみだりに占有者が出席して意見を述べるのを認めると、議事の混乱その他の無用のトラブルを生じるおそれもありうることを考慮したものであろう[3]。

思うに、第一に、この意見陳述権が、第一義的には法四六条二項による占有者の義務と対応していることは明らかであるから、その義務――すなわち、建物等の「使用方法」に関する義務（→第四の二）――にかかわる事項は、必ずしも直ちに「法律上の利害関係」を有するといえない場合であっても、本条の「利害関係」に含まれると解すべきであろう[4]。第二に、それ以外の事項でも本条に該当する場合がありうるかという点については、この場合には右の第一の事項に比べて「利害関係」の有無の判断がより限定的になされてよいことを留保したうえで、これを肯定的に解したい。少なくとも法文上では特段の限定はなされていないし、実際にも、賃借人の利益の保護という点からみてそのような解釈を必要とする場合がありうるように思われるからである[5]。

(3)　意見陳述権の性格と占有者の法的地位　もっとも、本項で認められる占有者の権利は、あくまで区分所有者の集会に「出席して意見を述べる権利」であって、占有者に集会の構成員としての資格や地位を付与するものではない。旧法下の管理組合規約の中には、賃借人にも組合員資格等を認めるものもあったようであるが、そのような定めは無効である。その意味では、本条の占有者の権利は、第一義的には法四六条二項の義務に対応して認められた、いわば消極的かつ反射的な権利にとどまっているのである。[6]

ただし、そのようにいうことは、賃借人等の占有者も——少なくとも通常の居住用区分所有建物においては——やはり《共同の生活秩序に服する居住者の一員》として、固有の地位と利益をもつことを否定するものではない。のちの第四で述べるように、占有者が法四六条二項の義務を負うのも、一面では、そのような占有者の実質的地位に基づいている。この点をも考慮しつつ、本条の規定がよりよく利用されることが望まれる。

注(1) 前掲「区分所有法改正要綱試案の説明」二九頁。

(2) 濱崎・前掲論文三五頁、高柳・前掲論文一七頁。たとえば、共同の利益に反する占有者の行為に対しその停止等の請求をすること(法五七条四項および六〇条の適用)が議題となる場合は利害関係があるが、管理費の値上げや共用部分の修繕の決定、建替え決議などは、それにあたらないとされる。

(3) 実務上の観点から、特に営業用の貸ビル(区分所有ビル)の場合につき、そのような問題がありうることを指摘するものとして、林道三郎「新法への実務的観点からの検討」法律時報五五巻九号四六頁。

(4) 注(2)所掲の例との関係で付言すれば、法四六条二項の義務にかかわる事項は、特にその義務への違反行為の停止等の請求が問題となる場合でなくても、当然に本条の規定の対象となりうる、と考えるわけである。濱崎・前掲論文三五頁も、この点については同旨であろう。また、前掲「新しいマンション法」二四〇頁参照。

(5) たとえば、本条の意見陳述権の行使方法等につき、規約で何らかの定めをしようとする場合とか、賃借人等による管理費等の代納措置に関する定めをしようとする場合(ただし、この問題については、なお第四の二の**2**参照)などは、そのような場合にあたる——まさに「法律的利害関係」がある——といえるのではなかろうか。また、新法の立案過程や国会審議において、そもそも賃借人等の権利を意見陳述権のみに限定すること自体に対する批判や危惧が提起されていたことも、ここで考慮されてよいであろう。この問題については、原田純孝「区分所有建物における賃借人の権利義務」法律時報五五巻九号四〇頁、四二頁参照。それに対して、濱崎・前掲論文三五頁は、本文の第二点につき、本文で述べたのとは反対の理解を示している。それを注（2）所掲の点と併せると、本条にいう利害関係とは、《法四六条二項の義務にかかわる事項で、かつ「法律的利害関係のある事項」に限定される》という趣旨になるが、そのような二重の限定を必要とする理由については、特段の説明は与えられていない。

（6）この問題の詳細については、原田・同前論文三六、三七頁（注（3））および四二頁参照。

2　集会の通知手続の特例

占有者の意見陳述権を確保するために、会議の目的が占有者の利害にかかわる場合には、集会の招集者は、招集通知を発した後遅滞なく、集会の日時・場所・会議の目的たる事項を建物内の見やすい場所に掲示する義務を負う（法四四条二項）。占有者はその定義上、当該建物の居住者であって容易に掲示に接しうること、その存在や氏名等は必ずしも招集者に知られているとは限らないこと、また、占有者は集会の正規の構成員ではないことなどから、簡便な通知方法が認められたのである。「通知を発した後遅滞なく」というのはリミットを規定したものであるから、通知前の掲示でもよい。また、法三五条四項の規定による掲示がなされたときは、重ねて本項の掲示をする必要はないと解される（→前述二の**2**⑷参照）。

本項の規定に関連して問題となるのは、集会招集者の通知の懈怠その他により占有者に意見陳述の機会が与えられなかった場合に、集会の決議の効力がどうなるかである。これも、集会の招集手続または決議方法の瑕疵となるのは確かであるが、その効果については、占有者の意見陳述権をどれだけ重視するかによって、ⓐ瑕疵が重大である場合には決議自体も無効となりうるとする考え方と、ⓑ決議自体は無効でなく、単に占有者に対する関係で法四六条二項の効力が否定されるにとどまる、とする考え方との両説がありえよう。占有者は集会の正規の構成員ではないという点で疑問も残るが、占有者の意見陳述権が法で付与された彼の固有の権利であり、その意見によって集会の決議が左右される場合もありうることなどを考慮すれば、前説をとる余地もないとはいえないように思われる。(1)

注(1) 原田・前掲論文四〇頁参照。濱崎・前掲論文三五頁が後説をとるのに対し、高柳・前掲論文一七頁、前掲「新しいマンション法」二四一頁は前説をとっている。

第四 規約および集会の決議の効力

一 特定承継人に対する効力

「規約および集会の決議は、区分所有者の特定承継人に対しても、その効力を生じる」(法四六条一項)。これは、旧法では規約にのみ認められた特別の効力であった(旧法二五条)が、新法は、「集会中心主義」ともいうべき考え方に立って集会に大きな権限を与えたことに対応して、その効力を集会の決議にも拡張したのである。一般に合意による取り決めは、その合意の当事者(および包括承継人)のみを拘束するのが原則であることからすれば、この規定は、特に区分所有法がその原則に対する重要な例外を強行法的につくり出したものといえる。

実際、区分所有建物においては、通常の共有関係(民法上、それは一時的・消極的なものとされる)とは異なって、区分所有者相互間に、建物等の管理・使用さらにはその所有関係にもかかわる恒常的かつ積極的な関係が不可避的に成立する。実際、それらの点に関する区分所有者の取り決めがその後の譲受人等に対して効力をもちえないとすれば、建物等を良好に維持管理することはとうてい望みえない。右の規定は、そのような区分所有関係の特殊性を考慮して、区分所有者は好むと好まざるとにかかわらず、すべて一種の共同体的関係に入ることを認めたものであり、特に規約の意義と性質を考えるうえで重要な意味をもっている(1)（第二の一の1参照）。なお、「特定承継人をも拘束し得る制限条項を設けるためには、すべて画一的に規約（昭和五八年改正後の現行法下では、規約または集会の決議。引用者挿入）によってこれを明記しておくことが求められる」とするのが判例である。とくに特定の専有部分について特別の制限を課す場合には、そうであろう(2)。

注（1）詳細は、水本他編・前掲「マンション法・第二版」中の「第四五条の注釈」（原田純孝）七九頁参照。
（2）最判平成九年三月二七日判時一六一〇号七二頁。その内容と筆者の評価については、水本他編・同前書中の「第四五条の注釈」（原田純孝）七八頁参照。

二　専有部分の占有者に対する効力

1　規定の趣旨

のみならず、新法では、専有部分の占有者も、「建物又はその敷地若しくは附属施設の使用方法につき、区分所有者が規約又は集会の決議に基づいて負う義務と同一の義務を負う」とされた（法四六条二項）。区分所有者に代わって賃借人等の占有者が建物に居住している場合には、それらの者も、建物等の使用方法や共同生活上の諸秩序に関しては、居住区分所有者と同様の遵守事項に服すべきことはむしろ当然と考えられるが、旧法にはその点に関する規定が全くなく、管理上のさまざまな問題を生じさせていたので、この規定が新設されたのである。(1)法六条三項、ならびに同条を前提とする法五七条四項および法六〇条と、基本的に同趣旨の規定である。

もっとも、本来的には区分所有関係の枠外にある賃借人等の占有者がこのように規約等によって拘束されることを、法律的にどのように根拠づけるかについては、なお問題がある。すなわち、まず、明示の規定のなかった旧法下の学説では、《区分所有建物にあっては、賃借人等の占有者も不可避的に共同の生活秩序ないしは共同の物権法的な管理秩序のなかに包摂され、その一員となる》という点に、占有者に対する義務づけの実質的根拠を求める見解が有力に主張されていた。それに対して、新法の立法関係者の説明では、《区分所有者の権利を前提として占有する賃借人等が区分所有者以上の権利を享受しえないのは明らかであるから、占有者が、建物等の使用方法につき区分所有者（ないし区分所有権）に課された制限を受忍すべきことは当然である》、という理解が示されている。規約および集会を区分所有者団体のそれとして明確に位置づけた新法のもとでは、あくまで区分所有者の権利義務を基礎におくこの考え方の方がより適合的であるともいえるが、前説のような見解が問題の実質の一半をよく捉えていることも、看過されてはならないであろう。(2)

2　占有者の義務の範囲

本項により専有部分の占有者が義務を負うのは、建物等の「使用方法」に関する義務に限られる。規約や集会の決議の中には、区分所有者相互間の所有権レベルの取り決めないし管理事項とみられるものも多く、その全部について占有者に効力を及ぼす必要はないからである。問題となるのは、その場合の「使用方法」の範囲如何であるが、一般的にいえば、①建物等の物的利用に直接かかわる事項のほか、②共同生活上の諸規則・諸ルールに関する事項は、その違反行為に対する制裁措置の定め（規約等によるもの）をも含めて、原則として本項の規定の対象となる、と解してよい。ただし、③本項で占有者が負う義務は、区分所有者が負うのと同一の義務であるから、仮りに規約等で占有者のみが遵守すべき義務を定めても、それは占有者を拘束することができない。(3)

他方、「使用方法」以外の事項は、仮りに規約等でそれを占有者にも義務づける旨を定めても、占有者に対して効力をもたない。(4) 例えば、不在区分所有者対策のひとつとして、管理費等の支払債務を賃借人にも義務づけようとする場合などがその例である。この種の事項については、そもそものような義務づけをすること自体が可能なのかどうかも問題となるが、(5) 仮りにそれが肯定される場合であっても、その義務づけが賃借人等に対して有効に効果を生じるためには、①まず規約等によって区分所有者に対し、当該事項を賃借人等に遵守させるべき義務を課したうえで、②その区分所有者と賃借人等との間の契約中にもその旨の条項を挿入させ、さらに場合によっては、③賃借人等からも管理者等に対して同旨の内容を約する書面を提出させる、という二重、三重の手続が必要となるであろう。(6)

なお、最後に、本項による占有者の義務と法六条三項の義務との関係をどのように解するかについても、若干の問題が存在するが、それは、ここでは省略することにする。(7)

注（1）旧法下における問題状況などの詳細については、原田・前掲論文三五、三八頁参照。
（2）以上の問題の詳細についても、原田・同前論文三八、三九、四二頁参照。
（3）濱崎・前掲論文三六頁。
（4）本項の反対解釈。なお、旧法下で、規約の効力を賃借人等にも及ぼすための法律構成として有効に主張されていた、《賃借人等も「特定承継人」の中に含まれる》という解釈は、新法のもとでは成り立つ余地がない。

(5) 特に管理費債務の義務づけについては、新法の立案過程で検討事項のひとつとされながら、結局、立法化は見送られたという経緯がある。ただし、本項の規定が、いわば任意的な仕方で賃借人等に対しそのような義務づけをすることをも排除している、とまで考える必要はないように思われる。

(6) これは、昭和五七年一月の「標準管理規約」(前述第二の一の1の末尾参照)で採用されていた手法である。このような手続の法律的意味については、原田・前掲論文三六、三七頁参照。

(7) この問題の一応の考え方につき、原田・前掲論文四〇頁参照。

(二〇〇四年一月五日脱稿)

(原田　純孝)

第六章　管理組合法人

第一　区分所有者の団体

一　区分所有者の団体の構成

区分所有法三条によれば、区分所有者は全員で、建物ならびにその敷地、および附属施設の管理を行うための団体を構成する旨、規定されている。

では、この団体の構成には、どのような立法的背景があるのか。区分所有法を通観すると、区分所有関係が成立したことにより、区分所有者を当然に拘束する規定が少なからずみかけられる。たとえばつぎのようなものである。(i)建物の保存に有害な行為、その他建物の管理または使用に関して共同利益に反する行為は、禁止される（法六条一項）。また、(ii)共用部分の持分は、これを専有部分から分離して処分することはできない（法一五条一項）。そして、(iii)共用部分の変更、および区分所有者の集会においては、一定限度の多数決原理が支配する（法一七条一項、三九条一項）。さらに、(iv)規約および集会の決議は、当該区分所有の特定承継人に対してもその効力をもつ（法四六条一項）。そして最後に、(v)集会決議によって管理者が選任された場合（法二五条一項）、管理者は一定の管理行為をなす権理義務と、区分所有者の代理人として行為する義務をもつことになる（法二六条一・二項）。

このようにみてくると、法制的には、区分所有が始まる時点で、すでに団体的拘束がかなり内在しているということができる。したがって、法三条が区分所有者団体の構成を規定することは、無から有を生み出すのではなく、法によってある程度まで実質が形成されているものを改めて宣言する、といった確認的意味が強い。

それゆえ、同法三条を区分所有者はその全員が参画する形で団体を構成することができる、というふうに読むことも可能であるが、区分所有が存在する以上、区分所有者の団体は当然に構成される、とみるのが立法者の意図である。右に一言したように、昭和五八年法を通観すると、同法が昭和三七年法に比べて団体法的色彩をはるかに強め、否それ以上に団体法制としての充実を図っている、といっても過言ではないであろう。そうした意味では、本条をもまた団体法的基調に立って把握し、区分所有者の団体の当然的構成を定めたもの、ととるのが一貫した見方であろう（「改正区分所有法の概要」別冊NBL一二号一〇・一一頁〔濱崎〕）。しかし同時に、本条を右のように解することは、そのことがさらに昭和五八年法の団体法的色彩をより鮮明にさせる作用をもつことにもなる。

二　区分所有者の団体の内容

区分所有者が構成する団体には、現実問題として幾つかの名称（呼称）がみうけられる。たとえば、「管理組合」、「自治会」などが代表的なものであろうが、しかし、決してこれに限られるわけではない。その名称に拘束されることなく、法三条の趣旨に合致している団体であれば、本法にいう区分所有者の団体になりうることになる。

こうして、ひとたび構成された団体は、「この法律の定めるところにより、集会を開き、規約を定め」、さらに、管理者をおくことができる（法三条前段）。そして、これら集会・規約・管理者につき、本法が、第四節を「管理者」と題して法二五条から二九条までをあて、第五節を「規約及び集会」として法三〇条から四六条までをあてているのは、すでにみたとおりである（本書第四章および第五章）。なお、因みに、このように区分所有者の団体を構成する途は、一部の区分所有者のみの共用に供されるべきことが明らかな共用部分（すなわち一部共用部分）の管理に関しても、開かれている（法三条後段）。いうまでもなく、共用部分の管理は、区分所有者が全員で行うのが原則である。しかし、前途の一部共用部分につき、それに直接の利害関係をもつ一部の区分所有者が自ら管理することを望むときは、その管理をこれらの者に委ねるべく、その団体を構成することを認めたわけである。

三　区分所有者の団体の法的性格

この区分所有者の団体は、法的にみて、どのように性格づけることができるのか。

まず、この種の団体がその主要な目的とするのは、いうまでもなく、共用部分という一種の共有物の共同管理にある。そのような事情から、区分所有権法のなかには、民法の共有規定（民法二四九条以下）に類似した規定も少なくない（たとえば、法七条、一三条、一七～一九条、五四条）。したがって、この区分所有が民法上の共有とどのような関係にあるとみるべきかについては、しばしば論じられてきている。しかし、それは、むしろ共用部分の法的性格に関する議論であると思われるので、ここでは触れないことにしたい（因みに、通説は、共用部分の所有を「共有」でなく「合有」であるとする。）。

そこで、視点をかえて、区分所有者の団体という集団的・人的要素をみよう。この区分所有者の団体の性格については、これまで、それを民法上の組合（民法六六七条以下）とみる説と、一種の社団（すなわち「権利能力なき社団」）とする主張が説かれてきた。

ところで、その組合と社団の区別については、民法学上、少なからざる相異点が指摘されているわけである。しかし、結局のところ、それらはいずれも決定的な相異を画するものとはいい難く、いわば両者の傾向の違いないし力点の差に帰する、と解してよいようである。そして、理念的には、比較的団体性の稀弱な小規模の団体を組合的な団体とし、逆に、団体性の強い大規模かつ永続的な団体を社団とするのが一般である。

このようなおおよその区別を前提として、具体の区分所有者団体をみると、種々さまざまであるうえに、そのいずれとも決しかねる例も少なくない。その意味では、一有力説（玉田弘毅教授説）が説くように、この団体が「物管理的団体として管理に当るかぎり……（略）……〔その〕性質は組合とみるべきであるが、これに対し、……（略）〔それが〕物管理団体として物理的施設管理に当るとともに、居住者団体として居住管理（コミュニティ管理）に当るというのであれば、……（略）……その性質は社団（権利能力なき社団）とみるべきである」（引用文中、〔 〕は筆者が補足したことを示す。）とする主張も、示唆に富む見解である。

要するに、区分所有者の団体の法的性格については、本法は何ら明言していない。確かに一見するところ、区分所有者が管理者の行為を通じて負う責任（法二九条）や、管理組合法人の財産の不足分を負担する責任（法五三条）は、民法の組合に関する規定（民法六七一条、六五〇条、六四九条）を想起させる。また、管理者は区分所有者を「代理」するとの表現（法二六条二項）や、「管理組合法人」という用語（法四七条以下）は、本法における組合的外観を如実に表わしている。しかし、また同時に、本法が区分所有者の団体を明認し（法三条）、その法人化の途を設け（法四七条一項）、区分所有内の共同利益を保護する諸規定を新設して（特に法五七条から六〇条まで）、区分所有建物の団体的永続的利用を重視しているのを看過することはできない。したがって、本法がもつに至ったこれらの特性から察するに、本法は基本的には、区分所有者の団体を社団的なものとみていると解してよく、この団体に権利能力なき社団の法理を適用して妨げない、ということができよう。

第二　管理組合法人の立法化

一　管理組合法人の立法化の背景

昭和五八年、区分所有法が改正されるにあたり、その主要な改革の一つとなったのは、区分所有者の団体に対して「管理組合法人」という名称のもとに、初めて法人格を付与する途が設けられた（法四七条以下）、ということである。

ところで、区分所有者の団体に対してこのように法人格が付与されることには、つぎのような実益が指摘されてきた。まず、団体が法人格をもつことにより、区分所有者全員の名前や代表者の個人名を用いることなく、法人の名において権利を取得することができる。そして、それに並行して、法人独自の財産と管理者個人の財産とが、明確に区別されることになる。つぎに、法人の存在とその代表者の資格が登記され公示されることにより、第三者が法人と取引しやすくなる。さらに、建物が大規模な修復や建替えを要するに至ったとき、その団体が法人格をえていることが、金融機関から融資を受けるのに有利に働くと考えられる。そして最後に、個々の区分所有者から管理費等を徴収したり、ある区分所有者に対してその違反行為を差止め、損害賠償の請求をするといった場合に、法人である方が何かと便利ないし有利である、といった諸点があげられてきた。

しかし、これに反して、区分所有者の団体に法人格を付与するに際して、克服すべき幾つかの疑問ないし障害があることもまた、指摘されてきた。すなわち、まず、この種の法人の設立方法として、特許主義・準則主義などのうちのいずれを採るべきかが問題である（後述、第二の二を参照）。つぎに、区分所有者がごく少数の団体については、法人格を取得させる必要はないであろうし、法人格をもつことによってえられる利点が、逆に乱用されるおそれがある。さらに、この法人を監督する可否および監督方法のあり方が問われてくる。そして最後に、きわめて重要な問題点として、法人が融資を受けるなどして債務を負った場合に、各区分所有者はこの法人債務に対して責任を負うべきなのか、負うならばどのような形でどの程度まで負うべきなのか、という疑問が解決されなければならない。

このようにして、区分所有者の団体に法人格を付与するについては、法人化が実益をもたらす積極面と、法人格付与を法制化するかぎり克服しなければならない難問の出現という消極面とが、あい半ばして指摘されてきた。そして、実務のサイドからは法人格付与の要望が非常に強く表明されてきたのに対し、理論的考察に重点をおくアカデミックなサイドからは、法人格付与——これを支持する学説もあったが——は、比較的冷やかに受けとられてきた、というのが実情である。

そこで、昭和五八年法は、このような事情を踏まえつつ、区分所有者の団体への法人格の付与を明文化するにいたった。そして、この明文化は、主に、先に指摘されてきた、法人格付与に際して予想される諸問題に対処するという自覚のもとに進められてきた、とみることができよう。

二　管理組合法人の設立に対する立法姿勢

法人の設立に関する立法形態としては、しばしばいわれるように、「特許主義」という厳格な形態の段階から、しだいに緩和されて、「許可主義」そして「認可主義」が、また「準則主義」が、そして最も緩やかな「自由設立主義」が採られることがある。

特許主義とは、ある特定の法人を設立するために特別法を制定するという方法であり、日本銀行法という特別法を根拠に、日本銀行という法人が設立されているのはその一例である。また、許可主義とは、法人の設立を、法定要件の具備に加えて国家の許可にかからせ、その許可を与えるか否かを主務官庁の裁量に委ねるものであり、民法上の公益法人の設立（民法三四条）などはこの範疇に属するものである。つぎに、認可主義は、一定の組織を備える団体につき、主務官庁の認可（上述の許可とは異なり、当該団体が法定要件を具備しているかぎり、認可権者は認可を拒否できない。）により法人の設立を認めるものであり、農業協同組合などはその例をなすものである（農業協同組合法五九条〜六一条）。さらに、準則主義とは、法律の定める一定の組織を備えるものにつき、——登記または登録をもって法人の成立要件または法人成立の対抗要件となすにせよ——当然に、法人の成立を認めるものであり、営利法人たる会社はその典型的な例である（会社法四九条、五七九条、旧商法五七条）。そして最後に、自由設立主義は、全く自由に法人の設立を認めるものであるが、わが国では採用されていない。

さて、昭和五八年法四七条（一項前段）は、区分所有者の団体は、区分所有者および議決権の各四分の三以上の多数による集会決議によって法人になりうる旨を規定した（因みに、この場合、一区分所有権が数人の共同所有になっているときは、一人として数える。）。なお、その際、この団体は、その名称および事務所を定め、かつ、その主たる事務所の所在地において登記することを義務づけられている（同条項後段）。したがって、区分所有における管理組合法人の設立は、明らかに、右の準則主義の立法原則によっているとみることができる。

ところで、わが国では、右に一言したように、公益法人の設立において、許可主義の原則が採られている。しかし、これに対しては、結社の自由や財産処分の自由が認められている現行法体系の原則と調和せず、少なくとも立法論としては準則主義を原則とすべきである、として強い批判がなされてきた。そこで、このような批判の趣旨を考え合わせるなら、区分所有法が管理組合法人の設立において、準則主義を採用したことは肯定されてよい。

三　管理組合法人の設立

右に一瞥したように、区分所有者の団体は、(i)その区分所有者および議決権の各四分の三以上の特別多数による集会決議がなされ、(ii)その名称および事務所が定められてその主たる事務所の所在地において登記されたときに、「管理組合法人」となる（法四七条一・二項）。

なお、平成一四年改正前の規定では、区分所有者の数が三〇人以上の団体に限って、管理組合法人となることができるものとされていた。これは、前述の法人格付与についての実益と障害の双方を考慮した結果であった。平成一四年の改正でこの制限を撤廃したのは、小規模マンションの増加の中で、小規模管理組合にも法人化のメリットがあること、現実に要望もあったことによる、と説明されている（吉田徹『一問一答　改正マンション法』〔二〇〇三〕商事法務四一頁）。

1　区分所有者および議決権の各四分の三

区分所有者の集会における決議の仕方として、昭和五八年法は三つのパターンを掲げている。その第一は、「区分所有者および議決権の各過半数」をもって決する場合であり（法三九条一項）、いわば集会における決議の原則である。第二は、この原則の例外をなすもので、「区分所有者および議決権の各四分の三以上の多数」を要する決議である。そして第三は、さらに厳格に、「区分所有者および議決権の各五分の四以上の多数」を要する場合であり、建替えの決議はこの方法による（法六二条一項）。

ところで、法人格取得のための集会決議は、右の第二の方法によらなければならないわけである。そして、この「区分所有者および議決権の各四分の三以上」という条件は、本法においては幾つかの決議事項に関して採られている。たとえば、共用部分の変更の決議（法一七条）、規約の設定・変更・廃止（法三一条）、管理組合法人の解散決議（法五五条二項）、共同利益に反する区分所有者を相手取り専有部分の使用禁止を提訴する決議（法五八条二項）、建物の一部が滅失した場合の共用部分の復旧の決議（法六一条五項）などがそれである。これらの諸例を通観するかぎり、立法者は、区分所有の物理的または法的現状に変更をもたらすような事項について、この特別多数決を導入したようにみうけられる。思うに、その基本姿勢は是とされてよいであろうが、この「四分の三」が果たして適切な条件であったか否かの判断は、今後に残された一課題であるといえるのではあるまいか。

2　管理組合法人の登記

管理組合法人は、その「登記をすることによって法人となる」（法四七条一項後段）。ところで、民法上の公益法人にあっては、登記は、設立の対抗要件とされているが（民法四五条二項）、営利法人にあっては、法人の成立要件とされている（会社法四九条、五七九条、旧商法五七条）。しかし、特殊な公益法人もしくは中間法人について、近時の特別法は、営利法人と同じく、登記を成立要件としているものが少なくない。したがって、区分所有法もまた、管理組合法人の設立につき、登記をすることによって「法人となる」と規定して、登記を法人の成立要件と定めた、と解することができる。

さて、法人の登記は、一般に、その設立の日（設立のための実質的要件が具備した日）から、主たる事務所の所在地にあっては二週間内になされなければならない（民法四五条一項）。登記すべき事項は、当該法人の目的・名称・事務所・設立許可の年月日、存立時期を定めたときはその時期、資産の総額、出資の方法を定めたときはその方法、および理事の氏名・住所、である（民法四六条一項）。

これらの登記すべき事項は、登記されてはじめて第三者に対抗しうるが（法四七条四項）、ここにいう「第三者」とは、当該管理組合法人の構成員たる区分所有者以外の者を指す、とみることができる。したがって、たとえば当該法人の構成員たる区分所有者に対しては、登記前であっても、法人の設立を前提とした費用を請求しうることになる。また、右条項に「対抗することができない」とあるのは、法人の側からその存立を第三者に認めさせることができない、という意味である。したがって第三者の側からは、法人の存立を否定することもできれば、法人の存立を前提とした主張をすることも差し支えない。たとえば、法人の登記がなされる前に理事が法人を代表してなした行為については、第三者は、それを理事個人の行為とみることもできるし、また、法人に効果の及ぶ行為とみなすことも許される。

因みに、管理組合法人の登記が第三者に対して対抗力をもつことに合せて、つぎのことが規定されている。すなわち、この法人の成立前の集会決議・規約および管理者の職務の範囲内の行為は、管理組合法人につき効力を生ずる（法四七条五項）。したがって、この法人は、これらの決議や行為等を無視することができず、その拘束を受けることになる。

第三　管理組合法人の組織

管理組合法人がその内部的および対外的な事務を処理してゆくためには、自然人によって構成される機関を必要とする。その主要なものが、理事である。また、この理事のほかに、区分所有法は、監督機関としての監事の設置を義務づけている（法五〇条一項）。以下、この理事と監事について述べることにする。

一　理　事

1　理事の選任

区分所有者の団体が法人格をえて管理組合法人となる以上、理事は必須の機関であり、必ずこれをおかなければならない（法四九条一項）。

理事の員数には制限はない。理事が数人あるときは、その各々が法人を代表することになる（同条三項）。しかし、規約または集会の決議によって、その中の一人を法人の代表理事と定めることもでき、また、これら数人の理事が共同して法人を代表する旨定めることもできる（同条四項前段）。そのほか、規約が理事間の互選によって代表理事を定めるむね規定することも差し支えない（同条四項後段）。

ところで、理事になりうる一般的な資格要件としては、自然人たることを要する（民法五二条一項参照）。成年被後見人は理事となることができないが、未成年者および被保佐人は、法定代理人または保佐人の同意を得て理事になることができると解される。公権剝奪者または公権停止者でないことが要求される（民施二七条、刑施三四・三六条）か否かについては争いがある。しかし、理事の選任についてのさらに細かい要件については、当該法人の規約に定めがあればそれによることになる。因みに理事は、必ずしも当該法人の構成員すなわち区分所有者である必要はない、と考えられる。

なお、理事の選任行為は、法人と理事との間の委任類似の契約とみることができる。したがって、選任のみならず解任・退任などの関係についても、規約に別段の定めがないかぎり、民法の委任に関する規定（たとえば、民法一一一条、六五一条、六五四条）が準用されることになろう。

2　理事の任期

理事の任期は、原則として二年である（法四九条五項本文）。しかし、規約が三年以内において別段の期間を定めているときは、その期間とする（同条項但書）。なお、仮りに、規約が理事の任期について三年を超える期間を定めた場合は、三年に短縮される。

なお、理事が欠けた場合、または規約で定めた理事の員数が欠けた場合には、任期の満了または辞任により退任した理事は、新たに選任された理事が就任するまで、引き続きその職務を行うことになる（法四九条六項）。

3　理事の解任等

理事の解任は、一般に、期間の満了によるほか、民法上の委任規定の準用により（通説）、つぎのようになる。すなわち、理事本人の死亡（民法一一一条、六五三条）により、理事と法人との間の関係は消滅するほか、各当事者は、いつでもその関係を解除することができる（民法六五一条一項）、というのが原則である。

しかし、そのうえ、管理組合法人の理事については、区分所有者は、規約に別段の定めがないかぎり、集会の決議によってこれを解任することができる（法四九条七項による二五条一項の準用）。また、この理事に不正な行為その他その職務を行うに適しない事情があるときは、各区分所有者は、その解任を裁判所に請求できることになる（法四九条七項による二五条二項の準用）。

4　理事の職務権限

区分所有法は、理事の機能として、「理事は、管理組合法人を代表」し（法四九条二項）、しかも、「数人あるときは、各自」独立して同法人を代表する旨（同条三項）、規定する。すなわち、理事がその資格において法人のために行為をなす場合、その効果は直接に法人について生じる、という意味である。たとえば、理事が法人登記の手続きをしたり（民法八四条一号）、集会を招集したり（法三四条一項および四七条九項）、規約を保管したり（法三三条一項および四七条九項）する場合が、その例である。

ところで、理事の権能としての「代表」の意味については、民法学上の通説は、それが「代理」から区別されるべきものであるとしつつ、代表の形式や効果転帰の関係などについては、代理の諸規定によるべきである、と説いてきた。しかし最近では、このような「代表」と「代理」の区別に疑義を唱える主張も有力に説かれている。その主張によると、代表を代理から区別しようとするのは、たとえば理事がその職務を行うについて他人に不法行為をなした場合に、法人が無条件に賠償責任を負うことを肯定するのに便利であるから（民法四四条一項）、という程度の理由によるに過ぎない、というのである。

では、管理組合法人の理事の代表権とは、どのようなものであろうか。一般的にいって、理事の代表権は、法人の事務の一切に及ぶ（民法五三条本文）。しかしその事務は、すでに区分所有法に定められているものを除き、すべて集会の決議によることになる（法五二条一項本文）。ただしかし、——この法律において集会の決議につき特別多数決が採られている事項、および法五七条二項に規定されている事項（共同の利益に反する行為の停止の訴求を決議すること。）を除いては——、理事が行うべき事務を理事その他の役員が決定する、というふうに規約によって定めることは差し支えない（法五二条一項但書）。

因みに、理事の代表権に関連して、理事が数人おかれている場合に、法人を代表する理事を一人だけ特定したり、数人の理事が共同でのみ法人を代表しうる旨定めたり、あるいは、規約の定めにより互選によって法人を代表する理事を定める、というふうに規約または集会の決議が定めることは許される（法四九条四項）。

なお、管理組合法人と理事との利益が相反する事項については、理事は代表権をもちえず、監事（後述）が法人を代表することになる（法五一条）。ただし、理事が数人ある場合で、そのなかに法人と利益が相反しない理事が含まれているときは、理事は本来各自が代表権をもっており（法四九条三項）、利益相反がないかぎり代表権を失う理由もないのであるから、この理事は代表権を失うわけではない、といえよう。

そのほか、理事が数人あるときは、規約等に別段の定めがないかぎり、これらの理事は過半数多数決の原則によって法人の事務を執行することになる（法四九条七項による民法五二条二項の準用）。また、理事の代理（表）権に加えられた制限は、善意の第三者に対しては、対抗することができない（法四九条七項による民法五四条の準用）。さらに、管理組合法人の理事は、善良なる管理者の注意をもって自らその業務を執行するのが原則であるが（民法六四四条）、規約または集会の決議によって禁止されていない場合にかぎり、特定の行為の代理を他人に委ねることができる（法四九条七項による民法五五条の準用）。しかし、このようにして復任された者は、あくまでも通常の任意代理人であって、いわゆる法人の機関ではない。

5　仮理事

仮理事の選任についてもまた、民法の規定が準用される（法四九条七項による民法五六条の準用）。すなわち、理事が欠けた場合（全然いなくなった場合と、規約等によって定められた定員をみたさなくなった場合を含む。）、代わりの理事の選任が遅滞することにより損害が生ずるおそれのあるときは、利害関係人または検察官の請求に基づき、裁判所が仮理事を選任することになる。そして、この仮理事の選任については、当該法人の主たる事務所の所在地を管轄する地方裁判所が、その権限をもつ（法四九条七項による非訟法三五条一項の準用）。

ところで、仮理事は、正規の理事が任命されたときは当然その権限を失う一時的機関である。しかし、その地位にあるかぎりは正規の理事と同一の職務権限を有し、法人の機関にほかならない。

二　監　事

1　監事の存置理由

管理組合法人には、必ず監事をおかなければならない（法五〇条一項）。しかもその場合、監事は、理事または管理組合法人の使用人を兼ねることは許されない（同条二項）。

ところで、民法の規定によれば、監事は理事のように必須の機関ではなく、あくまでも任意機関であって、その員数も一人または数人おくことができる（民法五八条）。しかし公益法人については、その管理運営に厳正さが要求されるところから、監事を常置必須の機関とすべく配慮すべきである、との意見も強まっている。

さて、管理組合法人の監事については、区分所有法はこれを必須の機関としたわけであるが、それは、法が区分所有の健全な管理運営を重視したことの現れである、とみることができよう。監事の主な存在理由は、法人の財産状況および理事の業務執行が適法かつ妥当か否かを監査することにある（後述、第二の二の5を参照）。そこで法は、この監事の存置を義務づけることにより、理事の怠慢や独走をチェックさせ、同時に法人の収支バランス・資金運用・負債状況などを常に監視させて、区分所有が健全に管理運営されることを期した、と解することができる。

2　監事の選任および解任

監事の選任および解任については、規約に別段の定めがないかぎり、区分所有者の集会の決議によることになる（法五〇条三項による二五条一項の準用）。

また、監事に不正な行為その他その職務を行うに適しない事情があれば、各区分所有者は、その解任を裁判所に請求することができる（法五〇条三項による二五条二項の準用）。

3　監事の任期

監事の任期は、理事のそれと同じく二年である。ただし、規約が三年以内において別段の期間を定めているときは、その期間をもって任期とする（法五〇条三項による四九条五項の準用）。なお、規約により三年を超える期間が定められている場合については、前述の理事についての場合（前述一の2を参照）と同様に考えることができよう。

また、監事が欠けたとき、または規約で定めた監事の員数が不足した場合には、任期の満了または辞任により退任した監事は、新たに選任された監事が就任するまで、なおその職務を続行することになる（法五〇条三項による四九条六項の準用）。

4　仮の監事

監事が欠けた場合において、その後任の選出が遅れて損害の生ずるおそれがあるときは、利害関係人または検察官は、裁判所に対して仮の監事の選任を請求することができる（法五〇条三項による民法五六条の準用）。なお、その場合の管轄裁判所は、当該法人の主たる事務所がおかれている地域を管轄する地方裁判所である（法五〇条三項による非訟法三五条の準用）。

5　監事の職務権限

監事の職務権限についてもまた、民法の規定（民法五九条）が準用される。すなわち、監事は、(a)法人の財産状況を監査し、(b)理事の業務執行の状況を監査し、(c)財産の状況または（理事の）業務執行につき不整の点を発見したときはその旨を総会（集会）または主務官庁に報告し、(d)この(c)の報告をなすために必要があるときは総会（集会）を招集する、という四つの職務権限を有している（法五〇条三項による民法五九条の準用）。しかし、これらの列挙はあくまで例示にすぎず、監事の職務権限はこれらに限定されるものではない、とするのが民法学上の通説といえる。

なお、管理組合法人の監事に個有な権限として、監事の代表権なるものがある。すなわち監事は、管理組合法人と理事との利益が相反する事項について、理事に代わって当該管理組合法人を代表するものである（法五一条）。

三　その他の機関について

理事・監事のほかに、管理組合法人にその他の機関をおくことは許されないであろうか。

民法上の公益法人ないし中間法人においては、評議員や評議員会のごときものを設けて、これに理事の諮問機関としての権限を与えたり、総会から委任された一定の事項についての意思決定権限を与えたりすることが、しばしば行われている由である。

これと同様に、区分所有の管理組合法人においても、たとえば西ドイツにおける「管理顧問会」（西ドイツ住居所有権法二四条三項）や、フランスにおける「管理組合委員会」（フランス一九六五年七月一〇日法律二一条一項）のごときものを規約等によって設けることは、一向に差し支えないであろう。

第四　管理組合法人の業務

右にみたような組織を擁する管理組合法人は、おおよそつぎのような業務（事務）を行うことになる（法五二条一項)。その第一は、この区分所有法により、管理組合法人の行うべき事務として定められているものである。第二は、集会が決議をもって当該管理組合法人の事務と決めたものである。そして第三は、当該区分所有の規約に基づき、理事その他の役員が、当該管理組合法人の事務として決定したものである。ただし、この第三の場合には、集会の決議に際して特別多数決が採られている重要事項(たとえば、法一七条所定の共用部分の変更、法三一条の規約の設定・変更・廃止、法五五条二項の管理組合法人の解散、法五八条二項の共同利益侵害行為者に対する専有部分使用禁止の請求、法六一条五項の滅失共用部分の復旧の決議、法六二条一項の建替えの決議)、および共同利益侵害行為をなした(または、なすであろう)区分所有者に対する当該行為の停止・除去または予防措置を訴求するための集会決議(法五七条二項)は、除外されている。

ところで、第二と第三の事項については、その内容が個々の区分所有の具体的状況のなかで定まることゆえ、これ以上は触れないことにしたい(なお、本章第三の一の4理事の職務権限を参照)。したがって本項では、第一の事項についてのみ一瞥したのち、管理組合法人の損害保険金の請求権について略述する。

一 本法が定める管理組合法人の事務

ここでは、法によって管理組合法人の事務とされているものを、要約して列挙する程度にとどめたい。したがって、これら個々の事項についての詳細な説明は、本書のそれぞれの箇所の記述に委ねたい。

(1) まず第一に、管理組合法人となった区分所有者の団体にあっては、団体として、建物ならびに敷地および附属施設の管理を行う(法三条、四七条)。

(2) つぎに、管理組合法人は、共用部分を変更しようとする際、集会を設けて、区分所有者および議決権の四分の三以上（ただし、規約で過半数まで減ずることができる。）の賛成をえなければならない（法一七条一項）。また、この共用部分の変更につき、専有部分の使用に特別な影響を受ける区分所有者があるときは、この者の承諾をえなければならない（同条二項）。

(3)　共用部分の管理に関しては、（その変更と保存行為は除き）、原則として、集会を設けて決議する（法一八条一項）。この場合においても、その管理により専有部分の使用に特別な影響を受ける者があれば、この者の承諾を得ることが必要である（同条三項）。

(4)　管理組合法人がその規約の設定・変更または廃止を行おうとする場合も、集会を開き、区分所有者および議決権の各四分の三以上の賛成をえる、という手続を踏まなければならない（法三一条一項前段）。その際、この規約の設定・変更または廃止が一部の区分所有者の権利に特別な影響を及ぼすものであるときは、これらの者の承諾を得なければならない（同条項後段）。

(5)　一部共用部分が一般規約（当該区分所有の全体のための規約）の中で規定されている（または、されるであろう）場合において、その規約を設定・変更または廃止しようとしても、当該一部共用部分を共用する区分所有者の四分の一を超える者、またはその議決権の四分の一を超える者が反対したときは実行できないのであって、このような事態がない場合にのみ、右規約の設定・変更または廃止を行わなければならない（法三一条二項）。

(6)　管理組合法人は、共用部分につき、集会の決議を経て損害保険契約を締結し（法一八条四項）、また、保険金額を請求し受領することができる（法四七条六項。なお、この点については後述二を参照）。

(7)　管理組合法人は、他人に損害を加えた場合は、その損害を賠償しなければならない（法四七条一〇項による民法四四条一項の準用）。

(8)　管理組合法人は、財産目録を作成してその事務所に設置し、また区分所有者名簿を備えて、変更があり次第これを訂正しなければならない（法四七条一〇項による民法五一条の準用）。

(9) 管理組合法人の代表たる理事に特に命じられている任務として、規約の保管（法四七条一二項による三三条一項本文の準用）、集会の招集（法四七条一二項による三四条一項の準用）などがある。

⑽ 管理組合法人は、特定区分所有者による共同利益侵害行為（法六条一項）につき、当該行為の禁止その結果の除去または同行為の予防のために必要な措置を講じるよう、当該区分所有者に対して請求する（法五七条一項）。

⑾ 管理組合法人は、特定区分所有者による共同生活上の妨害が著しく、前述の法五七条一項の措置⑽をもってしては共用部分の利用の確保、その他の区分所有者の共同生活の維持が困難なときに、集会の決議に基づき、訴えをもって、当該区分所有者によるその専有部分の使用を相当期間禁止するよう、裁判所に請求する（法五八条一項）。

⑿ 管理組合法人は、特定区分所有者による共同利益の侵害（法六条）が著しく、他の方法によっては共用部分の利用の確保、その他の区分所有者の共同生活の維持が困難なとき、集会の決議に基づき、訴えをもって、当該区分所有者の区分所有権および敷地利用権の競売を、裁判所に請求する（法五九条一項）。

⒀ 最後に、管理組合法人は、区分所有者から賃貸借契約等によりその区分所有物を借りて占有している者（法六条三項にいう「占有者」）が、六条一項所定の義務に違反し、そのために区分所有者の共同生活上の障害が著しく、他の方法をもってしては共用部分の利用の確保、その他の区分所有者の共同生活の維持が困難である場合、集会の決議に基づき、訴えをもって、右契約の解除およびその専有部分の引渡しを請求する（法六〇条一項）。

以上、昭和五八年法が規定する管理組合法人の業務の主なものを列挙した。しかし、冒頭にも述べたように、るものは多々あるに相異なく、それらは、集会の決議や規約によって定められることになる。

同法人の業務はこれに尽きるものではない。むしろ、これら以外に、具体の法人において実際にその業務とされ

二　管理組合法人の損害保険金額請求権

すでに一言したように（前述一の(6)を参照）、管理組合法人は、共用部分に付された損害保険につき、区分所有者を代理して、保険金額を請求し受領することができる（法四七条六項）。

ところで、共用部分につき損害保険契約を締結することは、共用部分の管理に関する事項とみなされている（法一八条四項）。したがってその締結は、集会の決議によって決定することができ（法一八条一項）、しかもその保険利益（すなわち共用部分の共有持分）は各区分所有者に帰属するものゆえ、建前としては、保険金額の請求権は各区分所有者に帰属すると解される。

しかし、共用部分を損害保険に付するのは、通常は、共用部分が毀損または滅失した場合に、これを修復・復旧させるために外ならない。したがって契約の締結のみならず、保険金額の請求・受領についても、管理組合法人が各区分所有者を代理するだけの合理的理由がある、といえる。

なお、この保険金に関しては、区分所有者は依然としてその引渡しを請求しうる立場にある。したがって、この保険金を確実に共用部分の修復にあてさせるためには、その旨を規約によって明定しておくことが望まれる。

第五　管理組合法人の消滅

一般に法人の消滅とは、法人が法人であるのをやめることであり、いわば自然人の死亡に相当するものである。しかし、厳密にいって、法人の消滅はつぎの点で自然人の死亡とは様相を異にしている。それというのは、自然人が死亡によって即時に権利能力を喪失するのに対して、法人は一定の手続きを経て段階的にその権利能力を消失してゆくことになる。すなわち法人は、解散によって本来の活動を停止し、清算の段階に入るわけである。ところで、清算は、法人の財産関係を整理する手続きであり、法人はその間、清算に必要な限度内でなお権利能力を持ち続ける（清算法人）。そして、この清算が結了するに至ってはじめて、法人は完全に消滅することになる。以下、主に管理組合法人の解散と清算についてみることにしたい。

一　管理組合法人の解散

右に述べたように、法人の解散とは、法人が本来の活動をやめて清算に入ることをいう。

ところで、区分所有法は、管理組合法人についてつぎの三つの解散事由を定めており（法五五条一項）、これらのいずれかの事由が発生したときに、当該法人は解散することになる。すなわち、(a)建物（一部共用部分を共用すべき区分所有者で構成する管理組合法人にあっては、その共用部分）の全部が滅失したこと、(b)建物に専有部分がなくなったこと、そして、(c)管理組合法人を解散する旨集会の決議があったこと、の三つである。

(a)の事由は、いわば必然的解散事由であって、このような状況が生ずれば、管理組合法人としては解散する以外にない。

(b)の事由は、必然的解散事由であって、専有部分がすべて合併されて、区分所有の目的たる建物部分が存在しなくなったときは、法人もまた解散する、というのがその趣旨である。

(c)の事由は、いわば任意的解散事由であり、集会の専権事項である。この場合の集会の決議は、区分所有者および議決権の各四分の三以上の多数決によることになる（法五五条二項）。なお、この解散決議について、規約に法五五条二項の規定と異なる定めを設けることはできない（法三七条二項）。

ところで、(a)と(b)の事由による解散の場合は、区分所有そのものが存在しなくなることから、法人格のみならず区分所有者の団体も当然に不存在となる。これに対して、(c)の集会の決議による解散においては、区分所有者の団体はなお存続し、その法人格のみが失われた法人格なき団体となる。

二　管理組合法人の清算

1　清算法人

管理組合法人が解散した場合、その法人は、残務の処理や財産の整理をしたのちに完全に消滅する。すなわち、解散した管理組合法人は、清算の目的の範囲内においてはその清算の結了に至るまで依然として存続するものとみなされ（法五五条三項による民法七三条の準用）、これが清算法人とよばれるものである。ところで、右にいう「清算の目的」の範囲については、当該法人の特質や清算手段の性質に照らして、適当に緩やかに解すべきである、とみるのが一般である。

2　清算人の選任、解任等

清算法人における一般的執行機関を清算人という。

清算人は、区分所有の管理組合法人にあっては、規約に別段の定めがあるか集会で別人を選任した場合を除き、理事が当然にこの地位につくことになる（法五五条三項による民法七四条の準用）。しかし、このようにして定まるはずの清算人がおらず、または清算人が欠けたために損害を生ずるおそれがある場合、裁判所は、利害関係人もしくは検察官の請求により、または職権をもって、清算人を選任することができる（法五五条三項による民法七五条の準用）。この場合には、一定の欠格事由がある。すなわち、未成年者、禁治産者および準禁治産者、剥奪公権者および停止公権者、裁判所によって解任された清算人、そして破産者がそれである（非訟法一三八条を準用する非訟法三七条を法五五条三項が再準用）。

なお、裁判所は、重要な事由があるときは、利害関係人もしくは検察官の請求により、または職権をもって、清算人を解任することができる（法五五条三項による民法七六条の準用）。

3　清算人の報酬

清算人の報酬については、法人がそれを支払うように指定することができ、その具体的な額は、裁判所が理事および監事の意見を聴して決定することができる（非訟法一二九条の三を準用する非訟法三七条の二を五五条三項が再準用）。しかし、この裁判所の決定に対しては、即時抗告をなすことが許されている（非訟法一二九条の四を準用する非訟法三七条の二を五五条三項が再準用）。

4　清算人の職務権限

管理組合法人における清算人の職務権限（清算事務）の内容は、概ねつぎのようなものである。

(1)　まず第一に、清算人は「現務の結了」をなし（法五五条三項による民法七八条一項一号の準用）、解散前から継続している業務を完結させなければならない。

(2)　つぎに清算人は、「債権の取立」を行う（法五五条三項による民法七八条一項二号前段の準用）。その場合に、即時に取り立てえない債権（たとえば弁済期未到来の債権）については、換価処分を行うことになる。

(3)　さらに清算人は、「債務の弁済」を行う（法五五条三項による民法七八条一項二号後段の準用）。債務の弁済に関しては、清算人は、その就職の日から二カ月内に三回以上公告を行って、債権者に対し、一定の期間内にその請求の申出をなすよう、催告しなければならない。しかも、その催告期間は、二カ月を下ることはできない（法五五条三項による民法七九条一項の準用）。なお、この催告をなす際は、債権者が期間内に申出をしないときは、その債権が清算より除斥される旨（除斥公告）を、これに付記しておかなければならない（法五五条三項による民法七九条二項本文の準用）。しかし清算人は、自分がすでに知っている債権者については、この者が仮りに期間内に申出をしなくても除斥することができず（法五五条三項による民法七九条二項但書）、この者に対してはその申出をなすよう、各別に催告しなければならない（法五五条三項による民法七九条三項の準用）。

なお、債権者がこの債権申出の期間内に申出ず、その期間を過ぎて申出た場合には、その債権者は、法人がその債務を完済した後まだ帰属権利者に引渡さない財産を残しているときは、その財産に対してのみ請求をなすことが許される（法五五条三項による民法八〇条の準用）。

(4)　また、清算人は、「残余財産の引渡」をなす（法五五条三項による民法七八条一項三号の準用）。右のような手続きが終了してなお残余財産がある場合には、清算人は、これを帰属権者に引渡すことになる。その引渡しの方法として、規約に別段の定めがあればその定めによる。しかし、このような定めがない場合には、第二次的な手段として、残余財産は、法一四条所定の共用部分持分割合と同一の割合で、各区分所有者に引渡されることになる（法五条）。

(5) 最後に、清算人は、破産手続を開始させることがある。すなわち清算人は、清算中に法人財産がその債務を完済するのに不足していることが明らかとなったときは、直ちに裁判所に対して破産手続開始の申立てを行い、その旨を公告しなければならない。そしてこの場合には、清算人は、その事務を破産管財人に引継いで、その任を終わることになる（以上、法五五条三項による民法八一条一・二項の準用）。

以上が、管理組合法人における清算人の職務の主なものである。

要するに清算人は、解散前の法人において理事が占めているのと類似した地位を、清算法人において占めている。すなわち清算人は、清算法人の内部の事務を執行するとともに、外部に対して法人を代表しているわけである。したがって、その事務執行の具体的方法や不法行為責任なども、通常の場合における理事のそれに準じて考えればよい。

三　管理組合法人の解散・清算における管轄裁判所

右にみてきたような、管理組合法人の解散および清算についての諸手続は、裁判所の監督に服する。そして裁判所は、いつにても職権をもって、右の監督に必要な検査をすることができる（以上、法五五条三項による民法八二条一・二項の準用）。しかもこの検査に関連して、当該裁判所は必要に応じてある者を選任し、この者にその作業（検査）を行わせることもできる（法五五条三項による非訟法三六条の準用）。ところで、この場合の管轄裁判所は、当該管理組合法人の主たる事務所の所在地を管轄する地方裁判所である（法五五条三項による非訟法三五条二項の準用）。

つぎに、管理組合法人の清算に関連して事件が生じた場合もまた、その管轄裁判所は、当該法人の主たる事務所の所在地を管轄する地方裁判所である（非訟法一三六条を準用する非訟法三七条を法五五条三項が再準用）。

因みに、清算法人の選任または解任の裁判に対しては、不服を申立てることはできない（非訟法一三七条を準用する非訟法三七条を法五五条三項が再準用）。

第六　管理組合法人に関する補説

管理組合法人に関する記述の最後として、二、三の事項について補足的な説明を加えておきたい。ただし、これらは、その法制度としての重要性の大小は別として、量的にみて個々に一項をあてるほどの必要はないと考え、最後に一括して簡単に触れることにした。したがって、これらの事項の間には、内容的に特に深い関連性があるというわけではない。予めお断りしておきたい。

一　管理組合法人に関する区分所有者の責任

1　管理組合法人の債務と区分所有者の責任

管理組合法人は、法人格を認められていることの当然の結果として、その固有の財産をもつ。したがって、同法人の債務は、その財産をもって弁済するのが原則である。

では、管理組合法人がその債務を完済しうる資力をもたないときはどうなるのか。この点につき新法は、法人の資力の不足分について、区分所有者が法一四条に定める割合と同一の割合（すなわち専有部分の床面積割合による持分。そして一部共用部分があるときは、それを当該区分所有者間に床面積割合により配分する。）で、その債務の弁済に任ずる旨を明記した（法五三条一項本文）。

しかし同時に、同法は、建物ならびにその敷地および附属施設の管理費につき、すでに規約が各区分所有者間の負担割合を定めている場合には、法人債務の負担もまたこの割合によることとし、右の規定（法五三条一項本文）が適用されない旨をも、新たに定めるに至った（法五三条一項但書）。

また、区分所有者は、管理組合法人の債権者が同法人の財産に対して強制執行を行ったに拘らず、弁済をえられなかった場合についてもまた、その最終的な責任を負うことになる（法五三条二項）。しかし、その場合、区分所有者は、同法人に資力があり、かつ執行が容易であることを証明したときは、右の責任を免れる（法五三条三項）。

ところで、管理組合法人の債務につき区分所有者の責任を認めるこれらの規定は、つぎのような理由に拠っているとみることができる。法人としては、その日常的な活動において、建物の管理等のために第三者から債務を負担することが少なくない。たとえば、共用部分が修復を要するなら、その費用にあてるための金銭を借り入れることが多いであろうし、その債務はたしかに法人そのものに帰属する。しかし、このような法人の活動によってもたらされる利益は、窮極的には各区分所有者に帰着する。したがって最終的には、区分所有者がその債務に対する責任をも負うべきである、とみるわけである。

2　前区分所有者の債務に対する特定承継人の責任

では、区分所有者が管理組合法人の債務に関して負う右の責任は、区分所有者がその区分所有権を第三者に移転して、自らは区分所有者でなくなった場合はどうなるのか。昭和五八年法は、この点についても新たな規定を設けて、区分所有者からその権利を譲り受けた特定承継人は、その承継前に生じた管理組合法人の債務について、その前区分所有者が負っていたと同一の責任を負う旨を規定した（法五四条）。

その理由はつぎのようなものである。区分所有権が譲渡された場合、区分所有関係から離脱してしまった者に対して債務の責任を追及するのは、困難なことが少なくない。これに対し、その承継人は現実にその所有関係のなかにおり、かつ、以後区分所有関係が支障なく継続することに多大の利益をもっているわけである。したがって、その承継前に生じた債務についても、その責任を負わせることにしたものである。ただしこの債務については、特定承継人たる現区分所有者と並んで、前区分所有者もまた責任を負うことを付記しておこう。

二　管理組合法人に関する規定の団地への準用

管理組合法人に関する諸規定（法四七条から五六条まで）は、団地建物（第二編第九章を参照）に準用される（法六六条）。団地に関してはここでは触れないが、ただ、この準用に際して幾つかの字句の読み替えが必要であるので、その点につき簡単に触れておきたい。

管理組合法人に関する諸規定において、「区分所有者」とあるのは（法四七条一・六項、五三条一・三項、五四条、五五条一・二項、五六条）「法六五条に規定する団地建物所有者」と読み替えられる。また、「管理組合法人」、（法四七条二項から同条一四項まで、四八条一・二項、四九条一項から四項まで、五〇条一・二項、五一条、五二条一項、五三条一項から三項まで、五四条、五五条一・三項、五六条）は、「団地管理組合法人」と読み替えることになる。さらに、法五三条一項および五六条において「第一四条に定める」とある字句は、「土地等（これらに関する権利を含む。）の持分の」と読み替えられる。なお、法四七条一項に「第三条」とあるのは、「第六五条」と読み替えられる。

そして最後に、法五五条一項一号に「建物（一部共用部分を共用すべき区分所有者で構成する管理組合法人にあっては、その共用部分)」とあるのは、「土地等(これらに関する権利を含む。)」と読み替え、同項二号に「建物に専有部分が」とあるのは、「土地等(これらに関する権利を含む。)が第六五条に規定する団地建物所有者の共有で」と読み替えることになる(以上法六六条)。

要するに、管理組合法人に関する諸規定は、このように読み替えたうえで団地に準用されるわけである。

三 管理組合法人に関する罰則

本章を閉じるにあたり、管理組合法人に関する罰則について一瞥しよう。

管理組合法人の登記事項は、政令に基づいて登記されなければならない(法四七条三項)。もしこれを怠れば、その任にある者は一〇万円以下の過料に処せられる(法七一条五号)。

また、管理組合法人は、設立の時および毎年初めの三カ月内に財産目録を作り、常にこれを事務所に備えておかなければならないが(法四七条一〇項による民法五一条一項の準用)、この定めに反して財産目録を作成せず、または財産目録に不正の記載をしたときは、同じく一〇万円以下の過料に処せられる(法七一条六号)。

さらに、理事または監事が欠けた場合、または規約で定めたその員数が欠けた場合に、その補充のための選任手続を怠った者に対しても、同様の過料が科せられる(法七一条七号)。

つぎに、法人の解散が決定されて清算人が就職した場合、清算人は、その日から二カ月内に少なくとも三回の債権申立の公告をなさなければならない(法五五条三項による民法七九条一項の準用)。また清算人は、清算中に法人財産が債務の完済に足りないことが明らかになり次第、破産宣告の請求をなし、その旨を公告しなければならない(法五五条三項による民法八一条一項の準用)。それにもかかわらず、清算人がこれらの公告を怠り、または不正の公告をなしたときも、一〇万円以下の過料に処せられる（法七一条八号）。また、右の場合に、清算人が破産手続開始の申立てを怠ったときも、同様の過料に処せられる（法七一条九号）。

なお、管理組合法人の解散および清算は裁判所の監督に服するが、その際、裁判所はいつでも職権をもって右監督に必要な検査を行うことができる（法五五条三項による民法八一条一・二項の準用）。その場合、この検査を妨げた者があれば、この者に対して、やはり一〇万円以下の過料が科せられる（法七一条一〇号）。

最後に、管理組合法人（または団地管理組合法人）でないものは、その名称中に「管理組合法人」（または「団地管理組合法人」）の文字を用いることができない（法四八条二項、六六条）。それにもかかわらず、これに反した者に対しては、一〇万円以下の過料が科せられる（法七二条）。

（本文は平成一八年の改正に対応しています。）

（西澤　宗英）

第七章　義務違反者に対する措置

第一　区分所有者・占有者の義務

区分所有建物においては、複数の区分所有者が建物の一部である占有部分を所有し、あるいは共用部分、附属建物、敷地を共有して、居住、営業活動等の日常生活を営んでいるから、各区分所有者は、その建物が物理的に良好な状態に維持されること、他の区分所有者あるいは賃借人などの占有者から生活妨害を受けないことについて、共同の利益を有しているものということができる。

したがって、各区分所有者は、たとえそれが自己の権利の範囲内の行為といいうるようなものであっても、専有部分の一部を取り壊して建物全体の安定度を弱めるなど、建物の保存に有害な行為をすることは許されず、また、各区分所有者あるいは賃借人などの占有者は、共用部分をほしいままに使用しその結果他の区分所有者の正当な使用を妨げたり、専用部分の使用によって騒音、振動、悪臭などを発生させるなど、他の区分所有者の生活を妨害する行為をしてはならないものであって、これらの行為をなした者に対しては、その他の区分所有者は、これに対する是正措置を求めることができるものというべきである。(1)

そこで、新法（編者注・第七章本文中では、「新法」は昭和五八年法を指す。）六条一項は、区分所有者の権利義務等として「区分所有者は、建物の保存に有害な行為その他建物の管理又は使用に関し区分所有者の共同の利益に反する行為をしてはならない。」と定め、このことを明らかにした。

この規定は、旧法（編者注・第七章本文中では、「旧法」は昭和三七年法を指す。）五条一項において、区分所有者の権利義務として定められていたものを、今回の改正の際、規定の位置を一条繰り下げて新法六条一項としたものであって、その文言は、旧法五条一項と全く同一である。

もっとも、旧法には、区分所有者からの賃借人などのような、区分所有者以外の専有部分の占有者の義務については、何ら規定するところがなかった。

しかしながら、右にみたように、区分所有者の共同の利益に反する行為をなしえないことは、区分所有者のみならず、専有部分の占有者についても同様であるから、新法は、六条三項として、「第一項の規定は、区分所有者以外の専有部分の占有者（以下「占有者」という。）に準用する。」として、占有者の義務についての規定を新設した。

ところで、旧法は、区分所有者の義務については明文の規定をおいたものの、その義務違反行為に対し、誰がどのような措置を講ずることができるかについては、全く規定するところがなく、この点は、解釈に委ねられていた。

旧法下の学説としては、区分所有権および共用部分の共有権に基づく物権的請求権や規約に基づく請求権あるいは旧法五条一項を直接の根拠として、(イ)警告、勧告等により、義務違反行為の予防、中止、原状回復等を求める裁判外の請求、(ロ)義務違反行為の予防、中止、原状回復等を求める裁判上の差止請求、(ハ)損害賠償請求、(ニ)共用部分の使用停止、(ホ)区分所有者の売渡および明渡請求などが考えられていた。(2)

このうち、裁判外の請求は事実上行われていたものとみられ、裁判上の請求についても、差止請求は、区分所有権または共用部分の共有権に基づくものとして、マンションの外壁に換気措置のため開口した工事の復旧工事請求[3]、外壁面を取り壊した工作物の撤去請求[4]、規約に基づくものとして、バルコニーの工作物の撤去請求[5]、駐車場のための門扉拡幅工事の原状回復請求[6]などが、また、損害賠償請求は、区分所有権または共用部分の共有権に基づく原状回復費用相当額の賠償請求が[7]、それぞれ判例において認められている。

しかしながら、共用部分の使用禁止、区分所有権の売渡および明渡請求は、物権的請求権または規約に基づく請求権の効力あるいは旧法五条一項の解釈としてこれを認めることは実務上はためらいがあったためか、判例においてこの理論の適用が認められた事例は見当たらない。

しかしながら、実際上、これらの理論の適用を必要とする場面は少なくないものと思われる。

そこで、新法は、義務違反者に対する措置として、共同の利益に反する行為の停止等の請求（新法五七条）、使用禁止の請求（新法五八条）、区分所有権の競売の請求（新法五九条）、占有者に対する引渡し請求（新法六〇条）の各請求ができることを明文をもって定め、その要件と請求の手続とを明らかにした。

もっとも、今回の改正においてこれらの四つの措置が定められるべきことは、必ずしも当初から明確にされていたものではない。

これについては、当初昭和五七年七月法務省民事局参事官室から発表された「区分所有法改正要綱試案」と昭和五八年二月法制審議会から答申された「建物の区分所有等に関する法律の一部を改正する法律案要綱」とにおいては、区分所有権の競売と専有部分の占有者に対する引渡請求のみが考えられており、新法五七条の共用の利益に反する行為の停止等の請求と法五八条の使用禁止の請求とは、同年三月上程された「建物の区分所有等に関する法律及び不動産登記法の一部を改正する法律案」において急拠盛り込まれたものである[8]。

このうち、共同の利益に反する行為の停止等の請求は、従来学説判例が各区分所有者個人の権利として承認してきた差止請求権を、区分所有者全員あるいは管理組合法人の集団的権利として認め、これを明文化したものである。

また、使用禁止の請求は、差止請求と競売の請求の中間に位置し、競売の請求の前段階的措置ともいいうるものであって、これにより、義務違反行為を受けた区分所有者は、義務違反の程度に応じ、段階的な措置をとることが可能とされるに至ったものといえよう。

なお、新法は、従来学説が認めていた警告、勧告などの措置については規定をおかなかったが、これは、これらの措置は事実上の措置であって法による強制力を有するものではないから、あえて明文の規定をおく必要がないとの理由によるものであって、これらの措置が禁止される趣旨でないことはいうまでもない。

注（1）川島一郎「建物の区分所有等に関する法律の改正（中）」法曹時報一四巻七号七六頁。

（2）川島一郎・前掲七六頁、玉田弘毅「注解建物区分所有法(1)」二三〇頁以下、丸山英気「区分所有建物の法律問題」二二四頁以下。

（3）東京高判昭和五三年二月二七日金融法務事情八七五号三一頁、金融商事判例五五二号三四頁。

（4）東京地判昭和五六年九月三〇日判例時報一〇三八号三二一頁。

（5）東京高判昭和四七年五月三〇日下民集二三巻五～八号二八八頁、東高二三巻五号七三頁、判例時報六六七号一〇頁、判例タイムズ二七七号一一二頁、最判昭和五〇年四月一〇日判例時報七七九号六二頁、判例タイムズ三二三号一四八頁、NBL八七号三一頁。

（6）東京地判昭和五三年二月一日判例時報九一一号一三四頁、判例タイムズ三六九号二六〇頁。

（7）東京地判昭和五六年九月三〇日前掲（4）

（8）丸山英気「改正区分所有法の性格」ジュリスト七九五号二九頁。

第二　義務違反者に対する措置

一　共同の利益に反する行為の停止等の請求

1　意　義

共同の利益に反する行為の停止等の請求とは、区分所有者が新法六条一項に規定する共同の利益に反する行為をした場合またはその行為をするおそれがある場合に、他の区分所有者の全員または管理組合法人が、義務違反者である区分所有者に対し、その行為の停止、行為の結果の除去または予防措置をとることを請求することをいう（新法五七条一項）。

前記のように、従来の学説および判例においても、共同の利益に対する義務違反行為については、義務違反者に対して差止請求をなしうることが承認されていた。

しかしながら、この義務違反行為は、実質上は区分所有者全員に対する義務違反行為であるにもかかわらず、区分所有者全員の集団あるいは管理組合は、法人格を有しないためこれに対する差止請求権の主体となることができず、これに対する差止請求は、義務違反行為を個々の区分所有者が有する区分所有権あるいは共用部分の共有権に対する侵害行為として捉え、差止請求権は個々の区分所有者に帰属し、その権利は個々の区分所有者が行使するものと構成せざるをえなかった。

そのため、区分所有者の一人が共同の利益を守ることを目的として侵害行為の差止を求める訴えを提起して勝訴したとしても、その訴訟の提起および遂行はその区分所有者個人の権利の実現のための行為とみるほかはなく、したがって、その訴訟に要する費用は個人として負担すべきものであって、他の区分所有者あるいは管理組合に対し、その償還を求めることはできないものとされている。(1)

これに対し、新法五七条一項によって認められた差止請求権は、義務違反行為を区分所有者全員に対する違反行為として把握し、これに対する差止請求権は他の区分所有者の全員または管理組合法人に帰属し、その権利は他の区分所有者の全員または管理組合法人が行使することを定めたものであって、従来学説および判例によって認められてきた個別的差止請求権と異別の、集団的差止請求権としての性質を有するものである。

2 要件

要件は、区分所有者が新法六条一項の「共同の利益に反する行為」をし、またはその行為をするおそれがあることである。

「共同の利益に反する行為」には多様のものが考えられ、これに該当することの基準としては、(イ)建物の不当毀損行為と建物の不当使用行為、(2)(ロ)禁止行為と管理者の承認を要する行為、(3)(ハ)建物などの不当毀損行為、不当使用行為、不当外観変更行為、プライバシーの侵害ないしニューサンス、(4)(ニ)専有部分の使用と居住者の生活態度などがあげられているが、(5)結局、「行為の必要性、行為者の受ける利益ならびに他人に与える不利益の性質および程度、他の手段の可能性など諸般の事情を考慮して、個々の具体的場合につき社会通念によって決するほかはない。(6)」であろう。

「共同の利益に反する行為」に、建物の毀損行為、たとえば自己の専有部分の改造のため高層建物の内部の壁を取り壊して建物全体の安定度を弱めさせたり、あるいは、建物の不当使用行為、たとえば建物内への危険物の持込みや建物の上層部の所有者が著しい重量物を自己の専有部分に格納する行為などのように、建物の物理的な保全義務に違反する行為が該当することは疑いがない。

問題は、プライバシーの侵害やニューサンスのような共同生活上の秩序の保全義務違反行為が含まれるかどうかである。

旧法制定当時においては、ニューサンスをもこれに含ませると適用範囲が著しく拡大される反面、区分所有者の権利が著しく制限されることや、旧法五条一項は本来建物の管理または使用に関する規定であるとされることなどから、ニューサンスは含まれないと解されていたが[7]、当時においても「事柄の性質上、著しいニューサンスは本条一項の違反行為に含まれないとはいえない[8]」とされており、現在では、区分所有建物においては建物の構造上より密接な近隣関係があって恒常的なニューサンスに悩まされていること、このような不法行為をする者に対する対応は一般の所有権とは異なってくることなどから、区分所有権自体の問題としてとりあげていく必要があるとして、少なくとも著しいニューサンスはこれに含まれるとするのが通説であるといえよう[9]。

このように「共同の利益に反する行為」にニューサンスが含まれるとした場合、これに対する集団的差止請求権が認められるのはニューサンスの影響が全区分所有者に及ぶ場合に限られるか、それとも相当程度の範囲に及ぶことをもって足りるかが問題とされるが、これについては、「建物内の一角における生活妨害を許容することは、ひいては建物全体の生活秩序に影響を及ぼす」こととなるのであるから、相当程度の範囲に及ぶことをもって足りるものというべきであろう[10]。

判例に現れた「共同の利益に反する行為」には、次のようなものがある。

(1)　共用部分の使用に関するもの

①　規約に違反して、バルコニーと同視できるルーフテラスにサンルーフ様の構築物を設置し、テラス内に

あった屋外空調機を専用使用権のない共用部分に移設した行為[11]

② 建物の共用部分である壁柱に貫通孔を開け、ガス湯沸かし器バランス釜を取り付けた行為[12]

③ マンションの自転車置場及び通路として利用されている部分（ピロティ）に外壁を設置し、物置として独占的に占有している行為[13]

④ 衛星放送受信用の共同パラボラアンテナが屋上に設置される以前に、バルコニーの手すり及び外壁部分に衛星放送受信用のパラボラアンテナを設置した行為[14]

(2) 専用部分の使用に関するもの

(一) 営業に関するもの

① 主として居住用のマンション一階店舗部分において、深夜までカラオケスタジオで営業をする行為[15]

② 管理規約に違反して、換気用ダクト、造作、看板を設置し、深夜まで居酒屋の営業をする行為[16]

③ 一階を店舗専用部分、二階ないし七階を住居専用部分と明確に区画している複合マンションの二階部分に事務機器を設置して、会社事務所として使用する行為[17]

④ 専有部分の用途を住宅に限る旨の規約のあるマンションにおいて、自己の専有部分を従業員らの幼児の保育所として使用する行為[18]

(二) 動物の飼育等に関するもの

① 犬、猫、小鳥等ペット・動物類を飼育する行為[19]

② ベランダで野鳥の餌付けをする行為[20]

(三) 日常生活に関するもの

① マンションの床をフローリング床に変更し、騒音被害、生活妨害をもたらす行為[21]

② むやみに警報機を鳴らしたり、特定の住人の室の玄関扉をバット等で叩いたりする行為(22)
③ マンションの住人に対し、暴言、恫喝、強迫、器物毀棄等の悪行状を繰り返す行為(23)

㈣ その他

① 暴力団事務所として利用する行為(24)
② オウム真理教の教団施設として利用する行為(25)
③ 管理費を滞納する行為(26)
④ マンションの区分所有者が、そのマンションの敷地に隣接して新マンションの建築確認を受ける際に敷地の一部として申請された自己所有地に、建売住宅を建築するために建築確認を受ける行為（敷地の二重使用）(27)

3　請求の内容

集団的差止請求の内容は、㈠行為の停止、㈡行為の結果の除去、㈢行為の予防措置である。

行為の停止とは、その行為を中止し、将来においてもこれを続行しないことをいう。専有部分を暴力団事務所として使用することの禁止、(28)居住用に限る旨の規約の定めのある専用部分における幼児の保育室としての使用の禁止、(29)動物の飼育の禁止、(30)カラオケ店舗や居酒屋における深夜の一定時間帯の営業禁止(31)などがこれに当たる。(32)

結果の除去とは、妨害物の排除などのように、原状回復をすることをいう。バルコニーに設置されたサンルーム(33)やパラボラアンテナの撤去、(34)ピロティに設置された外壁の除去、(35)ガス湯沸かしバランス釜設置のために開けた穴の修復工事、(36)油煙・臭気を排出する居酒屋営業用の厨房換気ダクト等の撤去(37)などがこれに当たる。

予防措置とは、たとえば騒音を発する行為について、防音装置をとりつけるなどのように、義務違反行為を未然に防止することをいう。

なお、差止請求が認められるか否かは、加害者の利益と被害者の利益を比較衡量して判断すべきであるとして、損害賠償請求のみを認め、差止請求を認めないとする裁判例もある。(38)

4　権利の帰属

(1)　区分所有者の全員

区分所有者の全員は、集団的差止請求をすることができる。

前記のように、この権利は区分所有者の集団的権利であるから、区分所有者の全員が請求できるというのは、区分所有者の全員が全員で請求できるという意味であって、区分所有者の全員は誰でもという意味ではない。仮りに、区分所有者の全員は誰でも差止請求をすることができるものとすると、区分所有者の相当程度の範囲に及ぶニューサンスが共同の利益に反するものとされた場合に、ニューサンスの影響を受けない区分所有者がこの差止請求権を行使しうることとなって、不相当である。

もっとも、裁判外の請求については、集会の決議ないし規約によって、差止請求権の行使を管理者に委任することはさしつかえないであろう。この場合、管理者の請求は、区分所有者の全員を代表してなされるものといえるからである。

(2)　管理組合法人

区分所有者は、全員で、建物、敷地、附属建物の管理を行うための団体（管理組合）を構成することができ（新法三条）、このうち、区分所有者の数が三〇人以上であるものについては、これを法人とすることができる（新法四七条以下）。

建物に管理組合法人があるときは、差止請求は、法人の名において行うことができる。

5　請求の方法

集団的差止請求は、使用禁止の請求（新法五八条）、区分請求権の競売の請求（新法五九条）、占有者に対する引渡し請求（新法六〇条）がいずれも「訴をもって」なされなければならないものとされているのと異なり、裁判上であると裁判外であるとを問わず行うことができる。

もっとも、裁判外の請求の手続については、これを成文化する実益に乏しいので、新法五七条は、訴えによる請求の手続のみについて規定した。

6　裁判上の請求の手続

(1)　決議

共同の利益に反する行為の停止等の請求権は、集団的ないし団体的権利であるから、訴えを提起してその権利を行使するかどうかは、集会の決議によって決められることとなる（新法五七条二項）。

この決議は、区分所有者および議決権の各過半数で決する（新法三九条）。

後記のように、他の義務違反に対する措置はいずれも特別多数決によることとされているが（新法五八条二項、五九条二項、六〇条二項）、共同の利益に反する行為の停止等の請求は、他の措置のように義務違反行為者である区分所有者の権利の内容の実質的部分を奪うものではなく、本来的には管理に関する事項とみられるため、通常の決議の方法をもって足りるとしている。

(2)　訴訟遂行権者

訴えの提起および遂行は、管理組合法人にあっては、その理事がこれを代表して、管理組合法人の名において行う。

管理組合が法人格を取得していないときは、相手方となるべき区分所有者を除くほかの区分所有者全員が当事者となる。

もっとも、全員が当事者として訴訟手続を遂行するのはきわめて不便であるので、この場合は、集会の決議に基づき、管理者または集会において指定された区分所有者が、区分所有者全員のために訴えを提起、遂行することができるものとされている（新法五七条三項）。

集会において指定される区分所有者は、一人である必要はなく、複数であってもさしつかえない。

この訴訟は、新法二六条四項と同様、任意的訴訟担当（任意的訴訟信託）であって、管理者または集会において指定された区分所有者が訴訟の当事者となり、他の区分所有者は当事者とされないが、裁判の効力は、他の区分所有者にも及ぶこととなる（民訴法二〇一条二項）。

さらに、判例によれば、集会の決議により当事者として指定された者は、他の区分所有者全員のために訴訟を遂行することができるとされ[39]、管理組合自身もまた、法人格なき社団として、民事訴訟法二九条に基づき、自己の名において訴訟を遂行することができるとされている。[40]

なお、管理者は、規約または集会の決議により、その職務に関し、区分所有者のために、原告または被告となることができるが（新法二六条四項）、新法五七条の訴訟遂行権（新法五八条四項、五九条二項、六〇条二項によって準用される場合を含む）は、規約によってあらかじめ付与しておくことはできず、必ず事案ごとに集会の決議を受けなければならない。

また、訴えの提起に関する規定は、強行規定であって、規約によってもこれを変更することはできない。

7　裁判・執行

この訴訟は通常訴訟であり、これに対する裁判は判決の形式をもってなされ、この判決による作為または不作為の強制執行は、民法四一四条二項本文または同条三項の規定に従い、民事執行法一七一条によってなされる。

8　占有者に対する請求

区分所有者の共同利益に反する行為をすることが許されないのは、区分所有者からの賃借人などのような、区分所有者以外の占有者についても同様にいいうることである。

したがって、占有者がこれらの義務違反行為をしたときもまた、以上の手続により、その差止を請求することができる（新法五七条三項）。

9　規約違反行為と集団的差止請求

建物、敷地、附属施設の管理、使用に関する区分所有者相互間の事項は、規約で定めることができ（新法三〇条一項）、占有者は、これらの使用方法につき区分所有者が規約または集会の決議に基づいて負うのと同一の義務を負う（新法四六条二項）。

したがって、各区分所有者ないし占有者は、新法六条一項に規定する共同の利益に反する行為をなしえないのと同時に、規約の定めに違反する建物等の使用をもなしえないこととなる。

しかしながら、規約違反の行為に対する措置については、新法は特に言及しなかったため、この点は、旧法におけるのと同様、解釈によって決しなければならないこととなる。

これについては、規約は区分所有者相互間の事項を定めるものであるから、各区分所有者が義務違反者に対しその差止を請求しうるとする見解が考えられる。

しかしながら、新法が区分所有者集団の団体性を明確にし、管理組合法人制度を創設し、管理者の訴訟遂行権を認めるなど全体として団体自治の活性化を目指している点からすれば(41)、区分所有者および占有者が規約によって負う義務は、団体に対する義務であり、したがって、これに対応する権利は団体に帰属し、団体がこれを行使

すべきものとするのが妥当である。(42)

したがって、管理組合法人は自己の名において、法人格を有しない管理組合は権利能力なき社団として民事訴訟法四六条により、また管理者は新法二六条四項により、それぞれ区分所有者全員のために差止訴訟を提起することができる。

もっとも、右のいずれの場合においても、訴訟の提起にあたっては、新法五七条二項に準じ、それぞれ集会の決議が必要とされるものと解される。

10　物権的請求権との関係

前記のように、新法五七条の規定は、義務違反者に対し、区分所有者の全員が違反行為の差止を請求しようとする場合の規定である。

しかしながら、この規定が新設されたからといって、各区分所有者が自己の権利に対する侵害行為についてその差止を求める権利が否定されるいわれはない。

したがって、各区分所有者は、新法五七条の差止請求権とは別に、自己の区分所有権または共用部分の共有権などに基づき、違反行為の差止請求をすることができるものと解される。

この場合、集団的差止請求権と各区分所有者の差止請求権とは、それぞれ成立の要件が異なり別個の権利であるというべきであるから、各区分所有者は、集団的差止請求訴訟が提起されている場合であっても、これとは無関係に個別的差止請求権を行使することができ、また、集団的差止請求が棄却されたのちに個別的差止請求をなしても、それは重複訴訟にはあたらないこととなる。

なお、各区分所有者による個別的差止請求の訴えは、各区分所有者がそれぞれ独立して提起しうるものであって、他の区分所有者全員による必要的共同訴訟とされるものではない。(43)

注

(1) 東京地判昭和五五年七月七日判例時報九九〇号二一五頁、判例タイムズ四二六号一四八頁。
(2) 川島一郎「注釈民法(7)」三七二頁。
(3) 右近健男「区分所有と管理」法律時報四三巻一〇号三八頁。
(4) 玉田弘毅「注釈建物区分所有法(1)」二二八頁、同「建物区分所有法の現代的課題」二九四頁。
(5) 石田喜久夫「区分所有法」住宅問題講座3住宅関係法Ⅱ一六三頁、丸山英気「区分所有建物の法律問題」二〇五頁。
(6) 川島一郎・前掲(2)三七二頁。
(7) 川島一郎・前掲(2)三七三頁、玉田弘毅ほか「建物区分所有権法」〔稲本洋之助〕一四八頁。
(8) 川島一郎「建物の区分所有等に関する法律の解説(中)」七七頁。
(9) 玉田弘毅・前掲(4)二二七頁、丸山英気・前掲(5)二〇六頁。
(10) 濱崎恭生「建物の区分所有等に関する法律及び不動産登記法の一部を改正する法律の概要(4)」NBL二八五号四一頁。
(11) 京都地判昭和六三年六月一六日判例時報一二九五号一一〇頁、判例タイムズ六八三号一四八頁。
(12) 東京地判平成三年三月八日判例時報一四〇二号五五頁、判例タイムズ七六五号二〇七頁。
(13) 東京高判平成七年二月二八日判例時報一五二九号七三頁。
(14) 東京地判平成三年一二月二六日判例時報一四一八号一〇三頁、判例タイムズ七八七号一七九頁。
(15) 東京地決平成四年一月三〇日判例時報一四一五号一一三頁。
(16) 神戸地尼崎支判平成一三年六月一九日判例時報一七八一号一三一頁。
(17) 東京地八王子支判平成五年七月九日判例時報一四八〇号八六頁、判例タイムズ八四八号二〇一頁。
(18) 横浜地判平成六年九月九日判例時報一五二七号一二四頁、判例タイムズ八五九号一九九頁。
(19) 東京高判平成六年八月四日判例時報一五〇九号七一頁、判例タイムズ八五五号三〇一頁。

(20) 東京地判平成七年一一月二一日判例時報一五七一号八八頁、判例タイムズ九一二号一八八頁。
(21) 東京地八王子判平成八年七月三〇日判例時報一六〇〇号一一八頁。
(22) 東京地判平成一一年一月一三日判例時報一六七六号七五頁。
(23) 東京地判平成八年五月一三日判例時報一五九五号七七頁、判例タイムズ九五三号二八七頁。
(24) 横浜地判昭和六一年一月二九日判例時報一一七八号五三頁、判例タイムズ五七九号八五頁（控訴審判決・東京高判昭和六一年一一月一七日判例時報一二二三号三一頁、判例タイムズ六二三号七〇頁、上告審判決・最判昭和六二年七月一七日判例時報一二四三号二八頁、判例タイムズ六四四号九七頁）、札幌地判昭和六一年二月一八日判例時報一一八〇号三頁、名古屋地判昭和六二年七月二七日判例時報一二五一号一二二頁、判例タイムズ六四七号一六六頁、福岡地判昭和六二年五月一九日判例タイムズ六五一号二二一頁、京都地判平成四年一〇月二二日判例時報一四五五号一三〇頁、判例タイムズ八〇五号一九六頁、東京地決平成一〇年一二月八日判例時報一六六八号八六頁、判例タイムズ一〇三九号二七一頁。
(25) 京都地判平成一〇年二月一三日判例時報一六六一号一一五頁（控訴審判決・大阪高判平成一〇年一二月一七日判例時報一六七八号八九頁）、横浜地判平成一二年九月六日判例時報一七三七号九〇頁、判例タイムズ一一〇五号二四六頁。
(26) 大阪高判平成一四年五月一六日判例タイムズ一一〇九号二五三頁。
(27) 東京地判平成一二年五月二五日判例タイムズ一〇六九号一六二頁。
(28) 東京地決平成一〇年一二月八日判例時報一六六八号八六頁、判例タイムズ一〇三九号二七一頁。
(29) 横浜地判平成六年九月九日判例時報一五二七号一二四頁。
(30) 東京地判平成八年七月五日判例時報一五八五号四三頁。
(31) 東京地判平成四年一月三〇日判例時報一四一五号一一三頁。
(32) 神戸地尼崎支判平成一三年六月一九日判例時報一七八一号一三一頁。

(33) 京都地判昭和六三年六月一六日判例時報一二九五号一一〇頁、判例タイムズ六八三号一四八頁。
(34) 東京地判平成三年一二月二六日判例時報一四一八号一〇三頁、判例タイムズ七八九号一七九頁。
(35) 東京高判平成七年二月二八日判例時報一五二九号七三頁。
(36) 東京地判平成三年三月八日判例時報一四〇二号五五頁、判例タイムズ七六五号二〇七頁。
(37) 神戸地尼崎支判平成一三年六月一九日判例時報一七八一号一三一頁。
(38) 東京地八王子判平成八年七月三〇日判例時報一六〇〇号一一八頁。
(39) 東京地判昭和六一年九月二五日判例時報一二四〇号八八頁。
(40) 東京地判平成八年七月五日判例時報一五八五号四三頁。
(41) 稲本洋之助「区分所有の法理」法律時報五五巻九号八頁。
(42) 濱崎恭生・前掲（10）四二頁。
(43) 東京地判昭和五六年九月三〇日判例時報一〇三八号三二一頁。

二　専有部分の使用禁止の請求

1　意　義

専有部分の使用禁止の請求とは、区分所有者が新法六条一項の共同の利益に反する行為をし、またはその行為をするおそれがある場合において、その行為による区分所有者の共同生活上の障害が著しく、新法五七条の差止請求によってはその障害を除去して共用部分の利用の確保その他の区分所有者の共同生活の維持を図ることが困難であるときに、他の区分所有者の全員または管理組合法人が、集会の決議に基づき、訴えをもって、相当期間の当該行為に係る区分所有者による専有部分の使用の禁止を請求することをいう（新法五八条）。専有部分を暴力団事務所として使用することの禁止請求等がこれに当たる。[1]

義務違反者が差止判決を受けたのちもこれに従わなかったり、多様の違反行為が繰り返されそのすべてについて差止請求の訴えを提起するのが困難であるなどのように、新法五七条の差止請求のみによっては、共同生活関係の破壊の防止を期し難い場合がある。

旧法下においても、義務違反者に対する措置のひとつとして、区分所有者集会の決議の存在を要件としたうえで、共同部分の使用停止請求を肯定する学説があったが、これによっても、専有部分の使用停止請求を認めるのは、解釈上困難であるとされていた。[2]

これに対し、新法五八条は、専有部分の使用停止の措置を新設したのであるが、これは、区分所有者の所有権を剥奪することを内容とする新法五九条の区分所有権の競売の請求のいわば前段階的な措置として定めたものであろう。

なお、管理費の滞納は「共同の利益に反する行為」に当たり、新法五九条による区分所有建物の競売請求が認められると解されているが、管理費の滞納行為自体は積極的な加害行為に当たらないことから、判例は、これに対しては新法五八条による専有部分の使用禁止請求は無意味であるとして、この場合は、使用禁止請求を経ることなく、競売請求ができるものとしている。[3]

2　要　件

使用禁止の請求の要件は、(イ)区分所有者が共同の利益に反する行為をし、またはその行為をするおそれがあること、(ロ)その行為による区分所有者の共同生活上の障害が著しいこと、(ハ)新法五七条の差止請求によってはその障害を除去して共用部分の利用の確保その他の区分所有者の共同生活の維持を図ることが困難であること、である。

3　請求の内容

使用禁止の請求の内容は、相当の期間の専有部分の使用禁止である。

「相当の期間」は、共同生活の維持を図るため、義務違反者である区分所有者の使用を禁止するのが相当と認められる期間であり、事案によってそれぞれ異なる。

どの程度の期間が相当であるかは、裁判所が、諸般の事情を考慮して定めるものであるから、訴状の請求の趣旨には、この期間を記載する必要はなく、たとえ記載がなされていたとしても、裁判所はこれに拘束されないものというべきであろう。

この専有部分の使用の禁止は、義務違反者である区分所有者の所有権を剥奪するものではないから、使用禁止の期間は、その性質上数年程度に限られ、これを著しく超えるような期間を定めることは不適当であろう（4）。しかしながら、他方、この使用禁止は、違反行為に対する制裁措置ではないのであるから、使用禁止期間を著しく短期間とすることもまた妥当とはいい難い。

判例には、暴力団事務所として使用された専有部分の使用禁止期間について、これを三年間と定めたものがある（5）。

4　権利の帰属

専有部分の使用禁止請求権は、新法五七条の集団的差止請求権と同様、他の区分所有者の全員または管理組合法人に帰属する。

前記のように、差止請求は、新法五七条の集団的差止請求権以外にも、各区分所有者の区分所有権または共用部分の共有権に基づく物権的請求権や新法六条一項の規定によっても認められるものとされているが、専有部分の使用禁止請求権は、団体ないし集団的権利として、新法五八条により区分所有者の全員ないし管理組合法人に限って認められたものであって、各区分所有者の区分所有権または共用部分の共有権の効力あるいは新法六条一項の規定を根拠としては認められないものと解される。

5　請求の方法

使用禁止の請求は、区分所有者の専有部分の使用を相当期間禁止するものであって重大なことがらであるから、この請求は、裁判外においては許されず、訴えをもってのみ認められる（新法五八条一項）。

6　請求の手続

使用禁止の請求の手続は、訴えの提起には集会の決議を要すること、訴訟遂行権者は義務違反者である区分所有者以外の区分所有者の全員または管理組合法人、集会の決議に基づく管理者または指定された区分所有者であることなど、新法五七条の集団的差止請求の場合とほぼ同様である。

ただ、使用禁止の請求は、相当の期間自己の所有物の使用が禁止されるという異常な事態をつくり出すもので、当該区分所有者に対する影響が重大なものであるところから、訴訟提起の意思決定の決議は、区分所有者および議決権の各四分の三以上の特別多数決によるものとされている（新法五八条二項）。

また、この決議をするには、あらかじめ、当該区分所有者に対し、弁明をする機会を与えなければならない（新法五八条三項）。

この弁明は、通常は、集会の席上、決議の前になされることとなろうが、集会においては、当該区分所有者の弁明が十分になされる機会が確保されていなければならない。

7　裁判・執行

使用禁止の請求に対する裁判は、通常の民事訴訟手続により、判決の形式をもってなされる。

使用禁止の請求を認容する判決は、形成判決であり、この判決によって、判決が定めた期間、当該区分所有者による専有部分に対する使用禁止義務が形成される。

この判決により、当該区分所有者自身はもとより、その家族その他の占有補助者も、その期間中は、専有部分の使用を禁止され、これに伴い、共用部分の使用も許されないこととなる。

もっとも、この使用禁止の請求は、建物の管理または使用に関する区分所有者の共同の利益に反する行為を除去し、共用部分の利用の確保と区分所有者の共同生活の維持を図ることを目的とするものであって、義務違反者である当該区分所有者の使用を排除すれば足りるものであるから、当該区分所有者が他にこれを賃貸するなどして第三者に使用させる行為は、禁止された専有部分の使用にはあたらないものと解されている(6)。

また、この使用禁止は、当該区分所有者による専有部分の保存行為までをも禁止するものではない。

したがって、当該区分所有者が、空気の入れ替えなどのためこれに立ち入ることは、禁止された使用にはあたらないこととなる。

なお、この判決によって形成される当該区分所有の義務は、いわゆる不代替不作為義務であるから、これに対する強制執行は、民事執行法一七二条の間接強制の方法によることとなる。

注（1）福岡地判昭和六二年五月一九日判例タイムズ六五一号二二一頁。
（2）玉田弘毅「注解建物区分所有法(1)」二三八頁、丸山英気「区分所有建物の法律問題」二二六頁、玉田弘毅ほか「建物区分所有権法」〔稲本洋之助〕一五六頁。
（3）大阪高判平成一四年五月一六日判例タイムズ一一〇九号二五三頁。
（4）濱崎恭生「建物の区分所有等に関する法律及び不動産登記法の一部を改正する法律の概要(4)」ＮＢＬ二八五号四

五頁。
(5) 福岡地判昭和六二年五月一九日判例タイムズ六五一号二二一頁。
(6) 濱崎恭生・前掲(4)四四頁。

三　区分所有権の競売の請求

1 意　義

区分所有権の競売の請求とは、区分所有者が新法六条一項の共同の利益に反する行為をし、またはその行為をするおそれがある場合において、その行為による区分所有者の共同生活上の障害が著しく、他の方法によってはその障害を除去して共用部分の利用の確保その他の区分所有者の共同生活の維持を図ることが困難であるときに、他の区分所有者の全員または管理組合法人が、集会の決議に基づき、訴えをもって、当該行為に係る区分所有者の区分所有権および敷地利用権の競売を請求することをいう(新法五九条)。

悪質な区分所有者を団体構成員から排除する方法としては、旧法下においても、区分所有建物については共有の属性である分割請求権が法律上認められていないことの代償として、ドイツ住居所有権法一八条が定めている区分所有権買取請求権を認めるべきであるとする有力な学説があったが[1]、新法は、義務違反者に対する最も強力な措置として、区分所有権と敷地利用権との競売の請求の規定を新設した。

2 要　件

区分所有権の競売の要件は、専有部分の使用禁止の請求(新法五八条一項)の要件とほぼ同一であるが、使用禁止の請求においては、差止請求（新法五七条一項）によっては障害を除去して共用部分の利用の確保その他の区分所有者の共同生活の維持を図ることが困難であることが要件とされているのに対し、区分所有権の競売の請求においては、他の方法によってはそれが困難であることが要件とされており、この点のみが異なっている。

区分所有権の競売請求は、区分所有権の剥奪という最も強力な措置であるから、他に方法がない場合に限られることは当然であろう。

どのような行為が、他の方法によってはその障害を除去して共用部分の利用の確保、共同生活の維持に困難な行為とされるかは、判例などによる事例の集積を俟つほかはないであろう。

これまでの判例においては、いずれも専有部分が暴力団事務所として使用されていた事案について、競売請求が認められている。(2)

これについては、ドイツ住居所有権法一八条の区分所有権買取請求権の解説として、共同の声望を外でおとすこと、共同内での平和や信頼関係を傷つけることが要件であり、具体的には、第三者に向けて共同員を中傷すること、管理や管理者の措置への根拠のない継続的反対・抵抗、他の住居所有者や管理者に対する継続的な不信表明・侮辱、暴行、住居所有者に対する継続的名誉毀損、有罪判決による名誉喪失、不道徳な態度がこれにあたるとの紹介がある。もっとも、これらの例は、わが国にあてはめるにはやや厳しすぎるものとされている。(3)

3　請求の方法

区分所有権の競売の請求権は、他の請求権と同様、他の区分所有者の全員と管理組合法人に帰属する。

この請求は、区分所有権および敷地利用権を剥奪するものであって、区分所有者に対する影響がきわめて大きいものであるから、使用禁止の請求（新法五八条一項）と同様、裁判外においては認められず、訴えの方法に限るものとされている（新法五九条一項）。

請求の手続は、訴訟遂行権者が他の区分所有者の全員または管理組合法人、集会の決議に基づく管理者または指定された区分所有者であること、訴訟提起の意思決定が集会の特別多数決の決議によるべきこと、当該区分所有者に対し弁明の機会を付与すべきことなど、すべて使用禁止の請求と同一である（新法五九条二項）。

4 裁判・執行

区分所有権の競売の請求が認容されるべきものであるときは、裁判所は、当事者として訴訟の提起および遂行をした原告に対し、当該区分所有権および敷地利用権を競売することができる旨の宣言をする判決をする。

この判決は、原告に競売権を創設する形成判決である。

この判決が確定したときは、原告は、裁判所に対し、民事執行法に基づき、区分所有建物の競売の申立をすることができる。

この申立は、同法一九五条の「その他の法律の規定による換価のための競売」にあたる。

この申立は、相手方の地位を不安定にすることを防止するため、判決の確定日から六月を経過したときは、することができない（新法五九条三項）。

競売の結果、区分所有権および敷地利用権が、義務違反者である区分所有者によって競落されてしまうと、この制度の目的を達成することができないから、この競売においては、当該区分所有者またはその者の計算において買受をしようとする者は、買受の申出をすることができない（新法五九条四項）。

区分所有権の競売は、義務違反者から区分所有権および敷地利用権を剥奪することを目的とするものであって、目的物を換価して金銭債権の満足に充てることを目的とするものではないし、民事執行規則一八一条のような明文の規定もないから、競売代金は、競売申立人である原告に対してではなく、実質上の権利者である当該区分所有者に支払われるべきものであろう(4)。

注（1）玉田弘毅「注解建物区分所有法(1)」二四六頁以下、同「建物区分所有法の現代的課題」一一頁以下、丸山英気「区分所有建物の法律問題」二二六頁以下。
（2）札幌地判昭和六一年二月一八日判例時報一一八〇号三頁、名古屋地判昭和六二年七月二八日判例時報一二五一号一二二頁、判例タイムズ六四七号一六六頁、京都地判平成四年一〇月二二日判例時報一四五五号一三〇頁、判例タイムズ八〇五号。
（3）丸山英気「改正区分所有法における秩序維持」法律時報五五巻九号二七頁。
（4）濱崎恭生「建物の区分所有等に関する法律及び不動産登記法の一部を改正する法律の概要(4)」ＮＢＬ二八五号四五頁。

四　占有者に対する引渡請求

1　意　義

占有者に対する引渡請求とは、占有者が新法六条三項によって準用される同条一項の義務違反行為をなし、またはその行為をするおそれがある場合において、その行為による区分所有者の共同生活上の障害が著しく、他の方法によってはその障害を除去して共用部分の利用の確保その他の区分所有者の共同生活の維持を図ることが困難であるときに、区分所有者の全員または管理組合法人が、集会の決議に基づき、訴えをもって、当該行為に係る占有者が占有する専有部分の使用または収益を目的とする契約の解除とその専有部分の引渡を請求することをいう（新法六〇条一項）。

前記のとおり、区分所有者による義務違反行為が悪質であるときは、新法五九条一項の区分所有権の競売の請求により、当該義務違反者の区分所有権を剥奪し、これを区分所有関係から排除することができるが、同様に、賃借人等専有部分の占有者の義務違反行為が悪質である場合においても、その占有権原を剥奪し、これを区分所有建物の利用関係から排除する必要がある。

そこで、新法は、占有者の占有の基礎となった契約の解除と専有部分の引渡請求の制度を新設した。判例に現れた引渡請求事例としては、暴力団事務所として占有する賃借人[1]、オウム真理教の教団施設として占有する賃借人[2]、住宅専用部分を会社事務所として占有する賃借人[3]、暴言・恫喝・脅迫・器物毀棄等の悪行状を繰り返している賃借人[4]、ベランダで野鳥の餌付けをしている使用借人[5]に対するものがある。

2 要件

占有者に対する引渡請求の要件は、区分所有権の競売の請求（新法五九条一項）の場合と同一である。

3 請求の内容

占有者に対する引渡請求の内容は、当該行為に係る占有者が占有する専有部分の使用または収益を目的とする契約を解除して、その占有権原を消滅させ、その専有部分の引渡をさせることである。

使用または収益を目的とする契約とは、占有者の占有権原となる契約であって、多くの場合は専有部分の所有者を貸主とし占有者を借主とする賃貸借または使用貸借などであろうが、場合によっては、賃借人を貸主とし占有者を借主とする転貸借のこともあろう。

4 請求の方法

占有者に対する引渡請求の方法は、区分所有権の競売の請求（新法五九条）の場合と全く同一であり、区分所有者の全員または管理組合法人は、集会の決議に基づき、訴えをもって請求すべきものであり、訴訟遂行権者、当該占有者に対する弁明の機会の付与の点なども同様である。

なお、右の弁解の機会は、占有者のみに付与すれば足り、区分所有者に対しては付与する必要がない。

占有者に対する引渡請求権は、区分所有者の全員または管理組合法人に帰属するものであって、この請求は、貸主の権利を代位行使するものではない。

この請求に対する判決は、占有者の占有権原となる契約の当事者双方の間に合一にのみ確定させる必要があるから、この請求訴訟は、必要的共同訴訟として、貸主と借主との双方を共同被告として提起しなければならない。もっとも、占有者が無権原者であるときは、契約の解除請求の必要はないから、占有者のみを被告として訴訟を提起すれば足りる。

専有部分の引渡の相手方は、貸主ではなく原告である。このことは、新法六〇条三項において、判決に基づき専有部分の引渡を受けた者は、その専有部分を占有する権原を有する者にこれを引渡さなければならない、としていることからも明らかである。

５　裁判・執行

占有者に対する引渡請求を認容すべきときは、裁判所は、契約の解除と専有部分の引渡を命ずる判決をする。この判決は、抵当権者による短期賃貸借の解除請求（民法三九五条但書）に対する判決と同様、第三者の請求によって契約の解除を命ずる形成判決である。

引渡の強制執行は、民事執行法一六八条の不動産の引渡等の強制執行の規定による。

専有部分の引渡を受けた原告は、これを、遅滞なく、占有権を有する者、すなわち契約解除の場合には貸主、占有者が無権原の場合には所有者に引渡さなければならない（新法六〇条三項）。

注（１）横浜地判昭和六一年一月二九日判例時報一一七八号五三頁、判例タイムズ五七九号八五頁。

（2）大阪高判平成一〇年一二月一七日判例時報一六七八号八九頁、横浜地判平成一二年九月六日判例時報一七三七号九〇頁、判例タイムズ一一〇五号。
（3）東京地八王子支判平成五年七月九日判例時報一四八〇号八六頁、判例タイムズ八四八号二〇一頁。
（4）東京地判平成八年五月一三日判例時報一五九五号七七頁、判例タイムズ九五三号二八七頁。
（5）東京地判平成七年一一月二一日判例時報一五七一号八八頁、判例タイムズ九一二号一八八頁。

五　各請求の関係

義務違反行為者である区分所有者に対する措置は、違反行為の態様に応じて、差止請求（新法五七条）、使用禁止の請求（新法五八条）、競売の請求（新法五九条）等多様のものが定められているが、当該区分所有者がこれらの措置によって被る打撃は、差止請求がもっとも小さく、使用禁止請求がこれにつぎ、競売の請求がもっとも大きいものといえよう。

そのため、当該区分所有者に対する請求は、当初は裁判外における事実上の勧告や請求がなされ、その後裁判上の請求として、まず差止請求、つぎに使用禁止の請求、最後に競売の請求がなされるのが通例と思われる。

しかしながら、これらの請求権は、それぞれその成立の要件が異なり、法的には別個の権利であると解されているから、これらの請求は、必ずしも段階的になされる必要はなく、差止請求を経ずに当初から使用禁止の請求や競売の請求の訴えを提起することは、もとよりさしつかえない。

また、これらの請求権の性質がそれぞれ別個であるとされるところから、判決もまたそれぞれの請求によって拘束され、たとえば、競売の請求訴訟に対し、裁判所が、競売の請求の要件は満たされないが、使用禁止の請求あるいは差止の請求の要件は満たされると判断した場合であっても、裁判所は、競売の請求を棄却するに止まり、使用禁止や差止の判決をすることはできないものと解されている。

もっとも、これらの請求を併合し、たとえば主位的請求として競売の請求をなし、予備的請求として使用禁止の請求ないし差止の請求をすることは可能である。

同様に、これらの訴えを提起しようとする管理組合法人あるいは管理者等もまた、各請求について個別に集会の決議を受けることを要し、たとえば、競売の請求訴訟を提起することについて集会の決議を受けた管理組合法人、管理者等が、使用禁止の請求ないし差止請求についての集会の決議を受けることなしに、これらの訴えを提起することは許されない。

また、これらの請求を併合し、主位的請求および予備的請求として訴えを提起する場合には、そのような訴えを提起しようとする管理組合法人、管理者等は、あらかじめそれぞれの請求につき、これに沿う形での集会の決議を受けなければならない。

（山口　忍）

第八章　建替えおよび復旧

一　はじめに

二度の改正を経て、建物区分所有法が徐々に変容したのは事実である。[1] そして、今回の区分所有法改正にあたって最も大きな変容を遂げたもののひとつが筆者に与えられた課題でもある。マンション建替え制度の導入は、前著者である荒川重勝教授がご指摘[2]のように昭和五八年（八三年）区分所有法において初めて目の当たりにした画期的制度であったが、今回の改正の中心もまた、この点に集約されていると見えないこともない。平成一四年（〇二年）区分所有法は、管理の適正化、建替えの実施の円滑化等の観点から見直しの必要性に迫られ、平成一三年二月に法制審議会（以下：法制審）に諮問され建物区分所有法部会（以下：建物部会）が同法の調査審議にあたった。第一回会議は同年六月に開催され、その後一五回の審議を経て、翌年九月に同法律案要綱が法務大臣に答申された。建替えに関する調査審議は、このうち実に一四回を数えており、いかに重点課題であったのかが推察される。[3] 審議過程での法制度の動きについては後ほど触れるとして、ここでは、前著者が二重の意味で実験的な性格[4]を有していると評した八三年区分所有法の建替え制度の展開についてまず触れておこうと思う。

八三年区分所有法が施行され、ほぼ二〇年目を迎える段階で同法の二度目の改正が行われたわけだが、[5] 本稿のテーマである建替え制度に関わるところでは、阪神・淡路大震災による被災マンションの事例を含めても、かか

る紛争の法的処理のありかたについての立法政策上参考となりうる現実の経験としての判例は、若干見当たるにすぎない。(6)

また、比較法的にみて他に類例がなく、(7)その意味でも一つの実験と見られたこの制度は、韓国においては盛んに行われた状況を示すが、(8)わが国においてはさほど大きな事例とはならなかった。(9)韓国の経験がわが国の建替え制度に影響を持つともし解するのであれば、(10)それはむしろ今回の改正法と建替え円滑化法の効果としてみることができよう。なお、区分所有関係の終了という観点では、法制審建物部会における第二回会議におけるフリーディスカッションの中で、若干の議論が見られるものの、その後の同部会では共有関係・団地関係の議論に包含され、また、中間試案の取りまとめ、答申案への総括等時間的な制約を伴う形で本格的議論の進展は見られないが、結論としては、中間試案補足説明で取り上げられたところであろう。(11)

ところで、本稿の主要なところとしては、立法の過程として、中間試案そしてそれ以後の変遷に注目しつつ、八三年法との具体的局面での比較を行って、六二条から六四条を概観し最後に六一条に触れて検討を進めることとする。

注（1）詳細は、丸山英氣「区分所有の所有権性」日本不動産学会誌第一六巻第四号六三―六六頁及び拙稿「区分所有権」確認民法用語三〇〇　三一―三二頁参照。

（2）荒川「建替えおよび復旧」区分所有法二七六頁参照。なお同教授は、「建物が老朽化いたしまして、大多数の区分所有者がこれを建替えたい、そして敷地の権利を合理的に利用したいというふうに希望いたしておりましても、……一人でもこのままでよいと主張する者がおりますと、建物が物理的に朽ち果てるまで現状のまま維持せざるを得ない」ことになり、「現状維持を主張する者の区分所有権の絶対性は保証されるわけでありますけれども、土地の利用価値を実現したいと希望しておる者の権利は著しく制約を受けるということになる」という不合理を生む。

そこで、「一体不可分の建物の各部分に対する区分所有権という制度を認めた以上は、その区分所有関係の継続が著しく不合理になった場合には、何らかの形でその関係を整理するための措置を講ずることが不可欠であろう」（衆議院法務委員会議事録第六号三項　中島政府委員の説明）ということから、八三年区分所有法において「建替え制度」が導入されるに至ったわけであると指摘する。

（3）http://www.moj.go.jp/SHINGI/010216－3.html2002/09/07 参照及び法制審議会建物区分所有法部会第一回会議 http://www.moj.go.jp/SHINGI/010605－1.html2002/09/07 参照。

（4）荒川「建替えおよび復旧」区分所有法二七七頁「第一に、今回の改正にかかる上記の諸制度は、現実に発生した過去の紛争の経験に支えられたものではなく、むしろ今後発生が予想される紛争によってその妥当性が試されるものとしている、という意味においてである。周知のように、わが国では、中高層区分所有建物の建設そのものがごく最近のことに属するため、今日までその建替え・復旧をめぐる紛争は一、二を除き現実化しておらず、かかる紛争の法的処理のありかたについて立法政策上参考となりうる現実の経験に乏しかった。そのため、今回の改正における重点も、旧法の「全員一致主義」の手直し（＝多数決主義の導入）とそれに伴う少数反対者の保護におかれたものであったといってよい。第二に、今回導入された建替え制度は、比較法的にみて他に類例がなく、その意味でも一つの実験であるといえる。新法の制定過程では、たとえばアメリカの統一共同所有不動産法（The Uniform Condominium Act, 第二―二〇条）のような、多数決によって建物と敷地に関する権利とを一括売却し、その代金を分配するという方法も考えられたが、「これはわが国の国民の意識には必ずしもマッチしない。多くの区分所有者は同じ場所に再建をする、マンションを再び建てかえることを希望しておるというのが実体ではなかろうかというふうことを考えまして建替え制度を採用することにした」、とされている（衆議院法務委員会議事録第六号二二―二三頁　中島政府委員の説明）という点。

（5）阪神・淡路大震災による被災マンションの建替え決議で費用の過分性要件が主な争点となった事例：第一審　神戸地判平一一年六月二一日（判時一七五三　六五頁―）控訴審　大阪高判平一二年七月一三日（判例集未掲載）最

判平一五年六月二四日（判例集未掲載）、神戸地判平一三年一〇月三一日（判例集未掲載）のほか和解一件がある。

（6）団地型老朽化マンションの建替え決議で費用の過分性要件が主な争点となった事例：第一審 大阪地判平一一年三月二三日（判時一六七七 九一—一〇六頁）控訴審 大阪高判平一二年九月二八日（判時一七五三 六五—七七頁）最判平一三年六月八日（判例集未掲載）地裁判決については丸山「マンションの建替えと法」一一四—一三三頁、高裁判決については大野武「老朽化マンションにおける六二条所定の建替え決議の要件」不動産研究第四四巻一号七六—八五頁の評釈がある。

（7）詳細は鎌野・竹田「区分所有建物の修繕・再建（復旧・建替え）及び終了をめぐる比較法覚え書き」千葉大学法学論集第一五巻第三号一六五—二一二頁参照。

（8）詳細は本書第三編第三章四五六頁参照のこと。

（9）国内のマンション建替え実例は現在約一〇〇件。http://www.kenplatz.nikkeibp.co.jp/mansion/rensai_2/041012.shtml 06/2/15 参照。

（10）詳細は本書第三編第三章四五五～四六三頁参照のこと。

（11）http://www.moj.go.jp/SHINGI/010703－1.html2002/09/07 参照。なお、法務省立法担当者は試案で取り上げなかった理由として次の三点を指摘する。⑴ 建替えを行う場合、建物を取り壊す以外に方法がないからこそ、反対者の区分所有権等をその意思に反して強制的に取得することを認められていると考えられるのに対し、区分所有関係の解消は区分所有権の換価を目的とするものであり、その解消を待たなくても個々に売却することが可能。反対者に換価を強制する根拠としては弱い。⑵ 建物の老朽化が進み朽廃に近い状態であるにもかかわらず、区分所有者に費用の負担能力がない理由で建替えをすることができない場合のために区分所有関係の解消する制度が必要であるとの指摘があるが、区分所有者もそうした現状を甘受しつつ居住を続けている場合が多いのであって、解消の制度を導入しても、その合意形成自体容易でない。⑶ そのような建物の除却や有効な土地利用の実現に一般私法である区分所有法で対応するのは必ずしも適切でないという点からだとしている。NBL別冊七六「改正マンション

法等新旧対照条文」一五六―一五七頁参照。

二　立法の過程

審議の経緯を見てみると、第一回会議から一〇回（平成一四年三月五日）までは「建物区分所有法改正中間試案」（以下：試案）の取りまとめである。この時点では、建替え決議の要件については、これをひとつの案に絞るところまでは議論が煮詰まっていないとし、試案はひとつの案に絞るのではなく複数の案を併記し広く一般から意見を募るという判断から、次のような構成となった。(1)

次のア又はイのいずれかに該当するときは、集会において、区分所有者及び議決権の各五分の四以上の多数で、建物を取り壊し、かつ、当該建物の敷地若しくはその一部の土地又はその敷地の全部若しくは一部を含む土地に新たに建物を建築する旨の決議をすることができるものとする。

ア（老朽化の場合）

〔甲案〕　建物が新築された日から〔三〇年〕〔四〇年〕を経過したとき。

〔乙案〕　建物が新築された日から〔三〇年〕〔四〇年〕を経過したとき。ただし、一定期間の経過ごとに行う修繕の計画及びそれに要する費用として修繕積立金を積立てておくことをあらかじめ集会で決議し、又は規約で定めていた場合であって、区分所有者に新たに費用の負担を求めることなく当該計画に基づく修繕を行うことができるときを除く。

イ（損傷、一部の滅失その他の場合）

〔甲案〕　損傷、一部の滅失その他の事由により、建物の効用の維持又は回復をするのに、現在の建物の価額を超える費用を要するに至ったとき。

〔乙案〕　損傷、一部の滅失その他の事由により、建物の効用の維持又は回復をするのに、現在の建物と同等の建物の建築に要する費用の二分の一を超える費用を要するに至ったとき。(2)

八三年区分所有法での建替え決議の要件は、「老朽、損傷、一部の滅失その他の事由により、建物の価額がその他の事情に照らし、建物がその効用を維持し、又は回復するのに過分の費用を要するに至ったときは」という、いわゆる客観的要件と「集会において、区分所有者及び議決権の各五分の四以上の多数で」という決議要件を満たした場合に「建物を取り壊し、かつ、建物の敷地に新たに主たる使用目的を同一とする建物を建築する旨の決議をすることができる」という敷地の同一性の要件、及び、使用目的の同一性の要件を備え建替えが可能であるとされていた。これは、まず建替えが、既存建物を取り壊し新たな建物を建てることであるから、これを多数決によって行うことができるものとする場合には、建替えを望まない区分所有者は、その区分所有権の処分を事実上強制されることになって、その権利の制約の程度は極めて重大であるという観点から、建替えを望むと望まない双方の区分所有者の利益を考慮しつつ、その適切な調整を図り、既存の建物を維持することが客観的に見て合理性を欠いた場合に限って、建替え決議ができるとする趣旨に基づき費用の過分性を客観的要件として定めていた。

これが試案では、建替えを必要とするか否かを合理的に判断するためには、老朽化または災害等による損傷等によって判断要素が大きく異なってくることに着目し、費用の過分性要件のように建替えを必要とする事由すべてに対応できる客観的要件を維持しつつ、その具体化・明確化という要請を適えることはきわめて困難性が高いとして、建替えを必要とする理由ごとに適切な客観要件を定めることとした。それが、ア（老朽化の場合）築後年数の経過のみを要件とする甲案と、三〇年又は四〇年が経過すれば決議ができるとする乙案であり、乙案はその但書により建物の個別事情をより反映させる要件を併せ持たせている。続いて、イ（損傷、一部滅失その他の場合）については、建物の効用の維持又は回復に要する費用が比較的容易に算出できることから、その費用が一定の基準に達した場合、既存建物を維持することが合理的であるとはいえないとして、これを決議の客観的要件としている。甲案は、現在の建物の価額であり、乙案は現在の建物と同等の建物を建築に要する費用の二分の一を超えるかどうかというものである。[3]

さらに、敷地の同一性の要件について八三年法は、従前の建物の敷地と同じ土地に新たに建物を建てることとしていたが、試案では、建替えに要する費用を捻出するために敷地の一部を売却する場合や既存建物が建築された後に新たな建築規制が敷かれ、敷地を買い増さないと従前と同一規模の建物への建替えができない既存不適格等も考えられるとし、敷地の同一性の要件を緩和し、建替え決議時の建物の敷地と一部でも重なっている土地であれば再建建物の敷地とすることができるとした。[4]

なお、使用目的の同一性の要件は、主たる使用目的が同一といえるかどうか必ずしも明確であるとはいえない場合や、その解釈をめぐって紛争が生じる可能性があることから、周囲の土地の利用状況等によっては従前と異なる使用目的の建物に建替えた方が合理的な場合もあるとし、同要件を削除し建替え決議時の建物の使用目的とは全く異なってもよいこととした。[5]

また、中間試案の提示、パブリックコメント等を経ての試案に対する見方として、[6]二〇〇二年七月の第一四回会議までの方向性は、これまでの建物部会での審議からすると、基本的には建替え決議には客観要件を設けるべきであり、要件としては二つの要件を置くという方向を基本的に支持するというのが多数と受け止められていた[7]ものの、二〇〇二（平一四）年八月に行われた第一五回会議で一変する。[8]ここでは、試案における建替え決議の要件について、総合規制改革推進委員会及び国会議員からの意見、批判として同会議がまとめた規制改革に関する第一次答申においてのマンション建替えを円滑に実施するための方策と試案が相反するとし、建替えの要件を五分の四以上の合意のみとするといったヒアリングがなされた。これを受けて、建物部会は、第一六回会議で「建物の区分所有等に関する法律の一部を改正する法律案要綱案」について審議、最終的に法案および改正法となった区分所有者および議決権の五分の四以上の多数決のみで建替え決議ができるものとする案のほかに、この多数決に加えて、①建物が新築された日から三〇年を経過したことか、②損傷、一部の滅失その他の事由により、建物の効用の維持または回復（建物が通常有すべき効用の確保を含む）をするのに当該建物の価額を超える費用を要するに至ったことのいずれかを充たすことを必要とする案を併記した。(9)(10)

結局、同年九月に行われた法制審議会の総会で諮られ、答申として法務大臣に提出された「建物の区分所有等に関する法律の一部を改正する法律案要綱」は、建替え決議の要件として、建替え決議の要件に関しては、区分所有者及び議決権の各五分の四以上の多数決のみで、建物を取り壊し、かつ、当該建物の敷地若しくは一部を含む土地に新たに建物を建築する旨の決議（以下「建替え決議」という。）をすることができるものとするというもので、一〇月に閣議決定を経て第一五五回臨時国会に提出し一二月四日に成立、平成一五年六月一日に公布された。なお、法制審建物部会・法制審総会、中間試案・要綱案・要綱間に見られる法案までの経過は異例な前例のない立法化の過程として見てとれる。(11)(12)(13)

注（1）http://www.moj.go.jp/SHINGI/010703－1.html2002/09/07 参照。

（2）別冊ＮＢＬ七六　一四四―一四八参照。

（3）この点は、客観的要件を削除することについては、立法の過程において大いに議論があり、法制審建物部会の審議においても大きく議論が分かれたところであったとする。稲本洋之助・鎌野邦樹「コンメンタールマンション区分所有法」（第二版）三七一頁参照。

（4）別冊NBL七六　一五一頁参照。
（5）前掲書　一五一頁参照。
（6）批判的なものとしては、福井秀夫「マンション建替え要件の明確化を」（〇二・四・一二付）税務経理一頁、「住宅土地市場における規制の効果・改革」ESP（〇二・八）一八—二三頁、森稔「区分所有法　不可解な改正試案」（〇二・四・一九付）住宅新報、久米良昭「老朽マンション建替え住民の五分の四多数決だけでよい」（〇二・六・一八付）エコノミスト五四—五七頁がある。
（7）http://www.moj.go.jp/SHINGI/020718－1.html2002/09/07 参照。
（8）http://www.moj.go.jp/SHINGI/020806－1－1.exe　06/02/28 参照。
（9）この間の学説としては、客観的要件をある程度明確化した形で存続させるべきか、それとも削除すべきかについて鎌野「中間試案の問題点と課題」ジュリ一二二五　五—一三頁、折田泰宏「区分所有改正中間試案を振り返る」ジュリ一二二五　一四—二二頁一、石川恵美子「中間試案に対する意見—利用者サイドから」ジュリ一二二五　二八—三一頁等があり、山野目章夫教授の見解については、鎌野「区分所有法の改正について」私法第六五号の中で建替え要件の在り方についての報告とともに憲法適合性基準についても言及している。
（10）http://www.moj.go.jp/SHINGI/020903－2－1.html02/09/05 参照。
（11）折田・上野「Q&Aマンション建替え法解説」五頁参照。
（12）飯島正ほか「座談会　区分所有法等の改正と今後のマンション管理」ジュリ一二四九　六頁参照。
（13）この点につき、法務省立法担当者は次のように説明する。吉田徹編「一問一答　改正マンション法」六五—六七頁参照。（法制審建物）部会は、審議の結果をそのまま反映させるという趣旨で、客観的要件を不要とする案と、客観的要件として（中間試案アの甲案：築後年数を三〇年としたもの）及び（中間試案イの甲案）を採用し、これを維持する案との両案を併記する形で要綱案を取りまとめた。この要綱案は、九月に行われた法制審議会の総会に諮られ、そこでは、五分の四以上の賛成のみをもって建替えを認めるべきであるという意見が大勢を占めたことから、建替え決議の要件をこれに一本化する形で要綱を決定して法務大臣に答申をし、その答申に基づいて今回の改正法が立案されたとする。また、アの甲案については、年数を明示することで建替えを議論する目安、きっかけになるなどメリットが指摘される反面、区分所有建物の物理的構造や管理の状況等が建物ごとに様々であって、老朽化の進行の度合いも個々の建物で著しく異なる場合のあることから、すべての区分所有建物について一律に三〇年または四〇年の経過という形式的基準を適用することの合理性を説明することは困難であるという問題点の指摘があり、さらに、法律で区分所有建物の耐用期間を定めたものと誤解されるおそれがあり、その年数の経過が迫ってくると、維持補修に多額の費用を振り向けようとする意欲が薄れるなど、区分所有者の管理に対する意識に悪影響を及ぼすのではないか、あるいは、その年数経過後に建替えられることを前提とした品質の劣る建物の建築を助長しかねないのではないか、その年数の経過が迫ったマンションについては中古市場での価格が下落してしまうのではないかという問題点の指摘もあったとする。なお、イの甲案については、建物の効用の維持等に要する費用や建物の価額については評価的要素が含まれるので、これを画一的に算定するのは容易なことではなく、依然として基準としての明確性を欠き、紛争を招くおそれがあるのではないかという問題点の指摘があったとする。

結論として、吉田ほか「建物の区分所有等に関する法律の一部改正法の概要(2)」NBL七五四　七一—七二頁は、建物を維持するのが客観的に見て不合理となった場合にのみ建替え決議を認めるものとする現行法の枠組みを保ちつつ、費用の過分性の要件に代わる具体的かつ明確な客観的基準の定立を試みたアプローチということができる。しかし、(アの甲案の)要件については、物理的構造や管理の状況等は建物ごとに様々であって、老朽化の進行の度合いも個々の建物で著しく異なる場合があることから、すべての区分所有建物について一律に三〇年という形式的基準を適用することの合理性を説明するのが困難であるという指摘が、(イの甲案の)要件については、建物の効用の維持等に要する費用や建物の価額については評価要素が含まれているので、これを画一的に算定するのは容易なことではなく、依然として基準として明確性を欠き紛争の発生が懸念されるのではないかという指摘があったことから、後者の案は法制審議会総会が決定した要綱では採用されず、法案にも採り入れられるに至らなかったとする。（　）は筆者。

三　八三年区分所有法における建替え制度と改正法との比較

八三年区分所有法における建替え制度と改正区分所有法との差異を明確にするために、六二年区分所有法から八三年区分所有法への変遷について、前著者である荒川教授の視点に注目しつつ、改正法との比較を試みることとする。なお、４　建替え決議の効力以降においては、主に六三条・六四条に関するところであり、八三年区分所有法と改正法で変わるところはない。この点については、マンション法の体系化に伴う「マンション建替えの円滑化等に関する法律」（平成一四年法律第七八号　以下：建替え円滑化法）との関連について述べることにする。

１　建替え制度と少数区分所有者の保護

八三年法において、建替え制度の導入にかかわってもっとも論議の対象となった論点の一つは、六二年法の「全員一致主義」（旧法一二条）を排して「多数決主義」を採用した場合の建替え賛成者と反対者との利害調整、なかんずく建替えに反対する少数の区分所有者の権利ないし利益をどのように保護するか、ということであった。（新しく）導入された建替え制度は、「区分所有者及び議決権の各五分の四以上の多数」の決議によって、建物の取り壊し＝区分所有権の消滅を可能ならしめるものであるが、このような私的当事者間の多数決によってある者の所有権をその意思に反して喪失せしめるといった制度は、憲法二九条（私有財産権の保障）との抵触の問題を直ちに生じさせるからであり、また、この問題をさておいても、実際上種々の弊害の発生が懸念されたからである。

そこで、立法担当者は、この少数者の権利ないし利益保護のために、主につぎの三点の配慮を行ったとしている。第一に、建替え決議をなしうる要件の厳格化（法六二条）であり、第二に、建替え参加者に不参加者に対する区分所有権等の「時価」売渡請求権を与え、少数反対者に「時価」による金銭的補償を与えたこと（法六三条）であり、第三に、売渡請求権が行使され、専有部分を明け渡さなければならなくなった建替え不参加者のため、裁判所がその明け渡しにつき一定の猶予期間を与えることができるものとしたこと（法六三条五項――なお、同条六・七項の買戻権制度も参照）、であるとしている。(1)

これは、法六二条、六三条についての全般的な見方を含んでいるが、改正法は、先にも触れた通り、多数決のみで建替えを実施できるものとし（六二条一項）、一方で、建替え決議の要件の明確化の要請に応えつつ、各区分所有者が適切・合理的な判断が可能なよう建替え決議に至るまでの過程に時間と情報を提供するための手続について、ことのほか整備を充実させている。例えば、区分所有者が建替えの要否を熟慮できる時間の確保として、集会の招集の通知は開催日の一週間以上前までに発していれば足りたものを二カ月以上前に改めたこと（六二条四項）、建替えの要否を判断する上で必要な情報を区分所有者に通知しなければならない（六二条五項）、区分所有者が建替えに関する説明を受け、必要に応じ質問する機会を保証するため、集会の開催日の一カ月前に説明会を開催しなければならない（六二条六項）とした。さらに、建替え決議を会議の目的とする集会の招集通知について立法担当者は、建替えを必要とする理由、建替えをしないとした場合における当該建物の効用の維持又は回復するのに必要な費用の額及び内訳、建替え決議のための集会の前に開催されるべき説明会等につき詳細な取り決めを設けている。(2)

なお、六三条では、建替え参加者が不参加者にその区分所有権及び敷地利用権を売り渡すことが可能であること、売渡請求権の成立を認め、建替え参加者のみが当該建物の区分所有者であるという状況を確定し、六四条は、建替え参加者に建替え決議の内容に従って建替えを行う旨の合意が成立したとみなして、換言すれば、合意を擬制し建物の取壊し・再建を実現させるというものであり、八三年法と変わるところはない。

思うに、客観的要件といった建替え決議を行う上での前提の条件を削除し、建替えへの円滑化を担保している反面、手続き的な条件として詳細かつ厳密な規定を設けた点で、六二条は大きく変容を遂げたのであるが、これまでは建替えへの入り口を前に難関を設けていたのに対し、改正法はこれを除去し、今回は入り口の前後に詳細・厳密規定を配し明確化していくよう転換が図られているのだと考えられる。つまり、手続を経つつプロセスを重ねていくことに建替えの過程が移行したのである。

注（1）荒川「建替えおよび復旧」区分所有法二七九—二八〇頁参照。

（2）この点に関し立法担当者は、次のように説明する。建替え決議を会議の目的とする集会の招集は、会議の目的事項を示すだけでは足りず議案の要領をも通知しなければならない（第三五条第五項）とし、建替え決議は、新たに建築する建物の設計の概要、建物の取壊しおよび再建のための費用の概算額とその分担に関する事項、再建建物の区分所有権の帰属に関する事項を決議の内容として定めなければならないこととする（第六二条第二項各号）。これは、議案の要領を通知することによって、建替えを実施した場合にどうなるかという情報を、あらかじめ区分所有者は事前に知ることができるということで、情報が事前に知る機会を区分所有者に保証しているということである。ところで、区分所有者が建替えをすべきかどうかを判断する上で、必要な情報はこれらの事項に限られるものではない。区分所有者は、現在の建物を維持することと、これを取り壊して新たな建物を建てることとの利害得失を比較して、建替え決議について賛否を下すことから、この両者の費用負担を明確に提示することが必要である。議案の要領のほか、①建替えを必要とする理由、②建物を建替えしないとした場合における当該建物の効用の維持又は回復に必要な費用額および内訳、③建物の修繕に関する計画が定めてある場合にはその当該計画の内容、④建物につき修繕積立金として積み立てられた金額（第六二条第五項各号）を通知しなければならない（第六二条第五項）とした。ここでいう建替えを必要とする理由というのは、集会の招集者が現在の建物を建替えなければならない理由を指し、建替えを提案する者として区分所有者に建替えの必要性・合理性を説明責任という観点からも明らかにできるものをいい、現在の建物の状況・使用・設備等について問題点を指摘するとともに、建替えを実施した場合、どのようなメリットが生じるか、建物を維持した場合との費用対効果を具体的に記したものが要求される。また、建替え決議のための集会の前に開催される説明会は、集会の開催日より一カ月以上前までに、招集に際して通知すべき事項に関する説明会を開催することを招集者に義務づけている（第六二条第六項）。吉田編「一問一答改正マンション法」七七—八〇頁参照。

2　建替え制度と区分所有権性

八三年区分所有法の基本的特徴は、区分所有権に対する「団体的拘束」の一層の強化にあるが、区分所有権等の喪失を結果とするところの多数決による建替え制度の導入は、その重要な一側面にほかならない。そもそも、建物区分所有制度は、構造的に不可分に結合している一棟の建物の各部分を個別所有権化する制度である結果として、そこに、不可避的に、「集団的・共同的な利用・管理の側面と個別的な所有・利用の側面との対抗関係」が組み込まれることになる。したがって、このいずれの側面を基軸にして制度化するか、つまり、集団的・共同的な利用・管理の側面を基軸にした制度を構想するか、それとも、個別的な所有・利用の側面を基軸にした制度を構想するかが立法政策上の根本問題となるのであるが、六二年法は、この後者を基本にしつつ、前者を「折衷」的に組み込む形で、構想されたものであった。そして、区分所有権の「単独所有権」構成が基本的に維持されたが、同時に、これに対する団体的拘束も著しく強化され、その拘束は、いわば、単に所有権の「管理・利用権」的側面に対してだけでなく、その「処分権」的側面に対してまで及ぼされるに至ったといえる。たとえば、義務違反者に対する制裁措置としての区分所有権等の競売請求（法五九条）、義務違反占有者を排除するための専有部分の賃貸借契約等の解除（法六〇条）の諸制度は、直接的には、管理・利用面での義務違反者に対する制裁措置であり、その意味では「管理・利用権」的側面に対する団体的拘束の強化であるが、それが、区分所有権の強制的処分や、本来区分所有者にのみ属する解除権の第三者による行使を認めるという意味で、団体的拘束が「処分権」的側面にまで及んだものとしても捉えることができる。そして、多数決による建替え制度は、この「処分権」に対する直接的な拘束として、位置づけることができるのである。その結果、八三年区分所有法のもとでの「区分所有権」は、名目的にはともあれ、その実質において「所有権に似て非なる権利」――いわば「団体的拘束の下にある専用利用権」――といっても過言でないものとなっているのである。

だが、かかる「多数決主義」の導入による団体的拘束の強化は、建物区分所有関係に内在する「個別的所有・利用の自由」と団体的拘束＝「非自由」との対抗・緊張を決して解消させるものでなく、それどころか、これを一層鋭く顕在化させる側面をもっていることが指摘されなければならない。全員一致主義のもとでは、この対抗・緊張はいわば「現状維持」の形で潜在化せざるをえないが、多数決主義の導入によって、少数反対者の「自由」を積極的に制約・剥奪する現実的手段が与えられたことになるからである。(1)

六二年法から八三年法に変わる過程にあって、荒川教授が指摘された団体的拘束の一層の強化が建替え制度において顕著であったということは、今回の改正法にあってはなおのこと強調された場面でもある。区分所有権の特別多数決のみによる剥奪は、所有権の恒久性といった性質からすると極端であり、借家権よりも弱い権利とみられないこともない。区分所有法の立法では、個別主義、団体主義のいずれか一方に傾斜することは許されない。そう見ると、民法典、六二年区分所有法は前者に近く、八三年法で大きく後者に傾注し改正法が更にその傾向に拍車をかけた。改正法は、専有部分への所有権性を弱めた。建物が存する限りで専有部分への支配というのは継続しているが特別多数決で処分を余儀ないものとされたことは、やはり所有権性が弱められたとの側面を否定できない。考え方としては、区分所有権という権利は共用部分上でのある種の専用使用権に過ぎないのか。区分所有権も所有権だが、この所有権は空間的に限定され、しかも不定ながら時間的にも限定されたものであるのかといった問題点を浮上さすのである。(2)

さらに、制度としての区分所有全般から捉えるとすれば、専有部分と共用部分とを所有権の次元ではっきりと区別する二元的構成にあって、(3)なお踏み込んでみると、①専有部分への所有権、②共用部分への共有権、③敷地への(準)共有持分権、④団体への参加権としての構成員権といった財産権的要素と構成員権的要素に分化できる複合体としての権利であると見ることができる。(4)そして、改正区分所有法における建替え制度は、より構成員的要素への比重を高めたのだと見られるわけである。

注(1) 荒川「建替えおよび復旧」区分所有法二八〇―二八三頁参照。
(2) 丸山「区分所有の所有権性」日本不動産学会誌第一六巻第四号六八頁参照。
(3) 稲本「建物の区分所有」民法Ⅱ 三一九頁参照。
(4) 丸山「区分所有の所有権性」日本不動産学会誌第一六巻第四号六七頁参照。

3 八三年区分所有法における建替え決議の要件

前節における立法の過程で若干触れて論じているが、ここでは八三年区分所有法六二条の建替え決議の要件について列挙することで、改正区分所有法との差異を踏まえたい。八三年区分所有法六二条は主として三つの要件を定める。①「老朽、損傷、一部の滅失その他の事由により、建物の価格その他の事情に照らし、建物がその効用を維持し、又は回復するのに過分の費用を要するに至った」こと(「実体的要件」ないし「客観的要件」という。)、②決議には、「集会における区分所有者及び議決権の各五分の四以上の多数」が必要であること(「手続的要件」ないし「決議要件」という。)、③決議の内容は、「建物を取り壊し、かつ、建物の敷地に新たに主たる使用目的を同一とする建物を建築する旨」のものであること（「決議内容上の要件」という。）、であるとする。

　客観的（実体的）要件については、建替え決議をなしうるための客観的要件は、①「老朽、損傷、一部の滅失その他の事由」が存在し、②そのことによって、「建物の価格その他の事情に照らし、建物がその効用を維持し、又は回復するのに過分の費用を要するに至った」こと、である（法六二条一項）。そして、老朽等の事由が存在しないにもかかわらず、もっぱら「効用増」を目的として多数決による建替え決議をすることを許さないとした。老朽等の事由が存在しない場合であっても、区分所有者全員の一致があれば、もっぱら「効用増」を目的とした建替え決議をすることは可能である。かかる決議は、すでに旧法（一二条）でも可能であったのであり、全員の一致による限り、少数区分所有者の権利に対する不当な制限という問題は生じないはずだからである。また、老朽等の事由が存在すれば、その建替えの結果――部分的又は全面的に――「効用増」が図られることがあっても、本条の要件に反するものではない。たとえば、老朽化した低階層のマンションを高層のマンションに建替える旨の決議は、本条によって可能である（ただし、再建建物は、建替えられる建物と「主たる使用目的」を同じくするものでなければならないという制約を受ける（法六二条二項））。さらに、建替え決議をなしうるためには、「老朽、損傷、一部の滅失その他の事由」（以下単に「老朽等」という。）が存在していなければならない。建替え決議をするためには、老朽等の事由によって、「建物の価格その他の事情に照らし、建物がその効用を維持し、又は回復するのに過分の費用を要するに至った」ことが必要であった。

　また、決議（手続的）要件については、建替え決議は、集会において、区分所有者および議決権の各五分の四以上の多数決によって行わなければならないとし、建替え決議は、集会においてなすことが必要であり、その招集手続き等は原則として通常の集会のそれによる。ただし、この決議の重要性に鑑み、①招集の通知にあたっては、建替え決議が会議の目的となっていることを示すだけでなく、その「議案の要領」――再建建物の「設計の概要」等（法六二条二項）もこれに含まれる——をもあらかじめ通知しなければならず（法三五条五項）、また、②この決議をした集会の議事録には、一般の記載事項（法四二条二項）のほか、その決議についての各区分所有者の賛否をも記載しなければならない（法六二条四項による六一条六項の準用）、とされている。②は、建替え参加者と不参加者とを確定するために必要となる。

そして、建替え決議には、「区分所有者および議決権の各五分の四以上の多数」が必要である。議決権の数は、原則として法一四条に定める割合によること（法三八条）、専有部分が数人の共有に属するときは、議決権を行使すべき者一人を定めなければならないこと（法四〇条。なお、民法二五二条参照）、また、区分所有者の員数は、共有者全員で一区分所有者と数えるべきこと、通常の集会の場合と同じである。さらに、建替え決議にさいして、賃借権者など占有者に意見陳述の機会を与えるべきか（法四四条）が一応問題となりえるが、法的にはその必要はないと解される。建替え決議自体は、占有者を拘束する効力を有していないからである。ただ、建替えを円満に実施するためには、集会においてこの機会を与える運用をすることが望ましいと考えられる。

決議の内容上の要件については、決議の内容は、第一に、「建物を取り壊し、かつ建物の敷地に新たに主たる使用目的を同一とする建物（「再建建物」という。）を建築する旨」のものでなければならない（法六二条一項）。この場合、旧建物と同一の敷地（一筆または数筆の）内であれば、若干の場所的移動があっても、差支えないが、全く別個の土地に再建することは、許されない。また、再建建物は、旧建物と「主たる使用目的を同一とする建物」でなければならないから、たとえば、主たる部分が住居専用のマンションを、主たる部分が事務所や商店となる建物に建て替える決議はなしえない。これに対して、「主たる」使用目的が同一であれば、たとえば、住居専用のマンションをその一部に商店用の専有部分を含む建物に建て替えることは可能であり、第二に、建替え計画の概要として、①再建建物の設計の概要（法六二条二項一号）、②建物の取り壊しおよび再建建物の建築に要する費用（同条項二号）、③その費用の分担に関する事項（同条項三号）、④再建建物の区分所有権の帰属に関する事項（同条項四号）を定めなければならず、しかも、③④の事項は、「各区分所有者の衡平を害しないように」定めなければならないものとされている（同条三項）。（なお、法三五条五項参照）。

八三年区分所有法六二条の強行規定性については、建替え決議の要件を規約によって緩和あるいは厳格化することができるかといった点については、要件を緩和する規約は、これを無効とすべきであろうが、これらの要件を厳格にする規約、たとえば、建替え決議を「各一〇分の九」や「全員一致」とする旨の規約については、これをあえて無効としなければならないかは、疑問であり、いずれにしても、法六二条の要件を厳格化する規約の効力をただちに否定すべき根拠はない、と思われるとする。

要件を欠く決議の効力については、原則として無効であって、この決議の無効を争う訴訟形態としては、①決議反対者などからする決議無効確認訴訟のほか、②建替え参加者側から区分所有権等の売り渡し請求権が行使され、それに基づいて家屋明渡請求訴訟が提起された段階で、その前提となる決議の無効を争う形態、などが考えられるとしているのである。(1)

重複を恐れずに、まず単純に改正法との比較を行うと、改正法は多数決以外の客観的要件をはずした。また、建物の敷地もしくはその一部の土地又は敷地の全部もしくは一部を含む土地に使用目的の同一性を全く問わない新たな建物を建築することができると改めた。既に、改正法の概要については立法の過程で触れていることから、ここでは八三年法の敷地の同一性の要件が改正法でどう改められたかと決議要件についてのみ取り上げる。

敷地の同一性について八三年区分所有法は、建物および敷地について権利を有する区分所有者がこれを共同で管理する（三条）なかにあって、区分所有者の団体が多数決の法理に基づいてこれを決定していくことが、(2)建物の更新のみを射程とし、土地の更新までを含まないとしたが、改正法は、建替え決議により新たに建築する建物の敷地は、現在の建物の敷地と同一である必要はなく、それと一部でも重なっている土地であればよいものとして、敷地の同一性の要件を緩和することにした。新たに取得する土地は、敷地と地続きとし通路や水路に隔てられた土地をも含むものとする。但し、現在の建物の所在地から遠く離れた土地であれば、同一の場所での建物の所有や使用の継続を希望する区分所有者の利益を不当に損なうおそれのあること、反対者の権利を買取った上で現在の建物を取り壊すことを内容とする建替え決議の制度の枠組みを、その場合妥当させる合理性があるかどうかといった点を踏まえ、敷地の同一性の要件を廃止せず緩和したのだとする。(3) この点については阪神・淡路大震災の経験による復興の過程から構築されてきたものであろうと思われる。また、建替えを多数決によって認めている以上、実質的に再建建物の在り方に密接に関わる所在場所（敷地）についても、多数決によって決定できるものと考えるべきだということであろう。(4)

決議要件については、事柄の重大性に鑑み、八三年区分所有法においては区分所有者および議決権の各五分の四以上の多数でしなければならない。事柄の重大性に鑑み、他の特別多数決決議の場合の要件である四分の三以上よりも一段と厳しい要件としたわけである。また、この立法過程においても、「五分の四以上」か「一〇分の九以上」かが争われた経緯があるが、建替えの要件を過分の費用要件に絞ることによって「五分の四以上」案にまとめられている。そして改正法も「五分の四以上」を引き継いだ。(5) この点に関しては、建替え実施を阻害する最大の要因は、費用の過分性要件が不明確で、決議要件が厳格であることが建替えの阻害要因ではない、建替え決議に賛成した区分所有者は反対した区分所有者の権利を買取らなければならず、(6) 決議要件を引き下げればその分買取りの費用が多額となり、建替え実施に向け必ずしも円滑化に結びつかないとしている。

なお、八三年区分所有法における建替え決議の要件に関する判例は、敷地の同一性の要件を充たさないとして建替え決議が無効とされた事例（東京地判平九年一二月一一日判タ九七〇号二八〇―二八四頁）があり、(7) 決議要件については、複数の区分所有権を有する区分所有者の数の数え方は、一人として計算するとした裁判例（神戸地判平一三・一・三一判時一七五七　一二三―一三八頁）がある。(8)

注（1）荒川「建替えおよび復旧」区分所有法二八三―二九三頁参照。
（2）稲本・鎌野「コンメンタールマンション区分所有法」（第二版）三七五頁参照。
（3）吉田「一問一答　改正マンション法」七三―七四頁参照。
（4）鎌野「マンション建替え論序説二・完」千葉大学法学論集第一四巻四号二四三頁参照。
（5）吉田「一問一答　改正マンション法」七二―七三頁参照。
（6）この点について、鎌野教授は、八三年法は、《建物の更新》（建替え）とは異なり、《土地の更新》については民法の共有の規定（二五一条）に依拠して全員一致の原則を採用していたが、《建物の更新》（建替え）に伴う《土地の更新》については別に考えるべきで、そうしないと、再建建物の相当性が土地（敷地）によって阻害されることになるとし、このような意味で改正法による上記の改正は評価できるとする。「改正区分所有法の解釈上の諸問題」千葉大学法学論集第一八巻二号五〇、五一頁参照。
（7）評釈としては、片桐善衛「マンション建替え小論」法学志林　第九九巻一号一四三頁がある。
（8）評釈としては、花房博文「阪神・淡路大震災によって損傷を受けたマンションの区分所有者の集会における建替決議が、複数の区分所有権を有する者が複数人として数えられて決議されており、区分所有者の五分の四以上の賛成がないとして無効とされた事例」マンション学第一三号一四一―一四六頁がある。

4　建替え決議の効力

八三年区分所有法において、区分所有者等に対する効力については、建替え決議がなされた場合、建替え参加者（およびその承継人）のために、不参加者に対する区分所有権等の売渡請求権が発生し（六三条）、また、建替え参加者（およびその承継人）は、相互に建替え決議の内容により建替えを行う旨の合意をしたものとみなされる（六四条）。同条の意味は、立法担当者はつぎのように説明する。「建替え決議には、これらの規定する効果のみを認め、それを超える効力を認めない趣旨である。一般に、集会の決議は、いわば区分所有者の団体の意思決定であり、その決定は、団体として実行することになるのであろうが、建替え決議は、これと性質を異にする特殊の決議と考えるべきであるから、所定の期間内に売渡請求権を行使しないと、もはやその決議は反対者に対する拘束力を有しないし、建替え参加者は、法六四条の規定による合意の実現として建替えを実行するのであって、区分所有者の団体（管理組合）として建替え事業を行うのではないのである。」ここでは、第一に、建替えを実施する主体は、法三条にいう区分所有者の団体（いわゆる管理組合）ではなく、この決議＝合意によって成立する別個の団体（以下「再建団体」という。）であること、第二に、建替え決議は、通常の集会決議と性格を異にするものであること、が明らかにされている。しかし、これらについては、制定過程からみてもかなり問題があるように思われると荒川教授はこう指摘した上で、次のような疑問点を披露する。その第一点目は、再建は、いわゆる「管理組合」とは別個の、建替え決議によって成立する団体（「再建団体」）によって行われるものとされたことが、この立法的処理は、十分納得しうるものではないとする。立法担当者は、区分所有者の「団体」（＝法三条の「団体」）ないし管理組合は、区分所有建物の存在を前提としてのみ存在するから、建物の取り壊しが区分所有権の消滅によってかかる団体が存続する基盤も失われる、ということであろう（なお、管理組合法人は、建物の全部の滅失によって解散するものとする法五五条一項一号も、かかる見解を根拠にするものであろう）。この見解は、建物の「朽廃」・「全部滅失」の場合につき、単純な敷地利用権の（準）共有関係と捉え、共有の一般原則によって処理しようとする見解と軸を一にするものである。しかし、かかる理由は、立法政策を根拠づける十分な理由とはなりえない。のみならず、建物の取り壊し前に存在していた「団体」（＝法三条の「団体」）ないし管理組合は消滅し、これと別個の「再建団体」が再生の主体になるとすると、まず、建替え決議から建物の取り壊し時までは、この二つの団体が競合して存在し、ついで、建物の取り壊し時に、前者が消滅することになるため、その権利義務関係の後者への継承の問題が発生し、さらに、後者は、これを一種の「組合」と捉えれば、再建の成功とともに解散する（民法六八二条）から、これに代わって新たに登場する区分所有者の「団体」（法三条の「団体」）との継承問題が再び発生する、という複雑な経過をたどることになろう。なぜかかる立法政策を採らざるをえなかったのか、理解に苦しむところであるとする。

しかし、ともあれ、法六四条が右のような意味をもつものとして制定された以上は、これに拠らざるをえない。しかるときは、右のような継起的に発生・消滅する諸団体間の相互の法的関係——特に、その権利義務の継承関係——をどう適切に処理するかが、実務上はもとより、理論的にも今後検討されなければならないとするのである。その第二点目は、建替え決議の遂行に当たっては、区分所有法上の規約、集会および管理に関する規定は、一切適用されないことになるから、法六四条の「合意」の法的性質が問題となるが、立法担当者は、これを建替えが再建を共同事業の目的とする「組合契約類似の契約」と解している。したがって、民法の組合に関する規定（民法六六七条以下）がこれにどの程度、どのような形で適用されるかが、今後問題となろう。この「合意」に民法の組合規定を（類推）適用すると、具体的には、①「業務執行」に関する事項は参加者の過半数で足り（民法六七〇条）、③建替えの成功または不能により解散する（民法六八二条。なお、六八三条も参照）、ということになる。参加者の加入・脱退・除名に関する規定の適用についてはなお検討を要するというのである。(1)

ここで踏まえておかなければならないのは、老朽化マンションの建替えという点においては①八三年法と改正法において六三条・六四条に変更はないこと、②筆者による現地調査では、八三年区分所有法の下での建替え検討マンションのほとんどは、費用の過分性要件の持つ曖昧性を避ける為、マンション建替え実例が示すように法定の建替え決議によらず、全員合意による任意建替えを選択する傾向を強く示していたこと、③八三年区分所有法における建替え制度の導入は画期的であったが、その現実化となると、建替え決議の前後を通して不明確さが否めなかった為、課題点が山積していたはずである。しかも、紛争による解決への経験は全く重ねられていないに等しいというものであったことが挙げられる。老朽化マンションの法定建替えがもし現実のものであれば、先の荒川教授の指摘は、すべて問題点として課題化したところである。

建替え決議後、売渡請求権を成立させ（六三条）、建替え決議の内容に従って建替えを行う合意が整ったとみなす（六四条）ことの現実的な展開は見当たるにいたらなかったが、マンション法の体系化に伴って、この点がどのように円滑化されたかについて見てみる必要がある。さらに、特に重要であるのは、区分所有法第六二条の建替え決議を経ることによって、六三条、六四条の段階に移行したとき、建替え円滑化法の手法に転換が可能となった点である。

注（1）荒川「建替えおよび復旧」区分所有法二九三―二九六頁参照。

5　第三者に対する効力

借家法及び借地法との関係で、建替え決議は、建替え参加者（およびその承継人）以外の者に対してはなんら法的拘束力を有しない。この点は、再建にとってかなり困難な問題をひきおこす要因になるとし、専有部分に賃貸借契約が存在する場合には、賃貸人はこれを合意解約するか、賃借人に対し解約申し入れをしなければならず、後者の場合には借家法上「正当の事由」の存在が必要となる（借家法一条ノ二）。しかし、建替え決議が適法になされた場合には、そのことが「正当の事由」判断の重要な一ファクターとして考慮され、多くの場合これが肯定されることになろう。なお、賃借人等が建替え決議により立ち退いたにもかかわらず、後に建替えがなされないまま決議の効力が消滅した場合について、賃借人等の再入居を保護する規定はない（区分所有権等を売り渡した区分所有者については、買戻請求権が認められている――法六三条六項本文）。つぎに、建替え決議は、建物（専有部分）の上に抵当権等の物的担保権を有する者に対してもなんら法的拘束力をもっていない。抵当権等が設定されている区分所有建物を抵当権者等の承諾なしに取り壊した場合には、その抵当権等は建物の消滅とともに消滅し、再建建物には及ばないこととなり、区分所有者のかかる取り壊し行為は、抵当権侵害の問題——たとえば、抵当権に基づく建築工事差し止め請求、不法行為を理由とする損害賠償請求や増担保請求の問題および期限の利益喪失の問題など——を発生させることとなった。そこで、建替え参加者としては、事前に弁済によって被担保債権を消滅させるか、抵当権者との合意によって抵当権を消滅させるかしなければならない。建替え反対者から売渡請求権の行使によって買い受けた区分所有権等に抵当権が設定されている場合には、買受人は、滌除の手続（民法三七八条以下）によって抵当権を消滅させうることはいうまでもない。さらに、建替えにかかる建物の敷地利用権が地上権や賃借権である場合の敷地所有権者との関係、あるいは、区分所有者以外に敷地の（準）共有者がある場合のその者との関係においても、建替え決議は、これらの者に対する法的拘束力をなんら有していない。これらの者との間で発生する諸問題も、それぞれの法律関係に従って解決されるべきものとされたのである。したがって、敷地利用権が借地権である場合には、借地法が全面的に適用され、たとえば、敷地利用権が借地権の準共有である場合、建物の取り壊しが再建に対して、賃借人が遅滞なく異議を述べないときは、借地法七条による法定更新が生じる。(1)

借地借家法との関連で、建替え決議は、集会において区分所有者によって行われるものであり、賃借人はこの決議に参加できない。したがって、建替え決議は、区分所有者（およびその承継人）に対してのみ効力を生じるのであって、賃借人に対しては効力は及ばないわけである。言い換えれば、建替え決議が成立したからといって、賃借権が当然に消滅するわけではなく、建替えに当たっては、賃借人を抱える区分所有者は、それぞれ賃借人と交渉して、建替え後のマンションでの賃貸借権を約束するなどによって賃貸借契約を合意解約するなどして、明渡しを求める必要がある。そして、賃借人との話合いがつかなければ、賃貸借の期間の定めがあるときはその期間満了前六カ月から一年の間に契約の更新拒絶の通知をし（借地借家法二六条一項）、期間の定めがなければ六カ月前に解約の申し入れをすること（同法二七条一項）により借家権を消滅させる必要がある。なお、この場合のいわゆる「正当事由」については、必要となることは言うまでもないが（同法二八条）、建替え決議の前提としての建物の老朽化等の事情があり、しかも建替え決議が成立していることを考慮すれば、一般的には正当事由の存在が肯定されることになると考えられる。建替え円滑化法における賃借人への対応は、マンション建替え組合の設立の段階、組合は、建替えに参加する区分所有者の四分の三以上の同意によって行われるものであり、その際に賃借人の個別の同意を得る必要はない。賃借人は組合設立の許可申請を受けた都道府県知事が行う事業計画の縦覧に対して、意見を提出する機会が与えられることになる。権利返還手続の段階については、借家権は、権利返還の対象として原則的に施行再建マンションに移行することとなり、賃借人の側からみれば、施行再建マンションにおいて借家権の取得が保証されていることになる。さらに別途、賃貸人と賃借人の間で家賃等の借家条件について協議を行うことになる。賃借人が施行再建マンションにおける借家権の取得を希望しない場合には、組合にその旨を申し出ることにより、借家権に代えて補償金を受取って出て行くことができる（五六条三項）。権利返還計画について賃借人の同意が得られないおそれがある場合には、契約の更新拒絶または解約の申し入れをすることにより、あらかじめ借家権を消滅させる必要がある。(2)

八三年区分所有法における法定の建替え決議を行うに当たって、建替えを推進する側にとって最も大きな難題は、抵当権の処理で、建替え決議が成立しても抵当権者から抵当権の侵害に当たるとして建替え工事の差し止め請求があれば、建替えそのものが停止してしまう可能性があったわけである。

権利返還手続の段階についてだが、抵当権は、権利返還計画において、その目的となっている区分所有権等に対応して与えられるものとして定められた施行再建マンションの区分所有権等の上に存在するものとして定めなければならないこととされており（六一条）、抵当権は、権利返還の対象として施行再建マンションに移行することが法律上保証されている。マンション建替え組合は、権利返還計画を定めるに当たっては、原則として抵当権者の同意を得なければならないこととなっているが（五七条二項）、抵当権者から同意を得られないときは、同意を得られない理由および同意を得られない抵当権者の権利に関し損害を与えないようにするための措置を記載した書面を添えて許可を申請できる。抵当権者の権利を侵害しないための措置を講じた上で、抵当権者の同意がなくても権利返還を行うことが可能なしくみである。建替え円滑化法は、権利返還手続を導入することで、建替え前のマンションの権利関係を建替え後のマンションに円滑かつ確実に移行させる制度ということになる。権利返還計画について都道府県知事の許可を受けると、施行者はその旨を公告するとともに、関係権利者に関係事項を書面で通知しなければならず（六八条）、このような手続がすべて行われると、権利返還計画に記載された権利返還期日において権利返還が行われる。土地に関する権利のうち、敷地利用権および担保権等の登記に係る権利以外は、権利変換計画の対象とはならず、権利変換によっても権利の変動は生じない。権利変換にならないため、各区分所有者等は別途底地権者と交渉を行い、新たに借地契約を結ぶ等の措置が必要となり、権利返還期日においては、施行マンションを目的とする区分所有権および担保権等以外の権利（例えば、借家権、使用貸借権、間借り権等）はすべて消滅することとなる。なお、権利を失う者については、権利返還期日までに、その権利に対応した補償金が施行者から支払われる。施行マンションの区分所有権等の上に存する担保権等の登記に係る権利は、権利変換期日以降は、権利変換計画の定めるところに従い、施行再建マンションの区分所有権等の上に存するものとされ（七三条）、これにより、抵当権等の移行が制度上保証されている。[3]

注（1）荒川「建替えおよび復旧」区分所有法二九六―二九九頁参照。

（2）折田泰宏・上野純一「Q&Aマンション建替え法解説」一〇一―一〇三頁参照。

（3）前掲書一〇六―一〇九頁参照。

6 建替え決議の効力期間

八三年区分所有法において、建替え決議が効力を有する期間については、特別の規定はない。考え方としては、建物が取り壊された後においても、決議後一定期間（たとえば二年間）を経過するまでは、区分所有者であった者（特定承継人を含む。）に対して効力を有する旨を明定すべきか、が問われていたが、この点についての規定は置かれなかった。建替え決議によって一種の「組合契約」が成立するとすれば、この合意は共同事業としての再建の成功または不成功の確定がないかぎり消滅することはない（民法六八二条参照）と考えられるから、かかる特別の規定をおくまでもなく、建物の取り壊しによって失効しないが、建替え決議の中心的な効力というべき売渡請求権が、建替えへの参加の有無を回答すべき期間（催告の到達日から二カ月間）の経過後は、行使しえないものとされている結果、この期間内に売渡請求権が行使されないときは、不参加者が区分所有者として残存することになり、建替え決議はこの者に対してなんらの効力も有しないことになる。さらに、建替え決議の日から二年以内に建物の取り壊しに着工しない場合には、売渡請求権を行使されて区分所有権等を売り渡した者に、区分所有権等の買戻請求権が与えられており、この権利が行使されたときも、建替え決議の失効の場合と同様、建替え計画は挫折することになる。(1)

区分所有法の建替え決議の制度は、反対者側の権利を賛成者側が強制的にすべて買取ることによって、結果的に全員合意による建替えを行う形であるが建替え円滑化法では、この売渡請求権の行使をマンション建替え組合にも認め（一五条）、組合が売渡請求権によって反対者の権利を時価で買取ることによって、建替えについて全員同意の状態を作り出し、その後の事業実施が可能となる。なお、組合が売渡請求権を行使できるのは、組合設立の公告の日（その日が建替え決議後の催告の回答期間（二カ月）満了前の場合はその満了の日）から二カ月以内で、建替え決議の日から一年以内とされている（同条二項）。建替え決議に賛成した区分所有者は、全員組合員になり（一六条）、この時点で、建替え決議に賛成したが、建替えに参加するつもりのなかった区分所有者についても同様である。このような者が建替え事業から離脱する方法としては、一旦組合員となった後、五六条に基づき権利返還を希望しない旨の申出を行うことで、施行再建マンションについて新たな区分所有権等を権利返還で取得するのではなく、現在所有する区分所有権に相当する金銭をマンション建替え組合から受取ることを選択する機会が保証され、任意に第三者に区分所有権等を売却して事業から離脱することも可能で、その場合、権利返還手続開始の登記がすでになされている場合には、組合の承認を得ることが必要となり（五五条二項）、この売買により、区分所有権等を取得した者が組合員となって、旧組合員の組合に対する権利義務を引き継ぐことになる。

権利返還計画は、総会における組合員及びその持分割合の各五分の四以上の多数決で議決され、これに反対の組合員の存在が想定されるが、建替え円滑化法では、このような組合員への対応方法として、組合が組合員に対してその権利を時価で売渡すべきことを請求する方法（六四条一項）と、逆に、組合員の側から組合に対して自己の権利を時価で買取るべきことを請求する方法（同条三項）が認められ、これらによって、組合と組合員の双方の発議によって、権利返還計画に反対する者の建替え事業からの離脱が可能となる。[2]

なお、改正法において、建替え決議の効力を争うことができる期間に制限を設けなかった理由については、費用の過分性要件の廃止に伴って、明確さを欠き多くの紛争の原因とされる部分がなくなり紛争を回避できるとの考えから同決議の効力を争うことのできる期間に制限は加えないとしている。[3]

注（1）荒川「建替え及び復旧」区分所有法二九九―三〇〇頁参照。

（2）折田・上野「Q&Aマンション建替え法解説」九九―一〇〇頁参照。

（3）吉田「一問一答　改正マンション法」八三―八四頁参照。

7　建替え参加者と不参加者との区分

建替え決議があったときは、集会を招集した者（法三四条参照）は、遅滞なく、建替え決議に参加しなかった区分所有者（ないしその承継人）に対し、建替え決議の内容により建替えに参加するか否かを回答すべき旨を書面で催告しなければならない（法六三条一項）。催告を受けた者は、その催告を受けた日から二カ月以内に、参加するか否かの回答をしなければならず、その期間内に回答をしなかった者は、不参加の回答をしたものとみなされる（同条二・三項）。これによって、建替え参加者と不参加者とが確定し、つぎの段階として、前者は後者に対して区分所有権等の売渡しを請求することができることになる。(1)

六二条一項から三項までは、建替え決議に基づく当事者を確定するため、建替え決議の内容により建替えに参加する者としない者とを分別する手続を定め、先の期間内であれば、不参加の回答の撤回が認められ、いったんは参加の回答を行った者は、その後に不参加の意思表示を行うことはできないということである。

注（1）荒川「建替えおよび復旧」区分所有法三〇〇―三〇一頁参照。

8　売渡請求権の当事者

売渡請求権を行使しうる者をだれにするかについては、①建替え決議に賛成した各区分所有者（ないしその承継人）、もしくは建替え決議の内容により建替えに参加する旨を回答した各区分所有者（ないしその承継人）、および、②これらの者全員の合意により区分所有権および敷地利用権を買い受けることができる者として指定された「買受指定者」であり、これらの者（以下「建替え参加者」という。）は、各自売渡請求権を行使しうるほか、数人または全員による共同の行使もできるものとされている。また、売渡請求の相手方は、建替え不参加者（催告に対して参加しない旨の回答をした者、および、所定の期間内に催告に対する回答をせず、参加しない旨の回答をしたとみなされた者）またはその承継人である。なお、専有部分と敷地利用権との分離処分が例外的に認められる場合（法二二条一項但書）において、建替え決議があった後に建替え不参加者から敷地利用権のみを取得した者またはその承継人があるときは、この者に対しても、その敷地利用権の売渡しを請求することができるものとされている（民法六四条四項後段[1]）。

建替え決議後、建替え円滑化法によってマンション建替組合を設立した場合は、建替え決議の内容による建替えに同意する区分所有者はすべて組合員となって同決議を遂行することになる。建替組合が売渡請求権を行使できるのは建替組合の知事認可後二カ月以内に売渡請求権を行使しなければならない[2]。なお、権利変換計画が出された後は、先の**6**建替決議の効力期間と同様になる。

注（1）荒川「建替えおよび復旧」区分所有法三〇一―三〇二頁参照。
（2）折田・上野「Q&Aマンション建替え法解説」四七―四八頁参照。

9　売渡請求権の行使とその効果

売渡請求権を行使しうる期間は、建替えへの参加の有無を回答すべき期間（参加の有無について回答すべく催告を受けた日から二カ月間）の満了の日から二カ月以内、である（法六三条四項）。この期間内に売渡請求権が行使されなかったときは、もはや売渡請求権を行使しえなくなる。したがって、以後は、建替え不参加者の専有部分等の買い取りは、各不参加者との通常の売買契約に基づいてなされなければならずもしこの売買契約を締結しえなかったときは、建替えは不可能となる。売渡請求権の行使にあたって実際上もっとも大きな問題となるのは、この「時価」の算定基準及び決定方法である。売渡請求の対象は、「区分所有権および敷地利用権」（法六四条四項後段の場合には、敷地利用権）であり、その「時価」の算定時期は売渡請求権の行使時であることに疑いないが、その算定基準は、立法担当者の説明は、再建建物が建築された状態における建物及び敷地利用権の価格とそれに要する経費との差額、あるいは更地価格と現在の建物の取壊しの費用との差額（この両者は、経済的にみれば、原則として合致するはずである。）を基準にして算定される。」とされている（なお、衆議院法務委員会議事録六号二五頁、参議院法務委員会議事録五号六頁の中島政府委員の説明も参照）が、これを具体的に算定するとなると、現在の鑑定実務の状況からいっても、かなり困難を伴い、これをめぐる紛争の生じる可能性が極めて高いと推測される。時価につき当事者の協議が調わないときは、結局訴訟で決することになる。具体的には、たとえば、売渡請求権行使者から提起する専有部分等の明渡・移転登記手続請求訴訟、相手方の提起する売買代金請求訴訟において、同時に「時価」が確定されることになろう。売渡請求権は、いわゆる形成権とされている。したがって、この請求の意思表示が相手方に到達したときに、相手方の承諾をまつまでもなく、当事者間に売買契約が成立し、この時点で区分所有権及び敷地利用権は売渡請求権行使者に移転する（通説）とともに、行使者は、「時価」による売買代金の支払義務を負い、反面相手方は、建物の明渡義務及び移転登記義務を負うことになる。そして、この両者の義務は同時履行の関係（民法五三三条）に立つ。ただし、相手方が、「建物の明渡しによりその生活上著しい困難を生ずるおそれがあり、かつ、建替え決議の遂行に甚だしい影響を及ぼさないものと認めるべき顕著な事由があるとき」は、裁判所は、その者の請求により代金の支払いまたは提供の日から一年を超えない範囲内において、建物の明け渡しにつき相当の期限を許与することができるものとされている（法六三条五項——ただし、その猶予期間は、代金の支払いまたはその提供の日から一年を超えない範囲でなければならない(1)）。

ここでいう時価とは、建替え決議がなされていることを前提として区分所有権と敷地利用権を一体として評価した客観的な取引価額である。売渡請求権の行使にあたっての時価の算定基準の明確化については、国が事例の集積に務めるとしている(2)。なお、改正法において時価の算定基準が定められなかったことについては、事案に応じ様々な評価方法が採用され、これを網羅し明確性を有する基準を設けることは困難であること、不動産鑑定手法の明確化、事例の集積によって解決を図ることが可能として、この措置は講じられないこととした。なお、判例としては、「建替え決議があった場合の売渡請求における時価の算定事例」第一審　東京地判平一六年二月一九日、第二審　東京高判平一六年七月一四日（判時一八七五　五二—六二頁）がある。買取請求時の時価を争点とした事案に比べ時価の算定における原・被告の主張は価額の圧倒的差額が見られない。(3)(4)

注（1）荒川「建替えおよび復旧」区分所有法三〇二—三〇五頁参照。
（2）折田・上野「Q&Aマンション建替え法解説」四九—五三頁参照。
（3）吉田「一問一答　改正マンション法」八四頁参照。
（4）この点の詳細は、太田知行編「マンション建替えの法と実務」一六九—二〇三頁参照。

10　買戻請求権

売渡請求権は、区分所有建物の建替えを実現する手段として与えられるものであるから、この権利が行使され、区分所有権等が買取られたにもかかわらず長期間建替えが実行されない場合、これを放置することは、売渡請求権制度の趣旨に反する。そこで、新法は、売渡請求権を行使され、区分所有権等を失った相手方の保護のため、一定の要件の下にこれを買い戻しうる買戻請求権制度（法六三条六・七項）を新設した。その要件は、「建替え決議の日から二年以内に建物の取り壊しの工事に着手しない場合」、である（法六三条六項本文）。ただし、建物の取り壊しの工事に着手しないことにつき「正当な理由」があるときは、その「工事を妨げる理由がなくなった日から六月以内にその着手をしないとき」、である（法六三条六項但書、同条七項前段）。もっとも、これらの期間が経過しても、買戻請求権の行使前に工事に着手された場合には、買戻請求権は行使しえなくなると解される。

買戻請求権の行使とその効果については、買戻請求権を行使しうる者は、売渡請求権を行使されてその区分所有権または敷地利用権を売り渡した者（売主）であり、その相手方は、売り渡した区分所有権等を現在有する者

――すなわち、売渡請求権の行使によって売り渡しを受けた直接の買主またはその（特定・包括）承継人――である。買戻しを請求しうる期間は、「建替え決議の日から二年」の期間が満了した日から六カ月以内である（法六三条六項本文）。ただし、「正当な理由」がある場合には、「建物の取り壊しの工事の着手を妨げる理由がなくなったことを知った日から六月またはその理由がなくなった日から二年のいずれか早い時期まで」、である（同条七項後段）。これらの期間の経過後は、もはや買戻請求権を行使しえない。買戻請求権は、売渡請求権と同様、形成権であるから、その行使の意思表示の到達時に、相手方の承諾の有無を問わず、当然に区分所有権等は行使者に復帰する。したがって、以後は、建替え計画は挫折することになる。[1]

建替え決議後二年以内に建物の取壊しに着手しない場合にあって、売渡請求により区分所有権等を譲渡した者は、その権利を現に有する者に対して再売渡しの請求（一方的意思表示により買い戻すこと）ができる（六項）。[2]売渡請求権を行使し不参加者の区分所有権を強制的に買取ったまま建替えに着手せず放置することは衡平を欠き、制度の趣旨に合致しない。建替え決議後二年以内に同工事に着手しない場合、それが正当の理由に基づいていれば買戻しの請求権は発生しないが（六項但書）、同工事に着手しないとき買戻し請求は可能となる（七項前段）。この場合の買戻し請求は、同工事を妨げる理由がなくなったことを知った日から六カ月以内又は理由がなくなった日から二年以内のうちいずれか早い時期までに実施しなければならない（七項後段）[3]とする。なお、区分所有法六二条五項から七項は建替え円滑化法においても準用される（同法一五条三項）。[4]

注（1）荒川「建替えおよび復旧」区分所有法三〇五―三〇六頁参照。
（2）濱崎「建物区分所有法の改正」四〇六頁参照。
（3）稲本・鎌野「コンメンタールマンション区分所有法」（第二版）四〇七、四〇九―四一〇頁参照。

（4） 坂和「注解マンション建替え円滑化法」一五九頁参照。

四　復旧制度

六二年区分所有法から八三年法における復旧制度についての改正は、次の三点に過ぎなかった。まずその第一点目は、建物の価格の二分の一以下に相当する部分が滅失した場合（いわゆる小規模滅失）につき、各区分所有者が滅失した共用部分および専有部分を復旧できるとする旧法（法三五条一項）の建前を維持しつつ、この場合に、集会において、「滅失した共用部分を復旧する旨の決議」（法六一条一項）または「建替え決議」（法六二条以下）をなしうるものとし、これらの決議がなされた後は、各区分所有者は共用部分の復旧に着手しないものとした（法六一条一項但書）。第二点目は、いわゆる大規模滅失の場合につき、単に「区分所有者は、建物の再建に関し協議しなければならない」旨を定めるにすぎなかった旧法（法三五条三項）に対して、「集会において、区分所有者及び議決権の各四分の三以上の多数で、滅失した共用部分を復旧する旨の決議」をすることができるものとした（法六一条五項。なお、同条六項参照）。最後に、この大規模滅失の場合につき、復旧決議に賛成した区分所有者（その承継人を含む。）以外の区分所有者のために、建物および敷地に関する権利の時価買取請求権を与え（法六一条七項）、また、建物の大規模滅失の日から六月以内に右の復旧決議または建替え決議がなされなかった場合も、各区分所有者のために、この買取請求権を与え（同条八項）、この買取請求権が行使された場合においては、裁判所は、請求を受けた区分所有者の請求により、代金の支払いにつき相当の期限を許与することができるものとした（同条九項）ことである。[1]

これに対し、改正法の主要な改正点は、大規模滅失による復旧の決議があった場合（五項以下）においての次の三点になる。まず第一点目は、復旧決議の日から二週間以内に、決議に賛成した区分所有者全員の合意により買取指定者を指定し、その旨を書面で通知したときは、決議に賛成しなかった区分所有者は当該買取指定者に対してのみ買取請求をすることができるものとしたこと（六一条八項）。第二点目は、買取指定者が指定されなかった場合に、決議に賛成しなかった区分所有者から買取請求を受けた決議に賛成した区分所有者は、その請求の日から二か月間、決議に賛成した他の区分所有者に対し、その共用部分共有持分に応じて再買取請求をすることができるものとしたこと（同条七項後段）。最後に、復旧決議を行った集会の招集者（買取指定者が指定されたときは、その買取指定者）が、決議に賛成しなかった区分所有者に対して四か月以上の期間を定めて催告を行った場合には、その期間が経過した後は、買取請求をすることができないものとしたこと（同条一〇項、一一項）である。(2)

なお、八三年区分所有法六一条の適用については、買取請求権の相手方については、復旧決議に賛成しなかった区分所有者の意思に委ねられていたので、特定の決議賛成者に買取請求が集中したり、買取りに対応できない決議賛成者が思いも寄らないところから買取請求を受けたりすることがあり、決議賛成者間の負担の衡平を著しく欠いていたが、改正法六一条は、大規模滅失について復旧の決議（六一条五項の決議）があった場合に、その決議の日から二週間以内に、復旧決議賛成者（以下、「決議賛成者」という）がその全員の合意により買取指定者を指定したときは、その者から通知を受けた区分所有者は、買取指定者に対してのみ買取請求をすることができるといった買取指定者の制度を導入することで、八三年法の不都合を払拭しているといえる。(3)

この点についての判例としては、阪神・淡路大震災により被災したマンションの復旧における事案で、買取請求の時価が主な争点となった事例がある（大阪地判平一〇年八月二五日　金判一〇五八　三四—四五頁・同控訴審大阪高判平一四年六月二一日　判時一八一二　一〇一—一一五頁・同上告審　最判平一四年一二月六日　判例集未掲載）。(4)

注（1）荒川「建替えおよび復旧」区分所有法三〇六—三〇七頁参照。

（2）吉田「一問一答　改正マンション法」五六―五七頁参照。

（3）鎌野「改正区分所有法の解釈上の諸問題」千葉大学法学論集第一八巻二号四三頁参照。なお、同教授は、買取指定者が指定された場合に、当該買取指定者が、復旧に賛成しない特定の区分所有者の買取請求のみに応じることや、一定数までの買取請求にのみ応じることは許されるか。また、専有部分とその専有部分に係る敷地利用権との分離処分を認める規約がある場合、再買取請求の目的物は、「当該建物及びその敷地に関する権利」であり、専有部分とその専有部分に係る敷地利用権との分離処分を認める規約がある場合（法二二条一項但書）は問題となる。たとえば、当該建物及びその敷地に関する権利を有する者が、当該建物のみについてAに対して買取請求をしたり、当該建物について買取請求をし、その敷地については、先の買取請求を行った者とは別の者に対して買取請求をすることは認められるか。さらに、再買取請求権は、買取請求権と同じ形成権の性質を有する。すなわち、買取請求を受けた決議賛成者の一方的意思表示によって相手方である他の決議賛成者との間に売買契約が成立する。買取請求権行使時と再買取請求権行使時とは異なるが、決議賛成者の法律関係を一元的に処理すべきであり、再買取請求における「時価」は、基本的に、「第一四条に定める割合に応じ」た「当該建物及びその敷地に関する権利」の価格で、具体的には、買取請求における「時価」をどう解すべきかについて指摘する。

（4）地裁判決については丸山「マンションの建替えと法」一五四―一六二頁が詳細。高裁判決への鑑定意見を中心として鎌野「区分所有法六一条七項の買取請求の時価について」千葉大学法学論集第一四巻一号四三―八八頁が詳しい。なお、評釈としては片桐「区分所有法六一条五項所定の復旧決議が行われ、区分所有権等の買取請求がなされた場合と同条七項の時価の基準時およびその意義」（判時一八三四　一七六―一七九頁）がある。

五　結びに代えて

今回の改正法において、最大かつ重要であった課題は、建替え制度の見直しという点であろう。先に見てきたように大きな変容があったわけである。復旧制度をも含めて筆者が考える重大な改正点は、両者とも手続き規定に大きなウェートが占められ最大限の具体化・明確性が加味されたと同時にある種の転換が行われたのだと考える。復旧・建替え制度の手続き面、そしていわゆる手続要件の整備という面で、その功績は大いに評価される点が多いと評価する。

さて、マンション建替えにおける本来のもっとも重点的な課題については、荒川教授は「建替えにとっての最大の直接的・現実的な障害はおそらくその費用をどう捻出するかにあるといってよいであろう。（八三年法の）制定過程でも、この点が最大の問題点のひとつとして議論されたが、八三年法での改正の基本的立場は、建替えを区分所有者の私的自治の範囲内の問題として捉えること以上に出なかったため、これについて、建物区分所有法そのものの問題としてはもとより、税制・公的融資制度その他においても、何らの手当てもなされなかった。住宅における中高層分譲共同住宅のもつ「政策的意義」と「公共性」を鑑みるならば、かかる消極的対応は強く批判されるべきであり、標準管理規約の整備や都市計画法制、都市再開発法制等の整備とともに、今後の大きな課題である」(1)とするのである。

老朽化マンションの建替えを考えるとき、その必要性は、修繕工事を行うことだけではもはや居住の継続が困難であったり、建替えなければ居住の水準を保ちうることが困難であったりする状況を迎えたときであろう。このような状況を多数のマンションが迎えたとき建替え問題がクローズアップされるものと考えられる。このことからすると、前述の同教授による指摘は、改正法の施行、マンション法の体系化後も今なお多くの建替えを検討するマンションにとって的を射た貴重な先見性であるといえる。そして、老朽化マンションの建替えにおいて、費用の捻出が困難な建替えは早晩訪れる時期が迫っているとも思われる。

ところで、法の分析・検討とは一線を画すが、これまでに建替えが行われた、余り多いとはいえない実例、筆者が行ってきた八〇年代後半から直近までの建替え検討を含む事例等の現地調査からすると、極端な費用捻出を従前の区分所有者に課した、換言すれば、再建にあたって新しい建物の建設費を従前の区分所有者が全面的に賄う事例はほとんどない。その理由は、私的自治の範囲内で、建替えに取組むコンセンサスの過程から、極端な費用捻出を区分所有者に強いる建替え計画がそもそも合意形成の俎上には上らない。また、そのような状況のものが建替えに取組む誘因を区分所有者に与えることはなく、関心事とはなりえないというのが調査結果から浮上してきた事実である。さらに、これまでの建替え実例というのは、そのほとんどが、①現有専有床面積以上を新しく取得するところでも無償で取得可能なもの。またはそれに近いもの、②大多数の区分所有者の入居時の地価と比較し現在もある程度の上昇分を保持するもの、③現行の指定容積率と比較し、使用容積率が極端に抑えられているもの、④建替え時の仮住戸の手当てが少なくて済むものといった諸条件をクリアしたものに限られている。しかし、本来マンション建替えが社会問題として取り上げられる状況は、①から④の諸条件を兼ね備えたものだけに留まるものだけではないはずである。実例からすると、先の①から④の四つの条件を備える、つまり、費用の低負担、立地条件、未使用容積率、住宅規模といったコンセプトを容易にクリアしたもののみが建替えに取組むことが可能だとすると、マンションが都市的居住形態として定着した中で、ある一定の地区・地域に限定されたもののみが建替えられることになりはしないだろうか。そうすると、費用の過分性といった客観的要件を廃止した今回の改正法における建替え決議の変容は、むしろ、建替え可能な特定の地域にあるマンションにおいては、その時代的要請に伴って、常に過度に建替えを意識した管理となりはしないか。筆者としては、客観的要件を具体に持つことで逆に混乱を防げると考えるのである。さらに、現地調査から明らかとなった点を付け加えると、建替え計画と合意形成の進行過程が余りにも長期に及ぶことが挙げられ(2)、その結果、建替え適時の時間的幅は縮小される見込みが立たない。もう一点は、建替えを実施・実現する機会は、合意形成の進捗によって左右され、事業面で不確実性、並びに不透明性を助長する傾向がある。

なお、八三年法における立法担当者は、その改正に伴って、いわゆるマンションの建替えに対する公的な介入や援助等の措置が併せてとられていないと認めた上で、この建替え制度の新設は、将来その建替えをめぐる紛争が一般化するであろうことを予測し、かつ、この制度が所有権に対する制限という性格を色濃く帯びることに鑑みると、その紛争が一般化した段階でこれを立法化することは著しく困難になると考えられるため、未だそれが一般化していない現段階においてこそその立法化を実現しておくべきである、との考えの下に実現されたものである。これに対し、この問題に対する社会政策的な諸施策は、民事立法と異なり、この問題が社会的な問題となった時点で検討されても、遅くない(3)と述べる。現在の状況からすれば、立法担当者の想定通りの観としてあらためて認識されるが、比較法との側面に照らせば、マンション管理の延長線上に突如として建替えが登場するわが国の法体系において、むしろ比較法上は区分所有関係の終了こそがそこにはあって、区分所有関係の解消後に従前の区分所有者の判断する選択肢のひとつとして建替えが用意されているというのが標準なのであろうかと考えられる。

注（1）荒川「建替えおよび復旧」区分所有法　二八三頁参照。なお、筆者はこの点につき、老朽化を前提とするマンション建替えは、その費用の捻出が最大の障害であるが今日までは、建替えを計画する区分所有者の誘因という側面から、ことさらに問題として浮上しないとした。さらに、荒川教授の指摘とともに、現在におけるマンション法の

体系化にともなって相当程度の改善が進んだと考えるが、建替え問題が進展するのにしたがって、費用負担の可能・不可能により区分所有者の団体が、極端な例で示せば、その当初から四：一の割合で意見が割れた場合、民法上の分割請求が起こりえるし、建築基準法上の除却を求める動き、土地の収用といった課題を包含していると推測する。こういった点については、老朽化マンションの建替えの本格化にともなって今後、顕在化するものと思われる。

（竹田　智志）

（2）鎌野「マンション建替えについての一考察」現代民法学の理論と課題　二二三頁参照。鎌野教授は改正法の中間試案にあたって、老朽化による建替え決議の客観的要件として築年数［三〇年］［四〇年］を提示したことについて、これらの年数は決して建物の耐用年数、老朽化のそれではなく、区分所有者が爾後は「修繕」だけでなく「建替え」をも視野に入れて議論できる始期だと理解すべきだとする。適時について筆者も同様と考えるが、建替え実例の多くは、その検討期間が余りにも長期化し費用支出が多額化の傾向を示す。

（3）濱崎「建物区分所有法の改正」三七九頁参照。

第九章　団　　地

一　団地とは何か

区分所有法制定当時においても、団地への準用規程が用意されていた（一九六二（昭三七）年、三十六条）。当初より、団地を区分所有法の中でも把握するよう努めて来たわけであり、法改正に伴って、順次団地についても拡充されてきた。その中で、二〇〇二（平一四）年の新法での特徴は、何と言っても団地での建替え規程を新設したことである（法六九、七〇条）。

では、そもそも団地とは何か。ある解説によれば、「各別に利用されるべき数むねの建物が同一の区画内の土地に総合的設計に基づいて建設されている」ものとされている（注釈民法(7)三九九頁、川島一郎）。

もっとも、団地そのものを定義した法律は見当たらないようであり、他の法律と同様に（収用法三条三〇号、建基法八六条、住宅地区改良法六条七項、同七条三号等）、区分所有法も定義する態度をとってはいない。(1)因みに、二〇〇二（平一四）年の法改正に当たって重大な論点（立法過程上の対立点）となった主要な点が建替えであって、その背景・理由の一つとして主張されたのが、（かっての住宅）公団及び公社のいわゆる団地建替えの必要であった、との指摘ができよう。そして、結果としては、団地規程においても建替え条文が新設された。「民活」が至上命題とされている今日において、果たして立法当局がどの程度団地建替えのための指導力を自覚していたのか筆者は知る由もないが、もしそうした使命感があったとすれば、やはり公団・公社での建替えモデルを設定したかったのではないか、との推測は成り立ち得るだろう。そして団地においては、従来の準用の域を超えて新設規程まで用意したのであるから、改めて団地と一般の土地・建物（区分所有）の差異に配慮されても良かったのではないだろうか。少なくともその一つは、団地の定義規程をおくことである（それは区分所有法と言う法律の名称に付されている「等」をも、より明確にすることにもなる。）。

区分所有法六五条を見れば、「一団地内に数棟の建物があって、その団地内の土地又は附属施設（これらに関する権利を含む。）がそれらの建物の所有者（専有部分のある建物にあっては区分所有者）の共有に属する場合」と表現されており、そのまま「団地」の文言を使いながらも、独自の限定（＝「場合」）をする態度をとった。以下、この場合を「団地関係」と言う。

そして法六五条は、この団地関係の下で、「それらの建物の所有者」を団地建物所有者と称しつつ、その所有者全員で団地管理のための団体を当然に構成すると宣言すると共に（区分所有法第一章での三条と同様の趣旨）、団地での集会・規約・管理者の制度をとることができる、とした（準用）。

団地そのものを明確にしないまま、団地関係を想定しているから、この関係は必ずしも自明のものではない。一方では、一区画の敷地全体を全員で共有し建物は全部区分所有との形式があれば、他方では、建物は全て一戸建てであるが一部の土地又は附属施設のみを共有する形式まで、様々であろう[2]。

あろうことか、団地管理組合の当然設立と法は明言しているが、具体的な紛争例が登場した。それは団地設立途上の管理をめぐる争いである（本稿執筆時点では上告・上告受理申立て中であるが、福岡高判平一五・二・一三判時一八二八号三六頁）。旧住宅公団（その後変遷し、現都市再生機構）が分譲した団地型のマンションにおいて、未だ全棟分譲が完了しない段階で、既に分譲済みの（一〜七号棟）区分所有者で構成されている管理組合Xから、未だ分譲されていない部分（八・九号棟）の施主であり所有者たる公団Yに対して、管理費等が請求された事案である（なお土地は、全体で一筆で共有）。控訴審判決は、区分所有法六五条の団地関係成立は、「団地建物所有者全員にとって利害関係を共通にする事項の管理の便宜上団地関係の成立を認めたものと解され」るし、XとYとは「本件土地の管理上工事区域部分については利害関係を共通にするとはいえない」と述べて、「本件の場合には各棟の建物の建築が完了してそれぞれの分譲が開始されるまでは、分譲開始前の建物敷地部分に関して、区分所有法六五条の適用の前提となる既存のマンション住戸部分の所有者とYとの間の共有に属するという要件を実質的に充足せず、団地関係は成立しない」と判示した（管理費等の請求棄却）[3]。

二　団地関係

団地とされて本法第二章の適用を受けるためには、成立要件として団地関係があるとされる必要がある。それは六五条に基づく要件であり、団地とされる最低限の法律による客観的な団地成立要件である。次いで、六八条の団地規約によっても団地関係を形成することができる。六五条の要件を前提としつつ、さらに任意の（主観的な）成立要件である。

1　法定の成立要件

要件は次の二つである。(a)一団地内に数棟の建物があること。(b)団地内の土地または附属施設が共有されていること。そのいずれもが満たされなければならない。

(a)たとえある区画をなしていたとしても、土地だけでは区分所有法上の団地とはなりえない。そして、一棟だけの建物でも団地とはならない。その建物が（最低）二棟以上存在する必要がある。建物の種類に限定はなく、区分所有だけでも一戸建てだけでもその混在でも、差し支えない。(b)ここでの共有は、数棟の建物所有者全員の共有である。但し、たとえばＡＢＣ三棟のうちのＡＢ二棟だけがごみ集積所等を共有していればＡＢだけの団地関係となり、団地内の全ての建物所有者の共有であるとの要件までは、必ずしも要求されない。共有とは所有権の共同所有であるが、賃借権や地上権も含む。法六五条に括弧書きにある「これらに関する権利を含む」との意義はそこにある。

2　規約による団地関係の成立

上のＡＢＣ棟の例では、法定の成立要件をＡＢＣ棟で満たすことはできない。しかし実際の管理からは、Ｃ棟も含めることが要請されることがある。法定の共有関係を超えた団地全体の管理の必要性を考慮し、団地規約で特則を定めることによって（法六八条）、Ｃ棟も含めての団地関係とする方法が、認められている。その対象は、一部の建物所有者のみの共有に属する土地または附属施設、および区分所有建物（実益を考慮して、一戸建ては排除されている）である。(4)

三　団地管理

1　何を管理するのか

既に二で述べたように、まずは法定の要件とされている数棟の建物、及び共有されている土地または附属施設、が管理の対象である。次いで、団地規約によって団地関係に組み入れられたものが対象となる。それらの形状を伴った物だけではなく、権利もまた対象となる。次の2で述べる団地建物所有者の団体が、これらを管理する。規約による場合につき、付言しておく。この場合は、通常の団地管理（法三一条一項前段、六六条）の範囲を超えたものであるので、特則が用意されている。①団地建物所有者全員の共有でない（一部の建物所有者による共有である）土地または附属施設を管理する場合、「当該土地の全部又は附属施設の全部につきそれぞれ共有者の四分の三以上でその持分の四分の三以上を有するものの同意」が必要である（法六八条一項前段）。団地全体の統一的な管理のために規約によって団地管理の対象とするのであろうから、その全てにつき当該同意が必要と解すべきであろう。②団地内の区分所有建物を管理する場合、その全部につき、各棟ごとの「集会における区分所有者及び議決権の各四分の三以上の多数による決議」が必要である（同一項後段）。この手続きによって一旦団地管理の下に置かれた以上は、当該棟のみの集会決議・規約によって、全体の管理に反し矛盾することはできないこととなる。なおこれは特則であるから、手続きとしては通常の団地管理のための集会での特別多数決議に、加えての手続きである。

2　誰が管理するのか

一棟の区分所有者が全員で、管理のための団体を当然構成する（法三条）のと同様にして、団地においてもその土地・附属施設を管理するための団体を構成する（法六五条）。団地内の建物所有者のことを、「団地建物所有者」と呼び、その者によって構成される団体を、実務においては「団地管理組合」と呼んでいる。言うまでもなく、団地管理はこの団体によってなされる。この団体は法律上の擬制ではあるが、法の定めによって当然設立され、具体的な個別の団地建物所有者の主観的な意思とは関わりがない。それゆえに、加入や脱退などにつき考慮の余地もない。

通常の管理組合と同様にして、団地管理組合もまた法人化の道が開けている。二〇〇二（平一四）年の改正によって人数制限（旧法では三〇人以上）は廃止されたので、団地建物所有者数の多寡を問わないで、法人となりうる。その法人を、「団地管理組合法人」と呼ぶ（法四八条、六六条）。

法人となるための要件・手続きは、団地集会における団地建物所有者及び議決権の各四分の三以上の多数決、法人化の旨・名称・事務所の決議、主たる事務所所在地での登記、である（法四七条一項、六六条）。

団地管理組合法人には、法四七条から五六条の管理組合法人規定が、準用される（法六六条）。

なお、団地での団体が構成されても、団地規約によって団地管理の対象が拡張されても、従来の棟単位の団体（法三条に基づくもの）はそのまま存続し続ける点には、留意が必要であろう（いわゆる「棟総会」マンション標準管理規約（団地型）第八章参照）。

3 第一章の準用

法六六条によって、区分所有での諸規定（第一章）が多数準用されている。準用されない条文も含めて、留意点だけを述べる。

(1) 準用される規定・関係

団地集会（法三四〜四六条）：議決権の割合が、団地では土地の共有持分とされるが、団地規約で別の定めをすることができる。

団地規約（法三〇〜三三条）：法定の団地管理に加えて、規約による管理を行う場合には、既述のような別途の手続きを要する。

団地管理者（法二五、二六、二八、二九条）：第一章の管理所有（法二七条）は、準用されない。

団地管理対象物の管理や変更（法一七、一八条）：管理の変更によって建物または専有部分の使用に特別の影響を及ぼす場合には、特別多数決（法一七条一項）だけではなく、当該建物または専有部分の所有者の承諾が必要である（同条二項）。

団地管理の費用負担（法七、八、一九条）：通常の区分所有と同様に、先取特権（法七条）も準用され、それによって担保される債権は団地建物所有者（債務者）の特定承継人にも及ぶ（法八条）。なお、修繕積立金については、団地全体の積立金と一棟単位での棟別修繕積立金を別途の会計とするのが実務上望ましい。

(2) 準用されない規定・関係

敷地利用権（法二二〜二四条）：一戸建てでは分離処分を禁止できない、との理由である。

義務違反者に対する措置（法六条、五七〜六〇条）：本来これらの措置は、単独棟内部で対応されるべき、との考えに基づく。他の棟への口出しは無用とされているわけだが、規約によって他の棟をも管理対象とされ、団地全体の観点から共同の利益に反するとされる場合には、一定範囲での措置は認められてもよいであろう（団地型標準管理規約七三条一・三項参照）。

復旧（法六一条）・建替え（法六二〜六四条）：新法（二〇〇二年）で導入された一括建替え決議の場合の準用（法七〇条四項によって、六二条三〜八項、六三条、六四条）を除き、棟単位で復旧や建替えはなされる。後述する。

4 団地共用部分

団地内の単独棟を集会所として利用したり、ある棟内の部屋を集会室・倉庫・管理事務所等に使用する場合があろう。その所有・利用関係は、通常の場合には団地建物所有者の共有となるが、必ずしも実務的な扱いに適してはいない。(5) そこで、一章における規約共用部分（法四条二項）の趣旨と同様に、団地規約に定めを置くことによって、団地共用部分とすることができる（法六七条一項）。そうすることによる法律的な実益は、団地共用部分での共有持分が当該建物（単独棟）や部屋の専有部分と分離しての処分ができなくなり一体的に取り扱われる点にある。

この団地共用部分となし得る対象は、「一団地内の附属施設たる建物」（単独棟）であるが、それに留まらず団地内の区分所有建物の専有部分でも、その対象となり得る（法六七条一項前段、及び同前段の括弧書き）。

この手続きは、団地での規約でその旨を定めることであるが、分譲の実態では、予め分譲業者が単独で規約を公正証書とすることによって、団地共用部分とする便法が認められている（法六七条二項）。

団地共用部分となった場合には、区分所有の共用部分に関する規程が、一定の読替えを含めて準用される（法六七条三項）。それは、全員の共有、その共有持分は建物または専有部分の床面積比によるが団地規約での別の定めも可、分離処分禁止、である。

登記は、この団地共用部分の登記がされれば、その登記によって第三者に対抗できる（法六七条一項後段）。しかし、この団地共用部分だけが独立して取引の対象となる訳でもなく、権利の登記も考えられていないので、その意味で団地共用部分には民法の原則である民法一七七条は適用されない（法一一条三項）。

また、共用部分である以上、団地建物所有者は当該共用部分を用法に従って使用できる。

四　団地での建替え

1　新法（二〇〇二年）での対応

団地における建替えについては、旧法では特別の法規定は用意されてはいなかった。旧法六六条では多数の読替規定が存在したが、その中に法六二条の準用はされていなかったので、団地での建替えにおいても通常の一棟型マンションにおけると同様にして、当該建物ごとに建替えると理解されてきた。いわば原則が維持されていたこととなろう。ところが典型的な団地においては、敷地の全員共有とか、一団地認定（公法上の措置）[6]があり、また、敷地の利用関係への考慮の必要、等が指摘されてきた。更に今次の「改正」の実質的根拠の一つと思われる老朽化した団地での建替えの緊急性も、主張されていた。

そこで新法では、独自に団地での建替えについての規定を設けることと結果的にはなった。それは、法六九条に定められた団地内建物の建替え承認決議（以下、次の一括建替え決議との異同を明示するために『一部』（その意味は非一括、複数＝特定建物棟）との文言を付加することがある）であり、もう一つは法七〇条の団地内建物の一括建替え決議である。従って、少なくとも法的には、従来の原則をこの二つの決議によって変更したこととなる。以下、順次見ていく。

2　団地内建物の一部建替え承認決議

この標題の意味は、当該一棟の建物の内の（内部的な）一部ではなく、多数棟ある内の建物の内の一部（一棟でも数棟でもよいが、団地全体のすべての建物ではない）を建替える場合に必要とされる承認決議、である。当該建替え対象の建物を、法文は「特定建物」と称している（法六九条一項、括弧書）。

(1)　要件等

この建替え決議が可能となるのは、次の団地でなければならない。①団地内建物の少なくとも一部が区分所有建物であること（建物の全部が区分所有建物でない場合は、対象とならない）、と②土地が団地建物所有者全員の共有であること（通路とか附属施設だけの共有では、対象とならない）、である。但し②については、当該土地だけに限定されている訳ではなく「当該土地又はこれと一体として管理若しくは使用をする団地内の土地」であればよい（同条一項）。

そして次の一括建替えの場合と異なって、当該特定建物所有者による建替えの意思決定が当然に必要となろう。何よりも特定建物の所有者の意思に基づくものだからである（従来通り、区分所有建物の場合は当該棟全員の合意か建替え決議、区分所有建物でない場合にはその所有者の同意が必要となる。同条一項一・二号。その意味で、従来の原則といえよう。後で述べる「みなし賛成者」とも異なろう）。その後、ここでの建替え承認決議の段階に移行することとなる。

その建替え承認決議について。

まず①決議の比率としては、四分の三がとられた。[7] そして、その②議決権割合についても、通常の決議とは異なって土地だけの共有持分割合とされた（同条二項）。これは強行規定であり、規約によって別の定めもできない。その理由は、「共有物の日常的な利用のあり方を問題とするものではありませんから」とされている。[8] さらに注目すべき規定が用意されている。それは③「みなし賛成者」であって、特定建物での建替え決議に反対した者への対策として、その反対者は団地集会での建替え承認決議の議決権の行使につき、賛成したものとみなされる（同条三項）。「棟議拘束」との用語が提唱されている。[9] 確かに一度当該特定建物で建替えが決議されている以上、それに賛成しなかった者がその後の団地集会でも同様の議決権行使を可能とするのは合理的でないとも考えられなくも無いが、民主主義の原則からは疑問も残ろう。[10] また、建替えが複数棟にわたって同時期になされようとする場合には、それらを一括して建替え承認決議に付す事ができる（同条六項。また、この一括付議のみなし規定に付き同条七項）。

(2) 手続き

団地建替え承認決議のためには、その意義に応じて幾つかの特別な手続きが用意されている。

① 集会招集通知の発出時期繰り上げ

通常の集会においては会日の最低一週間前であるが（但し、「伸縮」できる。法三五条）、この建替え承認決議の場合は、会日の二ヶ月以上前に発しなければならず、かつ、この期間は「伸長」だけできる（短縮できない。法六九条）。

② 通知事項の拡充

通常の要領（法三五条五項、六六条）だけではなく、新たに建築する建物の設計の概要、当該建物の当該団地内における位置、も提供しなければならない（法六九条四項）。団地全体にとって、どのような建物が何処に建てられるかは重大な関心事であるからである。図面等の資料も含めての工夫が望まれよう。

なお、この場合には、一棟の建替えや一括建替えとは異なって事前説明会の開催は法律上義務付けられてはいない。とは言え、なるたけ開催されるよう努めるべきであろう。

(3) その他

その他、次の点に留意すべきであろう。①「特定建物以外の建物の建替えに特別の影響を及ぼすべきとき」とは、何か。団地における建替えの趣旨から、日照・通風等の影響を含めない限定的な意義として、具体例として特定建物が団地全体の容積率・建蔽率の大半を使ってしまい、それ以後の他の建物の建替えを困難にしたり制限したりする場合を想定すべきであろうか。[11] 特別の影響を与える建替えのためには、団地全体での四分の三以上の賛成だけではなく、その影響を受ける建物の区分所有者の四分の三以上の賛成が必要である（一戸建ての場合は、当該所有者の賛成）（法六九条一・二項）。②一括建替えの場合とは異なり、いわゆるマスタープランは法律上要求されていない（法七〇条三項一号参照）。しかし、その必要性は大きいであろう。

3 一括建替え

立法過程の途上で、新たに盛り込まれた方式である。論理的にも手続き上でも上の建替え承認決議を積み上げて団地全体の建替えは可能であるが、[12] 一定の要件が整えば、団地全体の建替えを一括して決議し実施することを可能とする改定がされた（法七〇条）。

(1) 決議の要件等

団地であればすべてこの決議が可能ではなく、一戸建てが一戸でもあれば対象ではなくなるし、上の承認決議よりも適用は狭くなる。一括建替え決議ができるのは、①全ての建物が区分所有建物、②敷地が団地内建物所有者の全員共有、③団地規約で全ての建物が管理の対象、との要件を全て備えている団地に限定される。

そして、上の建替え承認決議と異なる議決が必要である。①建替え承認決議では区分所有者の頭数は考慮されないが、一括建替え決議では、その頭数及び議決権の各五分の四以上の賛成を団地集会で得なければならない（法七〇条一項本文）。あわせて、②団地内の各棟ごとに、区分所有者及び議決権の各三分の二以上の賛成を得ていなければならない（同条同項但書）。この②の要件は、各棟ごとの集会と決議を手続き上必要不可欠としているわけではない（実際には開催されることがあるとしても）。各棟単位での建替えという原則と、一括しての建替えとの特則との調整を図った考え方に基づくと思われる。[13] 従って、団地全体で五分の四以上の賛成があったとしても、一棟でも三分の二以上の賛成を得られない場合には、この一括建替えはできなくなる。更に、注意しなければならない点がある。③一括建替え決議での議決権は、土地だけの共有持分割合により、かつ、規約での別の定めは許されない（法七〇条二項、六九条二項。これは建替え承認決議と同様）。④上の要件②で必要とされる三分の二以上の手続きでは、原則に立ち返って通常の議決権割合によるし（法六六条、三八条、一四条）、規約によって別の定めをすることも差支えない。[14]

(2) 決議の内容

他の建替えの場合と同様に、同一性の緩和された敷地（再建団地内敷地）に従来の目的に拘束されない新たな建物（再建団地内建物）を建てる内容となる。

一括建替え決議では、次の事項を必ず定めなければならない（法七〇条三項。六二条参照）。(a)再建団地内敷地の一体的な利用についての計画の概要（一括建替えの特色が、この事項に現れている）、(b)再建団地内建物の設計の概要、(c)団地内建物の全部の取壊し及び再建団地内建物の建築に要する費用の概算額、(d)上の(c)の費用の分担に関する事項（区分所有者間の衡平を害さないように定める）、(e)再建団地内建物の区分所有権の帰属に関する事項（区分所有者間の衡平を害さないように定める）。

(3)　決議の手続き

一括建替え決議に至る手続きでは、原則に立ち戻っての一棟での建替え手続きが準用という形で採用されている（法七〇条四項、六二条四～八項）。

その概要は次のとおりである。

①　招集通知を発出する時期繰り上げ

決議のための団地集会を招集するための通知は、会日の二ヶ月以上前に発する必要がある。この期間は規約で「伸長」できる（法六二条四項）。

②　通知事項の拡充

その事項は、まず、通常の集会と同様に、議案の要領を通知する（法六六条、三五条五項）。その要領には、上に述べた(2)の(a)～(e)の事項が含められなければならない（法七〇条三項）。加えて、一棟の建替え決議手続きが準用され、通知すべき事項が拡充されている（法六二条五項）。その内容は、以下の事項である（同条同項一～四号）。(a)建替えを必要とする理由、(b)一括建替えをしない場合における当該建物の効用の維持または回復（建物が通常有すべき効用の確保を含む）をするのに要する費用の額及びその内訳、(c)団地内区分所有建物の修繕に関する計画が定められているときは、当該計画の内容、(d)団地内区分所有建物につき修繕積立金として積み立てられている金額。

これらの事項が事前に開示されることによって、区分所有者にとっては維持・修繕を選択するのか、一括しての建替えとの方法をとるのか、との重大な意思決定をする判断材料となる。

③　事前説明会の開催

ここでも一棟の建替えを準用し、集会の招集者（団地管理者等）は集会の会日より一ヶ月以前に、上の通知事項についての説明会を開く義務がある（法六二条五項）。一棟の建替えに比較して、一括建替えともなればより膨大で複雑となるであろうが、同じ一ヶ月とされている。

(4)　決議成立後

一括建替え決議が成立したからといって、そのまま自動的に建替えに移行する訳ではない。基本的には、一棟における建替えの実施と同様の手続きが必要となる。実際の一括建替えに参加するメンバーを分別・確定し、売渡請求権の行使を通じて財産関係を再編成し、従来の管理組合とは質的に異なる建替組合を構成して（「マンション建替え円滑化法」九条一・三項参照）、実行していく。

具体的には次のようになる。(a)集会での議事録には、各区分所有者の賛否が分かるように、記載（または記録）される（法七〇条四項、六二条八項、六一条六項）。(b)集会の招集者は、決議に賛成しなかった区分所有者に、改めて一括建替えに参加するか否かの回答を催告する（法六三条一・二・三項）。(c)決議賛成者及び建替えに参加すると回答した者（建替え参加者と呼ぼう）は、それ以外の区分所有者（決議反対者、回答で参加しないとした者、回答しなかった者）に対し、それらの非参加者の区分所有権及び敷地利用権を時価で売り渡すべきことを請求できる（法六三条四項）。この売渡請求権は、棟を超えて行使できる。また、参加者全員の合意で買受指定者を設けることもでき、その買受指定者からの売渡請求も許されている。(d)その後の期限の許与、再売渡請求権も、一棟の場合と同様である（法六三条五・六・七項）。「二年以内に建物の取壊しの工事に着手しない場合」とは、いかなる場合であろうか。団地内の一部の建物の取壊しに着手さえすれば、その場合ではなく、もはや再売渡（取戻し）

請求ができないとされている。(15)

五　団地での再建

大震災などによって、団地内の建物が全部滅失した場合には、区分所有法上の復旧や建替えとは別途の再建が図られることとなろう。

特別法としての「被災区分所有建物の再建等に関する特別措置法」の適用がある全部滅失の場合には、「敷地」共有者等の議決権（共有持分等の価格割合による）の五分の四以上の多数決によって、再建決議をすることができる（同法三条一項）から、敷地共有の団地においては、団地建物所有者であった者全員の敷地共有持分に従った五分の四以上の多数決が必要であろう。

上の政令による指定災害とならなかった場合には、民法の原則に立ち返って敷地共有持分を有する者全員の同意がない限り（民法二五一条）、建物再建はできないこととなろう。

注（1）鎌野邦樹・山野目章夫編『マンション法』（以下、『マンション法』と略す。戎正晴　担当）二〇七頁に、立法の経緯につき簡潔な整理がされている。なお戎教授は、「団地」とは「一団の土地」のことであり、建物ではなく土地のあり方を意味する、と言うが、土地と建物が一定の区画内に集団的に存在するものを指すのではないか。

（2）ここでは図示しないので、稲本洋之助・鎌野邦樹『マンション区分所有法』（第二版）（以下、『マンション区分所有法』と略す）四二一頁、『マンション法』二一〇、二一一頁の幾つかの例・類型を参照されたい。

（3）玉田弘毅「建物区分所有法上の団地と団地関係に関する一考察（上）（中）（下）」NBL七六五、七六八、七七〇号（七七〇号五八頁）、『マンション区分所有法』四二四頁、は判例に賛成。判批、土居俊平「区分所有法六五条所定の団地関係の成否」法時七七巻三号一〇六頁は批判的。判批、藤井俊二、判時一八四九号一七七頁（判評五四三号一五頁）は結論に賛成しつつ、Xには「区分所有権的敷地持分」、Yには「開発持分」を提唱し、「英米法におけるような機能的に分割された所有権概念の構築」を目指す。思うに、団地関係の「実質」に踏み込んで判断した点は評価すべきだろうし、本件事実関係の下では結論に賛成せざるをえまい。団地の場合にはかなりの程度こうした事例が生じうるが（それをどう構成するかの問題はある）、他方では管理組合の管理の実を確保する方策が図られなければならない。

（4）『マンション法』では、更に「特別団地関係」を指摘する。新法によって導入された一括建替え制度に注目した分類である。二一二頁参照。

（5）『マンション法』は、「名義残り」の問題を指摘する。二二〇頁。

（6）建基八六条の二、同法施行規則一〇条の一六第二項二号参照。

（7）何故この割合となったかに、説得的な説明はされていないと思われる。吉田徹『一問一答　改正マンション法』（以下、吉田『一問一答』と略す）九五頁Q76、ジュリスト一二四九号での座談会「区分所有法等の改正と今後のマンション管理」（以下、ジュリと略す）、二九頁吉田発言参照。

（8）吉田『一問一答』九四頁Q75。建替えは既存建物を取壊すことが予定されている結果、土地だけの共有に（一旦は）戻る。その場面では、民法の原則（共有物の変更、民法二五一条）が参照されたと思われる。『マンション法』二二五頁、戎参照。

（9）森田教授による。ジュリ二六頁。

（10）特定建物で建替え決議がされた以上、やがて売渡請求権が行使されて、その賛成しなかった者は排除されるから、と説明されている。吉田『一問一答』九九頁Q80。しかし、そもそも当該区分所有者も団地の一構成員であるのは否定できないし、常に反対→売渡請求→排除となるのであろうか（主観、客観条件の変更もあろう）。この二つの場面では扱われる基準が異なっている＝特定建物では通常の議決権であるのに対し団地での承認決議では土地の持分となっている違いは無視してよいのか、との疑問が残る。

(11) 吉田『一問一答』一〇〇頁・Q81、一〇一頁・Q82、同旨『マンション法』二二七頁参照。筆者は、この場合に限定的解釈をとることに疑問が残る。文言上も、他の規定と差異はなく（三一条一項後段、一七条二項でも『特別の影響』とされている）、団地の建替えにおいてもまた、日照等の生活利益に重大な影響を与える場合も含めて差支えないのではなかろうか。

(12) 立法担当者の説明として、吉田『一問一答』一〇三頁・Q84。

(13)『一問一答』一〇五頁・Q86、同一〇七頁・Q87。それが適切妥当か、疑問がなくはない。ジュリ二七、二九頁、森田発言参照。

(14) 大変解りづらい関係である。現場でどのように運用されるのだろうか。

(15) 吉田『一問一答』一一〇頁・Q90、『マンション法』二三三頁。しかし、「一括」の意義をどうみるかによって、疑問がなくはない。

（片桐　善衛）

第三編　特　別　法

第一章　被災区分所有法

一　はじめに

マンションが都市の居住形態として一般化した時代にあって一九九五年一月一七日、阪神・淡路大震災が発生し、従来の予想をはるかに超える様々な被害が多数のマンションでも露呈した。[1] 例えば一棟のマンションの全部が滅失したと認められるような損傷を受ける全部滅失等、[2] 新たな法的問題に直面したといえる。マンションが災害によって、広範囲な地域にわたって、そのすべてが滅失した事例、あるいは一部が滅失した事例は、同震災まではなかったことである。

マンションの全部または一部が滅失した場合、その復旧、建替えあるいは再建については、「建物の区分所有等に関する法律」（以下「区分所有法」という）によって、区分所有者の集会における決議を前提に、費用負担、資金調達、区分所有権等の買取請求、売渡請求等により、大規模災害での法的紛争を予防する手当てがなされていた。にもかかわらず「被災区分所有建物の再建等に関する特別措置法」（以下「被災区分所有法」という）[3] が施行されたのには理由がある。

区分所有法は、建物の一部が滅失した場合の復旧及び建替えについて、区分所有者の多数決の法理を導入してその手当てが規定されているものの、区分所有建物の全部が災害によって、あるいは建物の全部が滅失し土地だけが残った場合は、すでに建物はなくなり、共同で管理すべきものはないとして、区分所有法三条に規定する「管理を行うための団体」、いわゆる管理組合も存在しないこととなる。同法においては、区分所有建物が全部滅失した段階でその適用がはずされてしまうわけである。(4)

被災区分所有法は、この点に対し、「大規模な火災、震災その他の災害により滅失した区分所有建物の再建等を容易にし、被災地の健全な復興に資する」(一条)とし、「政令で定める大規模な災害により区分所有建物の全部が滅失した場合、その建物に係る敷地利用権が数人で有する所有権その他の権利であったときは、敷地共有持分権等を有する者は再建の決議をするための集会を開くことができ」(二条一項)、「再建の集会において、敷地共有者等の議決権の五分の四以上の多数で、滅失した区分所有建物に係る建物の敷地に主たる使用目的を同一とする建物を建築する旨の再建の決議をすることができる」(三条一項)としたわけである。つまり、大規模な火災、震災その他の災害により滅失した区分所有建物の再建等を容易とするため、区分所有建物が全部滅失した場合には区分所有関係が消滅し、敷地の共有関係、準共有関係が存在するだけで、民法上の共有(特に二五一条及び二六四条)が適用されるが、政令で定める大規模な災害に限って、再建を敷地共有者の集会において決議することができることとし、多数決による決定の手続を導入したのである。

ここでは、被災区分所有法がどのような経緯で立法されたかについてまず概観し、条文毎の具体的内容の把握を行って、結びに代えて若干の検討を加えることとする。

注(1) 東京カンテイ kantei eye—マンション価格動向報告臨時増刊(二〇〇〇年一月六日付)損壊したマンション全二五三二棟(大破八三、中破一〇五、小破三五三、軽微損壊一九八八棟)。

(2) 滅失の程度は、建物全体の効用が失われた場合を全部滅失、一部の効用が失われた場合を一部滅失といい、さらに一部滅失は、建物全体の価格の二分の一超と以下に分類され、前者を大規模滅失、後者を小規模滅失とする(コンメンタールは、大規模一部滅失・小規模一部滅失と表記）。
（3）平成七年（九五年）三月一七日成立、二四日公布、施行（平成七年法律第四三号）。
（4）この点に関して、稲本洋之助・鎌野邦樹「コンメンタールマンション区分所有法」（第二版）五二五頁によれば「災害による全部滅失という事態を想定していなかったからではなく、むしろ全部滅失の場合に区分所有法を適用することはできない、民法の適用に服すべきものとされた」といい、八三年区分所有法の立法担当者は、「建物区分所有法の改正」三七〇頁で「全部滅失の場合は、区分所有関係が解消し、敷地又は敷地利用権の共同所有関係が残るだけであるから、土地の共同所有の場合と違った特段の措置を講ずるまでの必要はないもの」との見方を示す。

二　立法の経緯

立法過程における被災区分所有法の最大の特色は、担当省庁である法務省民事局での法案の検討開始から施行まで、わずか二ヶ月余りという緊急立法であった点である。また、同局による阪神・淡路大震災後の対応をめぐって興味深いのは、①建物が高層化した近代的な大都市が巨大地震によって被害を受けたわが国初めての事例と受け止め②マンション等の区分所有建物が受けた被害も実に深刻とした上で速やかに被災地が受けた被害の実情と被災地の調査に着手したところ、被災地からは、マンション等の再建については多数決制を導入して欲しいとの強い要請があった③この要請に沿うべく現行の制度を検討すると、滅失した区分所有建物の再建等を容易にし被災地の健全な復興に資するため、その再建に関する敷地の共有者等の間の利害の調整のための制度の導入が必要であることから急遽法案を取りまとめたとしている。さらには、④被災地からの希望を超えて大災害時における特別措置を講じており政令をもって大災害を定めれば、直ちに被災区分所有法を適用でき恒久立法の形式を採用

し将来の大災害に備えることができたとする。(1)

なお、同法案は、関係省庁との調整、与党内の調整を経て九五年三月一四日に特別措置法案として閣議決定(閣法)され、第一三二回国会に提出し衆・参議院法務委員会・本会議における全会一致での可決成立を受け同二四日に公布。同日付で施行された。また、同法二条一項に基づく災害に指定する政令は、同月二二日に閣議決定し同月二四日に公布されている。(2)

区分所有法における区分所有建物の「滅失」時の想定を超え、同震災の発生を経て露呈した「全部滅失」にあたる場合にも、政令で災害の指定を受けた場合に限られるものの、被災地の健全な復興を容易とするため、多数決主義の導入による区分所有建物の再建を可能とする手法が確立したわけである。

注(1) 法務省民事局参事官室「Q&A　被災マンション法」一頁参照。

(2) 被災区分所有建物の再検討に関する特別措置法二条一項の災害を定める政令
平成七年三月二四日政令第八一号。

三　条項趣旨と多数決主義の展開

被災区分所有法一条は、「大規模な火災、震災その他の災害により滅失した区分所有建物の再建等を容易にし、もって被災地の健全な復興に資することを目的とする」とし、同法全体の目的を明記して規定している。

二条本文は、「大規模な火災、震災その他の災害で政令で定めるものにより建物の区分所有等に関する法律(昭和三七年法律第六九号。以下「区分所有法」という。)二条三項に規定する専有部分が属する一棟の建物(以下「区分所有建物」という。)の全部が滅失した場合において、その建物に係る同条六項に規定する敷地利用権が数人で有する所有権その他の権利であったときは、その権利（以下「敷地共有持分等」という。）を有する者は、次条一項の決議をするための集会を開くことができる」とし、再建への集会について定めている。

具体的内容を確認する上で、まず最初に触れておかなければならないことは、「政令で定める災害」つまり政令指定災害によって、一棟の建物の全部が滅失した区分所有の建物のみに適用されるのであり、適用されるためには政令指定災害と区分所有建物の全部滅失には相当と認められる因果関係が必要である。[1]敷地利用権が数人で有する所有権その他の権利（敷地共有持分または借地における準共有持分）であった場合に、敷地共有者等が建物の再建の決議を行うために集会を開くことができるものとしている。

さらに二項においては「前項の規定による集会（以下『再建の集会』という。）における敷地共有持分等を有する者（以下『敷地共有者等』という。）の各自の議決権は、敷地共有持分等の価格の割合による」とし、再建の集会における議決権の割合を示し、三項で「再建の集会は、議決権の五分の一以上を有する敷地共有者等が招集する」という再建の集会の招集について定める。

一、二、三項で特に重要と思われるのは、まず再建の決議の主体であるが、もともと民法の共有規定からすると、共有物の管理、変更にあたって集会は開かなくてもよいものの過半数の同意または全員の同意を必要とするが、再建の決議の主体は敷地共有者等であり、区分所有建物の再建の意思を決定するには集会を開いて決議することを求めている。また、その際の議決権は、区分所有法上は一般的には専有床面積の割合によるが、区分所有建物が全部滅失していることから、ここでは敷地共有持分等の価格の割合によることとしている。[2]

四項では、区分所有法の一定の規定の準用を定め、区分所有法の規約および集会に関する規定（区分所有法第一章第五節）のすべてが準用されるわけではないが、同法三三条一項本文、二項、三五条一項本文、二項、五項、三六条、三九条、四〇条、四一条、四二条一項から四項まで、四五条一項から三項、五項が準用される。

次に、三条は「再建の集会においては、敷地共有者等の議決権の五分の四以上の多数で、滅失した区分所有建物に係る区分所有法二条五項に規定する建物の敷地若しくはその一部の土地又は当該建物の敷地の全部若しくは一部を含む土地に建物を建築する旨の決議（以下『再建の決議』という。）をすることができる」とし区分所有建物の全部が滅失した場合における決議の要件、効力等を規定している。

なお、二項は「再建の決議においては、次の事項を定めなければならない」として一　新たに建築する建物（以下『再建建物』という。）の設計の概要　二　再建建物の建築に要する費用の概算額　三　前号に規定する費用の分担に関する事項　四　再建建物の区分所有権の帰属に関する事項といった具体的決議事項を示し、三項では「前項第三号及び第四号の事項は、各敷地共有者等の衡平を害しないように定めなければならない」とし四項は「再建の決議をした再建の集会の議事録には、その決議についての各敷地共有者等の賛否をも記載し、又は記録しなければならない」続いて五項は「再建の決議は、その区分所有建物の滅失に係る災害を定める前条第一項の政令の施行の日から起算して三年以内にしなければならない」六項は「再建の決議があった場合については、区分所有法第六三条第一項から第三項まで、第四項前段、第六項及び第七項並びに第六四条の規定を準用する。この場合において、区分所有法第六三条第一項から第三項まで及び第四項前段並びに第六四条中『区分所有者』とあるのは『敷地共有者等』と、区分所有法第六三条第一項、第三項及び第四項前段並びに第六四条中『建替えに』とあるのは『再建に』と、区分所有法第六三条第四項前段中『区分所有権及び敷地利用権』とあり、並びに区分所有法第六三条第六項及び第六四条中『区分所有権又は敷地利用権』とあるのは『敷地共有持分等』と、区分所有法第六三条第六項及び第七項中『建物の取壊しの工事』とあるのは『建物の再建の工事』と、区分所有法第六四条中『建替えを行う』とあるのは『再建を行う』と読み替えるものとする」として、再建に参加しない者に対する権利の売渡請求等の決議を実行するための手続等を定めるものとなっている。

被災区分所有法三条全体の射程は、区分所有建物の全部が滅失した場合に、その建物の敷地（規約によって建物の敷地とされた土地を含む）に建物を再建することを容易とするために、敷地共有者等が議決権の五分の四以上の多数をもって再建の決議をすることを認め、区分所有建物が全部滅失したことによって区分所有者の団体が消滅した後、一定の期間を限定して、敷地共有者等の間に建物の再建を目的とした団体的関係が存在するものと想定しながら、全員一致によらない多数決主義による『再建の決議』を行うことを可能としているわけである。(3)

四条は「第二条第一項の政令で定める災害により全部が滅失した区分所有建物に係る敷地共有者等は、民法（明治二九年法律第八九号）第二五六条第一項本文（同法第二六四条において準用する場合を含む。）の規定にかかわらず、その政令の施行の日から起算して一月を経過する日の翌日以降当該施行の日から起算して三年を経過する日までの間は、敷地共有持分等に係る土地又はこれに関する権利について、分割の請求をすることができない。ただし、五分の一を超える議決権を有する敷地共有者等が分割の請求をする場合その他再建の決議をすることができないと認められる顕著な事由がある場合は、この限りでない」とし、敷地共有持分等に係る土地等の分割請求に関する特例について示している。

政令指定災害にあたる災害によって区分所有建物が滅失した場合には、被災区分所有法三条に従って敷地共有者等の全員ではなく、議決権の五分の四以上の多数で区分所有建物の再建を決議することができる。このような再建の決議を可能とするため、民法の共有に関する規定にかかわらず、再建の決議の準備に必要な一定の期間、敷地共有者等が敷地等の分割を請求することができないものとしている。(4)

なお、政令の施行の日から三年以内に限り多数決決議による再建の決議を認めることによって、大規模災害により滅失した一棟の建物の再建を容易とする狙いであるが、ここでいう敷地共有者は、そもそも当該建物の区分所有者であり、その共有物である敷地については分割請求できるのが原則であるところ、これを認めることでの混乱を踏まえ、再建の決議は政令の施行の日から三年以内に限ることとし、合理的な範囲として敷地共有者等の分割請求を禁止したものである。

五条は「第二条第一項の政令で定める災害により区分所有建物の一部が滅失した場合についての区分所有法第六一条第一二項の規定の適用については、同項中『建物が滅失した日から六月以内に』とあるのは『その滅失に係る災害を定める被災区分所有建物の再建等に関する特別措置法（平成七年法律第四三号）第二条第一項の政令の日から起算して一年以内』とする」として、現区分所有法六一条一二項の規定に対する特別法としての規定である。

区分所有法六一条一二項は、大規模災害時に区分所有建物の一部が滅失した場合、滅失した日から六ヵ月以内に復旧あるいは建替えの決議が行われないときに、各区分所有者が他の区分所有者に建物及び敷地に関する権利について買取請求を行使できるが、阪神・淡路大震災における被災地のような場合、大きな混乱が生じ六ヵ月間内で、このような重大な決議をこなすことは困難であるとし、政令指定災害として政令が施行された日から起算し一年に延長したものである。区分所有者が混乱する事態を回避することができるよう配慮されたものである。

六条は、「次の各号のいずれかに該当する場合には、その行為をした者は、二〇万円以下の過料に処する」とし、「一　議事録等を保管する者が第二条第四項において準用する区分所有法第三三条第一項の規定に違反して、正当な理由がないのに、議事録等の閲覧を拒んだとき。二　再建の集会の議長が第二条第四項において準用する区分所有法第四二条第一項から第四項までの規定に違反して、議事録を作成せず、又は議事録に記載し、若しくは記録すべき事項を記載せず、若しくは記録せず、若しくは虚偽の記載若しくは記録をしたとき」として、集会における議事、議決内容、再建の決議に対する各敷地共有者等の賛否の別等の事項は敷地共有者等の権利・義務に重大な影響をもつものだから、その不作成、不記載、虚偽の記載および保管者による閲覧の拒絶を罰則をもって禁ずることとしている。

ところで、前述のような条文の概観からすると、被災区分所有法は、政令指定災害を受けて民法の特別法としての側面と区分所有法の特別法としての側面を併せ持つ構成をなしていると見ることができよう。そして、この法律の特例としての一面は、政令指定災害の施行を受けて、その政令の施行の日から起算し、①三年以内に敷地共有者等が集会において敷地共有持分の価格の割合による議決権の五分の四以上の多数で建物を再建でき、②建物の全部が滅失した敷地共有者等は三年を経過する日まで敷地及び敷地に関する権利の分割の請求ができず、③各区分所有者が他の区分所有者に対して建物及びその敷地についての権利を時価で買い取るべき請求は一年を経過した後とするとしているわけである。

注（1）升田純「大規模災害と被災建物をめぐる諸問題」二三頁参照。

（2）稲本・鎌野「コンメンタールマンション区分所有法」（第二版）五二七頁参照。

（3）前掲書五四〇頁参照。

（4）前掲書五四七頁参照。なお、この点については民法二五六条一項中で「各共有者はいつでも共有物の分割を請求することができる」とし、共有に関する一般理論では、共有は個別的な所有が目的物の物理的性状等によって一時的に制約されたものに過ぎないから、共有法理は可能な限り各共有者の自由を保障するとともに、共有関係自体を終了させる権利を各共有者に固有のものとして認めるものでなければならないし、この権利の不行使についても共有者の合意による特約を認める場合、一定の制限を服せしめるべきだとした上で、四条では敷地共有者等が敷地等の分割を請求することを一定の期間禁止したのだと指摘する。

四　一部滅失、大規模滅失と全部滅失との関係

阪神・淡路大震災後の被災マンションの復興は当初、軽微な被災の場合は補修、大規模な場合は建替えというような流れで進展するものの、補修か建替かを主たる争点とした深刻な対立が露見した。また、解体助成を契機として、被災後の復興を一層建替えに特化させたがその過程にあっては、先の被災の程度から対応の選択を行うのは余りにも短絡で、むしろ、建替えずとも補修による対応がいかに幅広いものであったかということを示さずにはおかなかった。同震災を迎える以前には想像もつかなかったことである。さて同震災前の滅失による建物の復旧・再建について法の手当てはいかようなものであったのか。区分所有法の射程を踏まえて再度確認してみよう。

昭和三七年（六二年）区分所有法は、その三五条で「建物の価格の二分の一以下に相当する部分が滅失したときは、各区分所有者は、滅失した共用部分及び自己の専有部分を復旧することができる」とし、二項「前項の規定により共用部分を復旧した者は、他の区分所有者に対し、復旧に要した金額を第一〇条に定める割合に応じて償還すべきことを請求することができる」三項「第一項の場合を除いて、建物の一部が滅失したときは、区分所有者は、建物の再建に関し協議しなければならない」四項「前項の協議をすることができないとき、またはその協議が成立しないときは、各区分所有者は、他の区分所有者に対し、建物及びその敷地に関する権利を時価で買い取るべきことを請求できる、ただし裁判所は、他の区分所有者の請求により、代金の請求につき相当の期限を許与することができる」五項「前四項の規定は規約で別段の定めをすることを妨げない」として、区分所有建物の一部が滅失した場合の復旧について初めての規定を設けた。これは同時に、一部滅失の概念の導入を示し論理

的には一部滅失以外の滅失という概念をも生み出しているわけである。[1]すなわち一、二項は建物の一部の滅失が建物の価格の二分の一以下である場合、滅失した共用部分及び専有部分の復旧ができ、共用部分の復旧にあたってはその費用の償還を請求できるとした上で、三、四、五項で、区分所有者全員に再建の協議を義務付けし、協議の不能、不成立時は各区分所有者が他の区分所有者に建物及び敷地に関する権利の買取りを請求でき、規約で別段の定めを設けてもよいとしているのである。

では、昭和五八年（八三年）区分所有法における「建物の一部が滅失した場合の復旧等」についての定めである六一条ではどうか。「建物の価格の二分の一以下に相当する部分が滅失したときは、各区分所有者は、滅失した共用部分及び自己の専有部分を復旧することができる」とし、二項「前項の規定により共用部分を復旧した者は、他の区分所有者に対し、復旧に要した金額を第一〇条に定める割合に応じて償還すべきことを請求することができる」三項「第一項の場合を除いて、建物の一部が滅失したときは、区分所有者は、建物の再建に関し協議しなければならない」四項「前項の協議をすることができないとき、またはその協議が成立しないときは、各区分所有者は、他の区分所有者に対し、建物及びその敷地に関する権利を時価で買い取るべきことを請求できる、ただし裁判所は、他の区分所有者の請求により、代金の請求につき相当の期限を許与することができる」五項「前四項の規定は規約で別段の定めをすることを妨げない」とし、区分所有者の集会において共用部分の復旧を決議することができ、小規模滅失の場合はその際、区分所有者及び議決権の過半数以上ので復旧を決議し、小規模以外の滅失については区分所有者及び議決権の四分の三以上の議決要件で復旧することができ、さらに復旧の決議に賛成しない少数者には復旧の決議に賛成する区分所有者への建物及び敷地に関する権利の買取りを請求することを認め、区分所有関係からの離脱が可能である。復旧の過程が六二年法に比べ八三年法は、詳細でしかも具体の手続を提示している。

平成一四年（〇二年）区分所有法における同条では、「建物の価格の二分の一以下に相当する部分が滅失したときは、各区分所有者は、滅失した共用部分および自己の専有部分を復旧することができる。ただし、共用部分については、復旧の工事に着手するまでに第三項、次条第一項または第七〇条第一項の決議があったときは、この限りでない」とし、二項以下次のようになる。二項前項の規定により共用部分を復旧した者は、他の区分所有者に対し、復旧に要した金額を第一四条に定める割合に応じて償還すべきことを請求することができる。」三項「第一項本文に規定する場合には、集会において、滅失した共用部分を復旧する旨の決議をすることができる。」四項「第三項の規定は、規約で別段の定めをすることを妨げない。」五項「第一項本文に規定する場合を除いて、建物の一部が滅失したときは、集会において、区分所有者及び議決権の各四分の三以上の多数で、滅失した共用部分を復旧する旨の決議をすることができる。」六項「前項の決議をした集会の議事録には、その決議についての各区分所有者の賛否をも記載し、又は記録しなければならない。」七項「第五項の決議があった場合において、その決議の日から二週間を経過したときは、次項の場合を除き、その決議に賛成した区分所有者（その承継人を含む。以下この条において「決議賛成者」という。）以外の区分所有者は、決議賛成者の全部又は一部に対し、建物及びその敷地に関する権利を時価で買い取るべきことを請求することができる。この場合において、その請求を受けた決議賛成者は、その請求の日から二月以内に、他の決議賛成者の全部又は一部に対し、決議賛成者以外の区分所有者を除いて算定した第一四条に定める割合に応じて当該建物及びその敷地に関する権利を時価で買い取るべきことを請求することができる。」八項「第五項の決議の日から二週間以内に、決議賛成者がその全員の合意により建物及びその敷地に関する権利を買い取ることができる者を指定し、かつ、その指定された者（以下この条において「買取指定者」という。）がその旨の決議賛成者以外の区分所有者に対して書面で通知したときは、その通知を受けた区分所有者は、買取指定者に対してのみ前項前段に規定する請求をすることができる。」

九項「買取指定者が第七項前段に規定する請求に基づく売買の代金に係る債務の全部又は一部の弁済をしないときは、決議賛成者（買取指定者となった者を除く。以下この項及び第一三項において同じ。）は、連帯してその債務の全部又は一部の弁済の責めに任ずる。ただし、決議賛成者が買取指定者に資力があり、かつ、執行が容易であることを証明したときは、この限りでない。」一〇項「第五項の集会を招集した者（買取指定者の指定がされているときは、当該買取指定者）は、決議賛成者以外の区分所有者に対し、四月以上の期間を定めて、第七項前段に規定する請求をするか否かを確答すべき旨を書面で催告することができる。」一一項「前項に規定する催告を受けた区分所有者は、前項の規定により定められた期間を経過したときは、第七項前段に規定する請求をすることができない。」一二項「第五項に規定する場合において、建物の一部が滅失した日から六月以内に同項、次条第一項又は第七〇条第一項の決議がないときは、各区分所有者は、他の区分所有者に対し、建物及びその敷地に関する権利を時価で買い取るべきことを請求することができる。」一三項「第二項、第七項、第八項及び前項の場合には、裁判所は、償還若しくは買取の請求を受けた区分所有者、買取の請求を受けた買取指定者又は第九項本文に規定する債務について履行の請求を受けた決議賛成者の請求により、償還金又は代金の支払につき相当の期限を許与することができる。」

ここでは八三年法と〇二年法との差異に特に注目してみてみると、七項の修正と八項から一一項までの新設部分に見られ、買取請求権の行使におけるその手続きの整備を行ったといえる。具体には、買取請求の相手方の指定（八項）がされなかった場合は買取請求を受けた決議賛成者が他の決議賛成者に再買取請求でき（七項）催告が可能となった（一〇・一一項）というものである。

ここで問題となるのは、六二年法、八三年法、〇二年法を通して、小規模・大規模滅失の復旧の過程にあって、買取請求の手続き上の進展は精査が重ねられているものの、いわゆる全部滅失の規定については、全くそれが存在しないという点である。もちろん全部滅失となるとどう捉えるべきかは厄介で、物理的に捉えると、建物の九九％が崩壊してもなお、一％の部分が残存していれば全部滅失とはならないということになろうが、法律的にはそう解すべきでなく、残存部分がなお建物としての利用価値を有しその価値が取引上も認められるか否かの観点から決すべきであり、その価値が認められる場合は一部滅失、認められない場合は全部滅失と見るのが妥当である。しかし、抽象的にはそういいえても具体的にはその判定は困難である。結局は建物の用途、地域性、建物に対する需要度などの諸ファクターを総合して判断すべきといった見方[2]、また、単に物理的に捉えるべきでなく、滅失していない残存部分があることによってなお建物としての効用を社会的に認められるか、という観点から総合的に判断すべきであるという考え方がある[3]。ここで踏まえておきたいのは、全部滅失の場合、敷地の利用関係が顕在化し、敷地が建物の区分所有者全員の共有であったとき、滅失した建物を再建するか否かは敷地共有者全員の協議によって決しなければならず、ひとりでも反対者がいれば再建は許されない[4]。一棟の建物が全部滅失した場合、すでに建物の存在がないわけだから区分所有関係は解消し、敷地または敷地利用権の共同所有関係が残るだけであるから共同所有の場合一般と同一であるとの見方が支配する[5]。

この見方を大きく見直さなければならなかった要因が、阪神・淡路大震災で被災した区分所有建物の再建における緊急性への対処であり[6]、この見方のままでは再建が一層困難に陥るとの判断である。阪神・淡路大震災で被災したマンションの中には、建物の効用を全面的かつ確定的に失い、建物の全部が滅失したと見るべきものが少なくない。そのような被災マンションにあっては、区分所有法の規定を適用することができないので、マンションの建替えに準じた再建を多数決を採りいれた立法措置によって実現するといった要請を得て、被災区分所有法が制定されたのであるとする[7]。

注（1）丸山英氣「マンションの建替えと法」二四七頁参照。

(2) 半田正夫「滅失による復旧再建その他」玉田弘毅他「建物区分所有権法」一一三頁参照。
(3) 稲本・鎌野「コンメンタールマンション区分所有法」(第二版) 三三二頁参照。
(4) 半田「滅失による復旧再建その他」玉田弘毅他「建物区分所有権法」一二二―一二三頁参照。
(5) 濱崎泰生「建物区分所有法の改正」三七〇頁参照。
(6) 升田「大規模災害と被災建物をめぐる諸問題」二三頁参照。
(7) 稲本・鎌野「コンメンタールマンション区分所有法」(第二版) 三三四、五二五―五二六頁参照。なお、同書では、旧区分所有者が敷地利用権を共有または準共有している関係に団体的拘束を求めることは理論上矛盾が存在すると指摘した上で、被災区分所有法は、震災復興という公共的目的から適用災害を限定して、多数決による再建の手続を創設したものとする。

五　最後に

被災区分所有法が、理論的には妥当でないが同震災による混乱を防止する上で妥当なことであったとするなか[1]で、この背景に認められるのは、建物の全部滅失が直ちに敷地の共有関係を生ずるものではないとする考え方である。区分所有法は、直接的に全部滅失については触れていない。いわば法の欠缺状態にある。全部滅失の場合は、建物を再建するかしないかがまず問われ、再建しない場合は土地を売却するかそれとも別に用途を考えるかを決しなければならない。いずれも全員の合意を必要とする。全部滅失の場合は、建物はすでに現象的には存在しないのであるから土地に関する権利関係が前面に出てくるが、区分所有者の団体的拘束がなくなったわけではないことに注意を要する。区分所有権は、専有部分への権利、共用部分への権利、敷地への権利そして物権化した構成員権から構成され、この構成要素が不可分一体の関係をなしている。別々の処分、譲渡は不可能で、このことは再建の場合も同一であるとするのである。団体的拘束を離脱する全員一致の合意があってはじめて通常の共有関係に立ち、団体的拘束から解放されるのであるから、区分所有者全員によるこのような合意がなければ依然として団体の拘束のもとにある。(2)

区分所有建物が全部滅失したからといって区分所有法の適用が直ちに終わるものではなく、区分所有者の団体は依然として残存し、建物の補修や従来までの活動を継続し、この活動が従来の団体に関する残務整理に留まるものではない。区分所有建物をどう再建するかどうかの決議もなしうる。しかも、いったん区分所有関係に入った者は相当期間そのような関係にあることを予想しているのであり、区分所有建物が全部滅失したからといってその関係が解消されたとは予想していない。区分所有関係が消滅したとして敷地利用権の持分だけを持分のままで譲渡するとか、持分に基づいて分割請求することは法律上はともかくとして、事実上は区分所有者にとって有利に働かない。すると、復旧手続の中で買取請求権を行使したり建替え手続の中で売渡請求権を行使するほうが妥当な救済を得られるのではないかとする考え方が浮上する。(3)一部滅失と全部滅失の際も区別にあたっては困難である。更に一部滅失は区分所有関係の中で処理し全部滅失は共有関係であっては混乱を招くだけである。しかも復旧への対処は、建替え、再建に限らず補修の領域が相当幅のあるものだけに区分所有関係の継続がむしろ重要ではないかと考える次第である。

（竹田　智志）

注(1)　丸山英氣「マンションの建替えと法」二四六頁参照。
(2)　丸山「区分所有建物の法律問題」三〇九頁参照。
(3)　丸山「マンションの建替えと法」二四六頁参照。

第二章　マンション管理適正化法

一　マンション管理適正化法の制定および目的

本章では、マンション管理適正化法（「マンションの管理の適正化の推進に関する法律」二〇〇〇年（平成一三年）一二月八日制定、公布、二〇〇一年八月一日施行）（以下「適正化法」）について概説する。

わが国のマンションストック個数は、国土交通省の統計によれば、平成一四年末現在推計四二七万個、居住人口は約一、一〇〇万人に上るとされる。この数字にみられるように、マンションに住まうという居住形態は、とりわけ都市部においては今やごく一般的なものとなっており、それだけに、マンションの良好な居住環境の実現は、我が国における良好な都市環境、および住居環境の維持、向上というテーマに直結する。しかしながら、同法の制定、施行までマンションの適正な管理の主体となる管理組合を支援し、管理組合とマンション管理業者との関係を規律する法律は存在してこなかった。

適正化法は、こうした現状を踏まえ「この法律は、土地利用の高度化の進展その他国民の住生活を取り巻く環境の変化に伴い、多数の区分所有者が居住するマンションの重要性が増大していることにかんがみ、マンション管理士の資格を定め、マンション管理業者の登録制度を実施する等マンションの管理の適正化を推進するための措置を講ずることにより、マンションにおける良好な居住環境の確保を図り、もって国民生活の安定向上と国民経済の健全な発展に寄与すること」（適正化法一条）を目的として制定された。

この目的を達成するために、同法は、およそ以下のような内容を施策として定めている。

第一に、マンション管理組合を援助するためのアドバイザーとして、マンション管理士の資格を定めること（同法第二章）。第二に、実際にマンション管理にあたるマンション管理業者の、質の維持向上を図るため、マンション管理業者についての登録制度を導入して行政の規制下におくこと（同法第三章）。第三に、マンション管理業者の事業者団体を指定して自主的な業務の改善や苦情の処理に当たらせること（同法第五章）、第四に、国土交通大臣が「マンション管理適正化指針」を定め、「マンション管理適正化推進センター」を設置して管理組合の援助、支援に当たらせる等、国および地方公共団体が、マンション管理の適正化に資するための必要な措置を講じること（同法第四章　九一条〜九三条）。

なお、適正化法の施行にあたり、その具体的運用に関し、国土交通省令として、平成一三年七月一九日、マンションの管理の適正化の推進に関する法律施行規則が定められた（本章では、単に規則として表記する）。

二　定義等

1　マンション

適正化法では、「マンション」とは「二以上の区分所有者が存する建物で人の居住の用に供する専有部分のあるものならびにその敷地及び附属施設」（適正化法二条一号イ）、および「一団地内の土地又は附属施設（これらに関する権利を含む）が当該団地内にあるイを含む数棟の建物の所有者（専有部分のある建物にあっては、区分所有者）の共有に属する場合における当該土地および附属施設」（同法二条一号ロ）をいうとされる。

二人以上の区分所有者が存する建物であって、かつ専有部分の一つ以上が居住用であれば、当該建物は、マンションであり、また、「マンション」とは単に建物のみならず、敷地、附属施設も含まれる。適正化法においては、マンションの建物のみならず、建物と共に一体的に管理されるべき附属施設についてもあわせて規制対象とすることが便宜であることから、建物、敷地、附属施設を一体的に「マンション」として定義することとしたものである。

また同様の理由から、一団地内に、同法二条一号イに掲げる建物、すなわち、二人以上の区分所有者が存する建物であって、かつ専有部分の一つ以上が居住用であるものを含む数棟の建物（ただし、全ての建物が区分所有建物である必要はない。）があり、その団地内の土地または附属施設をその団地内の建物所有者で共有している場合においては、それらの土地または附属施設も、「マンション」に包含される。

2　マンションの区分所有者等

マンションの所有者としてマンション管理を行う者は「マンションの区分所有者等」である。適正化法においては、マンションを構成する区分所有建物の専有部分の所有者の他、同法二条一号ロに掲げられた、土地および附属施設の所有者も、マンションの管理にあたるべき「マンションの所有者」であることから、これらの者を含めるため「マンションの区分所有者等」としている。

3　管理組合および管理者

適正化法三条に基づいて国土交通大臣の定める「マンションの管理の適正化に関する指針」においては、「管理組合」をマンションの管理の主体として位置づけている。ここにいう「管理組合」とは、①区分所有法三条にいう区分所有者の団体（複数の区分所有者の存在によって当然に成立するもの）、②同法六五条にいう団地建物所有者の団体（団地関係が構成される場合に、団地内の土地または附属施設を共有する団地内の建物所有者らを構成員として当然に成立するもの)、および、③同法四七条一項にいう管理組合法人(①または②の団体が区分所有法所定の手続きを経て法人となったもの)をいう(適正化法二条三号)。

なお、団地内マンションにおいて、棟ごとの管理組合と、団地全体の管理組合が、共にマンション管理を行っているような場合、適正化法の適用対象となるべき管理組合がいずれであるかが問題となりうるが、このような場合には、個々の管理事務につきその主体となっている管理組合が適用対象となるものと考えられる。

4 マンション管理業および管理事務

「マンション管理業」とは、「管理組合から委託されて管理事務を業として行うもの(マンションの区分所有者等が当該マンションについて行うものを除く。)」をいう(適正化法二条七号)。ここに「管理事務」とは「マンションの管理に関する事務であって、基幹事務(管理組合の会計の収入および支出の調定及び出納ならびにマンション(専有部分を除く。)の維持又は修繕に関する企画又は実施の調整をいう。)もの」をいう(同法二条六号)。これによれば、「基幹事務」とは、管理組合の収支予算や決算書の作成等の管理組合の会計事務、管理費、修繕積立金の収納、管理費の経費の支払い等の出納事務、長期修繕計画の立案等の、マンションの維持、修繕に関する企画または実施調査のすべてを含むもののみをいい、単なる清掃業務や、設備点検業務、警備業務等は基幹事務には該当しない。また、「業として」とは、反復継続して行うことを指し、営利目的か否かは問わない。なお、マンションの区分所有者が管理事務の委託を受ける場合もマンション管理業には該当しない。

適正化法四四条に定める登録を受けて、マンション管理業を行うものは「マンション管理業者」とされる(同法二条八号)。マンション管理業者には、管理受託契約の重要事項の説明、受託した管理業務処理の確認等を行うため、同法六〇条一項に規定する主任者証の交付を受けた「管理業務主任者」(同法二条九号)が置かれる。

三　マンション管理適正化指針

適正化法は、国土交通大臣は管理組合によるマンションの管理の適正化に関する指針を定めてこれを公表するものと定め（適正化法三条）ており、同条に基づいてマンション管理適正化指針（国土交通省告示第一二八八号）が公表された。

この指針は、㈠マンション管理の適正化の基本的方向、㈡管理組合が留意すべき基本的事項、㈢区分所有者等が留意すべき基本的事項、㈣マンション管理士制度の普及と活用、㈤管理委託に関する基本的事項、および㈥国・地方公共団体の支援の六項目からなっており、管理組合の運営、長期修繕計画その他の管理組合によるマンション管理についてそのあり方を方向づけるガイドラインとしての機能を有している。適正化法では、管理組合は、この指針に留意してマンションを適正に管理するよう努めなければならないとしている（同法四条）。また、マンション管理適正化法では、国および地方公共団体はマンションの管理の適正化に資するため、マンションの区分所有者等の求めに応じ、必要な情報および資料その他の措置を講ずるよう努めなければならない旨が定められており（同法五条）、マンション管理適正化指針においても、必要な情報提供や支援体制の整備に努めるべきことがうたわれている。

四　マンション管理士

1　マンション管理士の意義

マンション管理士は、適正化法によって新たに創設された資格である。マンション管理士の名称を用いて、専門的知識をもって、管理組合の運営その他のマンションの管理に関し、管理組合の管理者等又はマンションの区分所有者等の相談に応じ、助言、指導、その他の援助を行うことを業とするものをいう（適正化法二条五項）。マンションの管理を行うべきマンションの各区分所有者や管理組合が管理に関する専門的知識を有しないことが少なくないことから、適正化法では公的資格としてのマンション管理士を新設し、管理組合等からの要請に応じて、マンション管理上の諸問題、たとえば、マンションの居住に関するルールの策定や改正、管理組合の運営、長期修繕計画や修繕積立金等に関する企画・見直し等につき、専門的観点から、援助、アドバイス等に当たらせることとした。

マンション管理士となるためには、資格試験に合格し（同法六条）、国土交通大臣の登録（同法三〇条一項）を受けることが必要である。マンション管理士でない者がマンションの管理について助言等を行うことはできるが、マンション管理士またはこれに紛らわしい名称を使用することは許されず（同法四三条）違反した者は三〇万円以下の罰金に処せられる（同法一〇九条二号）。

なお、弁護士、司法書士、建築士等のように、他の法律においてその資格がなければその業務ができないとされている業務については、マンション管理士が行うことはできない。

2　マンション管理士試験

適正化法は、第二章にマンション管理士試験に関する事項につき定めている（適正化法六条～二九条）。これによればマンション管理士試験は、管理組合の運営その他のマンションの管理に関する専門的知識を有するかどうかを判定することに基準を置き（同法規則一条）、この観点から概ね、

①　マンションの管理に関する法令および実務に関すること

②　管理組合の運営の円滑化に関すること

③　マンションの建物および附属施設の形質および構造に関すること

④　マンションの管理の適正化の推進に関する法律に関すること

が試験すべき事項とされる（同法規則二条）。

試験の実施については、国土交通大臣が、国土交通省令で定めるところによりその指定するもの（いわゆる指定試験機関）に行わせることができ（同法一一条一項）る。現在、財団法人マンション管理センターが指定試験機関としてマンション管理士試験の実施に当たっている。

3　登録

マンション管理士の名称を使用してマンション管理士業務を行おうとする者は、国土交通大臣の登録を受けなければならない。これは、マンション管理士の業務を適切に行うに足ると認められる者については、国がこれを証明することにより、マンション管理士の名称の使用独占を認める趣旨である。なお、登録に際しては登録免許税を納付しなければならない（適正化法三五条）。

(1)　登録欠格事由

マンション管理士試験に合格した者は、マンション管理士となる資格を有する者として国土交通大臣の登録を受けることができる。ただし、次のいずれかに該当する者は、登録を受けることができない。

①　成年被後見人または被保佐人

成年被後見人および被保佐人は、判断能力が不十分なため自らの財産の管理を行うことが困難として保護・支援の対象となっている者であり、マンション管理士の業務を認めることは取引の安全を損なうとの趣旨である。なお、同じく民法の定める制限行為能力者のうちでも、未成年者および被補助人については欠格事由とされていない。

② 禁錮以上の刑に処せられ、その執行を終わり、または執行を受けることがなくなった日から二年を経過しない者

マンション管理士が信用あるアドバイザーとしてその業務を遂行するために、一定の犯罪行為によって処罰を受けた者について登録から排除する趣旨である。禁錮以上の刑を受けた場合には、犯罪の種類を問わず登録欠格事由に該当する。「刑に処せられ」とは刑を言い渡した判決が確定することであり、禁錮以上の刑の言渡を受けても、控訴、上告している場合には登録を受けることができる。また、「刑の執行が終わり、または執行を受けることがなくなった」とは、現実に刑の執行が完了した場合のほか、仮出獄を取り消されることなく刑期を経過した場合、刑の時効が完成した場合や、刑の執行の免除を受けた場合をいう。なお、刑の執行猶予期間の満了や大赦または特赦については、刑の言渡の効力がなくなるため、そもそも刑に処せられなかったものとしてその翌日から登録を受けることができる。

③ 適正化法の規定により罰金の刑に処せられ、その執行を終わった日、または執行を受けることがなくなった日から二年を経過しない者

②と同趣旨であるが、罰金刑については、適正化法違反についてのみ、登録欠格事由に該当する旨を定める。

④ 適正化法三三条一項二号又は二項の規定により登録を取り消され、その取消しの日から二年を経過しない者

不正の手段によって登録を受けたことを理由としてマンション管理士の登録を取り消された者、または、信用失墜行為の禁止違反（適正化法四〇条）、講習受講義務違反（同法四一条一項）、秘密保持義務違反（同法四二条）を理由としてそれぞれマンション管理士の登録を取り消された者はその日から二年間は登録の欠格となる。

⑤ 適正化法六五条一項二号から四号まで、又は同条二項二号若しくは三号のいずれかに該当することにより

マンション管理業務主任者の登録を取り消され、その取消しの日から二年を経過しない者

マンション管理業務主任者の各種の義務に違反して登録を取り消された場合はその日から二年間は登録の欠格となる。

⑥　適正化法八三条二号又は三号に該当することによりマンション管理業者の登録を取り消され、その取消しの日から二年を経過しない者（当該登録を取り消された者が法人である場合においては、当該取消しの日前三〇日以内にその法人の役員であった者で当該取消しの日から二年を経過しない者）

マンション管理業者の各種の義務に違反して登録を取り消された者は、その日から二年間は登録の欠格となり、マンション管理業者が法人である場合には、その役員についても同様に二年間の登録欠格となる。

(2)　登録証の交付等

国土交通大臣は、マンション管理士の登録をしたときは、申請者にマンション管理士登録証を交付する（適正化法三一条）。マンション管理士は、登録事項のうち、氏名、住所および本籍に変更があった場合にはその変更を登録証を添えて国土交通大臣に届け出なければならない（同法三二条）。

(3)　登録の取消し

国土交通大臣は、一定の場合にはマンション管理士の登録を取り消すことができる。この登録取消しには、必要的取消しと、任意的取消しの二種類がある。

①　必要的取消し

マンション管理士が、マンション管理士の登録欠格事由に該当する場合、または偽りその他の手段により登録を受けた場合には、国土交通大臣はその登録を取り消さなければならない（適正化法三三条一項）。

②　任意的取消し

マンション管理士の行為が信用失墜行為の禁止に該当する場合（適正化法四〇条）、国土交通大臣が行う講習（同法四一条）を受けなかった場合、秘密保持義務違反（同法四二条）があった場合には、国土交通大臣はその登録を取り消し、又は期間を定めてマンション管理士の名称の使用の停止を命ずることができる（同法三三条二項）。

(4) 登録の消除

国土交通大臣は、マンション管理士の登録が効力を失った場合には、その登録を消除しなければならない（適正化法三四条）。登録が効力を失った場合とは、適正化法三三条に基づいてマンション管理士の登録の取消しを行った場合のほか、マンション管理士が死亡し、または失踪の宣告を受けた場合、もしくはマンション管理士が登録欠格事由に該当するに至った場合で、その届出があった場合、本人の登録の消除の申請があった場合のいずれかに該当する場合をいう。

4 マンション管理士の義務

(1) 信用失墜行為の禁止

マンション管理士は、マンション管理士の信用を傷つけるような行為をしてはならない（適正化法四〇条）。マンション管理士は、管理組合等の相談に応じてアドバイス等を行うことを業務とすることから、その信用を損なわないようにする義務が要求される。いかなる行為が信用失墜行為にあたるかは、当該行為の内容、その行為が行われた具体的状況に応じて判断されることになる。例えば、管理組合に対する背信行為や、マンション管理士としての業務に直接関連して刑法上の罪に科せられること等は、マンション管理士の信用を傷つける行為となろう。

(2) 講習受講義務

建築技術の進歩、社会・経済構造の変化等、マンションを取り巻く状況が急速に変化しつつある中で、マンション管理士はこれらの変化に対応し、マンション管理に関する最新の知識を持ってその業務を果たすことが求められる。そこで、適正化法においては、マンション管理士は、五年ごとに国土交通大臣の登録を受けた者または国土交通大臣が行う講習を受けなければならないものとされている（適正化法四一条）。

(3)　秘密保持義務

マンション管理士は、その業務の性質上、他人の家族構成や経済的実態等、プライバシーに属する事柄について知り得る機会が多く、これらの秘匿すべき事項の漏洩は単に一居住者のみならずマンション全体の良好な管理にも影響を及ぼすことになる。そこで、適正化法においては、マンション管理士の守秘義務を定め、その業務の適正を担保することとした。マンション管理士は、マンション管理士である間だけではなく、マンション管理士でなくなった後においても、その業務に関して知りえた秘密を漏らしてはならない（適正化法四二条）。

(4)　義務違反に対する制裁

マンション管理士が、右の義務に違反した場合、国土交通大臣はその登録を取り消し、または期間を定めてマンション管理士の名称の停止を命ずることができる。また、秘密保持義務に違反した場合には、これらの処分とは別に一年以下の懲役または三〇万円以下の罰金に処せられる（適正化法一〇七条一項二号）。ただし、この罪は告訴がなければ公訴を提起することができない親告罪である（同条二項）。

五　マンション管理業

1　概観

マンションの適正な管理は、実際にマンションの管理業務に携わるマンション管理業者の質によって大きく左右される。適正化法においては、この観点からマンション管理業者について、不適格業者を市場から排除するとともに、市場内における事業者については適正な業務を担保するために最小限度の事業規制を行っている。その内容を概観すると、①マンションの管理業について、これを登録制として（適正化法四四条一項）国土交通大臣の監督に服させることとし、悪質な業者については業務停止命令（同法八二条）または登録の取消し（同法八三条）ができるものとする。②管理業務主任者の設置を義務付け（同法五六条）て、管理受託契約の締結に当たらせるとともに、当該契約の締結に際して、重要事項の説明（同法七二条）や所定の事項を記載した契約書面の交付を義務付ける（同法七三条）などの方法により、管理受託契約の締結および内容の適正化を図る。③管理業務については一括再委託を制限し（同法七四条）、帳簿の作成・保管（同法七五条）、修繕積立金等の分別管理（同法七六条）、管理事務の報告（同法七七条）、書類の閲覧（同法七九条）等の各種の義務付けを行うことでその適正化を図る、④管理業者の団体の指導の下で、管理業者に自主的、積極的な業務の改善向上を図らせる、等があげられる。

2　マンション管理業の登録

マンション管理業とは「管理組合から委託されて管理事務を業として行うもの（マンションの区分所有者等が当該マンションについて行うものを除く。）」をいい（適正化法二条七号　既述）、マンション管理業を営もうとする者は、登録免許税を納付し（同法五二条）、国土交通省に備えるマンション管理登録簿に登録を受けなければならない（同法四四条）。この登録を受けて、マンション管理業を営む者がマンション管理業者（同法二条八号）とされる。

マンション管理業の登録を受けない者はマンション管理業を営んではならず（同法五三条）、これに違反した場合には一年以下の懲役または五〇万円以下の罰金に処せられる（同法一〇六条二号）。

また、マンション管理業者が、自己の名義をもって他人のマンション管理業を営ませることも禁じられており、これに違反して名義貸しを行った者もまた、一年以下の懲役または五〇万円以下の罰金に処せられる（同法一〇六条三号）。

(1)　登録申請

マンション管理業の登録を受けようとする者は、国土交通大臣に対して、以下の①～⑥の所定の事項を記載した登録申請書を提出しなければならない（適正化法四五条）。

① 法人である場合には、商号、名称。個人である場合には氏名、住所
② 事務所の名称および所在地
③ 適正化法五六条一項但書に規定する管理業務主任者の設置を要しない事務所であるかどうかの別
④ 法人である場合にはその役員氏名
⑤ 未成年である場合には、その法定代理人の氏名
⑥ 適正化法五六条一項の規定により事務所ごとにおかれる成年者である専任の管理業務主任者の氏名

なお、登録の申請にあたっては、申請書に加えて、以下の書類を添付しなければならない（適正化法規則五三条）。

① 登録者が登録拒否事由（同法四七条）に該当しないことを証する書面
② マンション管理業経歴書

③　事務所について適正化法五六条一項に規定する要件を備えていることを証する書面
④　登録申請者および事務所ごとにおかれる専任の管理業務主任者が成年被後見人および成年被保佐人に該当しない旨の登記事項証明書
⑤　登録申請者および事務所ごとに置かれる専任の管理業務主任者が、民法の一部を改正する法律附則三条一項および二項の規定により、成年被後見人および被保佐人とみなされる者ならびに破産者で復権を得ないものに該当しない旨の市町村長の証明書
⑥　登録申請者が法人である場合には、相談役および顧問の氏名および住所、発行済株式総数の一〇〇分の五以上の株式を有する株主または出資の額の一〇〇分の五以上の額に相当する額の出資をしているものの氏名または名称、住所およびその有する株式の数またはその者のなした出資の金額を記載した書面、直前一年の各事業年度の貸借対照表および損益計算書、法人税、登記簿謄本
⑦　登録申請者、事務所ごとに置かれる専任の管理業務主任者の略歴を記載した書面
⑧　個人である場合には、資産に関する調書、および所得税の直前一年の各年度における納付すべき額および納付済み額を証する書面
⑨　マンション管理業者と第三者との間に保証契約がある場合には当該事項を記載した書面
(2)　国土交通大臣の登録義務・登録拒否事由
国土交通大臣は適正化法四七条の規定により登録を拒否する場合を除いては、マンション管理業者登録簿に登録しなければならない（適正化法四六条）。登録を拒否する事由としては以下のものが定められる（同法四七条）。
①　成年被後見人若しくは被保佐人又は破産者で復権を得ないもの
②　適正化法八三条の規定によりマンション管理業の登録を取り消され、その取消しの日から二年を経過しな

い者

③　マンション管理業者で法人であるものが適正化法八三条の規定により登録を取り消された場合において、その取消しの日前三〇日以内にそのマンション管理業者の役員であった者で、その取消しの日から二年を経過しないもの

④　適正化法八二条の規定により業務の停止を命ぜられ、その停止の期間が経過しない者

⑤　禁錮以上の刑に処せられ、その執行を終わり、又は執行を受けることがなくなった日から二年を経過しない者

⑥　適正化法の規定により罰金の刑に処せられ、その執行を終わり、又は執行を受けることがなくなった日から二年を経過しない者

⑦　マンション管理業に関し成年者と同一の能力を有しない未成年者でその法定代理人が①～⑥のいずれかに該当するもの

⑧　法人でその役員のうちに①～⑥までのいずれかに該当する者があるもの

⑨　事務所について適正化法五六条に規定する要件を欠く者

⑩　マンション管理業を遂行するために必要と認められる、国土交通省令で定める基準に適合する財産的基礎を有しない者（具体的には資産三〇〇〇万円以上（適正化法規則五四条））

登録が行われた場合、国土交通大臣は、マンション管理業者についてその者の登録状況、信用状況、資産状況、経営状況等を広く知らしめるために、マンション管理業登録簿等を、登録簿閲覧所を設けて一般の閲覧に供しなければならない（同法四九条）。閲覧所は国土交通省総合政策局不動産業課内とされている（平成一三年国土交通省告示一二七九号）。また、登録事項に関し変更があった場合、マンション管理業者は変更があった日から三〇日以

内に登録事項の変更を国土交通大臣に届け出なければならない（同法四八条）。

(3)　廃業の届出

適正化法五〇条一項は、「マンション管理業者が以下各号のいずれかに該当することとなった場合においては、当該各号に定める者は、その日（一号の場合にあっては、その事実を知った日）から三〇日以内に、その旨を国土交通大臣に届け出なければならない。」として、マンション管理業者が死亡した場合にはその相続人が（一号）、法人が合併により消滅した場合にはその法人を代表する役員であった者が（二号）、破産した場合にはその破産管財人が（三号）、法人が合併及び破産以外の理由により解散した場合はその清算人が（四号）、マンション管理業を廃止した場合にはマンション管理業者であった個人、又はマンション管理業者であった法人を代表する役員が（五号）それぞれ届け出の義務を負うものとした。他方、マンション管理業者が各号のいずれかに該当するに至ったときは、マンション管理業者の登録はその事実が発生したときには届け出を待たずに、その効力を失う（同条二項）。国土交通大臣は、マンション管理業者の登録がその効力を失ったときは、その登録を消除しなければならない（同法五一条）。マンション管理業者の登録が効力を失う場合としては、同法五〇条二項による場合のほかに、登録の更新を行わず、その有効期間が満了した場合、および、同法八三条により登録が取り消された場合がある。

3　マンション管理業務主任者

(1)　マンション管理業務主任者の設置

適正化法五六条一項本文は、マンション管理業者は、その事務所ごとに、その業者が管理事務の委託を受けた管理組合数を三〇で除したもの（一未満の端数は切り上げ）以上の数の成年者である専任の管理業務主任者をおかなければならない旨を定める。マンションの管理の適正化について一定の知識を有する者を管理業者に設置することで、マンション管理業者の質を確保しようとする趣旨である。また、マンション管理業務主任者の業務は、管理受託契約の締結にあたっての重要事項の説明、受託した管理業務の処理状況の確認等、管理業務の主要な部分に渡るものであることから、設置すべき管理主任者の数はマンション管理業者の業務量に応じて（たとえば、五〇の管理組合の管理事務の委託を受ける場合には、50÷30＝1.88⇒2で、二人という具合に）定められることとされた。ただし、六戸以上であるマンションの管理組合から委託を受けて行う管理事務をその業務とせず、住戸数が五以下である小規模マンションの管理組合のみを専ら業務の相手方とする管理業者の事務所については、管理業務主任者を置く必要はない（適正化法五六条一項但書）。

専任の管理業務主任者として勤務するためには成年でなければならない（管理業務主任者として登録されるのみであれば「成年者」であることは要件ではない）。専任であるとは専ら事務所において常時勤務していることを要件としており、非常勤、パート、他の事務所との兼務等を除く。なお、マンション管理業者（法人である場合にはその役員）が管理業務主任者であるときは、その者が業務に従事する事務所については、その者は、その事務所におかれる成年者である専任の管理業務主任者とみなされる（同法五六条二項）。

マンション管理業者は、必要数の専任の管理業務主任者が設置されていない事務所を開設することはできず、また管理業務主任者が退職したり、登録の取消しを受けるなどしてその数が不足するに至った場合には、二週間以内に規定に適合するための措置をとらなければならない（同法五六条三項）。

(2)　マンション管理業務主任者試験

管理業務主任者となるためには、管理業務主任者試験に合格し、国土交通大臣の登録を受けなければならない（適正化法五九条）。

管理業務主任者試験は、管理業務主任者として必要な知識について行われる。その判定の基準は、マンション管理業に関する実用的な知識を有するかどうかにあり、具体的に試験すべき事項としては概ね、①管理事務の委託契約に関すること、②管理組合の会計の収入および支出の調定ならびに出納に関すること、③建物および附属施設の維持または修繕に関する企画または実施の調整に関すること、④マンションの管理の適正化の推進に関すること、⑤①〜④までのほか、管理事務の実施に関すること、とされる。

なお、マンション管理士試験に合格した者は試験の一部免除を受けられる（同法五七条二項、七条二項、同法規則六五条、六六条）。

試験の実施については、国土交通大臣が、国土交通省令で定めるところにより、その指定するもの（いわゆる指定試験機関）に行わせることができる（同法五八条一項）。現在、社団法人高層住宅管理業協会が指定試験機関としてマンション管理士試験の実施に当たっている。

(3)　登録

管理業務主任者試験に合格した者が、管理事務に関し、国土交通省令で定める期間以上の実務の経験を有するか、または、国土交通大臣がその実務の経験を有するものと同等以上の能力を有することを認めた場合には、国土交通大臣の登録を受けることができる（適正化法五九条一項本文）。

国土交通省令で定める期間とは、管理事務に関し二年以上の実務経験があること（同法規則六八条）とされており、国土交通大臣が実務の経験を有するものと同等以上の能力を有すると認めたものとは、以下のものがある。①管理事務に関する実務についての講習であって、国土交通大臣が指定するものを終了した者、②国、地方公共団体または国もしくは地方公共団体の出資により設立された法人において管理事務に従事した期間が通算して二年以上である者、③国土交通大臣が①および②に掲げるのと同等以上の能力を有すると認めた者（登録の欠格である者を除く）。

また、適正化法五九条一項但書は、以下の場合について、マンション管理業務主任者の登録欠格事由とする。

① 成年被後見人若しくは被保佐人又は破産者で復権を得ないもの

② 禁錮以上の刑に処せられ、その執行を終わり、又は執行を受けることがなくなった日から二年を経過しない者

③ この法律の規定により罰金の刑に処せられ、その執行を終わり、又は執行を受けることがなくなった日から二年を経過しない者

④ 適正化法三三条一項二号又は二項の規定によりマンション管理士の登録を取り消され、その取消しの日から二年を経過しない者

⑤ 適正化法六五条一項二号から四号まで又は同条二項二号若しくは三号のいずれかに該当することによりマンション管理業務主任者の登録を取り消され、その取消しの日から二年を経過しない者

⑥ 適正化法八三条二号又は三号に該当することによりマンション管理業者の登録を取り消され、その取消しの日から二年を経過しない者（当該登録を取り消された者が法人である場合においては、当該取消しの日前三〇日以内にその法人の役員であった者で当該取消しの日から二年を経過しないもの）

(4)　主任者証の交付

管理業務主任者の登録を受けた者は、国土交通大臣に対して、氏名、生年月日その他国土交通省令で定める事項を記載した管理業務主任者証の交付を申請することができる（適正化法六〇条一項）。この交付を受けようとする者は、国土交通大臣の登録を受けた者（登録講習機関）が国土交通省令で定めるところにより行う講習で、交付の申請日前六月以内に行われるものを受けなければならない（同二項）。主任者証の有効期間は五年間であり、申請によって更新することができる（同三項）。管理業務主任者は、その事務を行うに際し、マンションの区分所

有者等その他の関係者から請求があった場合は、管理業務主任者証を提示しなければならない（同法六三条）。

また、管理業務主任者が、登録を受けた事項に変更があった場合には、遅滞なくその旨を国土交通大臣に届けなければならず、管理業務主任者証の記載事項の変更がある場合には、当該届出に管理主任者証を添えて提出し、その訂正を受けなければならない（同法六二条）。

さらに、管理業務主任者は、登録が消除されたとき、または管理業務主任者証がその効力を失った場合には速やかに管理業務主任者証を国土交通大臣に返納しなければならず（同法六〇条四項）、同法六四条二項の規定による禁止の処分を受けた場合には速やかに管理業務主任者証を国土交通大臣に提出しなければならない（同法六〇条五項）。

(5)　指示および事務の禁止

管理業務主任者が、その職務を行うに当たって、不正・不当な行為を行った場合には、国土交通大臣は当該管理業務主任者に対して、必要な指示を行い、あるいは管理業務主任者としての事務遂行を一定期間禁止するなどの措置をとることができる（適正化法六四条一項および二項）。

すなわち、マンション管理業務主任者がマンション管理業者に対し、自己が専任の管理業務主任者として従事している事務所以外の事務所の専任の管理業務主任者である旨の表示をすることを許し、当該マンション管理業者がその旨の表示をしたとき（同法六四条一項一号）、他人に自己の名義の使用を許し、当該他人がその名義を使用して管理業務主任者である旨の表示をしたとき（同二号）、管理業務主任者として行う事務に関し、不正又は著しく不当な行為をしたとき（同三号）には、国土交通大臣はこれを改めるために必要な指示を行うことができる。

また、これらのいずれかに該当しその態様が悪質であるか、指示に従わないときには、当該管理業務主任者に対し、一年以内の期間を定めて、管理業務主任者としてすべき事務を行うことを禁止することができる。

(6)　登録の取消し

国土交通大臣は、管理業務主任者が次のいずれかに該当するときは、その登録を取り消さなければならない（適正化法六五条一項）。

①　適正化法五九条一項各号に定める欠格事由（五号を除く。）のいずれかに該当するに至ったとき

②　偽りその他不正の手段により登録を受けたとき

③　偽りその他不正の手段により管理業務主任者証の交付を受けたとき

④　適正化法六四条（指示および事務の禁止）一項各号のいずれかに該当し情状が特に重いとき、又は同条二項の規定による事務の禁止の処分に違反したとき

また、国土交通大臣は、適正化法五九条一項の登録を受けている者で管理業務主任者証の交付を受けていないもの（管理業務主任者資格者）が次のいずれかに該当する場合にも、その登録を取り消さなければならない。

①　適正化法五九条一項各号に定める登録欠格事由（五号を除く。）のいずれかに該当するに至ったとき

②　偽りその他不正の手段により登録を受けたとき

③　管理業務主任者としてすべき事務を行った場合（但し、同法七八条の規定により事務所を代表する者又はこれに準ずる地位にある者として行った場合を除く。）であって、情状が特に重いとき

(7)　登録の消除

国土交通大臣は、管理業務主任者が次のいずれかに該当する場合には、その登録を消除しなければならない（適正化法六六条）。

①　適正化法六五条（一項一号および二項一号を除く。）による登録の取消しを行ったとき

②　死亡し、または失踪宣告を受けた場合、もしくは、適正化法五九条一項各号に定める登録欠格事由（五号

を除く。）のいずれかに該当するに至った場合で、管理業務主任者本人または戸籍法に規定する届出義務者もしくは本人から登録証を添えて届出があった場合

③ 本人から登録の消除の申請があった場合

(8) 報告徴収

国土交通大臣は、管理業務主任者の事務の適正な遂行を確保するため必要があると認めるときは、その必要な限度で、管理業務主任者に対し、報告をさせることができる（同法六七条）。

4 マンションの管理業者の義務

(1) 信義誠実の原則および標識の掲示

マンション管理業者は、信義を旨とし、誠実にその業務を行わなければならない（適正化法七〇条）。また、マンション管理業者は、その事務所ごとに公衆の見やすい場所に、国土交通省令で定める標識を掲げなければならない（同法七一条）。なお、マンション管理業者は、国土交通省令で定めるところにより、使用人その他の従業者に、その従業者であることを証する証明書を携帯させなければその者を業務に従事させてはならず、また、マンション管理業者の使用人その他の従業者は、マンションの管理に関する事務を行うに際し、マンションの区分所有者等その他の関係者から請求があったときは前項の証明書を提示しなければならない（同法八八条一項および二項）。

(2) 重要事項説明

① 新規管理受託契約の締結

マンション管理業者は、管理組合から管理事務の委託を受けることを内容とする契約（管理受託契約）を締結しようとするときは、あらかじめ、国土交通省令で定めるところにより説明会を開催し、当該管理組合を構

成するマンションの区分所有者等及び当該管理組合の管理者等に対し、管理業務主任者をして、管理受託契約の内容及びその履行に関する事項であって国土交通省令で定めるもの（「重要事項」）について説明をさせなければならない（適正化法七二条一項前段）。

マンション管理業者をめぐる多くのトラブルには様々なものがありうるが、その主要な原因としては、管理受託契約の内容が管理組合と管理業者との間で明確にされていないことが考えられる。また、マンション管理の専門知識を有するマンション管理業者と、通常そのような知識を有しない管理組合の構成員たる区分所有者との間の情報格差も問題とされる。そのため、管理受託契約の締結にあたり、マンション管理業者に、一定の重要な事項について事前の説明を義務付けたものである。このような趣旨からしてマンション管理受託契約の締結そのものは、区分所有法に定める共用部分の管理に関する事項であるから、集会の過半数決議に基づいて行われるものであるとしても、重要事項の説明のないまま集会の過半数決議に基づいて管理受託契約が締結された場合、その契約は効力を生じないと解すべきである。

もっとも、新たに建設されたマンションの当該建設工事の完了の日から国土交通省令で定める期間を経過する日までの間に契約期間が満了するものについては、重要事項説明は不要とされる（同法七一条一項前段括弧書、同法規則八二条）。これは、マンションの新規分譲においては入居者がそろわないことが多く、管理組合が十分に機能することは望めないが、他方でマンション管理の必要性はあることから、重要事項説明がなくとも管理の受託契約を締結することができるよう配慮されたものである。

なお、説明会は、管理事務の委託を受けた管理組合ごとに行うことを要し、複数の管理組合を一同に集めて合同で説明会を開催することはできない（同法規則八三条一項）。

また、マンション管理業者は、説明会を開催する場合には、当該説明会の日の一週間前までに当該管理組合を構成するマンションの区分所有者等及び当該管理組合の管理者等の全員に対し、重要事項並びに説明会の日時及び場所を記載した書面を交付しなければならない（同法七二条一項後段）。

説明を要する事項は、㋑マンション管理業者の商号または名称、住所、登録番号および登録年月日、㋺管理事務の対象となるマンションの所在地に関する事項、㋩管理事務の対象となるマンションの部分に関する事項、㋥管理事務の内容および実施方法、㋭管理事務に要する費用ならびにその支払いの時期および方法、㋬管理事務の一部の再委託に関する事項、㋣保証契約に関する事項、㋠免責に関する事項、㋷契約期間に関する事項、㋦契約の更新に関する事項、㋸契約の解除に関する方法、である。

加えて、マンション管理業者は、重要事項を記載した書面および説明会の日時、場所を記載した書面を作成する場合には、管理業務主任者をしてその書面に記名押印させなければならない（同法七二条五項）。また、マンション管理業務主任者は、重要事項の説明を行うにあたっては、主任者証を提示しなければならない（同法七二条四項）。

② 管理委託契約の更新

マンション管理業者が、管理組合との間で既に管理受託契約を締結しておりこれを更新しようとする場合、更新にあたって従前の契約とはその条件が異なる場合には、新規に管理受託契約を締結する場合と同様の方法で説明会を開催しなければならない。

他方、従前と同一の条件で更新しようとする場合には説明会を開催する必要はなく、あらかじめ、当該管理組合を構成するマンションの区分所有者等の全員に対し、重要事項を記載した書面を交付するとともに（適正化法七二条二項）、当該管理組合に管理者等が置かれている場合には、当該管理者等に対して重要事項を記載した書面を交付して、管理業務主任者が説明すれば足りる（同法七二条三項）。

なお、「従前と同一の条件」での変更である場合とは、マンション管理業者の称号または名称、登録年月日および登録番号の変更等、管理組合に不利益をもたらすことのない変更の場合の他、以下の軽微な契約内容の変更が含まれる（平成一三年総動五一号、平成一四年国総動三〇九号）。

㋑　従前の管理受託契約と管理事務の内容および実施方法を同一とし、管理事務に要する費用の額を減額しようとする場合

㋺　従前の管理受託契約に比して管理事務の内容および実施方法の範囲を拡大し、管理事務に要する費用の額を同一としまたは減額しようとする場合

㋩　従前の管理受託契約に比して管理事務に関する費用の支払いの時期を後に変更（前払いを当月払いもしくは後払い、または当月払いを後払い）しようとする場合

㋥　従前の管理受託契約に比して更新後の契約期間を短縮しようとする場合

㋭　管理事務の対象となるマンションの名称が変更となる場合

(3)　書面交付義務

マンション管理業者は、管理組合との間に管理受託契約を締結したときは、当該管理組合の管理者等に対し、遅滞なく以下に掲げる事項を記載した書面を交付しなければならない。当該マンション管理業者が当該管理組合の管理者等である場合又は当該管理組合に管理者等が置かれていない場合にあっては、当該管理組合を構成するマンションの区分所有者等全員に同様の書面を交付しなければならない（適正化法七三条一項）。この書面には、管理業務主任者の記名、押印があることを要する（同二項）。

成立した管理受託契約の内容を書面化することで、契約内容が不明確であることに起因するトラブルを防止する趣旨である。

① 管理事務の対象となるマンションの部分
② 管理事務の内容及び実施方法（適正化法七六条の規定により管理する財産の管理の方法を含む。）
③ 管理事務に要する費用並びにその支払の時期及び方法
④ 管理事務の一部の再委託に関する定めがあるときは、その内容
⑤ 契約期間に関する事項
⑥ 契約の更新に関する定めがあるときは、その内容
⑦ 契約の解除に関する定めがあるときは、その内容
⑧ その他国土交通省令で定める事項
なお、⑧の国土交通省令で定める事項としては、次のものが含まれる。
⑨ 管理受託契約の当事者の名称及び住所並びに法人である場合においては、その代表者の氏名
⑩ マンション管理業者による管理事務の実施のため必要となる、マンションの区分所有者等の行為制限又はマンション管理業者によるマンションの区分所有者等の専有部分への立入り若しくはマンションの共用部分の使用に関する定めがあるときは、その内容
⑪ 適正化法七七条に規定する管理事務の報告に関する事項
⑫ マンションが滅失し又は毀損した場合において、管理組合及びマンション管理業者が当該滅失又は毀損の事実を知ったときはその状況を契約の相手方に通知すべき旨の定めがあるときは、その内容
⑬ 宅地建物取引業者からその行う業務の用に供する目的でマンションに関する情報の提供を要求された場合の対応に関する定めがあるときは、その内容
⑭ 毎事業年度開始前に行う当該年度の管理事務に要する費用の見通しに関する定めがあるときは、その内容

⑮　管理事務として行う管理事務に要する費用の収納に関する事項

⑯　免責に関する事項

(4)　再委託契約の制限

マンション管理業者は、管理組合から委託を受けた管理事務のうち基幹事務（既述）については、これを一括して他人に委託してはならない（適正化法七四条）。マンション管理業者が基幹事務を一括して他人に委託してしまうと、マンション管理業者でないものが管理事務を行うことが可能となり、適正化法において、マンション管理業者を登録制とした意味が失われるため、一括再委託を禁ずる趣旨である。したがって、本条はいわゆる強行規定であり、管理組合の同意があった場合であっても一括再委託を行うことはできない。なお、基幹事務の全てを複数の者に分割して委託することについても同様に禁止される。

(5)　帳簿の作成

マンション管理業者は、管理受託契約を締結した場合には、そのつど以下の事項を記載すべき帳簿を作成し、その事務所ごとにその業務に関する帳簿を備えなければならない（適正化法七五条、同法規則八六条）。個々のマンションごとにその管理事務の状況を記録させる趣旨である。記載すべき事項は、①管理受託契約を締結した年月日、②管理受託契約を締結した管理組合の名称、③契約の対象となるマンションの所在地及び管理事務の対象となるマンションの部分に関する事項、④受託した管理事務の内容、⑤管理事務に係る受託料の額、⑥管理受託契約における特約その他参考となる事項である。なお、これらの事項が、電子計算機に備えられたファイル又は磁気ディスクに記録され、必要に応じ当該事務所において電子計算機その他の機器を用いて明確に紙面に表示されるときは、当該記録が行われたファイルまたは磁気ディスクの記録をもって帳簿への記載に代えることができる（同法七五条二項）。

マンション管理業者は、この帳簿について各事業年度の末日をもって閉鎖するものとし、閉鎖後五年間当該帳簿を保存しなければならない（同法七五条三項）。

(6) 財産の分別管理

ママンション管理業者は、管理組合から委託を受けて管理する修繕積立金その他国土交通省令で定める財産については、整然と管理する方法として国土交通省令で定める方法により、自己の固有財産及び他の管理組合の財産と分別して管理しなければならない（適正化法七六条）。

ンション管理組合は、マンションの区分所有者等から徴収した管理費や修繕積立金を組合の財産として管理するが、多くの場合、その徴収、管理等は、マンション管理業者が管理組合から受託を受けて行っている。その際、これらの管理費や修繕積立金が管理業者の名義で預金されたりすれば、管理業者の債権者によって差し押さえられたり管理業者に対する貸付債権を有する銀行によって担保相殺されるなどの事態が生じうる。このような事態によって管理組合の財産が失われることのないよう、適正化法は、マンション管理業者による管理組合財産の適正な受託管理のあり方として分別管理を定めている。分別管理の方法については、原則方式と、二つの例外方式が定められている。

① 原則

マンション管理業者の管理する修繕積立金および管理組合または区分所有者等から受領した管理費用に充当される財産（以下、修繕積立金等という。）が金銭の場合にあっては、マンション管理業者は、これら修繕積立金等金銭を、マンション管理業者が受託契約を締結した管理組合又はその管理者等を名義人とする口座において預貯金として管理する方法をとらなければならない（適正化法規則八七条二項前段）。この場合、預貯金通帳と当該預貯金通帳に係る管理組合等の印鑑を同時に管理してはならない。ただし、管理組合に管理者等が置かれていない場合において、管理者等が選任されるまでの比較的短い期間に限り、当該管理組合の預貯金通帳と当該預貯金通帳に係る印鑑を同時に保管することは許される（同法規則八七条四項）。

また、マンション管理業者の管理する修繕積立金等が有価証券の場合にあっては、金融機関又は証券会社に、当該有価証券の保管場所を自己の固有財産及び他の管理組合の財産である有価証券の保管場所と明確に区分させ、かつ、当該受託有価証券が受託契約を締結した管理組合の有価証券であることを判別できる状態で管理させる方法をとらなければならない（同法規則八七条二項後段）。受託有価証券の預り証を保管してはならない。ただし、管理組合に管理者等が置かれていない場合において、管理者等が選任されるまでの比較的短い期間に限り保管することは認められる（同法八七条六項）。

②　例外１　収納代行清算方式

マンション管理業者が第三者との間で保証契約（管理業者が管理組合に対して修繕積立金等の返還債務を負うことになったときに、第三者がその返還債務を保証することを内容とする契約（適正化法規則五三条一項一号））を締結した場合において、当該マンション管理業者が、収納代行方式を採用する場合に認められる例外的方式である。収納代行方式とは、マンション管理業者が、管理組合から委託を受けてマンションの区分所有者等から徴収した修繕積立金等金銭を当該マンション管理業者を名義人とする口座に預入し、当該口座から払出した金銭により管理事務を行うこととする当該修繕積立金等金銭の管理方法をいう。

この方法によって修繕積立金等金銭を管理するときは、マンション管理業者がマンションの区分所有者等から当該修繕積立金等を徴収してから一ヶ月以内に、当該一ヶ月以内の期間に管理事務に要した費用を当該修繕積立金等金銭から控除した残額を管理組合等を名義人とする口座に移し換えるときに限って①の原則に従う必要はない（同法規則八七条三項）。もっとも、この場合であっても、マンション管理業者は、管理組合等を名義人とする口座の預金通帳とその印鑑を同時に管理してはならない（同法規則八七条四項）。

③　例外2　支払一任代行方式

マンション管理業者が保証契約を締結した場合において、当該マンション管理業者が支払一任代行方式を採用する場合に認められる例外的方法である。支払一任代行方式とは、管理組合等がマンションの区分所有者等から徴収した修繕積立金等金銭を管理組合等を名義人とする口座に預入し、マンション管理業者が管理組合から委託を受けて当該口座から払出した金銭により管理事務を行うこととする当該修繕積立金等金銭の管理方式をいう。

この方法によって当該修繕積立金等金銭を管理するときは、管理組合等がマンションの区分所有者等から当該修繕積立金等を徴収してから一月以内に、このうち修繕積立金を当該管理組合等を名義人とする修繕積立金を管理するための別の口座に移し換えるときに限り①の原則に従う必要はなく、マンション管理業者は、管理組合等を名義人とする収納口座の預金通帳とその印鑑を同時に管理することができる（適正化法規則八七条五項）。

(7)　管理事務の報告義務

適正化法は、マンション管理業者は、管理組合の管理者あるいは区分所有者等に対し、管理が適正に実施されていることを報告する積極的な義務を課している。すなわち、

まず、マンション管理業者は、管理事務の委託を受けた管理組合に管理者等が置かれているときは、国土交通省令で定めるところにより、定期に、当該管理者等に対し、当該管理事務に関する報告をさせなければならない（適正化法七七条一項）。報告を行うべき時期および方法について、管理事務を委託した管理組合の事業年度終了後、遅滞なく、当該期間における管理受託契約に係るマンションの管理の状況について、①報告の対象となる期

間、②管理組合の会計の収入および支出の状況、③その他管理受託契約の内容に関する事項を記載した報告書を作成し、これを管理者等に交付し、管理業務主任者をして報告させなければならない（同法規則八八条および七七条一項）。

また、マンション管理業者は、管理事務の委託を受けた管理組合に管理者等が置かれていないときは、当該管理組合を構成するマンションの区分所有者等に対し、当該管理事務に関する報告をさせなければならない（同法七七条二項）。報告を行うべき時期および方法については、管理事務を委託した管理組合の事業年度終了後、遅滞なく、当該期間における管理受託契約に係るマンションの管理の状況について、①報告の対象となる期間、②管理組合の会計の収入および支出の状況、③その他管理受託契約の内容に関する事項を記載した報告書を作成し、これを管理組合を構成する区分所有者に交付し、管理業務主任者をして報告させなければならない（同法規則八九条一項および七七条二項）。

報告のための説明会はできる限り説明会に参加する者の便宜を考慮して開催の日時・場所を定め、管理事務の委託を受けた管理組合ごとに開催するものとされる（同法規則八九条二項）。また、マンション管理業者は、説明会開催の一週間前までに、説明会開催の日時・場所について、当該管理組合を構成するマンションの区分所有者等の見やすい場所に掲示しなければならない（同法規則八九条三項）。

管理業務主任者は、前二項の説明をするときは、説明の相手方に対し、管理業務主任者証を提示しなければならない（同法七七条三項）。

(8)　書類の閲覧義務

マンション管理業者は、国土交通省令で定めるところにより、当該マンション管理業者の業務及び財産の状況を記載した書類をその事務所ごとに備え置き、その業務に係る関係者の求めに応じ、これを閲覧させなければならない（適正化法七九条）。マンション管理業者の業務状況および財産状況等を開示させ、これと管理受託契約を締結しようとする管理組合等の便宜をはかる趣旨である。事務所ごとに備えるべき書類とは、業務状況調書、貸借対照表および損益計算書またはこれに代わる書類（業務状況調書等）とされる。業務状況調書等が、電子計算機に備えられたファイルまたは磁気ディスクに記録され、必要に応じて事務所ごとに電子計算機その他の機器を用いて明確に書面に表示されるときは、当該記録をもって上記書類への記載に代えることができ、同書類の閲覧は、当該業務状況調書等を紙面または当該事務所に設置された入力装置の映像面に表示する方法で行う（同法規則九〇条二項）。

マンション管理業者は、業務状況調書等（上記ファイルまたは磁気ディスク等を含む。）を事業年度ごとに当該事業年度経過後三ヶ月以内に作成し、遅滞なく事務所ごとに備え置かなければならない（同法規則九〇条三項）。これらの書類の保存期間は、事務所に備え置かれた日から起算して三年を経過する日までの間であり、事務所の営業時間中、その業務に係る関係者の求めに応じて閲覧できるようにしなければならない（同法規則九〇条四項）。

(9)　秘密保持義務

マンション管理業者は、正当な理由がなく、その業務に関して知り得た秘密を漏らしてはならない。マンション管理業者でなくなった後においても、同様である（適正化法八〇条）。なお、マンション管理業者の使用人その他の従業員についても同様に秘密保持義務が科せられる（同法八七条）。

5　監督

(1)　指示

国土交通大臣は、マンション管理業者が以下のいずれかに該当するとき、又はマンション管理適正化法規定に違反したときは、当該マンション管理業者に対し、必要な指示をすることができる（適正化法八一条）。

①　業務に関し、管理組合又はマンションの区分所有者等に損害を与えたとき、又は損害を与えるおそれが大であるとき

②　業務に関し、その公正を害する行為をしたとき、又はその公正を害するおそれが大であるとき

③　業務に関し他の法令に違反し、マンション管理業者として不適当であると認められるとき

④　管理業務主任者が適正化法六四条（指示および事務の禁止）又は同法六五条一項の規定による処分（登録の取消し）を受けた場合において、マンション管理業者の責めに帰すべき理由があるとき

(2)　業務停止命令

国土交通大臣は、マンション管理業者が以下のいずれかに該当するときは、当該マンション管理業者に対し、一年以内の期間を定めて、その業務の全部又は一部の停止を命ずることができる（適正化法八二条）。

①　適正化法八一条三号または四号に該当するときで、その違反の程度が重大な場合

②　適正化法四八条一項（登録事項の変更届出）、同法五四条（名義貸しの禁止）、同法五六条三項（管理業務主任者の設置）、同法七一条（標識の設置）、同法七二条一項から三項まで（重要事項の説明等）若しくは五項、同法七三条から七六条まで（契約時の書面交付、再委託制限、帳簿作成、財産の分別管理）、同法七七条一項若しくは二項（書類の閲覧）、同法七九条（秘密保持義務違反）、同法八〇条又は八八条一項（証明書の携帯等）の規定に違反したとき

③　適正化法八一条の規定による指示に従わないとき

④　適正化法の規定に基づく国土交通大臣の処分に違反したとき

⑤　マンション管理業に関し、不正又は著しく不当な行為をしたとき

⑥　営業に関し成年者と同一の能力を有しない未成年者である場合において、その法定代理人が業務の停止を

しようとするとき以前二年以内にマンション管理業に関し不正又は著しく不当な行為をしたとき

⑦ 法人である場合において、役員のうちに業務の停止をしようとするとき以前二年以内にマンション管理業に関し不正又は著しく不当な行為をした者があるに至ったとき

(3) 登録の取消し（適正化法八三条）

国土交通大臣は、マンション管理業者が次のいずれかに該当するときは、その登録を取り消さなければならない。

① 適正化法四七条（登録の拒否）一号、三号又は五号から八号までのいずれかに該当するに至ったとき

② 偽りその他不正の手段により登録を受けたとき

③ 前条各号のいずれかに該当し情状が特に重いとき、又は同条の規定による業務の停止の命令に違反したとき

(4) 監督処分の公告および報告

国土交通大臣が、適正化法八三条（業務停止命令）、同法八四条の規定（登録の取消し）による処分をしたときは、国土交通省令で定めるところにより、その旨を公告しなければならない（同法八四条）。また、マンション管理業の適正な運営を確保するため必要があると認めるときは、その必要な限度で、マンション管理業を営む者に対し、報告をさせることができ（同法八五条）、また必要と認める場合には、その限度でマンション管理業者の事務所その他その業務を行う場所に立ち入り、帳簿、書類その他必要な物件を検査させ、又は関係者に質問させることができる（同法八六条）。

六　マンション管理適正化推進センター

国土交通大臣は、管理組合によるマンションの管理の適正化の推進に寄与することを目的とする民法上の財団法人のうち適切と認めるもの一つを、マンション管理適正化推進センターとして指定する（適正化法九一条）。このセンターの業務は①マンションの管理に関する情報及び資料の収集及び整理をし、並びにこれらを管理組合の管理者等その他の関係者に対し提供すること、②マンションの管理の適正化に関し、管理組合の管理者等その他の関係者に対し技術的な支援を行うこと、③マンションの管理の適正化に関し、管理組合の管理者等その他の関係者に対し講習を行うこと、④マンションの管理に関する苦情の処理のために必要な指導及び助言を行うこと、⑤マンションの管理に関する調査及び研究を行うこと、⑥マンションの管理の適正化の推進に資する啓発活動及び広報活動を行うこと、⑦以上のほか、マンションの管理の適正化の推進に資する業務を行うこと、である。

七　マンション管理業者の団体

国土交通大臣は、マンション管理業者の業務の改善向上を図ることを目的とし、かつ、マンション管理業者を社員とする民法三四条の規定により設立された社団法人であって、次項に規定する業務を適正かつ確実に行うことができると認められるものを、その申請により、同項に規定する業務を行う者（指定法人）として指定することができる（適正化法九五条一項）。

「指定法人」の業務は、①社員の営む業務に関し、社員に対し、この法律又はこの法律に基づく命令を遵守させるための指導、勧告その他の業務を行うこと、②社員の営む業務に関する管理組合等からの苦情の解決を行うこと、③管理業務主任者その他マンション管理業の業務に従事し、又は従事しようとする者に対し、研修を行うこと、④マンション管理業の健全な発達を図るための調査及び研究を行うこと、⑤以上の他、マンション管理業者の業務の改善向上を図るために必要な業務を行うこと（同法九五条二項一号ないし五号）。

また、指定法人は、これらの業務のほか、社員であるマンション管理業者との契約により、当該マンション管理業者が管理組合又はマンションの区分所有者等から受領した管理費、修繕積立金等の返還債務を負うこととなった場合においてその返還債務を保証する業務（保証業務）を行うことができる（同法九五条三項）。

（舟橋　哲）

八　宅建業者による設計図書の交付

宅地建物取引業者は、自ら売主として人の居住の用に供する独立部分がある建物を分譲した場合においては、一年以内に当該建物又はその附属施設の管理を行う管理組合の管理者等が選任されたときは、速やかに、当該管理者等に対し、当該建物又はその附属施設の設計に関する図書を交付しなければならない（適正化法一〇三条一項、同法規則一〇一条および一〇二条）。

第三章　マンション建替え円滑化法

一　はじめに

分譲マンションのストックが全国規模で三五〇万戸(1)を超え、それに伴って老朽化ストックも増加する傾向にあって、フローに限らずストックへの対応が急務となった。「マンションの建替えの円滑化等に関する法律」（以下「建替え円滑化法」という）(2)は、老朽化マンションの急増に対応して、区分所有者による良好な居住環境を備えたマンションへの建替えを円滑化し、民間が主体となった都市の再生を目的に新たな法制度として成立した。(3)制度的には大きく二点の特徴を持つ。第一点目はすなわち、建替えを行う団体の法的位置付け→運営のルールが不明確で、意思決定や契約行為等が円滑に行えるようマンション建替組合を設立できるものとし、第二点目は、区分所有権や抵当権などの関係権利を、再建したマンションに円滑に移行させるための法的な仕組みを設けようというもので、権利返還手法(4)の導入といったマンション建替えへの事業化を制度的にサポートする仕組みの提供にある。

本法の大まかな概要というのは、①「建物の区分所有等に関する法律」（以下「区分所有法」という）六二条における「建替え決議」がなされた場合、建替えに合意した区分所有者は、定款及び事業計画を定め、都道府県知事の認可を受けてマンション建替組合を設立できる。同組合は、法人とし、建替えに合意した区分所有者のすべて及び参加組合員を組合員とし、建替えに合意しない区分所有者に対しては、その区分所有者に対し、その区分所有権等を時価で売り渡すべきことを請求することができる。②組合は権利返還計画を定め、都道府県知事の認可を受けることとし、認可を受けた権利返還計画に従い、区分所有権、抵当権等の関係権利が再建されたマンションに移行する。組合は権利返還計画についての総会の議決に賛成しなかった組合員に対しその区分所有権等を時価で売り渡すべきことを、当該議決に賛成しなかった組合員は同組合に対してその区分所有権を時価で買取るべきことを、それぞれ請求できる。また、その他権利返還計画の作成基準、登記の特例等権利返還手続に関する所要の規定を設ける。③保安上危険または衛生上有害な状況にあるマンション（具体的基準は国土交通省令で規定）については、市町村長が建替えについて勧告することができ、当該マンションの賃借人及び転出区分所有者の居住の安定の確保についての措置等も行う。④建替組合のほか、区分所有者またはその同意を得た個人施工者もマンション建替事業を施行することができる。また、国、地方公共団体並びにマンション建替事業の施行者は、国土交通大臣が定める基本方針に従い賃借人、転出区分所有者の居住の安定のため必要な措置を講じるとしている。(5)

建替え円滑化法は、要約すれば区分所有者の組合員、議決権といった二重の要件を特別多数決決議である五分の四以上の賛成を得て承認された建替え決議後（区分所有法六二条）に、活用する区分所有法六四条を明確にしかも具体化したものと理解できよう。いわば建替えの階段の一段目が区分所有法で、その二段目を建替え円滑化法が担っていると考えられる。

ここでは、まず建替え円滑化法の立法の過程に簡単に触れ、本法の主要点と思われる条項を概観し、マンション建替えにおける私法と公法の関係の検討を行って、全体像の把握を行うことにする。

注（1）国土交通省推計　平成一二年度末（西暦二〇〇〇年）ストック数　平成一七年末（〇五）推計約四八七万戸一〇

〇〇万人以上が居住。

（2）平成一四年六月一九日公布　平成一四年一二月一八日施行（法律第七八号）。

（3）http://www.mlit.go.jp/jyutakukentiku/house/mansiongaiyou.htm　02/10/15 参照。

（4）都市再開発法に基づく市街地再開発事業に用いられる法的手法で、事業施行前後の権利変動の内容を定めた計画の認可・公告等により、土地・建物に関する権利を一斉に移行させることができる。

（5）http://www.mlit.go.jp/kisya/kisya02/07/070214_.html　02/10/15 参照。

二　立法過程

建替え円滑化法が整備される背景についてまず触れてみると、第一点目は、阪神・淡路大震災(1)による被災マンションの復旧であり、二点目は、マンションの老朽化対策という住宅行政からの必要性(2)と見ることができる。マンション建替えは、昭和五八年（八三年）区分所有法の第八章に復旧、建替えの規定を設け、一定の要件をみたすことで多数決による建替え決議ができることとなっていたが同震災前の建替え実例約四〇件の事例報告(3)では、区分所有法六二条に基づいた法定建替えではなく、区分所有者の全員の合意に基づく任意建替えであった。区分所有法に基づいた建替えは、同震災の復興を通して行われることになったが、(4)この経験を通して浮上するきっかけとなったのは、六二条の規定における制度面・技術面での問題点を露呈したことである。(5)その内容について簡単に触れると①資金面や既存不適格による問題で建替え条件が整わないもの、②賃借権・抵当権等の処理、③六二条の客観的要件の曖昧性等を指摘することができる。

そして、このような流れとともに、もうひとつの経緯として重要な役割を担うのが、二〇〇一年三月の閣議決定である規制改革推進三カ年計画で、マンション建替えの円滑化が盛り込まれたこと、さらに、経済財政諮問会議による改革先行プログラムに、マンション建替え円滑化のため、再建建物への権利の円滑な移動に係る法制度の導入が都市再生の一環として位置付けられたことである。同年五月には国土交通省内にマンション建替え円滑化方策検討委員会を設置し本格的に検討を開始。二〇〇二年二月に建替え円滑化法の閣議決定を受け、第一五四回国会に提出、同年六月一九日に平成一四年法律第七八号として成立、一二月一八日に施行された。(6)

なお、同国会における審議において、マンションの建替えに当たっては区分所有者等の合意形成のために、建替えに係る情報の提供が充分になされるよう必要な措置を講ずるよう努めること、マンションの建替えに参加することが困難な高齢者等の社会的弱者に対し、居住安定のために必要な措置を講ずるよう附帯決議が付され、(7)また、平成一四年（〇二年）の区分所有法の改正を受け、①団地内の建物の一括建替え決議、②建替え決議における同一敷地要件の緩和、③団地内の建物の建替え承認決議の創設に伴う改正が行われた。(8)

注（1）升田純「大規模災害と被災建物をめぐる諸問題」法曹会一頁　一九九五年一月一七日未明に発生。マグニチュード七・二　罹災都市借地借家臨時処理法第二五条の二の規定に基づき、平成七年二月三日に政令が制定され同六日公布。災害及び同法が適用される地区が指定され、「平成七年の兵庫県南部地震に係る震災及びこれに伴って起こった火災」として指定を受け、その後この震災が閣議決定を経て阪神・淡路大震災と呼ばれることになった。死者約六、四四〇人、全・半壊約二五万棟。なお、同震災関連の特別立法は一七件を数える。

河野久「阪神・淡路大震災の特別立法」ジュリスト臨時増刊　No.一〇七〇「阪神・淡路大震災　法と対策」一九三頁参照。

（2）既に平成九年　当時の建設省（現：国土交通省）内に「投資効率向上・長期耐用都市型集合住宅の建設・再生技術の開発」（マンションに関する総合技術開発プロジェクト「マンション総プロ」）を設置。「長期耐用型集合住宅の建設・供給・改修技術」「ストックの長命化技術」「円滑な建替え手法」の三課題について研究開発を開始していた。

（3）分譲マンション等区分所有建物建替研究会「平成七年度　分譲マンション建替制度等に関する研究　報告書」四頁。

（4）東京カンテイ kantei eye—マンション価格動向報告臨時増刊（二〇〇〇年一月六日付）損壊したマンション全二五三二棟中、建替えは一一五棟。

（5）折田泰宏・上野純一「Q&A　マンション建替え法」二頁参照。

（6）坂和章平「注解　マンション建替え円滑化法」青林書院四五、四六頁参照。

（7）マンション建替え円滑化法研究会「マンション建替え円滑化法の解説」一二頁参照。

（8）坂和「注解　マンション建替え円滑化法」青林書院五四—五六頁参照。

三　マンション建替事業における主体の生成

建替え円滑化法の構成は、第一章「総則」第二章「施行者」第三章「マンション建替事業」第四章「マンション建替事業の監督等」第五章「危険または有害な状況にあるマンションの建替促進のための特別措置」第六章「雑則」第七章「罰則」等である。第一章の総則では、同法の目的（建替え円滑化法一条）、定義（同法二条）、国及び地方公共団体の責務（同法三条）、基本方針（同法四条）の規定がなされ、第二章から四章で、法人格を有するマンション建替組合の設立、権利変換手続による関係権利の変換等マンション建替事業に関する措置を定め、危険または有害な状況にあるマンションの建替えの促進のための賃借人等の居住安定等に関する特別の措置を第五章で規定する。ここでは特に第二章から四章におけるマンション建替事業の流れについて着目し、第五章について若干触れてみたいと考える。
マンション建替事業を施行する主体は、マンション建替組合とマンションの区分所有者又はその同意を得た者（個人施行者）である（同法五条）。個人施行者については市街地再開発事業に見られる「同意施行」と重なっているので、ここでは建替組合について見てみよう。区分所有法六二条の「建替え決議」がなされ「建替に関する合意」（区分所有法六四条）を得た場合、建替えに合意した区分所有者である基本的には五人以上の者は、都道府県知事の認可を受けて、法人格を有するマンション建替組合を設立できるものとする（建替え円滑化法九条）。認可申請を行う建替え合意者は、議決権を含め四分の三以上の同意を得る必要があり、併せて定款及び事業計画を定めなければならない。(1)

認可を受けた建替組合は、建替え決議に賛成しなかった区分所有者に対し、その区分所有権等を時価で売り渡すよう請求することができる（同法一五条）。(2) 建替組合には建替え合意者以外の者も参加組合員として参加することが可能である（同法一七条）。(3) マンション建替事業を施行する現に存するマンションを「施行マンション」（この場合、住戸の数が国土交通省令で定める五戸以上であることが必要）といい、マンション建替事業の施行により建築された再建マンションを任意建替えにより建築されたマンションと区別する意味で「施行再建マンション」という。(4) また、同組合の役員、総会、審査委員等組合の管理に関する規定を設けることにより運営・意思決定ルールを明確化し、合意形成や事業実施の円滑化を図っている（同法一八条から四三条）。

注（1）建替組合の設立の時期については、鎌野邦樹「改正区分所有法の解釈上の諸問題」千葉大学法学論集第一八巻第二号五四頁が詳細である。
（2）稲本・鎌野「コンメンタールマンション区分所有法」（第二版）六〇八頁参照。なお、この売渡請求権は形成権であるため請求の意思表示が相手方に到達した時点で相手方の応諾を問うことなく建替組合に移転する。売渡請求

権の主旨は区分所有法六三条と同義であるが組合にも拡張している。建替事業の実施主体である建替組合の機能面の充実と見ることができる。また、区分所有法六三条適用による売渡請求時の時価とここでの時価には当然に時差が生じるものと思われる。

（3）法律上当然に組合員とされる建替え合意者のほか、特別の組合員として参加組合員制度を設けている。マンション建替え円滑化法研究会「マンション建替え円滑化法の解説」四二頁ではさらに、マンション建替事業では建築工事などに多額の費用を要することや、建替えようとする建物が大規模かつ高層化することが多いことなどから建築に関する専門知識などが必要となることからディベロッパー等が事業に参画することを認めることで、組合がそのノウハウや資力を活用することができると解説する。

（4）前掲書一七頁参照。

四　マンション建替事業における権利変換手法の導入と関係権利

マンション建替組合は、総会での五分の四以上の議決により権利変換計画を定め、都道府県知事の認可を受けることで、計画に従い区分所有権、抵当権等の関係権利を施行再建マンションに移行できる（建替え円滑化法五七条から七八条）。ここでいう権利変換とは、事業施行前後の権利変動の内容を定めた計画の認可・公告等により土地・建物に関する権利を一斉移行させる法的手法で、都市再開発法に基づく市街地再開発事業で活用されている。(1) 再開発法が土地の権利変換について規定されているものならば、建替え円滑化法は、その上ものである建物についての権利変換を規定しているものとみることができる。

また、担保権等についての権利変換計画は、都市再開発法七八条に相当し、施行マンションの区分所有権又は敷地利用権について担保権が設定されている時は、これらの権利に対応して与えられる施行再建マンションの区分所有権又は敷地利用権の上に担保権等が移行するよう権利変換計画を定めるべきとし（建替え円滑化法六一条一項）、担保権等の登記に係る権利は、権利変換手続によりその状況が一変してしまうため、関係権利者間の衡平が損なわれるおそれがあり、そのような場合に対応するため関係権利者の意見を聞いて必要な定めを設けることができる（同条二項）とした。(2) 担保権等の移行については、担保権等に係る権利が、権利変換期日以後は権利変換計画に定めるところに従って施行再建マンションの区分所有権又は敷地利用権の上に移行する旨定めるものであるが、敷地利用権は同期日に現実に権利の変換が生じるが区分所有権については施行再建マンションが現実には存在しないため、将来の区分所有権の取得が法律上保障されているにすぎない。施行再建マンションの完成に伴ってはじめて区分所有権の上に現実に移行することとなる（同法七三条）。(3)

マンション建替組合は、権利変換計画についての総会の議決に反対した区分所有者に対し区分所有権等を時価で売り渡すべきことを請求できるものとし、他方、当該議決に反対した区分所有者は、マンション建替組合に対し区分所有権等を時価で買い取るべきことを請求できるものとしている（同法六四条）。(4) 権利変換計画が都道府県知事によって認可を受けることで、権利変換期日においては、関係権利が建替え円滑化法によって変換され、施行者に帰属し、施行者は権利変換後遅滞なく、施行再建マンションの敷地について権利変換後の土地に関する必要な登記を済ませなければならない（同法七〇条から七四条）。(5) さらには、建替えに伴う登記を一括して申請できる不動産登記法の特例措置が講じられ（同法九三条）、また、現行の区分所有法による管理組合（区分所有者の団体）や建替えを行う団体は、その設立にあたって、何らの認可も要しないが、マンション建替組合は、公的関与による事業の適正な実施に向け、地方公共団体による技術的援助や監督を受ける（同法九七条から一〇一条）。(6)

なお、防災や居住環境面で著しい問題のあるマンションに対しては、保安上危険、衛生上有害といった国土交通省令による規定に該当するものは、市町村長が建替を勧告できる（同法一〇二条から一二四条）ものとした。勧告が行われたマンションの建替については、公共賃貸住宅の家賃減額措置や移転料に対する補助など借家人等に関する居住安定のための措置を講ずるとともに借家契約の更新等に関する借地借家法の特例を規定する。(7)

注
（1）http://www.mlit.go.jp/jutakukentiku/house/mansiongaiyou.htm　02/10/15 参照。
（2）マンション建替え円滑化法研究会「マンション建替え円滑化法の解説」一〇五頁参照。
（3）マンション建替え円滑化法研究会「マンション建替え円滑化法の解説」一二二頁参照。なお、この点につき、鎌野・折田・山上「改正区分所有法&建替事業法の解説」二二六頁は、建替事業法が権利変換というシステムを採用した大きな理由の一つが、この担保権等の移行を可能とすることだと指摘する。筆者の現地調査の結果からしても、区分所有法六二条の建替え決議に向けて最大の難関は、途中入居者が抱える資金問題で入居時に設定された金融機関による抵当権の抹消がクリアにできない点にあった。
（4）http://www.mlit.go.jp/jutakukentiku/house/mansiongaiyou.htm　02/10/15 参照。
（5）稲本・鎌野「コンメンタールマンション区分所有法」（第二版）六〇九頁参照。
（6）http://www.mlit.go.jp/jutakukentiku/house/mansiongaiyou.htm　02/10/15 参照。
（7）前掲書六一一―六一四頁参照。

五　マンション建替えと公・私法の役割――韓国における建替え制度

マンション再生についての本格的な比較法的研究というべきものではないが、以前、建替え法の国際比較を行った(1)ことがある。その中で明らかとなったのは、区分所有関係の終了として、居住の継続による建替え制度を導入する国家は、わが国を除くと日本法グループとして挙げられる韓国以外に見当たらない。同国では、ほぼ一九九九年までに建替え実例七〇八件、検討住宅となると一、一六三件を数え建替えブームが見られた。しかも、区分所有関係の基本法部分は、わが国のそれと極端に類似しているものの、公法的な民事法による建替え誘導制度が建替え円滑化法と連動する部分もあり実に興味深いものがある。

わが国における区分所有法と韓国における集合建物法(2)(八四年施行)は、条文上ほとんど変わらないが、わが国と違うのは、建替えにおいては同法のほかに韓国法は公法である「住宅建設促進法」(七二年施行)、「住宅建設促進法施行令」、「住宅建設促進法施行規則」と呼ばれるものがあり、その流れを汲んだ形で「共同住宅管理令」(八一年施行)、「共同住宅管理規則」等が存在する。しかもこれらは、住宅規模別に等価交換方式を採用しての建替え実現に大きくシフトしうる制度である。わが国においてのマンション建替えをめぐっての判例と韓国のものとでは比較にならない。少なくとも八三年区分所有法六二条における「老朽化」「客観的要件」という争点は、韓国において存在しないのである。

わが国の八三年区分所有法六二条に当たる韓国法は、集合建物法　第七節　再建築及び復旧、四七条(再建築の決議)に該当する。条文は、「建物建築後相当の期間が経過し、建物が毀損、一部滅失その他の事情により建物の価格に比べ過多な修繕、復旧もしくは管理の費用を要する場合、または付近の土地の利用状況の変化その他の事情により建物を再建築すれば、それに要する費用に比べ著しい効用の増加がもたらされる場合、管理団集会は、その建物を撤去してその敷地を区分所有権の目的となる新たな建物の敷地として利用すべきことを決議することが出来る。ただし、再建築の内容が団地内の他の建物の区分所有者に特別な影響を及ぼすときは、その区分所有者の承諾を得なければならない」二項「前項の決議は、区分所有者及び議決権の各五分の四以上の多数による決議による」三項「再建築の決議をするときは、次の事項を定めなければならない」一「新たに建築する建物の設計の概要」二「建物の撤去及び新たな建物の建築に要する費用の概算額」三「前項に規定する費用の分担に関する事項」四「新たな建物の区分所有権の帰属に関する事項」四、五項は省略する。四七条は、第二章の「団地」をすでに包含して規定している。まず日本法との大きな違いは「効用増」を認めている点と、「特別の影響」という概念を導入しているところである。わが国の老朽化による建替え決議を巡る判例、さらには阪神・淡路大震災による被災マンションの建替えについての判例上、常に争点となる「費用の過分性」は、日本・韓国ともほぼ同一の条文であるが、韓国では住宅建設促進法が反映し、判決上具体の問題として注目されることはまずないのである。

韓国における建替えをめぐる法廷での争いは二〇〇〇年までに二〇例強を数えるが、そのなかで、特に注目されるのは四七条一項の規定がそもそも争われるのではなく、住宅建設促進法の多数決による建替え決議が問題化され、手続き的瑕疵の存否をめぐって若干争点になるのであって、具体的には、建物、住戸の売渡し、明渡しを争うものが多い。四七条そのものの解釈でクローズアップされることはまずない。

ところで、先に挙げた建替え制度面での韓国法とわが国の区分所有法との相違点として、法構造・法体系という点で触れておかなければならないことがある。それは、集合建物法の適用領域は、二〇世帯未満の住宅について全面的にその対象とし、二〇世帯以上三〇〇世帯未満の住宅、あるいは三〇〇世帯以上五〇〇世帯未満の住宅、五〇〇世帯以上の住宅では、まず住宅建設促進法、同施行令、共同住宅管理令が各々詳細に適用領域を持ち、住宅の規模別に綿密な法規定がなされている点である(3)。

なお、住宅建設促進法での建替えに関する規定は、四四条の三第七項で「ひとつの住宅団地内に複数の建物が存する老朽不良住宅の所有者が再建築しようとする場合は集合住宅の所有及び管理に関する法律四七条一項の規定及び同条二項の規定に関わらず住宅団地内の各棟別（福利施設はひとつの棟とみなす）の区分所有者及び議決権のそれぞれ五分の四以上の議決により再建築することができる」〈改正二〇〇〇・一・二八〉(4)とする。

韓国におけるマンション建替えは、ソウル特別市の市街地または同近郊の大規模団地を多数含んでいる。集合建物法の効用増の是非は、建替え促進に向けた一側面を十二分に持つものであるが、実例の多くは、まず住宅建設促進法の適用を受け、進行している。同法施行令による細かな規定についてここでは触れないが、再建組合の設立、抵当権の移行等具体の手続を定めていることで、建替えへの円滑なシフトが可能であったと見ることができるのである。(5)

ところで、最近の建替え制度を含んだ韓国法の動向に触れる前に同国におけるマンション普及の法的要因について若干概観することにする。わが国における都市的居住形態である中高層共同住宅は、いわゆるマンションと呼ばれ、この名称が広く国民に行き渡っている。そして、借家法に基づく賃貸マンション（賃貸借権）と区分所有法に基づく分譲マンション（区分所有権）との二者に区別される。これが韓国にあっては、この関係がほとんどなくマンションはほぼ区分所有権に基づいた分譲マンションである（フロー時）ということを、最初に踏まえなければならない。

次に、韓国民法典（五二年施行）は、第三章　所有権　第一節　所有権の限界　二一五条【建物の区分所有】一項で「数人が一棟の建物を区分し、各々その一部を所有している時は、建物とその付属物の中の共用する部分は、それらの共有とする」(6)二項「共用部分の保存に関する費用その他の負担は、各自の所有部分の価格に比例して分担する」(7)とし現在も機能しているが、共有物の変更・管理にあたって、民法の中の共有に関する規定を適用しただけでは、集合建物を中心とした法律関係を解決するには不可能に近かったので、具体的な規律の必要性から、二一五条と併せて集合建物法が制定されるに至ったのだとしている。(8)

さて、韓国における分譲マンションストック(9)は、全国ベースで全住宅ストックの六割強を占め、賃貸マンションはその五％未満にすぎない。ソウル特別市となると、マンションストックの割合はさらに増え、賃貸マンションはさらに減少する。[10]　最近では特に第一所得分位にあたる国民救済を考慮し計画的な賃貸住宅供給の促進を展開しつつあるが、この背景には、韓国ならではの慣習が大きく作用していると思われる。その主なもののひとつが「伝貰」（チョンセ）であり、もうひとつが最近徐々に増えつつあるという「月貰」（ウォルセ）と呼ばれるものである。なかでも伝貰は、韓国民法典において第六章　伝貰権として用益物権のひとつとして規定されており（三〇三条から三一九条）慣習法として広く普及している。[11]

これは、韓国におけるマンションそのもののフローが、わが国と大きく異なり、賃貸借・所有権、若しくは借地借家・区分所有の異なった二つの供給方式ではなく区分所有権付の分譲形式で普及し、その所有者が伝貰等の形で住まい手を見出すということを示している。マンション建替えの進行に際しては、伝貰人が多いことで、建替え実現が乱れるというよりも、伝貰権の取得・存続期間が明確で、むしろ住居の所有権者の判断が大きく左右するし、決して妨げにはならず、わが国における借地・借家権への対応と比較するとかなり建替えに特化しやすい環境にある。

また、公法である住宅建設促進法は、民法典に付属する法律である集合建物法が、二〇戸以上の共同住宅の建替えを扱うには適さないとして、その批判に対処する形で、八七年に改正した経緯がある。建替えの法的根拠を明確にするためであった。また、少し遅れて同法施行令も改正され、建替えを行う判断基準、再建組合設立の手続等具体的で詳細な規定が設けられた。[12]

この住宅建設促進法は近年、統合的な改正を行い、その一部は「都市及び住居環境整備法」（〇二年成立　以下：都市住居法）に反映し、〇三年には「住宅法」へと全面改正された。都市住居法は、建替え事業が活発化する過程で、建替えによって建築後一〇年ないし二〇年で共同住宅が解体撤去され、新たに高層・高密度の建物が建設されることで、周辺地域の都市基盤施設の利用に負担をかけるなど様々な問題を提示し、また一方では、建替え事業推進の過程でトラブルが露呈するなど社会問題化するケースも見受けられたことから、韓国政府が建替え事業の問題点を解消するため、住宅団地の建替え事業を再開発のように都市計画に基づく事業とみなすことを目的に同法を制定し、住居環境が不良な地域と老朽・不良建築物を効率的に管理するため、再開発、建替え、住居改善事業を統合して制定されている。(13)

また、住宅法は、韓国における所得水準の向上に伴う多様な住宅ニーズに対処し、低所得者層の居住の安定のため住宅の福祉的機能を向上させ、住生活の質的側面を充実させる狙いから、新たな住宅政策の一環として登場した。また、従来の法体系を見直し、類似・重複する規定を整理し、さらに、住宅組合制度、住宅管理制度の見直しを行い、権限の地方委譲を図っている。(14)

わが国における分譲マンションの建替え円滑化法の施行前の実例は、建替え決議における合意形成のため、資金負担を極力避ける等価交換方式を採用しての任意建替えの手法が主流であった。この手法を採用していくには「立地」「未使用容積率」「住宅規模」といった三つの制約をクリアとしていかなければならず、しかも客観要件の不明確さから全員一致の合意形成を必要とするものであった。これに対し韓国は全体の五分の四以上、棟毎だと三分の二以上の議決を得ることで建替えが可能である点でより可能性を高めている。また客観要件のひとつである老朽化という点では、住宅建設促進法の施行令（八七年施行）で建替えは建築後二〇年を経過したものを対象とすることとしており、二〇年が老朽化の一応の目安として機能したわけである。

筆者の現地調査からすると、わが国における〇二年区分所有法及び建替え円滑化法の施行は、二〇〇〇年までの韓国の建替え制度に近づき、韓国がリモデリング（わが国でいうリフォーム）の重視を詳細・具体に規定した住宅法へ移行したというのは、建替えから修繕への流れにあって、わが国の制度設計が正反対であるだけに興味深い。韓国のマンション建替え実例のなかで住宅団地建替えの一連の流れは、二〇〇〇年のダウンゾーニング政策、容積規制の細分化により、余剰容積の確保が難しくなり、従前居住者の費用負担が目立つ。しかし、伝貰等によるコスト回収が可能であれば建替えを行う要求は依然根強いし、新たな住居の取得面積の限定を受けつつも、政府系の住宅金融部門が融資金利を調整することで、建替えニーズの継続を行い、低利な融資制度を拡充することで修繕を選択するケースも現れてくるだろう。この点で、韓国におけるマンション政策は、政府主導型でしかも経済政策と直結している方向性が見られるのであるが、他方、わが国は、建替えに向けての法制度の緩和は進みつつも、建替えの事業化の際の住民のインセンティブがコスト回収、利子等を考慮してもなかなか建替えに向かう情況にはない。そうだとすると、韓国のようなマンション建替えブームは到来しそうもない。韓国の建替え制度の変化は、住宅数／世帯数＝住宅普及率の近年の上昇傾向を踏まえつつ、住宅需給バランスの均衡を予見しての政策として映る。

なお、国土交通省は、阪神・淡路大震災での被災マンションの建替え復旧事例を除いたマンション建替え実績を、マンション建替え円滑化方策検討委員会の時に六九件と報告し、その後約一年を経てマンション総プロが最終の報告書（〇二年三月）で八一件を掲載したが現在の実績は公開されていない。約一〇〇件の実績があると推定されるが、〇二年三月以降の約二〇件のうち、詳細が明らかになっているものは一五件で、建替え円滑化法による建替え組合施行が五件、個人施行が一件、区分所有法によるものが三件、市街地再開発事業によるものが一件で残る五件は任意建替えである。(15)

注（1）鎌野・竹田「区分所有建物の修繕・再建（復旧・建替え）及び終了をめぐる比較法覚え書き」千葉大学法学論集第一五巻第三号一六五―二一二頁。

（2）「集合建物の所有及び管理に関する法律」（一九八四施行）。

（3）楊　光洙　　禹　榮濟　　藤本佳子「日本のマンション管理士と韓国の住宅管理士」マンション学第一五号（二

〇〇三・四・一）一六七頁参照。

（4）国土交通省　周藤利一氏翻訳　及び　片桐善衛　マンション建替えをめぐって　亜細亜法学第三〇巻第二号　一九九六・三　二二五―二三六頁参照、朴　鍾斗　建物区分所有に関する日・韓両国法の比較及び問題点　亜細亜法学第三一巻第二号　一九九七・一　二五一―二五六頁参照。

（5）周藤利一　マンション管理センター通信二〇〇号　二五頁参照。

（6）韓国民法二六二条―二七〇条　金　鍾律　民法講義　博英社　二〇〇〇　四〇七―四一六頁参照　鄭　鍾休（チョン　ジョンヒュ）　韓国民法典の比較法的研究　創文社　一九八九　二一四―二一七頁参照。

韓国民法典は、共有のほかに合有・総有を正面から認めており、共有二六二―二七〇条、合有二七一―二七四条、総有二七五―二七七条で規定する。全体として民法　第三章　所有権　第三節「共同所有」を構成している。韓国の集合住宅の今後の展開次第では、共同所有における合有的な展開があるのかもしれない。

（7）金　鍾律　民法講義　博英社　二〇〇〇　三八五頁参照。

（8）朴　鍾斗　建物区分所有に関する日・韓両国法の比較及び問題点　亜細亜法学第三一巻第二号一九九七　二三九頁参照。

（9）建設交通部資料（九九年一二月三一日付）　統計庁　分譲マンションの総ストック　アパート約三四四万戸、連立住宅・多世帯住宅計一〇六万戸：合計四五〇万戸（一九九五）。

（10）朴　信映（パク　シンヨン）ソウルの再開発と住宅問題　市政研究№一一八　一九九八・一　九一頁参照。

（11）鄭　鍾休（チョン　ジョンヒュ）韓国民法典の比較法的研究　創文社　一九八九　一八六・二三六・二三八頁参照。

「伝貰権」は伝貰金を支払い他人の不動産を占有して、その不動産の用途に従い使用・収益した後、その不動産を返還し伝貰金返還してもらう韓国民法上（三〇三条―三一九条）用益物権であるが、建物に限って見てみると、実務上、建物の所有者が伝貰金を受け建物を貸すが建物の使用期間中には借賃を受けず、一定の借用期間が経過した後（概ね二年）に、伝貰金を返還し建物を返してもらう債権契約として普及している。

（12）朴　信映　韓国の建替えとそれに関する法律の内容と特性　マンション学第一九号　二二八頁参照。

（13）前掲書　二八・二九頁参照。

（14）周藤利一　韓国の住宅法制度の転換　都市的土地利用研究会　集住部会〇四・一〇資料参照。

（15）http://www.kenplatz.nikkeibp.co.jp/mansion/rensai_2/041012.shtml　06/2/15 参照。

六　最後に

建替え円滑化法は、有効な建替え決議後に都市再開発法上の仕組みを導入した新たな制度とみることができる。建替えの合意がたとえ得られたとしても様々な理由から実現しにくいことが起こった場合に、権利者のみならず周辺住民等への影響を踏まえ、ここに公共部門を介在させることで円滑化が進むと見られる。建替え団体への法人格の付与、権利変換手法による権利推移の明確化、これに伴った抵当権者、借家人の地位の移行、建替え組合による敷地・建物の買い取りの実現、地方公共団体による建替え計画の監督などを内容とすることで相当の効果が期待できる。また、この法律は、危険有害マンションへの建替え勧告、賃借人、転出者の居住確保も可能としており包括性に優れている。この結果、建替えの能力と意思のあるマンションでの事業実現の可能性が高まったといえる。

ところで、建替え円滑化法は、建替え決議が整ったところでのみ機能する。建替え決議までは区分所有者及びその団体の実力によってなされなくてはならず、これは、経済力や価値観の異なる区分所有者が存在するマンションでは至難であり、建物の建築後の年数が経っていればいるほど、差異が大きく合意形成は難易度がかなり高いものの、ここへの手当ては何らなされていない。また、マンション建替えをめぐって考えておくべきことは、私法と公法との関係である。区分所有法は、マンション秩序の大きな変化には特別多数決による合意と特別の影響を受ける者の同意という二つの仕組みを用意して調整している（共用部分の変更、規約の設定・変更など）。もっとも、建替えはこの方式を採用せずに、特別多数決の議決によっている。大きな変化でも建替えだけが先の方式をとらない理由が求められなくてはならない。建替えが私法だけに「合意」を委ねることは適当だとはいえず、私法と公法とが協力していくことが不可欠である。そのためには私法・公法がどのような役割を果たすべきかといった領域を超えた研究が必要だと考える。(1)

なお、建替え円滑化法の施行を前に、一〇年以上もの歳月をかけ建替え決議を区分所有者に諮った団地型マンションにおいては、「ローンを全額支払い、つまり一度債務を抹消して資金の手当てをすることが可能であれば、建替え決議は議決できた」(2)とする現地調査での聞取りや、「全員合意でも確実性のためには建替組合の認可が必要」といったヒアリングから、建替え円滑化法に寄せる期待・信頼は強い。がしかし、建替えへの検討は、資金負担無しというインセンティブが左右するところから、依然抜け出したという徴候は見出せない。

注（1）丸山英氣「建替え円滑化法の機能」マンション学一四号　三八—四〇頁参照。
（2）山岡淳一郎「あなたのマンションが廃墟になる日」七六頁と同主旨。

（竹田　智志）

資料編

○建物の区分所有等に関する法律

〔昭和三十七年四月四日 法律第六十九号〕

最終改正　平成一八年六月二日法律第五〇号

注　条文中リーダー罫囲みのところは、平成一八年六月二日法律第五〇号による改正後の条文です。ただし施行は一般社団・財団法人法の施行の日〔公布の日から起算して二年六月を超えない範囲内において政令で定める日〕のため参考として掲載します。

建物の区分所有等に関する法律をここに公布する。

建物の区分所有等に関する法律

目次

第一章　建物の区分所有

第一節　総則

（建物の区分所有）

第一条　一棟の建物に構造上区分された数個の部分で独立して住居、店舗、事務所又は倉庫その他建物としての用途に供することができるものがあるときは、その各部分は、この法律の定めるところにより、それぞれ所有権の目的とすることができる。

（定義）

第二条　この法律において「区分所有権」とは、前条に規定する建物の部分（第四条第二項の規定により共用部分とされたものを除く。）を目的とする所有権をいう。

2　この法律において「区分所有者」とは、区分所有権を有する者をいう。

3　この法律において「専有部分」とは、区分所有権の目的たる建物の部分をいう。

4　この法律において「共用部分」とは、専有部分以外の建物の部分、専有部分に属しない建物の附属物及び第四条第二項の規定により共用部分とされた附属の建物をいう。

5 この法律において「建物の敷地」とは、建物が所在する土地及び第五条第一項の規定により建物の敷地とされた土地をいう。

6 この法律において「敷地利用権」とは、専有部分を所有するための建物の敷地に関する権利をいう。

（区分所有者の団体）

第三条 区分所有者は、全員で、建物並びにその敷地及び附属施設の管理を行うための団体を構成し、この法律の定めるところにより、集会を開き、規約を定め、及び管理者を置くことができる。一部の区分所有者のみの共用に供されるべきことが明らかな共用部分（以下「一部共用部分」という。）をそれらの区分所有者が管理するときも、同様とする。

（共用部分）

第四条 数個の専有部分に通ずる廊下又は階段室その他構造上区分所有者の全員又はその一部の共用に供されるべき建物の部分は、区分所有権の目的とならないものとする。

2 第一条に規定する建物の部分及び附属の建物は、規約により共用部分とすることができる。この場合には、その旨の登記をしなければ、これをもつて第三者に対抗することができない。

（規約による建物の敷地）

第五条 区分所有者が建物及び建物が所在する土地と一体として管理又は使用をする庭、通路その他の土地は、規約により建物の敷地とすることができる。

2 建物が所在する土地が建物の一部の滅失により建物が所在する土地以外の土地となつたときは、その土地は、前項の規定により規約で建物の敷地と定められたものとみなす。建物が所在する土地の一部が分割により建物が所在する土地以外の土地となつたときも、同様とする。

（区分所有者の権利義務等）

第六条 区分所有者は、建物の保存に有害な行為その他建物の管理又は使用に関し区分所有者の共同の利益に反する行為をしてはならない。

2 区分所有者は、その専有部分又は共用部分を保存し、又は改良するため必要な範囲内において、他の区分所有者の専有部分又は自己の所有に属しない共用部分の使用を請求することができる。この場合において、他の区分所有者が損害を受けたときは、その償金を支払わなければならない。

3 第一項の規定は、区分所有者以外の専有部分の占有者（以下「占有者」という。）に準用する。

（先取特権）

第七条 区分所有者は、共用部分、建物の敷地若しくは共用部分以外の建物の附属施設につき他の区分所有者に対して有する債権又は規約若しくは集会の決議に基づき他の区分所有者に対して有する債権について、債務者の区分所有権（共用部分に関する権利及び敷地利用権を含む。）及び建物に備え付けた動産の上に先取特権を有する。管理者又は管理組合法人がその職務又は業務を行うにつき区分所有者に対して有する債権についても、同様とする。

2　前項の先取特権は、優先権の順位及び効力については、共益費用の先取特権とみなす。

3　民法（明治二十九年法律第八十九号）第三百十九条の規定は、第一項の先取特権に準用する。

（特定承継人の責任）

第八条　前条第一項に規定する債権は、債務者たる区分所有者の特定承継人に対しても行うことができる。

（建物の設置又は保存の瑕疵《かし》に関する推定）

第九条　建物の設置又は保存に瑕疵《かし》があることにより他人に損害を生じたときは、その瑕疵《かし》は、共用部分の設置又は保存にあるものと推定する。

（区分所有権売渡請求権）

第十条　敷地利用権を有しない区分所有者があるときは、その専有部分の収去を請求する権利を有する者は、その区分所有者に対し、区分所有権を時価で売り渡すべきことを請求することができる。

第二節　共用部分等

（共用部分の共有関係）

第十一条　共用部分は、区分所有者全員の共有に属する。ただし、一部共用部分は、これを共用すべき区分所有者の共有に属する。

2　前項の規定は、規約で別段の定めをすることを妨げない。ただし、第二十七条第一項の場合を除いて、区分所有者以外の者を共用部分の所有者と定めることはできない。

3　民法第百七十七条の規定は、共用部分には適用しない。

第十二条　共用部分が区分所有者の全員又はその一部の共有に属する場合には、その共用部分の共有については、次条から第十九条までに定めるところによる。

（共用部分の使用）

第十三条　各共有者は、共用部分をその用方に従って使用することができる。

（共用部分の持分の割合）

第十四条　各共有者の持分は、その有する専有部分の床面積の割合による。

2　前項の場合において、一部共用部分（附属の建物であるものを除く。）で床面積を有するものがあるときは、その一部共用部分の床面積は、これを共用すべき各区分所有者の専有部分の床面積の割合により配分して、それぞれその区分所有者の専有部分の床面積に算入するものとする。

3　前二項の床面積は、壁その他の区画の内側線で囲まれた部分の水平投影面積による。

4　前三項の規定は、規約で別段の定めをすることを妨げない。

（共用部分の持分の処分）

第十五条　共有者の持分は、その有する専有部分の処分に従う。

2　共有者は、この法律に別段の定めがある場合を除いて、その有する専有部分と分離して持分を処分することができない。

（一部共用部分の管理）

第十六条　一部共用部分の管理のうち、区分所有者全員の利害に関係するもの又は第三十一条第二項の規約に定めがあるものは区分所有者全員で、その他のものはこれを共用すべき区分所有者のみで行う。

（共用部分の変更）

第十七条　共用部分の変更（その形状又は効用の著しい変更を伴わないものを除く。）は、区分所有者及び議決権の各四分の三以上の多数による集会の決議で決する。ただし、この区分所有者の定数は、規約でその過半数まで減ずることができる。

2　前項の場合において、共用部分の変更が専有部分の使用に特別の影響を及ぼすべきときは、その専有部分の所有者の承諾を得なければならない。

（共用部分の管理）

第十八条　共用部分の管理に関する事項は、前条の場合を除いて、集会の決議で決する。ただし、保存行為は、各共有者がすることができる。

2　前項の規定は、規約で別段の定めをすることを妨げない。

3　前条第二項の規定は、第一項本文の場合に準用する。

4　共用部分につき損害保険契約をすることは、共用部分の管理に関する事項とみなす。

（共用部分の負担及び利益収取）

第十九条　各共有者は、規約に別段の定めがない限りその持分に応じて、共用部分の負担に任じ、共用部分から生ずる利益を収取する。

（管理所有者の権限）

第二十条　第十一条第二項の規定により規約で共用部分の所有者と定められた区分所有者は、区分所有者全員（一部共用部分については、これを共用すべき区分所有者）のためにその共用部分を管理する義務を負う。この場合には、それらの区分所有者に対し、相当な管理費用を請求することができる。

2　前項の共用部分の所有者は、第十七条第一項に規定する共用部分の変更をすることができない。

（共用部分に関する規定の準用）

第二十一条　建物の敷地又は共用部分以外の附属施設（これらに関する権利を含む。）が区分所有者の共有に属する場合には、第十七条から第十九条までの規定は、その敷地又は附属施設に準用する。

第三節　敷地利用権

（分離処分の禁止）

第二十二条　敷地利用権が数人で有する所有権その他の権利である場合には、区分所有者は、その有する専有部分とその専有部分に係る敷地利用権とを分離して処分することができない。ただし、規約に別段の定めがあるときは、この限りでない。

2　前項本文の場合において、区分所有者が数個の専有部分を所有するときは、各専有部分に係る敷地利用権の割合は、第十四条第一項から第三項までに定める割合による。ただし、規約でこの割合と異なる割合が定められているときは、その割合による。

3　前二項の規定は、建物の専有部分の全部を所有する者の敷地利用権が単独で有する所有権その他の権利である場合に準用する。

（分離処分の無効の主張の制限）

第二十三条　前条第一項本文（同条第三項において準用する場合を含む。）の規定に違反する専有部分又は敷地利用権の処分については、その無効を善意の相手方に主張することができない。ただし、不動産登記法（平成十六年法律第百二十三号）の定めるところにより分離して処分することができない専有部分及び敷地利用権であることを登記した後に、その処分がされたときは、この限りでない。

（民法第二百五十五条の適用除外）

第二十四条　第二十二条第一項本文の場合には、民法第二百五十五条（同法第二百六十四条において準用する場合を含む。）の規定は、敷地利用権には適用しない。

第四節　管理者

（選任及び解任）

第二十五条　区分所有者は、規約に別段の定めがない限り集会の決議によつて、管理者を選任し、又は解任することができる。

2　管理者に不正な行為その他その職務を行うに適しない事情があるときは、各区分所有者は、その解任を裁判所に請求することができる。

（権限）

第二十六条　管理者は、共用部分並びに第二十一条に規定する場合における当該建物の敷地及び附属施設（次項及び第四十七条第六項において「共用部分等」という。）を保存し、集会の決議を実行し、並びに規約で定めた行為をする権利を有し、義務を負う。

2　管理者は、その職務に関し、区分所有者を代理する。第十八条第四項（第二十一条において準用する場合を含む。）の規定による損害保険契約に基づく保険金額並びに共用部分等について生じた損害賠償金及び不当利得による返還金の請求及び受領についても、同様とする。

3　管理者の代理権に加えた制限は、善意の第三者に対抗することができない。

4　管理者は、規約又は集会の決議により、その職務（第二項後段に規定する事項を含む。）に関し、区分所有者のために、原告又は被告となることができる。

5　管理者は、前項の規約により原告又は被告となつたときは、遅滞なく、区分所有者にその旨を通知しなければならない。この場合には、第三十五条第二項から第四項までの規定を準用する。

（管理所有）

第二十七条　管理者は、規約に特別の定めがあるときは、共用部分を所有することができる。

2　第六条第二項及び第二十条の規定は、前項の場合に準用する。

（委任の規定の準用）

第二十八条　この法律及び規約に定めるもののほか、管理者の権利義務は、委任に関する規定に従う。

（区分所有者の責任等）

第二十九条　管理者がその職務の範囲内において第三者との間にした行為につき区分所有者がその責めに任ずべき割合は、第十四条に定める割合と同一の割合とする。ただし、規約で建物並びにその敷地及び附属施設の管理に要する経費につき負担の割合が定められているときは、その割合による。

2　前項の行為により第三者が区分所有者に対して有する債権は、その特定承継人に対しても行うことができる。

第五節　規約及び集会

（規約事項）

第三十条　建物又はその敷地若しくは附属施設の管理又は使用に関する区分所有者相互間の事項は、この法律に定めるもののほか、規約で定めることができる。
2　一部共用部分に関する事項で区分所有者全員の利害に関係しないものは、区分所有者全員の規約に定めがある場合を除いて、これを共用すべき区分所有者の規約で定めることができる。
3　前二項に規定する規約は、専有部分若しくは共用部分又は建物の敷地若しくは附属施設（建物の敷地又は附属施設に関する権利を含む。）につき、これらの形状、面積、位置関係、使用目的及び利用状況並びに区分所有者が支払つた対価その他の事情を総合的に考慮して、区分所有者間の利害の衡平が図られるように定めなければならない。
4　第一項及び第二項の場合には、区分所有者以外の者の権利を害することができない。
5　規約は、書面又は電磁的記録（電子的方式、磁気的方式その他人の知覚によつては認識することができない方式で作られる記録であつて、電子計算機による情報処理の用に供されるものとして法務省令で定めるものをいう。以下同じ。）により、これを作成しなければならない。

（規約の設定、変更及び廃止）
第三十一条　規約の設定、変更又は廃止は、区分所有者及び議決権の各四分の三以上の多数による集会の決議によつてする。この場合において、規約の設定、変更又は廃止が一部の区分所有者の権利に特別の影響を及ぼすべきときは、その承諾を得なければならない。
2　前条第二項に規定する事項についての区分所有者全員の規約の設定、変更又は廃止は、当該一部共用部分を共用すべき区分所有者の四分の一を超える者又はその議決権の四分の一を超える議決権を有する者が反対したときは、することができない。

（公正証書による規約の設定）
第三十二条　最初に建物の専有部分の全部を所有する者は、公正証書により、第四条第二項、第五条第一項並びに第二十二条第一項ただし書及び第二項ただし書（これらの規定を同条第三項において準用する場合を含む。）の規約を設定することができる。

（規約の保管及び閲覧）
第三十三条　規約は、管理者が保管しなければならない。ただし、管理者がないときは、建物を使用している区分所有者又はその代理人で規約又は集会の決議で定めるものが保管しなければならない。
2　前項の規定により規約を保管する者は、利害関係人の請求があつたときは、正当な理由がある場合を除いて、規約の閲覧（規約が電磁的記録で作成されているときは、当該電磁的記録に記録された情報の内容を法務省令で定める方法により表示したものの当該規約の保管場所における閲覧）を拒んではならない。
3　規約の保管場所は、建物内の見やすい場所に掲示しなければならない。

（集会の招集）
第三十四条　集会は、管理者が招集する。
2　管理者は、少なくとも毎年一回集会を招集しなければならない。
3　区分所有者の五分の一以上で議決権の五分の一以上を有するもの

は、管理者に対し、会議の目的たる事項を示して、集会の招集を請求することができる。ただし、この定数は、規約で減ずることができる。

4　前項の規定による請求がされた場合において、二週間以内にその請求の日から四週間以内の日を会日とする集会の招集の通知が発せられなかつたときは、その請求をした区分所有者は、集会を招集することができる。

5　管理者がないときは、区分所有者の五分の一以上で議決権の五分の一以上を有するものは、集会を招集することができる。ただし、この定数は、規約で減ずることができる。

（招集の通知）

第三十五条　集会の招集の通知は、会日より少なくとも一週間前に、会議の目的たる事項を示して、各区分所有者に発しなければならない。ただし、この期間は、規約で伸縮することができる。

2　専有部分が数人の共有に属するときは、前項の通知は、第四十条の規定により定められた議決権を行使すべき者（その者がないときは、共有者の一人）にすれば足りる。

3　第一項の通知は、区分所有者が管理者に対して通知を受けるべき場所を通知したときはその場所に、これを通知しなかつたときは区分所有者の所有する専有部分が所在する場所にあててすれば足りる。この場合には、同項の通知は、通常それが到達すべき時に到達したものとみなす。

4　建物内に住所を有する区分所有者又は前項の通知を受けるべき場所を通知しない区分所有者に対する第一項の通知は、規約に特別の定めがあるときは、建物内の見やすい場所に掲示してすることができる。この場合には、同項の通知は、その掲示をした時に到達したものとみなす。

5　第一項の通知をする場合において、会議の目的たる事項が第十七条第一項、第三十一条第一項、第六十一条第五項、第六十二条第一項、第六十八条第一項又は第六十九条第七項に規定する決議事項であるときは、その議案の要領をも通知しなければならない。

（招集手続の省略）

第三十六条　集会は、区分所有者全員の同意があるときは、招集の手続を経ないで開くことができる。

（決議事項の制限）

第三十七条　集会においては、第三十五条の規定によりあらかじめ通知した事項についてのみ、決議をすることができる。

2　前項の規定は、この法律に集会の決議につき特別の定数が定められている事項を除いて、規約で別段の定めをすることを妨げない。

3　前二項の規定は、前条の規定による集会には適用しない。

（議決権）

第三十八条　各区分所有者の議決権は、規約に別段の定めがない限り、第十四条に定める割合による。

（議事）

第三十九条　集会の議事は、この法律又は規約に別段の定めがない限り、区分所有者及び議決権の各過半数で決する。

2　議決権は、書面で、又は代理人によつて行使することができる。

3　区分所有者は、規約又は集会の決議により、前項の規定による書面による議決権の行使に代えて、電磁的方法（電子情報処理組織を使用する方法その他の情報通信の技術を利用する方法であつて法務省令で定めるものをいう。以下同じ。）によつて議決権を行使することができる。

（議決権行使者の指定）

第四十条　専有部分が数人の共有に属するときは、共有者は、議決権を行使すべき者一人を定めなければならない。

（議長）

第四十一条　集会においては、規約に別段の定めがある場合及び別段の決議をした場合を除いて、管理者又は集会を招集した区分所有者の一人が議長となる。

（議事録）

第四十二条　集会の議事については、議長は、書面又は電磁的記録により、議事録を作成しなければならない。

2　議事録には、議事の経過の要領及びその結果を記載し、又は記録しなければならない。

3　前項の場合において、議事録が書面で作成されているときは、議長及び集会に出席した区分所有者の二人がこれに署名押印しなければならない。

4　第二項の場合において、議事録が電磁的記録で作成されているときは、当該電磁的記録に記録された情報については、議長及び集会に出席した区分所有者の二人が行う法務省令で定める署名押印に代わる措置を執らなければならない。

5　第三十三条の規定は、議事録について準用する。

（事務の報告）

第四十三条　管理者は、集会において、毎年一回一定の時期に、その事務に関する報告をしなければならない。

（占有者の意見陳述権）

第四十四条　区分所有者の承諾を得て専有部分を占有する者は、会議の目的たる事項につき利害関係を有する場合には、集会に出席して意見を述べることができる。

2　前項に規定する場合には、集会を招集する者は、第三十五条の規定により招集の通知を発した後遅滞なく、集会の日時、場所及び会議の目的たる事項を建物内の見やすい場所に掲示しなければならない。

（書面又は電磁的方法による決議）

第四十五条　この法律又は規約により集会において決議をすべき場合において、区分所有者全員の承諾があるときは、書面又は電磁的方法による決議をすることができる。ただし、電磁的方法による決議に係る区分所有者の承諾については、法務省令で定めるところによらなければならない。

2　この法律又は規約により集会において決議すべきものとされた事項については、区分所有者全員の書面又は電磁的方法による合意があつたときは、書面又は電磁的方法による決議があつたものとみなす。

3　この法律又は規約により集会において決議すべきものとされた事項についての書面又は電磁的方法による決議は、集会の決議と同一の効力を有する。

4　第三十三条の規定は、書面又は電磁的方法による決議に係る書面並びに第一項及び第二項の電磁的方法が行われる場合に当該電磁的方法により作成される電磁的記録について準用する。
5　集会に関する規定は、書面又は電磁的方法による決議について準用する。

（規約及び集会の決議の効力）
第四十六条　規約及び集会の決議は、区分所有者の特定承継人に対しても、その効力を生ずる。
2　占有者は、建物又はその敷地若しくは附属施設の使用方法につき、区分所有者が規約又は集会の決議に基づいて負う義務と同一の義務を負う。

第六節　管理組合法人

（成立等）
第四十七条　第三条に規定する団体は、区分所有者及び議決権の各四分の三以上の多数による集会の決議で法人となる旨並びにその名称及び事務所を定め、かつ、その主たる事務所の所在地において登記をすることによつて法人となる。
2　前項の規定による法人は、管理組合法人と称する。
3　この法律に規定するもののほか、管理組合法人の登記に関して必要な事項は、政令で定める。
4　管理組合法人に関して登記すべき事項は、登記した後でなければ、第三者に対抗することができない。
5　管理組合法人の成立前の集会の決議、規約及び管理者の職務の範囲内の行為は、管理組合法人につき効力を生ずる。
6　管理組合法人は、その事務に関し、区分所有者を代理する。第十八条第四項（第二十一条において準用する場合を含む。）の規定による損害保険契約に基づく保険金額並びに共用部分等について生じた損害賠償金及び不当利得による返還金の請求及び受領についても、同様とする。
7　管理組合法人の代理権に加えた制限は、善意の第三者に対抗することができない。
8　管理組合法人は、規約又は集会の決議により、その事務（第六項後段に規定する事項を含む。）に関し、区分所有者のために、原告又は被告となることができる。
9　管理組合法人は、前項の規約により原告又は被告となつたときは、遅滞なく、区分所有者にその旨を通知しなければならない。この場合においては、第三十五条第二項から第四項までの規定を準用する。
10　民法第四十三条、第四十四条、第五十条及び第五十一条の規定は管理組合法人に、破産法（平成十六年法律第七十五号）第十六条第二項の規定は存立中の管理組合法人に準用する。

> 10　一般社団法人及び一般財団法人に関する法律（平成十八年法律第四十八号）第四条及び第七十八条の規定は管理組合法人に、破産法（平成十六年法律第七十五号）第十六条第二項の規定は存立中の管理組合法人に準用する。

11　第四節及び第三十三条第一項ただし書（第四十二条第五項及び第四十五条第四項において準用する場合を含む。）の規定は、管理組合法人には、適用しない。

12　管理組合法人について、第三十三条第一項本文（第四十二条第五項及び第四十五条第四項において準用する場合を含む。以下この項において同じ。）の規定を適用する場合には第三十三条第一項本文中「管理者が」とあるのは「理事が管理組合法人の事務所において」と、第三十四条第一項から第三項まで及び第五項、第三十五条第三項、第四十一条並びに第四十三条の規定を適用する場合にはこれらの規定中「管理者」とあるのは「理事」とする。

13　管理組合法人は、法人税法（昭和四十年法律第三十四号）その他法人税に関する法令の規定の適用については、同法第二条第六号に規定する公益法人等とみなす。この場合において、同法第三十七条の規定を適用する場合には同条第四項及び第五項中「公益法人等」とあるのは「公益法人等（管理組合法人を除く。）」と、同法第六十六条の規定を適用する場合には同条第一項及び第二項中「普通法人」とあるのは「普通法人（管理組合法人を含む。）」と、同条第三項中「公益法人等」とあるのは「公益法人等（管理組合法人を除く。）」とする。

14　管理組合法人は、消費税法（昭和六十三年法律第百八号）その他消費税に関する法令の規定の適用については、同法別表第三に掲げる法人とみなす。

（名称）

第四十八条　管理組合法人は、その名称中に管理組合法人という文字を用いなければならない。

2　管理組合法人でないものは、その名称中に管理組合法人という文字を用いてはならない。

（財産目録及び区分所有者名簿）

第四十八条の二　管理組合法人は、設立の時及び毎年一月から三月までの間に財産目録を作成し、常にこれをその主たる事務所に備え置かなければならない。ただし、特に事業年度を設けるものは、設立の時及び毎事業年度の終了の時に財産目録を作成しなければならない。

2　管理組合法人は、区分所有者名簿を備え置き、区分所有者の変更があるごとに必要な変更を加えなければならない。

（理事）

第四十九条　管理組合法人には、理事を置かなければならない。

2　理事は、管理組合法人を代表する。

3　理事が数人あるときは、各自管理組合法人を代表する。

4　前項の規定は、規約若しくは集会の決議によつて、管理組合法人を代表すべき理事を定め、若しくは数人の理事が共同して管理組合法人を代表すべきことを定め、又は規約の定めに基づき理事の互選によつて管理組合法人を代表すべき理事を定めることを妨げない。

5　理事の任期は、二年とする。ただし、規約で三年以内において別段の期間を定めたときは、その期間とする。

6　理事が欠けた場合又は規約で定めた理事の員数が欠けた場合には、任期の満了又は辞任により退任した理事は、新たに選任された理事（次項において準用する民法第五十六条の仮理事を含む。）が就任するまで、なおその職務を行う。

7　第二十五条、民法第五十二条第二項及び第五十四条から第五十六条まで並びに非訟事件手続法（明治三十一年法律第十四号）第三十五条第一項の規定は、理事に準用する。

（理事）

第四十九条　管理組合法人には、理事を置かなければならない。

2　理事が数人ある場合において、規約に別段の定めがないときは、管理組合法人の事務は、理事の過半数で決する。

3　理事は、管理組合法人を代表する。

4　理事が数人あるときは、各自管理組合法人を代表する。

5　前項の規定は、規約若しくは集会の決議によつて、管理組合法人を代表すべき理事を定め、若しくは数人の理事が共同して管理組合法人を代表すべきことを定め、又は規約の定めに基づき理事の互選によつて管理組合法人を代表すべき理事を定めることを妨げない。

6　理事の任期は、二年とする。ただし、規約で三年以内において別段の期間を定めたときは、その期間とする。

7　理事が欠けた場合又は規約で定めた理事の員数が欠けた場合には、任期の満了又は辞任により退任した理事は、新たに選任された理事（第四十九条の四第一項の仮理事を含む。）が就任するまで、なおその職務を行う。

8　第二十五条の規定は、理事に準用する。

（理事の代理権）

第四十九条の二　理事の代理権に加えた制限は、善意の第三者に対抗することができない。

（理事の代理行為の委任）

第四十九条の三　理事は、規約又は集会の決議によつて禁止されていないときに限り、特定の行為の代理を他人に委任することができる。

（仮理事）

第四十九条の四　理事が欠けた場合において、事務が遅滞することにより損害を生ずるおそれがあるときは、裁判所は、利害関係人又は検察官の請求により、仮理事を選任しなければならない。

2　仮理事の選任に関する事件は、管理組合法人の主たる事務所の所在地を管轄する地方裁判所の管轄に属する。

（監事）

第五十条　管理組合法人には、監事を置かなければならない。

2　監事は、理事又は管理組合法人の使用人と兼ねてはならない。

3　第二十五条並びに前条第五項及び第六項、民法第五十六条及び第五十九条並びに非訟事件手続法第三十五条第一項の規定は、監事に準用する。

（監事）

第五十条　管理組合法人には、監事を置かなければならない。

2　監事は、理事又は管理組合法人の使用人と兼ねてはならない。
3　監事の職務は、次のとおりとする。
一　管理組合法人の財産の状況を監査すること。
二　理事の業務の執行の状況を監査すること。
三　財産の状況又は業務の執行について、法令若しくは規約に違反し、又は著しく不当な事項があると認めるときは、集会に報告をすること。
四　前号の報告をするため必要があるときは、集会を招集すること。
4　第二十五条、第四十九条第六項及び第七項並びに前条の規定は、監事に準用する。

（監事の代表権）
第五十一条　管理組合法人と理事との利益が相反する事項については、監事が管理組合法人を代表する。

（事務の執行）
第五十二条　管理組合法人の事務は、この法律に定めるもののほか、すべて集会の決議によつて行う。ただし、この法律に集会の決議につき特別の定数が定められている事項及び第五十七条第二項に規定する事項を除いて、規約で、理事その他の役員が決するものとすることができる。
2　前項の規定にかかわらず、保存行為は、理事が決することができる。

（区分所有者の責任）
第五十三条　管理組合法人の財産をもつてその債務を完済することができないときは、区分所有者は、第十四条に定める割合と同一の割合で、その債務の弁済の責めに任ずる。ただし、第二十九条第一項ただし書に規定する負担の割合が定められているときは、その割合による。
2　管理組合法人の財産に対する強制執行がその効を奏しなかつたときも、前項と同様とする。
3　前項の規定は、区分所有者が管理組合法人に資力があり、かつ、執行が容易であることを証明したときは、適用しない。

（特定承継人の責任）
第五十四条　区分所有者の特定承継人は、その承継前に生じた管理組合法人の債務についても、その区分所有者が前条の規定により負う責任と同一の責任を負う。

（解散）
第五十五条　管理組合法人は、次の事由によつて解散する。
一　建物（一部共用部分を共用すべき区分所有者で構成する管理組合法人にあつては、その共用部分）の全部の滅失
二　建物に専有部分がなくなつたこと。
三　集会の決議
2　前項第三号の決議は、区分所有者及び議決権の各四分の三以上の多数でする。
3　民法第七十三条から第七十六条まで及び第七十八条から第八十二条まで並びに非訟事件手続法第三十五条第二項及び第三十六条から第四十条までの規定は、管理組合法人の解散及び清算に準用する。

（解散）

第五十五条　管理組合法人は、次の事由によつて解散する。

一　建物（一部共用部分を共用すべき区分所有者で構成する管理組合法人にあつては、その共用部分）の全部の滅失

二　建物に専有部分がなくなつたこと。

三　集会の決議

2　前項第三号の決議は、区分所有者及び議決権の各四分の三以上の多数でする。

（清算中の管理組合法人の能力）

第五十五条の二　解散した管理組合法人は、清算の目的の範囲内において、その清算の結了に至るまではなお存続するものとみなす。

（清算人）

第五十五条の三　管理組合法人が解散したときは、破産手続開始の決定による解散の場合を除き、理事がその清算人となる。ただし、規約に別段の定めがあるとき、又は集会において理事以外の者を選任したときは、この限りでない。

（裁判所による清算人の選任）

第五十五条の四　前条の規定により清算人となる者がないとき、又は清算人が欠けたため損害を生ずるおそれがあるときは、裁判所は、利害関係人若しくは検察官の請求により又は職権で、清算人を選任することができる。

（清算人の解任）

第五十五条の五　重要な事由があるときは、裁判所は、利害関係人若しくは検察官の請求により又は職権で、清算人を解任することができる。

（清算人の職務及び権限）

第五十五条の六　清算人の職務は、次のとおりとする。

一　現務の結了

二　債権の取立て及び債務の弁済

三　残余財産の引渡し

2　清算人は、前項各号に掲げる職務を行うために必要な一切の行為をすることができる。

（債権の申出の催告等）

第五十五条の七　清算人は、その就職の日から二月以内に、少なくとも三回の公告をもつて、債権者に対し、一定の期間内にその債権の申出をすべき旨の催告をしなければならない。この場合において、その期間は、二月を下ることができない。

2　前項の公告には、債権者がその期間内に申出をしないときは清算から除斥されるべき旨を付記しなければならない。ただし、清算人は、知れている債権者を除斥することができない。

3　清算人は、知れている債権者には、各別にその申出の催告をしなければならない。

4　第一項の公告は、官報に掲載してする。

（期間経過後の債権の申出）

第五十五条の八　前条第一項の期間の経過後に申出をした債権者は、管理組合法人の債務が完済された後まだ権利の帰属すべき者に引き渡されていない財産に対してのみ、請求をすることができ

る。

（清算中の管理組合法人についての破産手続の開始）

第五十五条の九　清算中に管理組合法人の財産がその債務を完済するのに足りないことが明らかになつたときは、清算人は、直ちに破産手続開始の申立てをし、その旨を公告しなければならない。

2　清算人は、清算中の管理組合法人が破産手続開始の決定を受けた場合において、破産管財人にその事務を引き継いだときは、その任務を終了したものとする。

3　前項に規定する場合において、清算中の管理組合法人が既に債権者に支払い、又は権利の帰属すべき者に引き渡したものがあるときは、破産管財人は、これを取り戻すことができる。

4　第一項の規定による公告は、官報に掲載してする。

（残余財産の帰属）

第五十六条　解散した管理組合法人の財産は、規約に別段の定めがある場合を除いて、第十四条に定める割合と同一の割合で各区分所有者に帰属する。

（裁判所による監督）

第五十六条の二　管理組合法人の解散及び清算は、裁判所の監督に属する。

2　裁判所は、職権で、いつでも前項の監督に必要な検査をすることができる。

（解散及び清算の監督等に関する事件の管轄）

第五十六条の三　管理組合法人の解散及び清算の監督並びに清算人に関する事件は、その主たる事務所の所在地を管轄する地方裁判所の管轄に属する。

（不服申立ての制限）

第五十六条の四　清算人の選任の裁判に対しては、不服を申し立てることができない。

（裁判所の選任する清算人の報酬）

第五十六条の五　裁判所は、第五十五条の四の規定により清算人を選任した場合には、管理組合法人が当該清算人に対して支払う報酬の額を定めることができる。この場合においては、裁判所は、当該清算人及び監事の陳述を聴かなければならない。

（即時抗告）

第五十六条の六　清算人の解任についての裁判及び前条の規定による裁判に対しては、即時抗告をすることができる。

（検査役の選任）

第五十六条の七　裁判所は、管理組合法人の解散及び清算の監督に必要な調査をさせるため、検査役を選任することができる。

2　前三条の規定は、前項の規定により裁判所が検査役を選任した場合について準用する。この場合において、第五十六条の五中「清算人及び監事」とあるのは、「管理組合法人及び検査役」と読み替えるものとする。

第七節　義務違反者に対する措置

（共同の利益に反する行為の停止等の請求）

第五十七条　区分所有者が第六条第一項に規定する行為をした場合又はその行為をするおそれがある場合には、他の区分所有者の全員又は管理組合法人は、区分所有者の共同の利益のため、その行為を停止し、その行為の結果を除去し、又はその行為を予防するため必要な措置を執ることを請求することができる。

2　前項の規定に基づき訴訟を提起するには、集会の決議によらなければならない。

3　管理者又は集会において指定された区分所有者は、集会の決議により、第一項の他の区分所有者の全員のために、前項に規定する訴訟を提起することができる。

4　前三項の規定は、占有者が第六条第三項において準用する同条第一項に規定する行為をした場合及びその行為をするおそれがある場合に準用する。

（使用禁止の請求）

第五十八条　前条第一項に規定する場合において、第六条第一項に規定する行為による区分所有者の共同生活上の障害が著しく、前条第一項に規定する請求によつてはその障害を除去して共用部分の利用の確保その他の区分所有者の共同生活の維持を図ることが困難であるときは、他の区分所有者の全員又は管理組合法人は、集会の決議に基づき、訴えをもつて、相当の期間の当該行為に係る区分所有者による専有部分の使用の禁止を請求することができる。

2　前項の決議は、区分所有者及び議決権の各四分の三以上の多数でする。

3　第一項の決議をするには、あらかじめ、当該区分所有者に対し、弁明する機会を与えなければならない。

4　前条第三項の規定は、第一項の訴えの提起に準用する。

（区分所有権の競売の請求）

第五十九条　第五十七条第一項に規定する場合において、第六条第一項に規定する行為による区分所有者の共同生活上の障害が著しく、他の方法によつてはその障害を除去して共用部分の利用の確保その他の区分所有者の共同生活の維持を図ることが困難であるときは、他の区分所有者の全員又は管理組合法人は、集会の決議に基づき、訴えをもつて、当該行為に係る区分所有者の区分所有権及び敷地利用権の競売を請求することができる。

2　第五十七条第三項の規定は前項の訴えの提起に、前条第二項及び第三項の規定は前項の決議に準用する。

3　第一項の規定による判決に基づく競売の申立ては、その判決が確定した日から六月を経過したときは、することができない。

4　前項の競売においては、競売を申し立てられた区分所有者又はその者の計算において買い受けようとする者は、買受けの申出をすることができない。

（占有者に対する引渡し請求）

第六十条　第五十七条第四項に規定する場合において、第六条第三項において準用する同条第一項に規定する行為による区分所有者の共同生活上の障害が著しく、他の方法によつてはその障害を除去して共用部分の利用の確保その他の区分所有者の共同生活の維持を図ることが困難であるときは、区分所有者の全員又は管理組合法人は、集会の決議に基づき、訴えをもつて、当該行為に係る占有者が占有する専有部分の使用又は収益を目的とする契約の解除及びその専有部分の引渡しを請求することができる。

2　第五十七条第三項の規定は前項の訴えの提起に、第五十八条第二項及び第三項の規定は前項の決議に準用する。

3　第一項の規定による判決に基づき専有部分の引渡しを受けた者は、遅滞なく、その専有部分を占有する権原を有する者にこれを引き渡さなければならない。

第八節　復旧及び建替え

（建物の一部が滅失した場合の復旧等）

第六十一条　建物の価格の二分の一以下に相当する部分が滅失したときは、各区分所有者は、滅失した共用部分及び自己の専有部分を復旧することができる。ただし、共用部分については、復旧の工事に着手するまでに第三項、次条第一項又は第七十条第一項の決議があったときは、この限りでない。

2　前項の規定により共用部分を復旧した者は、他の区分所有者に対し、復旧に要した金額を第十四条に定める割合に応じて償還すべきことを請求することができる。

3　第一項本文に規定する場合には、集会において、滅失した共用部分を復旧する旨の決議をすることができる。

4　前三項の規定は、規約で別段の定めをすることを妨げない。

5　第一項本文に規定する場合を除いて、建物の一部が滅失したときは、集会において、区分所有者及び議決権の各四分の三以上の多数で、滅失した共用部分を復旧する旨の決議をすることができる。

6　前項の決議をした集会の議事録には、その決議についての各区分所有者の賛否をも記載し、又は記録しなければならない。

7　第五項の決議があった場合において、その決議の日から二週間を経過したときは、次項の場合を除き、その決議に賛成した区分所有者（その承継人を含む。以下この条において「決議賛成者」という。）以外の区分所有者は、決議賛成者の全部又は一部に対し、建物及びその敷地に関する権利を時価で買い取るべきことを請求することができる。この場合において、その請求を受けた決議賛成者は、その請求の日から二月以内に、他の決議賛成者の全部又は一部に対し、決議賛成者以外の区分所有者を除いて算定した第十四条に定める割合に応じて当該建物及びその敷地に関する権利を時価で買い取るべきことを請求することができる。

8　第五項の決議の日から二週間以内に、決議賛成者がその全員の合意により建物及びその敷地に関する権利を買い取ることができる者を指定し、かつ、その指定された者（以下この条において「買取指定者」という。）がその旨を決議賛成者以外の区分所有者に対して書面で通知したときは、その通知を受けた区分所有者は、買取指定者に対してのみ、前項前段に規定する請求をすることができる。

9　買取指定者が第七項前段に規定する請求に基づく売買の代金に係る債務の全部又は一部の弁済をしないときは、決議賛成者（買取指定者となつたものを除く。以下この項及び第十三項において同じ。）は、連帯してその債務の全部又は一部の弁済の責めに任ずる。ただし、決議賛成者が買取指定者に資力があり、かつ、執行が容易であることを証明したときは、この限りでない。

10　第五項の集会を招集した者（買取指定者の指定がされているとき

は、当該買取指定者）は、決議賛成者以外の区分所有者に対し、四月以上の期間を定めて、第七項前段に規定する請求をするか否かを確答すべき旨を書面で催告することができる。

11　前項に規定する催告を受けた区分所有者は、前項の規定により定められた期間を経過したときは、第七項前段に規定する請求をすることができない。

12　第五項に規定する場合において、建物の一部が滅失した日から六月以内に同項、次条第一項又は第七十条第一項の決議がないときは、各区分所有者は、他の区分所有者に対し、建物及びその敷地に関する権利を時価で買い取るべきことを請求することができる。

13　第二項、第七項、第八項及び前項の場合には、裁判所は、償還若しくは買取りの請求を受けた区分所有者、買取りの請求を受けた買取指定者又は第九項本文に規定する債務について履行の請求を受けた決議賛成者の請求により、償還金又は代金の支払につき相当の期限を許与することができる。

（建替え決議）

第六十二条　集会においては、区分所有者及び議決権の各五分の四以上の多数で、建物を取り壊し、かつ、当該建物の敷地若しくはその一部の土地又は当該建物の敷地の全部若しくは一部を含む土地に新たに建物を建築する旨の決議（以下「建替え決議」という。）をすることができる。

2　建替え決議においては、次の事項を定めなければならない。

一　新たに建築する建物（以下この項において「再建建物」という。）の設計の概要

二　建物の取壊し及び再建建物の建築に要する費用の概算額

三　前号に規定する費用の分担に関する事項

四　再建建物の区分所有権の帰属に関する事項

3　前項第三号及び第四号の事項は、各区分所有者の衡平を害しないように定めなければならない。

4　第一項に規定する決議事項を会議の目的とする集会を招集するときは、第三十五条第一項の通知は、同項の規定にかかわらず、当該集会の会日より少なくとも二月前に発しなければならない。ただし、この期間は、規約で伸長することができる。

5　前項に規定する場合において、第三十五条第一項の通知をするときは、同条第五項に規定する議案の要領のほか、次の事項をも通知しなければならない。

一　建替えを必要とする理由

二　建物の建替えをしないとした場合における当該建物の効用の維持又は回復（建物が通常有すべき効用の確保を含む。）をするのに要する費用の額及びその内訳

三　建物の修繕に関する計画が定められているときは、当該計画の内容

四　建物につき修繕積立金として積み立てられている金額

6　第四項の集会を招集した者は、当該集会の会日より少なくとも一月前までに、当該招集の際に通知すべき事項について区分所有者に対し説明を行うための説明会を開催しなければならない。

7　第三十五条第一項から第四項まで及び第三十六条の規定は、前項の説明会の開催について準用する。この場合において、第三十五条

第一項ただし書中「伸縮する」とあるのは、「伸長する」と読み替えるものとする。

8　前条第六項の規定は、建替え決議をした集会の議事録について準用する。

（区分所有権等の売渡し請求等）

第六十三条　建替え決議があつたときは、集会を招集した者は、遅滞なく、建替え決議に賛成しなかつた区分所有者（その承継人を含む。）に対し、建替え決議の内容により建替えに参加するか否かを回答すべき旨を書面で催告しなければならない。

2　前項に規定する区分所有者は、同項の規定による催告を受けた日から二月以内に回答しなければならない。

3　前項の期間内に回答しなかつた第一項に規定する区分所有者は、建替えに参加しない旨を回答したものとみなす。

4　第二項の期間が経過したときは、建替え決議に賛成した各区分所有者若しくは建替え決議の内容により建替えに参加する旨を回答した各区分所有者（これらの者の承継人を含む。）又はこれらの者の全員の合意により区分所有権及び敷地利用権を買い受けることができる者として指定された者（以下「買受指定者」という。）は、同項の期間の満了の日から二月以内に、建替えに参加しない旨を回答した区分所有者（その承継人を含む。）に対し、区分所有権及び敷地利用権を時価で売り渡すべきことを請求することができる。建替え決議があつた後にこの区分所有者から敷地利用権のみを取得した者（その承継人を含む。）の敷地利用権についても、同様とする。

5　前項の規定による請求があつた場合において、建替えに参加しない旨を回答した区分所有者が建物の明渡しによりその生活上著しい困難を生ずるおそれがあり、かつ、建替え決議の遂行に甚だしい影響を及ぼさないものと認めるべき顕著な事由があるときは、裁判所は、その者の請求により、代金の支払又は提供の日から一年を超えない範囲内において、建物の明渡しにつき相当の期限を許与することができる。

6　建替え決議の日から二年以内に建物の取壊しの工事に着手しない場合には、第四項の規定により区分所有権又は敷地利用権を売り渡した者は、この期間の満了の日から六月以内に、買主が支払つた代金に相当する金銭をその区分所有権又は敷地利用権を現在有する者に提供して、これらの権利を売り渡すべきことを請求することができる。ただし、建物の取壊しの工事に着手しなかつたことにつき正当な理由があるときは、この限りでない。

7　前項本文の規定は、同項ただし書に規定する場合において、建物の取壊しの工事の着手を妨げる理由がなくなつた日から六月以内にその着手をしないときに準用する。この場合において、同項本文中「この期間の満了の日から六月以内に」とあるのは、「建物の取壊しの工事の着手を妨げる理由がなくなつたことを知つた日から六月又はその理由がなくなつた日から二年のいずれか早い時期までに」と読み替えるものとする。

（建替えに関する合意）

第六十四条　建替え決議に賛成した各区分所有者、建替え決議の内容により建替えに参加する旨を回答した各区分所有者及び区分所有権又は敷地利用権を買い受けた各買受指定者（これらの者の承継人を含む。）は、建替え決議の内容により建替えを行う旨の合意をしたものとみなす。

第二章　団地

（団地建物所有者の団体）

第六十五条　一団地内に数棟の建物があつて、その団地内の土地又は附属施設（これらに関する権利を含む。）がそれらの建物の所有者（専有部分のある建物にあつては、区分所有者）の共有に属する場合には、それらの所有者（以下「団地建物所有者」という。）は、全員で、その団地内の土地、附属施設及び専有部分のある建物の管理を行うための団体を構成し、この法律の定めるところにより、集会を開き、規約を定め、及び管理者を置くことができる。

（建物の区分所有に関する規定の準用）

第六十六条　第七条、第八条、第十七条から第十九条まで、第二十五条、第二十六条、第二十八条、第二十九条、第三十条第一項及び第三項から第五項まで、第三十一条第一項並びに第三十三条から第五十六条までの規定は、前条の場合について準用する。この場合において、これらの規定（第五十五条第一項第一号を除く。）中「区分所有者」とあるのは「第六十五条に規定する団地建物所有者」と、「管理組合法人」とあるのは「団地管理組合法人」と、第七条第一項中「共用部分、建物の敷地若しくは共用部分以外の建物の附属施設」とあるのは「第六十五条に規定する場合における当該土地若しくは附属施設（以下「土地等」という。）」と、「区分所有権」とあるのは「土地等に関する権利、建物又は区分所有権」と、第十七条、第十八条第一項及び第四項並びに第十九条中「共用部分」とあり、第二十六条第一項中「共用部分並びに第二十一条に規定する場合における当該建物の敷地及び附属施設」とあり、並びに第二十九条第一項中「建物並びにその敷地及び附属施設」とあるのは「土地等並びに第六十八条の規定による規約により管理すべきものと定められた同条第一項第一号に掲げる土地及び附属施設並びに同項第二号に掲げる建物の共用部分」と、第十七条第二項、第三十五条第二項及び第三項、第四十条並びに第四十四条第一項中「専有部分」とあるのは「建物又は専有部分」と、第二十九条第一項、第三十八条、第五十三条第一項及び第五十六条中「第十四条に定める」とあるのは「土地等（これらに関する権利を含む。）の持分の」と、第三十条第一項及び第四十六条第二項中「建物又はその敷地若しくは附属施設」とあるのは「土地等又は第六十八条第一項各号に掲げる物」と、第三十条第三項中「専有部分若しくは共用部分又は建物の敷地若しくは附属施設（建物の敷地又は附属施設に関する権利を含む。）」とあるのは「建物若しくは専有部分若しくは土地等（土地等に関する権利を含む。）又は第六十八条の規定による規約により管理すべきものと定められた同条第一項第一号に掲げる土地若しくは附属施設（これらに関する権利を含む。）若しくは同項第二号に掲げる建物の共用部分」と、第三十三条第三項、第三十五条第四項及び第四十四条第二項中「建物内」とあるのは「団地内」と、第三十五条第五項中「第六十一条第五項、第六十二条第一項、第六十八条第一項又は第六十九条第七項」とあるのは「第六十九条第一項又は第七十条第一項」と、第四十六条第二項中「占有者」とあるのは「建物又は専有部分を占有する者で第六十五条に規定する団地建物所有者でないもの」と、第四十七条第一項中「第三条」とあるのは「第六十五条」と、第五十五条第一項第一号中「建物（一部共用部分を共用すべき区分所有者で構成する管理組合法人にあつては、その共用部分）」とあるのは「土地等（これらに関する権利を含む。）」と、同項第二号中「建物に専有部分が」とあるのは「土地等（これらに関する権利を含む。）が第六十五条に規定する団地建物所有者の共有で」と読み替えるものとする。

（建物の区分所有に関する規定の準用）

第六十六条　第七条、第八条、第十七条から第十九条まで、第二十五条、第二十六条、第二十八条、第二十九条、第三十条第一項及び第三項から第五項まで、第三十一条第一項並びに第三十三条から第五十六条の七までの規定は、前条の場合について準用する。この場合において、これらの規定（第五十五条第一項第一号を除く。）中「区分所有者」とあるのは「第六十五条に規定する団地建物所有者」と、「管理組合法人」とあるのは「団地管理組合法人」と、第七条第一項中「共用部分、建物の敷地若しくは共用部分以外の建物の附属施設」とあるのは「第六十五条に規定する場合における当該土地若しくは附属施設（以下「土地等」という。）」と、「区分所有権」とあるのは「土地等に関する権利、建物又は区分所有権」と、第十七条、第十八条第一項及び第四項並びに第十九条中「共用部分」とあり、第二十六条第一項中「共用部分並びに第二十一条に規定する場合における当該建物の敷地及び附属施設」とあり、並びに第二十九条第一項中「建物並びにその敷地及び附属施設」とあるのは「土地等並びに第六十八条の規定による規約により管理すべきものと定められた同条第一項第一号に掲げる土地及び附属施設並びに同項第二号に掲げる建物の共用部分」と、第十七条第二項、第三十五条第二項及び第三項、第四十条並びに第四十四条第一項中「専有部分」とあるのは「建物又は専有部分」と、第二十九条第一項、第三十八条、第五十三条第一項及び第五十六条中「第十四条に定める」とあるのは「土地等（これらに関する権利を含む。）の持分の」と、第三十条第一項及び第四十六条第二項中「建物又はその敷地若しくは附属施設」とあるのは「土地等又は第六十八条第一項各号に掲げる物」と、第三十条第三項中「専有部分若しくは共用部分又は建物の敷地若しくは附属施設（建物の敷地又は附属施設に関する権利を含む。）」とあるのは「建物若しくは専有部分若しくは土地等（土地等に関する権利を含む。）又は第六十八条の規定による規約により管理すべきものと定められた同条第一項第一号に掲げる土地若しくは附属施設（これらに関する権利を含む。）若しくは同項第二号に掲げる建物の共用部分」と、第三十三条第三項、第三十五条第四項及び第四十四条第二項中「建物内」とあるのは「団地内」と、第三十五条第五項中「第六十一条第五項、第六十二条第一項、第六十八条第一項又は第六十九条第七項」とあるのは「第六十九条第一項又は第七十条第一項」と、第四十六条第二項中「占有者」とあるのは「建物又は専有部分を占有する者で第六十五条に規定する団地建物所有者でないもの」と、第四十七条第一項中「第三条」とあるのは「第六十五条」と、第五十五条第一項第一号中

「建物（一部共用部分を共用すべき区分所有者で構成する管理組合法人にあつては、その共用部分）」とあるのは「土地等（これらに関する権利を含む。）」と、同項第二号中「建物に専有部分が」とあるのは「土地等（これらに関する権利を含む。）が第六十五条に規定する団地建物所有者の共有で」と読み替えるものとする。

（団地共用部分）

第六十七条　一団地内の附属施設たる建物（第一条に規定する建物の部分を含む。）は、前条において準用する第三十条第一項の規約により団地共用部分とすることができる。この場合においては、その旨の登記をしなければ、これをもつて第三者に対抗することができない。

2　一団地内の数棟の建物の全部を所有する者は、公正証書により、前項の規約を設定することができる。

3　第十一条第一項本文及び第三項並びに第十三条から第十五条までの規定は、団地共用部分に準用する。この場合において、第十一条第一項本文中「区分所有者」とあるのは「第六十五条に規定する団地建物所有者」と、第十四条第一項及び第十五条中「専有部分」とあるのは「建物又は専有部分」と読み替えるものとする。

（規約の設定の特例）

第六十八条　次の物につき第六十六条において準用する第三十条第一項の規約を定めるには、第一号に掲げる土地又は附属施設にあつては当該土地の全部又は附属施設の全部につきそれぞれ共有者の四分の三以上でその持分の四分の三以上を有するものの同意、第二号に掲げる建物にあつてはその全部につきそれぞれ第三十四条の規定による集会における区分所有者及び議決権の各四分の三以上の多数による決議があることを要する。

一　一団地内の土地又は附属施設（これらに関する権利を含む。）が当該団地内の一部の建物の所有者（専有部分のある建物にあつては、区分所有者）の共有に属する場合における当該土地又は附属施設（専有部分のある建物以外の建物の所有者のみの共有に属するものを除く。）

二　当該団地内の専有部分のある建物

2　第三十一条第二項の規定は、前項第二号に掲げる建物の一部共用部分に関する事項で区分所有者全員の利害に関係しないものについての同項の集会の決議に準用する。

（団地内の建物の建替え承認決議）

第六十九条　一団地内にある数棟の建物（以下この条及び次条において「団地内建物」という。）の全部又は一部が専有部分のある建物であり、かつ、その団地内の特定の建物（以下この条において「特定建物」という。）の所在する土地（これに関する権利を含む。）が当該団地内建物の第六十五条に規定する団地建物所有者（以下この条において単に「団地建物所有者」という。）の共有に属する場合においては、次の各号に掲げる区分に応じてそれぞれ当該各号に定める要件に該当する場合であつて当該土地（これに関する権利を含む。）の共有者である当該団地内建物の団地建物所有者で構成される同条に規定する団体又は団地管理組合法人の集会において議決権の四分の三以上の多数による承認の決議（以下「建替え承認決議」

という。）を得たときは、当該特定建物の団地建物所有者は、当該特定建物を取り壊し、かつ、当該土地又はこれと一体として管理若しくは使用をする団地内の土地（当該団地内建物の団地建物所有者の共有に属するものに限る。）に新たに建物を建築することができる。

一　当該特定建物が専有部分のある建物である場合　その建替え決議又はその区分所有者の全員の同意があること。

二　当該特定建物が専有部分のある建物以外の建物である場合　その所有者の同意があること。

2　前項の集会における各団地建物所有者の議決権は、第六十六条において準用する第三十八条の規定にかかわらず、第六十六条において準用する第三十条第一項の規約に別段の定めがある場合であっても、当該特定建物の所在する土地（これに関する権利を含む。）の持分の割合によるものとする。

3　第一項各号に定める要件に該当する場合における当該特定建物の団地建物所有者は、建替え承認決議においては、いずれもこれに賛成する旨の議決権の行使をしたものとみなす。ただし、同項第一号に規定する場合において、当該特定建物の区分所有者が団地内建物のうち当該特定建物以外の建物の敷地利用権に基づいて有する議決権の行使については、この限りでない。

4　第一項の集会を招集するときは、第六十六条において準用する第三十五条第一項の通知は、同項の規定にかかわらず、当該集会の会日より少なくとも二月前に、同条第五項に規定する議案の要領のほか、新たに建築する建物の設計の概要（当該建物の当該団地内における位置を含む。）をも示して発しなければならない。ただし、この期間は、第六十六条において準用する第三十条第一項の規約で伸長することができる。

5　第一項の場合において、建替え承認決議に係る建替えが当該特定建物以外の建物（以下この項において「当該他の建物」という。）の建替えに特別の影響を及ぼすべきときは、次の各号に掲げる区分に応じてそれぞれ当該各号に定める者が当該建替え承認決議に賛成しているときに限り、当該特定建物の建替えをすることができる。

一　当該他の建物が専有部分のある建物である場合　第一項の集会において当該他の建物の区分所有者全員の議決権の四分の三以上の議決権を有する区分所有者

二　当該他の建物が専有部分のある建物以外の建物である場合　当該他の建物の所有者

6　第一項の場合において、当該特定建物が二以上あるときは、当該二以上の特定建物の団地建物所有者は、各特定建物の団地建物所有者の合意により、当該二以上の特定建物の建替えについて一括して建替え承認決議に付することができる。

7　前項の場合において、当該特定建物が専有部分のある建物であるときは、当該特定建物の建替えを会議の目的とする第六十二条第一項の集会において、当該特定建物の区分所有者及び議決権の各五分の四以上の多数で、当該二以上の特定建物の建替えについて一括して建替え承認決議に付する旨の決議をすることができる。この場合において、その決議があったときは、当該特定建物の団地建物所有者（区分所有者に限る。）の前項に規定する合意があったものとみなす。

（団地内の建物の一括建替え決議）

第七十条　団地内建物の全部が専有部分のある建物であり、かつ、当該団地内建物の敷地（団地内建物が所在する土地及び第五条第一項の規定により団地内建物の敷地とされた土地をいい、これに関する権利を含む。以下この項及び次項において同じ。）が当該団地内建物の区分所有者の共有に属する場合において、当該団地内建物について第六十八条第一項（第一号を除く。）の規定により第六十六条において準用する第三十条第一項の規約が定められているときは、第六十二条第一項の規定にかかわらず、当該団地内建物の敷地の共有者である当該団地内建物の区分所有者で構成される第六十五条に規定する団体又は団地管理組合法人の集会において、当該団地内建物の区分所有者及び議決権の各五分の四以上の多数で、当該団地内建物につき一括して、その全部を取り壊し、かつ、当該団地内建物の敷地（これに関する権利を除く。以下この項において同じ。）若しくはその一部の土地又は当該団地内建物の敷地の全部若しくは一部を含む土地（第三項第一号においてこれらの土地を「再建団地内敷地」という。）に新たに建物を建築する旨の決議（以下この条において「一括建替え決議」という。）をすることができる。ただし、当該集会において、当該各団地内建物ごとに、それぞれその区分所有者の三分の二以上の者であつて第三十八条に規定する議決権の合計の三分の二以上の議決権を有するものがその一括建替え決議に賛成した場合でなければならない。

2　前条第二項の規定は、前項本文の各区分所有者の議決権について準用する。この場合において、前条第二項中「当該特定建物の所在する土地（これに関する権利を含む。）」とあるのは、「当該団地内建物の敷地」と読み替えるものとする。

3　団地内建物の一括建替え決議においては、次の事項を定めなければならない。

一　再建団地内敷地の一体的な利用についての計画の概要

二　新たに建築する建物（以下この項において「再建団地内建物」という。）の設計の概要

三　団地内建物の全部の取壊し及び再建団地内建物の建築に要する費用の概算額

四　前号に規定する費用の分担に関する事項

五　再建団地内建物の区分所有権の帰属に関する事項

4　第六十二条第三項から第八項まで、第六十三条及び第六十四条の規定は、団地内建物の一括建替え決議について準用する。この場合において、第六十二条第三項中「前項第三号及び第四号」とあるのは「第七十条第三項第四号及び第五号」と、同条第四項中「第一項に規定する」とあるのは「第七十条第一項に規定する」と、「第三十五条第一項」とあるのは「第六十六条において準用する第三十五条第一項」と、「規約」とあるのは「第六十六条において準用する第三十条第一項の規約」と、同条第五項中「第三十五条第一項」とあるのは「第六十六条において準用する第三十五条第一項」と、同条第七項中「第三十五条第一項から第四項まで及び第三十六条」とあるのは「第六十六条において準用する第三十五条第一項から第四項まで及び第三十六条」と、「第三十五条第一項ただし書」とある

のは「第六十六条において準用する第三十五条第一項ただし書」と、同条第八項中「前条第六項」とあるのは「第六十一条第六項」と読み替えるものとする。

第三章　罰則

第七十一条　次の各号のいずれかに該当する場合には、その行為をした管理者、理事、規約を保管する者、議長又は清算人は、二十万円以下の過料に処する。

一　第三十三条第一項本文（第四十二条第五項及び第四十五条第四項（これらの規定を第六十六条において準用する場合を含む。）並びに第六十六条において準用する場合を含む。以下この号において同じ。）又は第四十七条第十二項（第六十六条において準用する場合を含む。）において読み替えて適用される第三十三条第一項本文の規定に違反して、規約、議事録又は第四十五条第四項（第六十六条において準用する場合を含む。）の書面若しくは電磁的記録の保管をしなかつたとき。

二　第三十三条第二項（第四十二条第五項及び第四十五条第四項（これらの規定を第六十六条において準用する場合を含む。）並びに第六十六条において準用する場合を含む。）の規定に違反して、正当な理由がないのに、前号に規定する書類又は電磁的記録に記録された情報の内容を法務省令で定める方法により表示したものの閲覧を拒んだとき。

三　第四十二条第一項から第四項まで（これらの規定を第六十六条において準用する場合を含む。）の規定に違反して、議事録を作成せず、又は議事録に記載し、若しくは記録すべき事項を記載せず、若しくは記録せず、若しくは虚偽の記載若しくは記録をしたとき。

四　第四十三条（第四十七条第十二項（第六十六条において準用する場合を含む。）において読み替えて適用される場合及び第六十六条において準用する場合を含む。）の規定に違反して、報告をせず、又は虚偽の報告をしたとき。

五　第四十七条第三項（第六十六条において準用する場合を含む。）の規定に基づく政令に定める登記を怠つたとき。

六　第四十七条第十項（第六十六条において準用する場合を含む。）において準用する民法第五十一条第一項の規定に違反して、財産目録を作成せず、又は財産目録に不正の記載若しくは記録をしたとき。

> 六　第四十八条の二第一項（第六十六条において準用する場合を含む。）の規定に違反して、財産目録を作成せず、又は財産目録に不正の記載若しくは記録をしたとき。

七　理事若しくは監事が欠けた場合又は規約で定めたその員数が欠けた場合において、その選任手続を怠つたとき。

八　第五十五条第三項（第六十六条において準用する場合を含む。）において準用する民法第七十九条第一項又は第八十一条第一項の規定による公告を怠り、又は不正の公告をしたとき。

> 八　第五十五条の七第一項又は第五十五条の九第一項（これらの

規定を第六十六条において準用する場合を含む。）の規定による公告を怠り、又は不正の公告をしたとき。

九　第五十五条第三項（第六十六条において準用する場合を含む。）において準用する民法第八十一条第一項の規定による破産手続開始の申立てを怠つたとき。

九　第五十五条の九第一項（第六十六条において準用する場合を含む。）の規定による破産手続開始の申立てを怠つたとき。

十　第五十五条第三項（第六十六条において準用する場合を含む。）において準用する民法第八十二条第二項の規定による検査を妨げたとき。

十　第五十六条の二第二項（第六十六条において準用する場合を含む。）の規定による検査を妨げたとき。

第七十二条　第四十八条第二項（第六十六条において準用する場合を含む。）の規定に違反した者は、十万円以下の過料に処する。

附　則〔抄〕

（施行期日）

第一条　この法律は、昭和三十八年四月一日から施行する。

2　第十七条及び第二十四条から第三十四条まで（第三十六条においてこれらの規定を準用する場合を含む。）の規定は、前項の規定にかかわらず、公布の日から施行する。ただし、昭和三十八年四月一日前においては、この法律中その他の規定の施行に伴う準備のため必要な範囲内においてのみ、適用があるものとする。

（経過措置）

第二条　この法律の施行の際現に存する共用部分が区分所有者のみの所有に属する場合において、第四条第一項の規定に適合しないときは、その共用部分の所有者は、同条第二項の規定により規約でその共用部分の所有者と定められたものとみなす。

2　この法律の施行の際現に存する共用部分が区分所有者の全員又はその一部の共有に属する場合において、各共有者の持分が第十条の規定に適合しないときは、その持分は、第八条ただし書の規定により規約で定められたものとみなす。

3　この法律の施行の際現に存する共用部分の所有者が第四条第一項の規定の適用により損失を受けたときは、その者は、民法第七百三条の規定に従い、償金を請求することができる。

附　則〔昭和五八年五月二一日法律第五一号抄〕

（施行期日）

第一条　この法律は、昭和五十九年一月一日から施行する。

（建物の区分所有等に関する法律の一部改正に伴う経過措置の原則）

第二条　第一条の規定による改正後の建物の区分所有等に関する法律（以下「新法」という。）の規定は、特別の定めがある場合を除いて、この法律の施行前に生じた事項にも適用する。ただし、同条の規定による改正前の建物の区分所有等に関する法律（以下「旧法」という。）の規定により生じた効力を妨げない。

（建物の設置又は保存の瑕疵《かし》に関する推定に関する経過措置）

第三条　新法第九条の規定は、この法律の施行前に建物の設置又は保存の瑕疵《かし》により損害が生じた場合における当該瑕疵《かし》については、適用しない。

（共用部分に関する合意等に関する経過措置）

第四条　この法律の施行前に区分所有者が共用部分、新法第二十一条に規定する場合における当該建物の敷地若しくは附属施設又は規約、議事録若しくは旧法第三十四条第一項の書面の保管者についてした合意又は決定（民法第二百五十一条又は第二百五十二条の規定によるものを含む。以下この条において同じ。）は、新法の規定により集会の決議で定められたものとみなす。この法律の施行前に新法第六十五条に規定する場合における当該土地又は附属施設に係る同条の所有者がこれらの物又は規約、議事録若しくは旧法第三十六条において準用する旧法第三十四条第一項の書面の保管者についてした合意又は決定も、同様とする。

（既存専有部分等に関する経過措置）

第五条　新法第二十二条から第二十四条までの規定は、この法律の施行の際現に存する専有部分及びその専有部分に係る敷地利用権（以下「既存専有部分等」という。）については、この法律の施行の日から起算して五年を超えない範囲内において政令で定める日（昭和六三年一二月二八日）から適用する。ただし、次条第一項の指定に係る建物の既存専有部分等については、同項に規定する適用開始日から適用する。

第六条　法務大臣は、専有部分の数、専有部分及び建物の敷地に関する権利の状況等を考慮して、前条本文の政令で定める日前に同条本文に規定する規定を適用する既存専有部分等に係る建物及びこれらの規定の適用を開始すべき日（以下「適用開始日」という。）を指定することができる。

2　法務大臣は、前項の指定をするときは、あらかじめ、その旨を各区分所有者又は管理者若しくは管理組合法人の理事に通知しなければならない。

3　前項の規定による通知を発した日から一月内に四分の一を超える区分所有者又は四分の一を超える議決権を有する区分所有者が法務省令の定めるところにより異議の申出をしたときは、法務大臣は、第一項の指定をすることができない。

4　第一項の指定は、建物の表示及び適用開始日を告示して行う。

5　適用開始日は、前項の規定による告示の日から一月以上を経過した日でなければならない。

6　法務大臣は、区分所有者の四分の三以上で議決権の四分の三以上を有するものの請求があつたときは、第一項の指定をしなければならない。この場合には、第二項及び第三項の規定は、適用しない。

第七条　法務大臣は、前条第四項の規定による告示をする場合において、区分所有者が数人で有する所有権、地上権又は賃借権に基づき建物及びその建物が所在する土地と一体として管理又は使用をしている土地があるときは、その土地の表示を併せて告示しなければならない。

2　前項の規定により告示された土地は、適用開始日に新法第五条第一項の規定により規約で建物の敷地と定められたものとみなす。

3　前条第二項及び第三項の規定は、第一項の規定による告示について準用する。

第八条　附則第六条第一項の指定に係る建物以外の建物の既存専有部分等は、附則第五条本文の政令で定める日に、新法第二十二条第一項ただし書の規定により規約で分離して処分することができることと定められたものとみなす。

（規約に関する経過措置）

第九条　この法律の施行の際現に効力を有する規約は、新法第三十一条又は新法第六十六条において準用する新法第三十一条第一項及び新法第六十八条の規定により定められたものとみなす。

2　前項の規約で定められた事項で新法に抵触するものは、この法律の施行の日からその効力を失う。

（義務違反者に対する措置に関する経過措置）

第十条　この法律の施行前に区分所有者がした旧法第五条第一項に規定する行為に対する措置については、なお従前の例による。

（建物の一部滅失に関する経過措置）

第十一条　新法第六十一条第五項及び第六十二条の規定は、この法律の施行前に旧法第三十五条第四項本文の規定による請求があった建物については、適用しない。

（罰則に関する経過措置）

第十三条　この法律の施行前にした行為に対する罰則の適用については、なお従前の例による。

附　則〔昭和六三年一二月三〇日法律第一〇八号抄〕

（施行期日等）

第一条　この法律は、公布の日から施行し、平成元年四月一日以後に国内において事業者が行う資産の譲渡等及び同日以後に国内において事業者が行う課税仕入れ並びに同日以後に保税地域から引き取られる外国貨物に係る消費税について適用する。

2　前項の規定にかかわらず、この法律のうち次の各号に掲げる規定は、当該各号に定める日から施行する。

一　〔略〕

二　附則第二十条、第二十一条、第二十二条第三項、第二十三条第三項及び第四項、第二十四条第三項、第二十五条第二項から第四項まで、第二十七条から第二十九条まで、第三十一条から第四十五条まで、第四十六条（関税法第二十四条第三項第二号の改正規定に限る。）、附則第四十八条から第五十一条まで、第五十二条（輸入品に対する内国消費税の徴収等に関する法律第十四条を削る改正規定を除く。）並びに附則第五十三条から第六十七条までの規定　平成元年四月一日

附　則〔平成三年五月一五日法律第七三号抄〕

（施行期日）

第一条　この法律は、平成三年十月一日から施行する。

附　則〔平成一四年七月三日法律第七九号抄〕

（施行期日）

第一条　この法律は、平成十四年八月一日から施行する。〔ただし書略〕

附　則〔平成一四年一二月一一日法律第一四〇号抄〕

（施行期日）

第一条　この法律は、公布の日から起算して六月を超えない範囲内において政令で定める日〔平成一五年五月政令第二二八号により、平成一五年六月一日〕から施行する。

（建物の区分所有等に関する法律の一部改正に伴う経過措置）

第二条　第一条の規定による改正後の建物の区分所有等に関する法律の規定は、特別の定めがある場合を除いて、この法律の施行前に生じた事項にも適用する。ただし、同条の規定による改正前の建物の区分所有等に関する法律（以下「旧区分所有法」という。）の規定により生じた効力を妨げない。

2　この法律の施行前に旧区分所有法第六十一条第七項の規定による買取請求があった建物及びその敷地に関する権利に関するこの法律の施行後にする買取請求については、なお従前の例による。

3　この法律の施行前に招集の手続が開始された集会においてこの法律の施行後にする建替え決議については、なお従前の例による。

（罰則に関する経過措置）

第九条　この法律の施行前にした旧区分所有法又は附則第七条の規定による改正前の被災区分所有建物の再建等に関する特別措置法の規定に違反する行為に対する罰則の適用については、なお従前の例による。

附　則〔平成一六年六月二日法律第七六号抄〕

（施行期日）

第一条　この法律は、破産法（平成十六年法律第七十五号。次条第八項並びに附則第三条第八項、第五条第八項、第十六項及び第二十一項、第八条第三項並びに第十三条において「新破産法」という。）の施行の日〔平成一七年一月一日〕から施行する。〔ただし書略〕

（罰則の適用等に関する経過措置）

第十二条　施行日前にした行為並びに附則第二条第一項、第三条第一項、第四条、第五条第一項、第九項、第十七項、第十九項及び第二十一項並びに第六条第一項及び第三項の規定によりなお従前の例によることとされる場合における施行日以後にした行為に対する罰則の適用については、なお従前の例による。

（政令への委任）

第十四条　附則第二条から前条までに規定するもののほか、この法律の施行に関し必要な経過措置は、政令で定める。

附　則〔平成一六年六月一八日法律第一二四号抄〕

（施行期日）

第一条　この法律は、新不動産登記法の施行の日〔平成一七年三月七日〕から施行する。

附　則〔平成一七年七月二六日法律第八七号抄〕

この法律は、会社法の施行の日〔平成一八年五月一日〕から施行する。〔ただし書略〕

附　則〔平成一八年六月二日法律第五〇号抄〕

この法律は、一般社団・財団法人法の施行の日〔公布の日から起算して二年六月を超えない範囲内において政令で定める日〕から施行する。〔ただし書略〕

○建物の区分所有等に関する法律施行規則

〔平成十五年五月二十三日
法務省令第四十七号〕

建物の区分所有等に関する法律（昭和三十七年法律第六十九号）第三十条第五項、第三十三条第二項、第三十九条第三項、第四十二条第四項及び第四十五条第一項の規定に基づき、建物の区分所有等に関する法律施行規則を次のように定める。

建物の区分所有等に関する法律施行規則

（電磁的記録）

第一条　建物の区分所有等に関する法律（昭和三十七年法律第六十九号。以下「法」という。）第三十条第五項に規定する法務省令で定める電磁的記録は、磁気ディスクその他これに準ずる方法により一定の情報を確実に記録しておくことができる物をもって調製するファイルに情報を記録したものとする。

（電磁的記録に記録された情報の内容を表示する方法）

第二条　法第三十三条第二項に規定する法務省令で定める方法は、当該電磁的記録に記録された情報の内容を紙面又は出力装置の映像面に表示する方法とする。

（電磁的方法）

第三条　法第三十九条第三項に規定する法務省令で定める方法は、次に掲げる方法とする。

一　送信者の使用に係る電子計算機と受信者の使用に係る電子計算機とを電気通信回線で接続した電子情報処理組織を使用する方法であって、当該電気通信回線を通じて情報が送信され、受信者の使用に係る電子計算機に備えられたファイルに当該情報が記録されるもの

二　第一条に規定するファイルに情報を記録したものを交付する方法

2　前項各号に掲げる方法は、受信者がファイルへの記録を出力することにより書面を作成することができるものでなければならない。

（署名押印に代わる措置）

第四条　法第四十二条第四項に規定する法務省令で定める措置は、電子署名及び認証業務に関する法律（平成十二年法律第百二号）第二条第一項の電子署名とする。

（電磁的方法による決議に係る区分所有者の承諾）

第五条　集会を招集する者は、法第四十五条第一項の規定により電磁的方法による決議をしようとするときは、あらかじめ、区分所有者に対し、その用いる電磁的方法の種類及び内容を示し、書面又は電磁的方法による承諾を得なければならない。

2　前項の電磁的方法の種類及び内容は、次に掲げる事項とする。

一　第三条第一項各号に規定する電磁的方法のうち、送信者が使用するもの

二　ファイルへの記録の方式

3　第一項の規定による承諾を得た集会を招集する者は、区分所有者

の全部又は一部から書面又は電磁的方法により電磁的方法による決議を拒む旨の申出があったときは、法第四十五条第一項に規定する決議を電磁的方法によってしてはならない。ただし、当該申出をしたすべての区分所有者が再び第一項の規定による承諾をした場合は、この限りでない。

附　則

この省令は、平成十五年六月一日から施行する。

編者紹介

丸山英氣（まるやまえいき）
1939年　松本市に生まれる
1962年　早稲田大学法学部卒業
横浜市立大学助教授、千葉大学教授を経て
現在　中央大学法科大学院教授・弁護士

主要著書

『区分所有建物の法律問題』三省堂（1980年）
『区分所有法』（編著）大成出版社（1984年）
『マンション法読本』（編著）三嶺書房（1984年）
『区分所有法の理論と動態』三省堂（1985年）
『空中権・土地信託・抵当証券』（編著）清文社（1986年）
『叢書民法総合判例研究65　区分所有法⑴⑵⑶』一粒社（1987年）
『不動産学概論』（共著）リクルート（1987年）
『現代不動産法論』清文社（1989年）
『不動産媒介契約の法律紛争』（編著）有斐閣（1990年）
『マンションの増築・建替え』（編著）清文社（1991年）
『定期借地権の法律・鑑定評価・税務』（編著）清文社（1992年）
『検証　有料老人ホーム』（共著）有斐閣（1993年）
『マンションは生き残れるか』（編著）アーバンハウジング（1996年）
『物権法入門』有斐閣（1997年）
『民法概説』（共著）成文堂（1999年）
『マンション建替えと法』日本評論社（2000年）
『高齢者居住法』（編著）信山社（2003年）
『サスティナブル・コンバージョン』（編著）プログレス（2004年）

改訂版　区分所有法

1984年10月30日　第1版第1刷発行
2007年3月6日　第2版第1刷発行

編　丸山英氣
発行者　松林久行

発行所　株式会社大成出版社
東京都世田谷区羽根木1—7—11
〒156-0042　電話03（3321）4131㈹
http://www.taisei-shuppan.co.jp/

印刷　亜細亜印刷

ISBN978-4-8028-2754-6